地方文化產業研究

The
Local Cultures
and
Industries
Research

廖世璋————————著

巨流圖書公司印行

國家圖書館出版品預行編目（CIP）資料

地方文化產業研究／廖世璋著. -- 初版. --
高雄市：巨流，2016.05
　　面：　公分

ISBN 978-957-732-519-8（平裝）

1. 文化產業

541.29　　　　　　　　　　　105003919

地方文化產業研究

著　　　者　廖世璋
責 任 編 輯　邱仕弘
封 面 設 計　Lucas

發　行　人　楊曉華
總　編　輯　蔡國彬

出　　　版　巨流圖書股份有限公司
　　　　　　802019 高雄市苓雅區五福一路57號2樓之2
　　　　　　電話：07-2265267
　　　　　　傳真：07-2264697
　　　　　　e-mail: chuliu@liwen.com.tw
　　　　　　網址：http://www.liwen.com.tw

編　輯　部　100003 臺北市中正區重慶南路一段57號10樓之12
　　　　　　電話：02-29222396
　　　　　　傳真：02-29220464

劃 撥 帳 號　01002323 巨流圖書股份有限公司
購 書 專 線　07-2265267 轉236

法 律 顧 問　林廷隆律師
　　　　　　電話：02-29658212

出版登記證　局版台業字第1045號

ISBN／978-957-732-519-8（平裝）
初版一刷・2016年5月
初版二刷・2021年9月

定價：500元

二刷　作者序

　　本書是為臺灣地方創生產業而寫，2016 年出版時臺灣正好剛推動地方創生，當時還討論是否沿用日本的名稱，至 2019 年正式訂為臺灣地方創生元年。本書原想在此二刷，將書名正名為「地方創生產業理論與方法」，但出版社認為需重新申請 ISBN 及設計封面，故而維持原書名。

　　當初，本書提出的「地方性」原使用的英文為「the locality」，但在書寫過程反覆多次慎重思考之後，決定改使用「the locals」，這是為了回應及反思在臺灣地方發展的問題。由於，臺灣過去「地方」相關研究及實務操作已數十餘年，進入地方時都推崇「地方性」的重要性，但即使時至今日，還是存在著研究者或操作者其有意或不小心的帶入自己視角與視野的「地方性」，而「本地人」（the locals）認為的「地方性」，就在政府及專業者介入後，本地人變成了「他者」（the others），地方產生一連串「地方性他者化的過程」，於是才將「地方性」改用「the locals」，強調「本地人」才是主體，如此「地方性」一詞也才有真正的意義，同時也回應在臺灣「地方性」的困境。

　　雖然，研究者或操作者都強調要尊重當地的「地方性」，但是直到現在，在臺灣許多地方，到處可見由西方、外來、菁英、學院派、現代化的視角所操作出來的「地方性」。像是：令人憂心的是，本書 2016 年出版同時，臺灣地方創生政策是「尋找地方 DNA」及「設計翻轉、地方創生」，有鑑於臺灣過去「一鄉鎮一特色」產業的政策問題，在一個鄉鎮找出一個特色進行扶植，卻同時失去其他原本紮根於當地、具文化差異、豐富多元的地方特色，所以，一個地方的「DNA」是誰的及由誰認定的「DNA」？而「設計翻轉」也令人擔憂，「設計」從西方工業革命擴大發展以來，設計與現代社會的現代性之間關連密切，臺灣政策運用「設計」來「翻轉」，正好造成當地「地方性」因為「設計」而呈現現代化及同質性。在各地原本因歷史發展脈絡不同，而有所不同的「地方性」，卻在西方、菁英、學院派的設計與翻轉之中，逐漸相同，地方特色差異逐漸消失。

　　所以，我們可以發現在臺灣各地方目前存在一個問題現象，就是只要政府愈是投入愈多經費、專業者進入愈是頻繁的地方，反而愈是失去自己原有的「地方性」，產生各地同質化現象。而現今只剩下離島、偏鄉地區，由於政府政策不多、經費預算不足、專業者介

入較少，反而存在著自己的地方特色。

　　「地方性」在臺灣各地，都需要一再反思「是誰的地方性」？因此，在此再次回應臺灣地方發展的特殊性，以及再次強調「the locals」是「本地人」同時是「地方性」的特定用意。「地方性」（the locals）是：「本地人」在「本地」的「本地性」。

廖世璋

寫於 COVID-19 臺灣疫情三級期間，臺北象山，2021.6.1

黃光男　校長序

　　作者世璋老師的前一本學術著作是《文化創意產業》，此書籍內容以系統方式建立起在台灣推動許久卻又普遍缺乏的文創產業之基礎知識體系，而我自己在多年來也曾研究及發表過許多文創產業的相關著作及文章，但是，總還是會交代自己的學生們要好好研究世璋所論著的《文化創意產業》，而且他的著作總是要來來回回閱讀幾次才能瞭解其深入的內容。

　　我瞭解的世璋老師，他的學經歷及專業背景是相當多元與跨界的領域，如同「地方文化產業」此一研究主題所涉及的內容領域相當複雜，是將「文化產業」本身再加入「地方」之研究，因此，更是需要像世璋這樣具有跨眾多領域的專業知能，才能以更多元的立論觀點與開闊的專業視野等，來分析如此複雜的研究主題。

　　之前，在我擔任政務委員、國立台灣藝術大學校長等期間中，相當關注各地方文化的發展，以及與地方藝術產業相關的議題，並且我認為從事藝術創作的靈感，其泉源來自於土地，也就是，地方文化將滋養藝術工作者成為創作的動力。而世璋在本書內容中，更是進一步陳述此理念及相關作法，並非常強調在地自己的「地方性」及其獨特的文化差異特質，並且為基礎原料才能更進一步培養及創造出各種具有原創性的藝術能量及相關產業。

　　本著作奠基在前一本《文化創意產業》的基礎知識之上，更進一步研析「地方文化產業」專題，整本書的內容架構，從剛開始的第一章中，探討「地方性」的抽象理論，在此將地方研究拉高到科學哲學的理路來進行思維，在第二章整理及研析了地方空間的相關理論研究，在第三章內容中，主要論述地方治理的政策觀點與治理技術，之後，第四章中將研究重點落實到進入一個地方時，具體的地方調查方法與地方民眾的參與式規劃，並且補充前面各章節比較抽象的地方理論內容。

　　在第五章中，提出以地方博物館為地方文化產業發展的核心等理念，因此先探討博物館的科學哲學及範型特徵，以及博物館與地方發展的重要關係，在第六章中，進一步落實且具體提出有關博物館的在地經營計畫與地方策展技術等，而我長期關心各地博物館發展，深知世璋的一番苦心，也覺得博物館應與在地發展相互連結，必能創造多贏的局面。

　　在第七章提出以文化產業策略成為地方發展計畫，且全面性的思考文化產業對地方整體帶動的價值與效益，第八章及第九章，是將一個地方視為一個品牌來加以經營，提出地方品牌、地方文化行銷等概念及操作方法，在最後的第十章中，更進一步處理地方文化產業中產品生產的「S.O.P.」計畫，促使地方上許多美術、工藝、編織及特色餐點等，都能讓更多居民們一起參與創作或生產，進而促進一個地方走向居民們集體投入生產的地方文化產業化之過程。

　　此書是目前極少數能針對「地方文化產業」，一方面深入專題研究，又同時能建立全面性知識系統的跨領域專門著作，也因此，相當期待世璋這一本《地方文化產業研究》著作，能影響各地的地方發展。

國立台灣藝術大學

前校長

蕭耀男

西元 2016 年 2 月 3 日

張國恩　校長序

　　從知識研究的歷史發展脈絡來看，在過去對社會產生重大且普遍性影響的研究貢獻，有許多都似乎不是來自於學術期刊而已，因為畢竟翻閱學術期刊的人數相較於出版著作的人數，較為稀少許多，更何況一些研究主題的性質比較合適以著作形式進行論述與整理，尤其是在理論研究方面以著作形式發表，在知識研究與論述過程中，將因為不受期刊字數等條件限制，而能更具清晰性、完整性及系統性的呈現，才能建構出一整個研究的專門領域。因此，本校相當鼓勵學者能以專門著作方式進行學術發表。

　　「地方文化產業」一直是一個複雜的研究主題，更牽涉許多跨部門的學術領域，以著作方式呈現理論研究會比單一地方主題研究更為全面性，本書籍《地方文化產業研究》便是跨越不同學術領域的論著，將複雜的地方議題以系統性的方式進行寫作，是國內外少數能完整建構理論的專業學術研究，作者廖世璋老師因為過去學經歷背景及研究範疇等十分難得的跨越眾多相關領域，更長期參與地方文化產業相關議題，並投入超過三年的每日研究寫作，才能完成這部《地方文化產業研究》專業書籍。

　　不同知識領域的跨界整合是目前全世界各地的重要發展趨勢，本校也基於研究與校務工作的長期發展，與國立台灣大學、國立台灣科技大學等，三所學校合作共同成立「國立台灣大學系統」，此系統一方面突顯出學校各自專精的領域及特色，一方面又同時進行不同領域的跨界多元連結，就如同本書一樣是一個整合多領域的學術著作。

　　另外，本書《地方文化產業研究》是一個跨越多元學術領域的研究工作，而初估本校與地方文化或地方產業等相關的系所，至少包括：社會教育學系、創造力發展碩士班、國文學系、歷史學系、地理學系、台灣語言學系、台灣史研究所、美術學系、設計學系、藝術史研究所、環境教育研究所、工業教育研究所、圖文傳播學系、運動休閒與餐旅管理研究所、大眾傳播研究所、歐洲文化與觀光研究所、音樂學系、民族音樂研究所、表演藝術研究所（及學士學程）、流行音樂產業碩士專班、企業管理系所、國際時尚高階管理碩士專班等系所。

　　此《地方文化產業研究》是作者針對前一本2011年出版的《文化創意產業》著作，

以「地方」為主題而更進一步延伸及深入的專題研究，值得一提的是前一本《文化創意產業》一書，曾經送本校正式外審並獲得「傑出專書」之殊榮，而本書《地方文化產業研究》亦期望能對台灣當今社會各地發展有所貢獻，尤其目前以地方為主的各種議題，在全世界及台灣各地皆日趨重要，地方文化產業也愈來愈加蓬勃發展。

國立台灣師範大學
校長

張國恩

西元 2016 年 2 月 8 日

謝誌

　　本研究之出版，最需要感謝在不同領域曾經教導過的所有老師們，即使你們不一定知道，但是在我內心之中由衷感謝，沒有你們就不會有我。而我自己在跨越各種領域的學經歷過程中，雖然辛苦但也感到十分有趣且令人覺得人生的豐富。

　　在此，首先要非常感謝的是匿名協助審查的兩位評審老師，謝謝你們的專業意見，讓本研究更加完備。

　　另外，要感謝巨流出版社所有的工作人員，沒有你們本書無法正式出版。

　　而在台灣師範大學的研究生們：芷維、笛凱、億萱、亞廷等人，也謝謝你們的協助校稿，減少一些不當的錯字等，你們也是本書的第一批讀者。

　　由於我在台灣各地擔任各種政策研討、學術期刊、專案計畫等相關的諮詢、審查、研究、規劃等工作，深知（也希望）文化創意產業需要邁向「在地發展」的重要性及前瞻性。然而，發展地方文化產業的最根本基礎，是來自於我們對於自己「地方性」價值的認知與掌握。

　　最後，將本書獻給關懷台灣這塊土地（及「地方性」）的所有人，在全球資本主義的潮流脈絡中，我們許多地方似乎無法單獨存在於外。因此，才需要將部分轉變成為地方產品且透過大量消費來讓地方式微文化得以延續，但地方文化的長期發展卻應該重要於商品化，而且並不是所有的地方文化都需要（或都能）商品化。

　　無論從事社區營造、文化企業、社會企業、地方博物館、或其他地方文化治理等工作，都可能需要發展地方文化產業，但發展地方文化產業並不能為販賣地方文化而商品化，反而應該是為了要讓地方文化永續化進而採取的策略及方法。

　　地方加油！台灣加油！

廖世璋

台北象山

2016 年 2 月 14 日

目 錄

圖目錄

表目錄

作者研究導讀

　　由於本研究涵蓋地方的抽象理論，以及地方文化產業的實務技術及操作方法等，為從地方理論、地方調查、地方分析、地方規劃、地方執行等過程的地方文化產業研究，也因此讓整個研究寫作時間，超過三年之久。

　　研究出版。本研究成果原本是要以兩本專業書籍來分別發表，而共同結合發表的研究書籍，原訂其中一本是「地方」理論研究，另一本是「地方文化產業」實務技術及操作方法之研究。但後來考量如果將兩本分開出版，第一本僅僅論述「地方」理論，將產生理論過於抽象，且對地方文化產業的實務技術及方法瞭解不足，而無法真正改善各地方實際操作的實踐工作。另外，如果只是研究「地方文化產業」的實務技術與操作方法，將可能因為未清楚辨認「地方」重要基礎本質之前提下，又過於偏向產業的生產方法及市場導向，發展出來的地方品牌或地方文化產品反而帶來更多與地方特質相互矛盾、衝突或脫節等的地方問題。因此，本研究特別強調在發展地方文化產業之前，需先深入地方調查分析「地方性」（the locals）。

　　研究背景、動機及緣起。2005 年聯合國教科文組織（UNESCO）通過《保護及促進文化多樣性表達公約》（Convention on the Protection and Promotion of the Diversity of Cultural Expressions）的 10 年之後，在 2015 年年底，全球歷史性的第一次調查繪製出《文化創意產業的第一個世界地圖》（Cultural times：The first global map of cultural and creative industries），此份全球調查研究對文化創意產業來說，是一個歷史時刻更具有特別意義，因為在此報告中顯示出一個重要訊息，就是在全世界各地方出現「文化創意的世界是多極的（multipolar）」的蓬勃發展現象，其中「亞太地區收入佔 7,430 億元美金（是全球文創產業銷售額的 33%）和 1,270 萬個工作（是全世界文創產業就業的 43%），為全世界第 1，而歐洲及北美是第 2 和第 3 大文創產業市場，拉丁美洲、非洲和中東分別排名第 4 和第 5，每一個世界區域正在開發它自己的動能」（EY，2015：8）。可見得，文化創意產業在全世界各地方各自多極的引領全世界之發展，是一個各地方發展的重要議題，尤其是在 2015 年亞洲地區其產值及就業數還是全球第一。

　　本研究起初觀察到文化創意產業在地方發展的各種現象及問題，並認為文創產業發展應與地方整體發展連結，此概念也正如上述聯合國及國際組織聯合研究調查報告中，指出「文化創意產業提供城市的吸引力，使得城市更加宜居，並建立公民的地方認同。」（同

上：9）等結論，突顯出「地方」文化產業作為研究主題之對於當前發展的重要性與價值貢獻。

研究基礎觀點。本研究提出一個「地方性」（the locals）的理論概念，並認為「地方文化產業是地方性用於市場的再生產過程及結果」。本研究認為，由於「地方文化產業」與一般文化創意產業其差異在於「地方」（local），於是先研究「地方」相關理論，認為「地方」是社會生成過程與結果，以及地方是由空間來承載及在空間實踐等，開始為關注「地方」的重要性並反思地方問題，透過國內外各相關理論的研析，進一步確立且提出「地方性」此理論概念，作為被研究的聚焦對象，並依「地方性」作為研究基礎及立論觀點，再進一步討論如何再生產成為地方文化產業。

整體研究架構。也因為依「地方性」作為整個研究的基礎觀點，故而再重新整理研析相關理論，並提出整個研究架構，也就是，從開始「地方」的研究命題及初步觀察到後來提出一個「地方性」的研究概念，重新依此概念進行理論整理分析，並提出研究主軸與架構。有關本研究的論述基礎及整體研究架構，如圖0-1所示。

也就是，研究架構開始為研析地方相關的社會文化及空間理論，並提出「地方性」為論述基礎觀點，之後分析進入一個地方進行地方調查以及地方文化資源盤點之方法，同時也設定地方博物館等文化設施為引導整體地方文化產業發展之核心，故論述地方博物館的理論範型以及地方經營計畫與模式等，並再進一步論述地方文化產業相關地方創新計畫及規劃方法，再分析如何進行地方品牌規劃以及地方文化行銷，最後分析發展居民們可集體共同生產的地方文化產品「S.O.P.」（standard operation procedure）方法等。

本研究整體分為「理論篇」及「實務篇」，這是為方便讀者閱讀而已，實際上理論與實務二者極不容易清晰精準的完全區分。在「理論篇」的5個章節中研析及建構「地方性」相關的理論及概念，在「實務篇」的5個章節中分析操作執行地方文化產業相關實務工作的計畫、技術與方法等。在各階段中，從地方性的社會文化及空間等基礎理論到各種地方分析與實踐技術方法之分析與論述，以期望能出現更多各種因地制宜的地方文化產業實際的實踐行動，提升國內整體地方文化產業的發展。

相關理論及案例之研究方法及論述方式。本研究除了提出「地方性」的理論概念，以及以文獻收集法等研析相關理論之外，在實務案例研究方面，主要採取個案研究、實際田野調查及訪談、觀察記錄法、案例文獻收集等方法。然而，由於並沒有一個成功的地方案例，可涵蓋本研究內容中所有論述的各種論點，同時也因為本研究過程所調查及分析的地方相關案例，其數量相當龐大，為讓研究內容重點更為清晰呈現，以及考量整體內文鋪陳的流暢性等因素，在研究內容撰寫策略上，主文部分以論述有關理論、概念、分析、技術

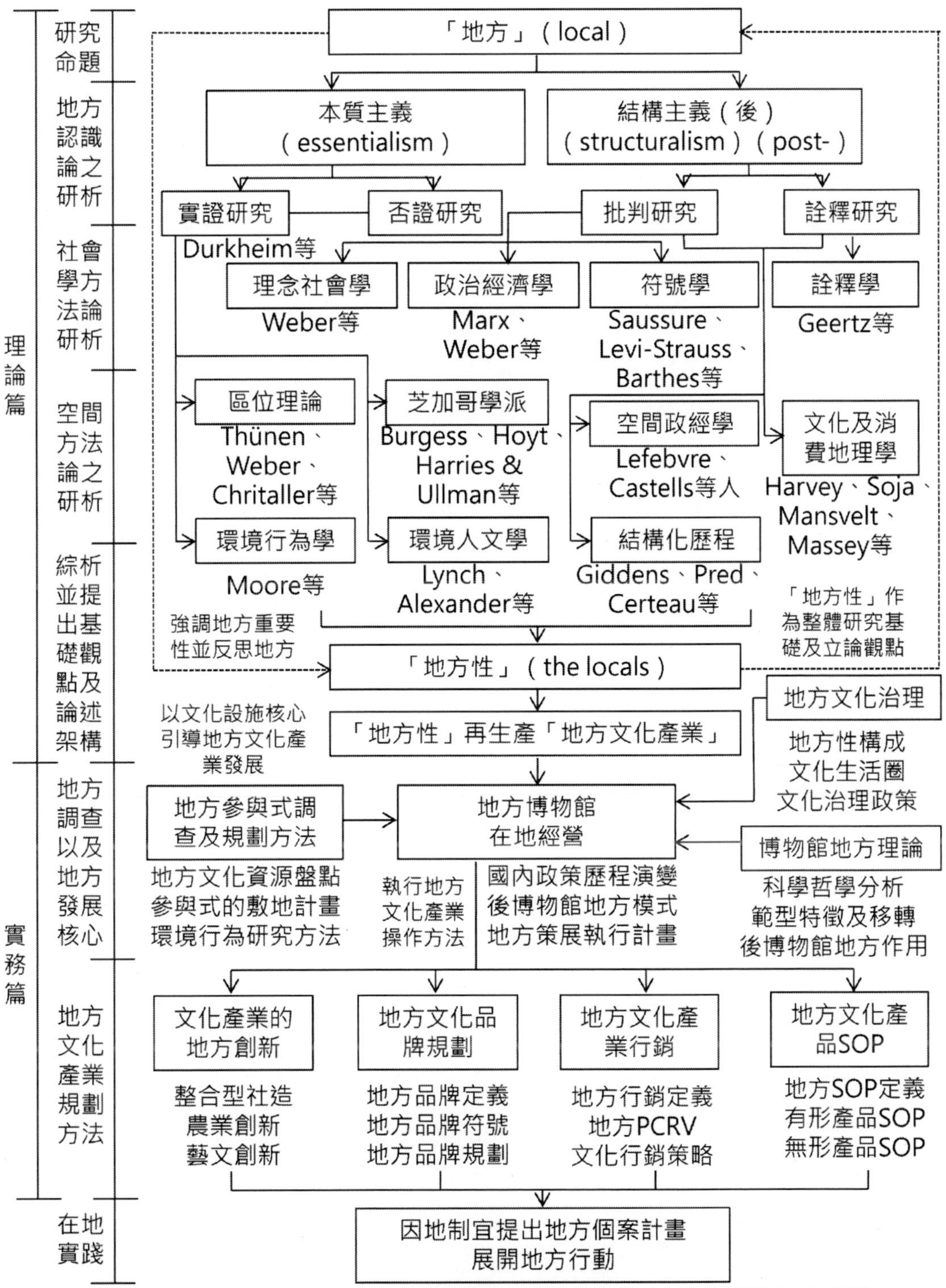

「地方」（local）

本質主義（essentialism）　結構主義（後）（structuralism）（post-）

實證研究　　否證研究　　批判研究　　詮釋研究

Durkheim等

理念社會學　政治經濟學　符號學　詮釋學
Weber等　Marx、Weber等　Saussure、Levi-Strauss、Barthes等　Geertz等

區位理論　芝加哥學派　空間政經學　文化及消費地理學
Thünen、Weber、Chritaller等　Burgess、Hoyt、Harries & Ullman等　Lefebvre、Castells等人　Harvey、Soja、Mansvelt、Massey等

環境行為學　環境人文學　結構化歷程
Moore等　Lynch、Alexander等　Giddens、Pred、Certeau等

強調地方重要性並反思地方

「地方性」（the locals）

「地方性」作為整體研究基礎及立論觀點

以文化設施核心引導地方文化產業發展

「地方性」再生產「地方文化產業」

地方文化治理

地方性構成文化生活圈文化治理政策

地方參與式調查及規劃方法

地方博物館在地經營

博物館地方理論

地方文化資源盤點　參與式的敷地計畫　環境行為研究方法

執行地方文化產業操作方法

國內政策歷程演變　後博物館地方模式　地方策展執行計畫

科學哲學分析　範型特徵及移轉　後博物館地方作用

文化產業的地方創新　地方文化品牌規劃　地方文化產業行銷　地方文化產品SOP

整合型社造　農業創新　藝文創新

地方品牌定義　地方品牌符號　地方品牌規劃

地方行銷定義　地方PCRV　文化行銷策略

地方SOP定義　有形產品SOP　無形產品SOP

因地制宜提出地方個案計畫　展開地方行動

研究命題

地方認識論之研析

社會學方法論研析

空間方法論之研析

綜析並提出基礎觀點及論述架構

地方調查以及地方發展核心

地方文化產業規劃方法

在地實踐

理論篇

實務篇

圖0-1　本研究「地方性」論述基礎及「地方文化產業」整體研究架構

等內容為主，有關各種國內外地方相關重要案例之分析或基於論點所延伸而來的補充內容等，則盡量採取註釋方式進行說明，而不出現在主文內容之中，以避免產生主文內容與地方案例或延伸內容等過於交互混雜，而造成研究內容失焦、混亂等情形。另也基於國外各地方相關案例數量眾多，因此盡量論述自己親自現場實地調查記錄及整理分析之個案。

　　本研究強調地方博物館為地方文化及文化產業的重要作用之概念。這是因為文化產業是運用知識及文化生產及消費的產業，而地方博物館正好是一個「地方知識及文化的集合場域」。這說明在本研究中為何要將地方博物館設定為引領地方整體文化產業發展的核心，此概念如同上述聯合國教科文及其他聯合調查的國際組織在此 2015 年的研究中，亦指出：「世界一流的文化基礎設施是城市發展的催化劑：建設一個博物館往往提供機會參與大型城市發展計畫，以及發展出環繞在文化及創意產業的新『城市品牌』。這樣的旗艦項目帶動一個城市對觀光客、菁英人才及高技術工人的吸引力。」（同上：9）。雖然，各地方的博物館並不一定每一個都是世界一流的文化設施，但同樣的在地方上也可能具有相同的功能與作用。這也是為何本研究會以地方博物館來帶動地方文化認同、地方文化產業、地方品牌等。

　　另，如此也是為了解決各地出現大量的蚊子館問題，更何況在 2015 年已正式通過《博物館法》，許多過去被認定的博物館架構在此法規下，將重新檢視因而無法適用，並可能產生大量過去自我「認定」的博物館無法成為「法定」博物館，因此這些大量的蚊子館有極大需要轉型的壓力及危機。

　　本研究強調這些博物館更應與當地緊密連結，強化地方角色及作用，成為地方整體文化發展、地方文化認同、地方文化產業等核心。博物館加強了自己的在地任務，不僅有助於地方整體發展，也有助於自己館所的長期經營。而且這些大量、可能無法適用新法規的博物館，反而可以有別於傳統的現代博物館而以更活潑、多元的在地經營方式，成為地方核心角色且地方可藉此發展更為濃厚的地方特色。

　　在地方上，確實需要文化核心來帶領地方發展自己的地方特色，因此本研究認為不只是地方博物館，地方上的各級學校、社區大學、古蹟再利用館舍等，甚至是廟宇、地方活動中心或其他公共場所，都可強化文化色彩並轉型為地方文化核心館所。由於地方要發展自己的文化產業時，需要一個地方文化核心來進行居民們的教育訓練、或地方品牌與產品的行銷、推廣等工作，因此，在本研究中特別在部分章節內文中論述地方博物館之相關理論與實務技術。

　　章節設計。對地方抽象理論感到興趣的學術研究者，建議可從第一章開始至最後第十章，而對發展地方文化產業計畫、文化產品等實務計畫有興趣的操作者，則可從最後的第

十章開始往前至第一章。這是由於本研究在章節的鋪陳設計上，愈是前面章節是愈抽象理論，而愈後面章節則是愈具體的實務操作。

各章節重點導讀。本研究認為「地方及地方性是社會生成的過程與結果」，因此在第一章主要深入研析及論述有關地方及地方性等相關社會文化的理論，另外，本研究也認為「地方及地方性是由空間來承載也同時在空間中進行實踐」，因此，在第二章主要研析及織理地方空間相關理論。

由於第一章及第二章過於抽象理論，故在第三章則具體化從「地方文化治理」概念論述地方文化及其文化政策等，在第四章則延續前面各章節論述的地方文化、空間及治理等理論，進一步闡述進入一個地方進行地方調查時，其相關的參與式調查理論、方法與規劃等。

在第五章以地方博物館理論及第六章分析博物館的在地經營內容，目的是將博物館作為一個在地文化核心角色，以及具有發展文化產業之地方作用與功能，而第七章則以地方文化產業作為地方整體發展的創新計畫為主，討論有別於目前社區總體營造的整合型社造的概念與作法，在第八章內容則將這些地方經營方式具體化與品牌相互結合而成為地方品牌，第九章更進一步分析地方文化品牌或產品的行銷策略，在第十章中，分析這些素人居民們如何參與地方文化產業的生產，因而提出地方文化產品「S.O.P.」計畫及共同生產方式。

以下簡述各個章節部分重點：

第一章「地方及地方性理論」。本章內容提出「地方性」（the locals）是地方不可替代的重要內涵，同時也是一種「論述形構」（discursive formation）（Hall，1997：6），以及我們對於「地方性的論述工作本身就是一種地方實踐」，並比較東西方的地方文化之差異，以及東方如何受到西方的影響等。

第一章第一節「地方及地方性的認識論及概念」。主要從不同認識論的角度出發來探究地方理論及地方性，並闡述社區此中文名詞應該更名為具有認同感的「共同體」（community），並分析共同體的類型，另外，從「本質主義」（essentialism）、「後結構主義」（post-structuralism）等不同的認識論概念去分析地方與地方性的內涵，進而在本研究中提出「地方性的想像」（local imagination）概念，以此概念嘗試來說明地方以及其成員之間的互動過程及差異，接著以「賦權」（empowerment）概念分析其對於地方性的生成作用。

第一章第二節「地方性作為社會文化研究之方法論」。則論述地方性作為社會文化研究之方法論，研析不同社會文化研究之學派、或學說等，不同的研究取向與地方性研究觀點之關係等，而「意識型態」為許多社會文化研究學派、學說的重要觀點，因此再以此概

念進一步延伸反思與討論，最後，再回歸到對地方文化的論述，因為地方文化對於地方性的生成及移轉具有直接與間接的影響性，並提出七個地方文化作用類型共同形成一個地方的地方性。

第一章第三節「地方性的後現代及全球化」。為將一個地方的地方性置於全球化及後現代社會的歷史脈絡中，透過地方性的「反身性」（reflexivity）、「他者」（the others）等概念進一步理解地方性，以及在此比較國際化、全球化與地方發展關係，之後，進入討論地方性與後現代文化之關係，以及地方性在後現代社會出現的文化現象等，像是：地景的「拼貼」（仿作，pastiche）（Jameson，1984）與地方性的「擬像」（simulation）（Baudrillard，1983a）等，以及許多地方逐漸形成失去主體的主題性，之後，以後結構主義方法論觀點闡述地方性與解構主義、文化結構與能動性之現象。

第二章「地方及地方性的空間理論」。為接續第一章的地方理論而更進一步討論地方的空間理論，因為「地方」經常以「空間」形式被體驗與研究。

第二章第一節「地方空間理論及概念」。以空間的結構概念先討論空間的系統性、層級性、虛體及實體等，且分析地方空間的中心與邊緣性，以及提出形塑地方性的三種動力模式，並引用 Foucault（1972）「真理政權」（regime of truth）的概念，以及強調地方空間是一種具有權力關係的論述實踐，另外，在「空間的生產」（Lefebvre，1991）概念下，提出三個不同層次的地方性之地方實踐與表徵系統。

第二章第二節「地方及地方性的空間方法論」。則進入較為全面性的討論有關地方及地方性其各種「空間」方法論，分析各個空間研究相關的學派、學說等概念，其與地方性的連結關係、差異與啟示等，從古典主義到現在等各研究領域，包括：區位理論、人文生態、環境行為研究、環境人文研究、空間之政治經濟學、文化地理學、消費地理學、結構化歷程等，以及分析其在方法論上不同的科學哲學基礎，包括：實證（否證）主義、行為主義、新馬克思主義、結構（後結構）主義等觀點。

第二章第三節「地方文化認同、意象及象徵」。則以專題方式討論地方文化認同、地方意象及地方的象徵性，因為這些都是重要的從空間對象中所認知、感受及記憶中之地方性，包括：宏觀的角度，由 Kevin Lynch（1960）五個元素構成的地方性特質，以及從微觀的角度，分析個人在地方上其地點感及感覺結構的形成過程，並進一步論述在地方空間的生產與消費過程中所形成的地方性。

第三章「地方文化治理」。主要連結前面兩章較為基礎的社會文化及空間理論等，以更為具體化的角度研析並論述有關「地方性治理」的相關概念及方法，並作為接下來要進入地方進行地方調查、地方博物館、地方品牌及行銷等實務操作前，所需要的相關內容。

第三章第一節「地方性的構成及地方文化資本」。主要分析地方性的構成要素，像是：地方結構、地方體系、表徵系統等，再加入國內社區營造經常使用的「人文地產景」等分析項目，可以對於地方進行深入調查研究。而地方性本身也是地方「文化資本」（cultural capital），在此借用 Bourdieu 將「文化資本」的三種形式：內化形式（embodied state）、客觀化形式（objectified state）、制度化形式（institutionalized state）等（Bourdieu，1986：243），用於分析一個地方對象。

第三章第二節「文化生活圈治理」。在此分析文化生活圈的概念，並以「中地理論」（Christaller，1933）重新研析及論述「文化生活圈」理論，包括：文化生活圈的文化中地、文化中心性、文化服務旅程及需求門檻、腹地、階層、文化活動內容原則、交通原則、文化治理原則等，並提出文化生活圈其理論的問題以及在實際執行時的發展課題。

第三章第三節「地方文化治理與文化政策」。由於地方文化治理與地方文化政策息息相關，因此先論述「文化治理」（cultural governance）此概念是過去由上而下的政策制訂及執行方式轉變為文化機構、文化企業及文化團體等以「夥伴關係」，在地方上共同協力發展，也就是，分析由過去「文化統治」到目前「文化治理」之範型特徵及其移轉過程。而「文化治理」層面包括：文化政治、文化經濟、文化參與等。之後，討論地方文化政策與文化行政等內容，最後並指出從事地方文化治理，其地方文化資本、文化四生（生活、生產、生態、生命）、文化政策、文化行政、文化指標等如何從地方文化基礎底蘊到落實地方文化治理工作。

第四章「地方參與式調查規劃理論」。則開始進入一個地方其地方性相關調查研究方面的分析。

第四章第一節「參與式敷地計畫理論」。修正原本以專業者為導向的敷地計畫程序，形成更強調當地居民參與共同完成調查及規劃的參與式敷地計畫理論及步驟，並且引用環境適宜性分析法來調查地方特性，之後，提出強調「以人為本」的地方設計概念與作法。

第四章第二節「地方文化資源盤點」。主要論述地方文化資源盤點調查之概念、盤點內容及方法等，並以人、文、地、產、景等常用的社區營造類型來加以說明地方文化資源盤點調查的操作運用方式。

第四章第三節「環境行為研究」。則論述以居民為地方主體的田野調查方式，也就是，針對居民的環境行為研究，並提出在環境行為研究中調查及分析的三種量（物理量、生理量及心理量）及其調查計畫操作之方法。而在第四節中，更進一步以「遊戲」的概念作為進入地方進行調查時的重要策略，讓地方居民能在熱絡的過程中被動員起來共同參與計畫，因此，在此提出幾個重要的遊戲調查方式，包括：視覺方面的運用「心理地圖」

（Kevin Lynch，1960）、表演方面的「地方劇本」、遊歷方面的「地寶遊戲」等。

第五章「博物館地方理論」。為有鑑於地方發展文化產業時，各地需要許多各種文化核心來帶領地方整體的文化及產業之發展，加上台灣各地有大量的蚊子館需要轉型，因此，從基礎理論著手，論述博物館在各階段發展的「範型」（paradigm）及其「範型移轉」（paradigm shift）（Kuhn，1996）之特徵與因素。

第五章第一節「博物館範型的科學哲學分析」。為本研究提出「地方博物館為一個地方知識的集合場」以及「地方博物館是地方知識的生產、消費及交換的場所」等概念，並從科學哲學角度深入探究此地方知識集合場的本體論、認識論及方法論等領域之內容。

第五章第二節「博物館範型特徵及範型移轉」，則更研析並論述過去一般傳統的現代博物館至當今的「後博物館」（post-museum）（Hooper-Greenhill，2000）等範型之發展脈絡、範型特徵之比較，以及強調在當今的後博物館範型的在地角色、功能與對於地方性發展的作用等。

第五章第三節「後博物館範型的地方作用」。在此，則更進一步的以博物館的典藏、研究、展示（教育）、推廣等角度，深入分析有關現代博物館與後博物館之間的特徵差異，並藉此更清楚瞭解後博物館的範型特徵，而後博物館範型更是強調與地方的連結性、民眾參與、在地實踐、地方共生與因地制宜等重要特徵。

第六章「博物館在地經營」。主要延續第五章的理論內容，並將研究的焦點放在博物館在地方發展、在地經營等，其在地方上的相關作用、功能與技術等內容。

第六章第一節「國內博物館範型及政策歷程與問題分析」。為先研析國內博物館範型的發展歷程及其範型移轉的因素等分析，用以理解目前各地方博物館發展的脈絡與問題，包括：國內博物館發展其各階段範型特徵及政策演進過程，分為：「殖民文化的展示場」（日治時期）、「國家文化機器」（1945 年至 1973 年）、「地方文化建設櫥窗」（1974 年至 1993 年）、「地方文化生活中心」（1994 年至 2001 年）、「文創產業的地方據點」（2002 年至 2014 年）、「法規正式化身分」（2015 年之後）等及其問題分析。

第六章第二節「地方博物館經營計畫」。由於本研究相當強調地方博物館的在地角色與地方作用，在此將重點落實到地方博物館的經營計畫，並在此討論一般博物館的地方行政與經營實務、技術及方法等。

第六章第三節「後博物館的地方經營模式」。則接續上述第二節以一般傳統的現代博物館為分析架構，在此章節中主要分析有關後博物館的地方經營模式，從後博物館範型的概念重新定義博物館的在地功能與作用，包括：博物館為地方知識中心、文史中心、教育訓練中心、地方文化產業推廣中心、文化活動中心、地方觀光中心、地方文化永續發展

中心、地方認同中心等多元角色，且後博物館可能需要再從「地方產值圈」概念，重新思考地方文化產業的整體發展，包括：原創產值圈、核心產值圈、衍生產值圈、外部產值圈等不同地方層級。另外，在地方博物館與整體地方共生共融之概念下，提出以博物館的「名」帶動地方發展文化產業的「利」等「名利雙收」概念的經營模式。而在此也同時論述博物館作為一種地方發展的「觸媒」效應、將「社會企業」（social enterprise）及地方共生概念等引入博物館在地經營模式之中。

第六章第四節「地方策展計畫」。則主要分析有關博物館的地方策展技術，並特別針對地方主題及內容等，像是：科學展以地方自然環境、科學原理為主；歷史展為地方歷史文化為主；美術展以地方庶民藝術、地方美術為主等，並分析這些地方展覽活動與一般現代博物館內的常設展或特展活動之差異與特徵。最後，分析及論述地方策展的實務技術，包括：策展論述、布展策略、展示技術等三個重要層面。

第七章「文化產業的地方創新計畫」。在此更進一步具體的進入整體地方發展，並以較大的視野去分析論述地方創新計畫，透過一些創新的計畫促成地方文化產業在地方產生整體性、系統性、連動性、層級性的發展，而不是只是去思考如何作出一些小產品而已。

第七章第一節「整合型概念的社區總體營造」。為事先提出一個「整合型」概念，並將「社會創新」（social innovation）、「社會企業」（social enterprise）、「地方文化產業」（local cultural industries）及「社區營造」（community empowerment）進行概念分析、相互比較及互補等論述，並提出整合型概念及「ABC 地方行動法則」循環過程，以方便落實地方實踐工作。

第七章第二節「地方文化產業的農業創新方案計畫」。由於在台灣各地有許多寶貴的農村（及漁村）資源，可在發展地方文化產業時，以各種農村資源作為地方文化產業的創新發展計畫，因此在此分析像是：「社區協力農業」（C.S.A.，community supported agriculture）計畫來照顧小農，或是以「地方文化產品故事合作社」計畫，將農產生產與故事生產結合，而符號化農產品並因地方故事獨特性而增加文化價值，並將原本被視為地方的「暗點」，因不同視野及思考而變成「特點」，透過行銷再策略性的變成「亮點」，放入市場因素之後變成「賣點」。另外在此，也分析其他作法，像是：工作假期、都市菜園及可食地景（edible landscaping）等計畫。

第七章第三節「地方文化產業的藝文創新方案計畫」。則從另一個藝術文化的角度來思考地方文化產業的發展計畫，包括：藝術文化的展演計畫（「展」為素人藝術村計畫，以及「演」為環境劇場計畫）、藝術旅遊的地方文化觀光計畫、因應生活潮流的身心靈文化產業計畫等，其中，素人藝術村是將居民視為素人藝術家，且在地方上集體創作各種藝

術作品而成為地方特色,環境劇場則是由居民們為演員、在地方戶外環境從事集體藝術表演。

第八章「地方品牌」。本研究在此提出「地方品牌」就是將「地方以品牌概念來規劃與經營」之作法。

第八章第一節「地方品牌定義」。因此,在第一節中事先定義「地方品牌」,同時也在此強調地方品牌風格,主要來自於最為基礎的「地方性」。另外,分析地方品牌其對內及對外的功能及各種類型,也進一步釐清地方品牌文化與地方文化品牌之關係,以及一般產品的品牌與地方品牌之間的異同之處,像是:品牌識別、品牌個性、品牌文化、品牌形象、品牌定位、品牌資產等概念,透過比較而更清楚理解地方品牌的特點。

第八章第二節「地方品牌符號及構成」。則將地方品牌置於「符號學」的領域之中進行分析,引用許多符號學的理論重新詮釋地方品牌文本及其構成符碼等,並再次強調地方特質的重要性,以及提出從地方文化底蘊到多層符號表意系統之生產與消費關係之概念,以及提出在地方上個別符號如何具體化及產生認知的過程進行分析,之後,以引用品牌的七大要素(Hanlon,2006):起源故事、信念、象徵、儀式、非我族類、通關密語及領導人等概念,論述在進行地方文化資源盤點時與七大要素之間的對應及關聯性,並依此概念來分析不同地方品牌類型(少數專家達人、多數居民素人)的構成方式。

第八章第三節「地方品牌規劃」。為事先分析一般企業品牌的「企業識別系統」(C.I.S.,corporate identity system)概念,之後因應地方品牌自己的特性,本研究將其原有理論加以修正,並在此提出關於地方品牌的「共同體認同系統」(C.I.S.,community identity system)論述,也包括其他相關地方品牌的規劃及理論。

第九章「地方文化產業行銷」。在此,進入地方文化產業行銷主題,論述有關地方行銷、文化行銷等相關概念及方法。

第九章第一節「地方文化行銷定義」。為事先定義何謂「地方文化行銷」,內容重點則包括:提出地方文化行銷的「3I」:地方認同(identity)、地方理念(idea)、地方形象(image)等規劃過程概念,在此除了提出地方文化行銷的類型之外,同時比較一般S.W.O.T. 分析與地方 S.W.O.T. 分析二者之異同及重點。另外,在地方「光影」分析內容中,強調地方差異特質是地方行銷重點,而如何將「亮」點更亮,以及「暗點」重新思考轉變成「特點」、再策略性的轉為「亮點」、置入市場成為「賣點」等光影分析法。在第一節最後,同時論述地方文化行銷「六芒星」分析法,作為地方文化行銷的基礎概念。

第九章第二節「地方文化產業行銷『P.C.R.V.』概念」。則更進一步提出有關地方文化產業行銷「P.C.R.V.」概念,而此概念是從四個角度,包括:「P 行銷」為生產端(供給

端)、「C 行銷」為消費端(需求端)、「R 行銷」為經營端、「V 行銷」為交換端(廖世璋,
2011:205),來進行地方行銷的分析或擬定策略時之重要參考。

　　第九章第三節「地方文化產業行銷策略分析」。在此章節中,主要提出地方行銷的概
念及策略性的作法,包括:地方「雙一」行銷(量:第一、質:唯一)思考方式、地方故
事行銷、角色行銷、感動行銷、動感行銷、事件行銷、精煉行銷、驚奇行銷、傳奇行銷、
聯名行銷等主題策略。

　　第十章「地方文化產品『S.O.P.』計畫」。在此則提出地方文化產品「S.O.P.」(standard
operation procedure)的發展概念及方法,這是基於地方發展文化產業應該是能提供居民們
眾人共同工作,以及共享其帶來的地方經濟等角度,因此在此提出「S.O.P.」的地方文化
產品生產計畫,「S.O.P.」計畫並不是所有地方文化產品的生產模式,但能在短時間內訓練
居民,且大量生產出一定品質產品的方式,並讓居民們獲得就業及經濟產值效益。

　　第十章第一節「地方文化產品『S.O.P.』定義」。為事先定義何謂地方文化產品「S.O.P.」
計畫,以及「S.O.P.」的地方功能,並再討論文化產品其「素人」與「達人」生產的互補
關係,以及運用「S.O.P.」進行地方文化產品進行生產之重點與限制等。

　　第十章第二節「『無形』地方文化產品」。在此為以地方文化活動為主的「無形」地方
文化產品為主,包括:地方節日設計、地方創新導覽計畫、地方特色儀式設計等概念重
點、操作技術及對於地方來的產值圈分析等。

　　第十章第三節「『有形』地方文化產品」。在此則主要以具有物質材料基礎的「有形」
地方文化產品為主題,由於地方「有形」文化產品類型繁多,且發展時需要因地制宜且個
案有異,於是在本章節分析有關「平面」視覺藝術產品及「立體」地方工藝產品,另由於
在台灣各地方經常出現發展自己地方特色飲食之文化產業現象,所以,在最後提出有關地
方特色料理的「S.O.P.」生產計畫、概念以及作法等分析。

　　本研究所跨領域之研究範圍。由於本研究專題為跨領域的研究工作,因此,在此特別
依照本章節的順序,初步整理在各研究內容中所跨越的不同學術領域,分別為:(1) 第一
章:社會學及文化研究(地方性之認識論及方法論、後現代及全球化研究、符號學等);
(2) 第二章:空間文化研究(地方理論、空間理論及其方法論、文化地理學等);(3) 第
三章:文化行政學(地方文化治理、文化政策、文化生活圈治理等);(4) 第四章:環境
規劃學(參與式敷地計畫、地方文化資源盤點、環境行為研究等);(5) 第五章及第六章:
博物館學(博物館之本體論、認識論及方法論研究、博物館範型及其移轉研究、博物館的
地方性、博物館經營、地方策展計畫等);(6) 第七章:社區營造研究(地方整合型社區
營造、地方農業創新計畫、地方藝文創新計畫等);(7) 第八章、第九章及第十章:商學

及行銷學（地方品牌、地方文化產業行銷、地方文化產品生產計畫等）。然而在各個章節中，並非單獨的各自論述屬於該學術領域龐大寬廣的研究內容，反而在進行各章節內容的研究工作時，也融合其他領域有關概念一起論述分析，並且共同聚焦在「地方文化產業研究」的主題。

「地方性」（the locals）的論述實踐及「地方性再生產地方文化產業」概念。本研究提出的「地方性」觀點本身即是一種理論的論述實踐，本研究開始是強調「地方」並同時反思「地方」，在借用及研析相關西方理論的學術潮流的研究環境背景之下，期望能喚起更多地方上的自己人來發覺自己在地的「地方性」，但也需留意不宜過度僅用理論觀點去凝視出不屬於當地而是被召喚而來的情境，有時候在地方上一些被主流論述認為「土法煉鋼」的觀念及作法，由於是由當地原生而來，某些時候可能反而更能符合當地特質及需求。

另外，地方要發展地方文化產業並不能只站在商業市場來考量，因為如此容易造成一方面扭曲了原有的地方文化、又同時失去市場。發展地方文化產業應該是基於目前全世界各地在後現代社會的文化消費、符號消費現象之下，部分地方文化因轉為產品被大眾消費而能發揚光大及傳承延續下來。

在地方文化產業中，「地方性」才是基本原料、也是關鍵，由於「地方性」是地方的文化價值，擁有了文化價值才有可能部分轉為市場價格，因為「地方性再生產地方文化產業」。

理論篇 ——————

第一章

地方及地方性理論

　　聯合國教科文組織（UNESCO）在 2005 年通過的《保護及促進文化多樣性表達公約》（Convention on the Protection and Promotion of the Diversity of Cultural Expressions，簡稱「文化多樣性公約」）中，在第四條（三）定義在地方上「文化的表達」（cultural expressions），其內容指出「這些表達指來自於個人、群體及社會的創造結果及具有文化的內容。」然而，「文化的內容」（cultural content）在公約中同條文（二）為：「從起源或表達文化身分的象徵意義、藝術特色及文化的價值。」

　　在中華傳統文化中，「地方性」是源自於中國人的宇宙觀，認為「天圓地方」，在《周髀算經》中記載「方屬地、圓屬天，天圓地方」，「地方」是一種文化觀，而且在《淮南子‧天文訓》中進一步說：「天圓地方，道在中央。」也就是，中國人所謂的「道法自然」的「道」，講求陰陽五行相生相剋的文化，就在「天圓地方」中間不斷循環的運行。

　　另外，在《晉書‧天文志上》中曾經說：「天圓如張蓋，地方如棋局。」對於中國人的祖先認為天空就像一個大碗覆蓋著大地，而「地方」被比喻成為一種被巧妙人工化的「棋局」，是一種文化實踐的過程及結果。而且在《孟子‧離婁上》中說：「不以規矩，不能成方圓。」，意思就是「天圓地方」的中國文化中，除了象徵天地宇宙之外，也同時象徵建立「規」（圓）及「矩」（方）的禮法，在日常生活中建立人的價值與規範等制度，形成地方秩序、社會文化系統。

　　因此，「地方性」（the locals）是地方的特質，在地方上的「地方性」作為一種可被研究的對象，是相當重要的工作，其原因在於不僅可運用「地方性」的概念，分析指出一個地方重要的地方特色，「地方性」的概念也包括分析及論述與「地方性」有關的地方文化生產及消費之相關因素、作用力及作用部門、特定歷史、機制等一連串的關聯體系等。因此，「地方性」也是包含地方特定內容及其在地方上實踐的過程與特定結果形式。

　　不過，由於對於地方性的研究工作，本身便是一種「論述形構」（discursive formation）（Hall，1997：6），而且對地方的論述形構本身是一種社會實踐，不同特定的歷史條件及法則結構將會產生當時的論述內容（Foucault，1972），所以，對於地方性的論述本身既是一種勾勒成形，更是一種社會實踐。此外，對於地方性的重視程度、地方性研究領域的界定、對地方性特徵價值之取捨、或是有關地方性的相關理論及定義等，都和當時特定社會發展脈絡密切關聯，也就是，地方性是在特定的社會脈絡中被論述成形，同樣的也在特定的社會脈絡中被加以理解與運用，因此，地方性是一種動態的發展過程。其概念如圖 1-1 所示及如下分析。

圖1-1　地方性作為論述形構的生產與消費過程

（資料來源：本研究自行整理、分析及繪製。）

　　雖然在目前後現代社會中，因檢視過去在現代主義時期的「現代性」時，也曾以「他者」（the others）的概念關注其他地區的地方性，但是，在東方或是弱文化地方等地區，於現代社會時期大多標榜以西方的地方性（或強文化地方的地方性）作為自己地方複製的榜樣，因此，形成西方的地方性在全世界各地成為被模仿的主流文化。而這種以西方地方性作為自己弱勢地方發展的化約論（reductionism）作法（西方化約到東方，強地方化約到弱地方），在東方或弱地方各地並不是受到殖民武力的強行壓迫，而是自己願意朝此方向前進，並同時可能會讓自己原本的地方性逐漸移轉或甚至完全消失殆盡[1]。

　　因此，西方（或強地方）的地方性成為全世界主流並且成為客體，以西方（或強地方）的地方主體文化形成全世界各地流行的客體文化。換個角度來說，西方（或強地方）的地方性主體幾乎等於全世界其他弱地方的地方性客體，非強地方各地的地方性主體，受到全世界以西方（或強地方）發展的影響，一方面對於自己的地方特質感到落後並更顯式微，一方面向強地方形成的大環境客體進行仿效，雙重效應更是加速消滅了自己原有的特質。

---

1 「向西方主流文化學習」現象之案例分析：台南市奇美博物館。博物館位於台南市地方公園，而外觀卻極具歐洲風格的奇美博物館，在2015年正式對外開館，是由奇美集團創辦人許文龍集合一生所收藏的文物，首展「我的夢・阮的夢・咱的夢──奇美博物館的故事」展示他的出生及成長的故事，以及他如何堅持心念與實踐力量，才能打造出今天的奇美博物館，在博物館內都是私人收藏的無價之寶，而這些藏品主要是西方藝術史上出現的重要文物、或西方珍貴樂器等為收藏對象。而「奇美博物館表示，目前館方暫定規劃每年將推出2至3檔特展」（奇美博物館，20150130）。

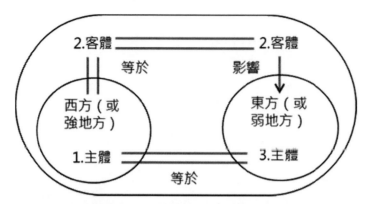

圖1-2 西方（或強地方）對東方（或弱地方）的地方性之影響

（資料來源：本研究自行整理、分析及繪製。）

另外，過去以西方為主的模仿現象，現在不僅是以西方為主而已，包括非西方的其他主流城市也成為許多地方仿製的對象[2]。

　　如圖1-2所示，剛開始為西方（或強地方）的地方性特質等於全世界主流的地方性客體，此客體對東方（或弱地方）的地方性主體產生衝擊並影響當地發展，於是最後東方（或弱地方）自己原有的地方獨特性逐漸消失，最終，東方（或弱地方）的地方性特質逐漸等於西方（或強地方）的次地方性。

　　由上述說明可知，各地的地方性並非靜態不動，因為各地的地方性都是在特定的歷史脈絡過程中流動，只是我們需要注意及反思自己地方性往哪一個方向改變，以及其變動的價值與意義為何。更何況世界各地的地方文化並沒有階級高低之分，只有文化差異，差異反而豐富了文化的多種面貌。

　　因此，對於非西方及文化相對弱勢的我們來說，地方性的研究將更為迫切與重要。然而換個角度來看，目前已經存在以西方等主流的地方性，其實具有另一種功能，就是反而藉助它們幫助自己看到屬於自己的地方性內容。就如同白色在與黑色的比較之下，因為黑色反而更能突顯出白色的白，透過比較反而更能展現出地方差異特性。

　　另外，在國內地方文化創意產業的發展過程中：文化是「原料」、創意是「策略」、產業是「經濟」（廖世璋，2011）。如果對於「原料」（地方文化）不暸解將不容易掌握地方

---

2 「向西方以外的主流城市學習」現象之案例分析：台北秋葉原。台北市學習日本，以「台北秋葉原」概念要打造鴻海公司的三創與原光華商場等地區，「為了打造台北秋葉原，北市財政局擬於本周三和三創協商，確認台北秋葉原的藍圖。財政局表示，初步藍圖分為青年創業、商圈發展等兩大塊，計畫結合八德商圈、光華數位新天地、三創生活園區、華山文創園區、建國啤酒廠等，並和台北科技大學合作，將八德路一帶，打造為3C產業的研發、消費、休閒重鎮。」（邱瓊玉，20150310）

的文化特色，更別說要發展地方產業，甚至還會因為過度發展所謂的創意，反而失去自己原有的地方文化。所以，從理論的角度來分析「地方性」是相當重要的工作，認清「地方性」能有助於看清地方文化特色，以下將「地方性」作為一種可被研究的對象，並從各種不同的理論角度來進行論述及分析。

第一節　地方及地方性的認識論及概念

以下我們要論述分析的內容主要關於地方與地方性在社會文化理論方面的認識論基礎，也就是說，地方及地方性在社會文化研究此知識領域，究竟可以運用哪一些不同的範型觀點來加以認識。另外，在此也同時論述分析在社會文化理論方面，幾個與地方及地方性密切相關的基礎概念，像是：釐清「社區」其實應該稱為地方「共同體」（community）；提出「地方的想像」（local imagination）概念來分析共同體出現的現象；以及地方參與過程中的「賦權」（empowerment）等基本概念，分析如下。

一、地方的共同體

Wenger（1999）以實踐的角度思考及討論社區再造，認為共同體中如何學習、產生意義及向心力認同是重要的工作。「community」在台灣過去都翻譯成為「社區」，而事實上「community」比較適合翻譯為「共同體」之意。這是因為中文的「社區」一詞，似乎只是在描述一個具地理區域的名詞，翻譯為「社區」一詞的問題，如下：

（1）「社區」經常被誤以為是地方政府基於行政管理，所劃分出來的行政區域，像是：各縣市地方的行政區等，但是對於居民的心理認知及地方生活領域而言，卻毫無意義。（2）「社區」也經常被用來指稱一定「空間」疆界的區域，例如：一般的鄉鎮、住宅社區、或是高樓大廈等，但是目前全世界大部分的人口卻都一起居住在都市之中，都市中忙碌的生活方式，卻經常被「時間」給更細緻的劃分到不同的「空間」，也就是居民們從早到晚在不同「時間」產生各種具有目的性的「空間」流動，在不同的時序中接觸到各種不同的團體並產生互動，例如：工作時候的群體、學習的組織、休閒的群體。另外，目前由於資訊網路發達，許多民眾使用網路跳脫現實世界，個人活動與隔壁鄰居毫無關係，現實空間及網路虛擬空間經常重疊，個人擁有屬於自己聯結而成的空間系統，並與社區毫無關係，因此，在都市的「community」應該翻譯成為「社群」而非「社區」。（3）「社區」

一詞似乎缺少成員們具有單一或多元的中心性、認同感等，因成員們內部凝聚連結成為一個團體單元的重要意義。

因此，「共同體」應該是：

（1）由許多成員組成一個具有凝聚力的單元，且具有單一或多元中心的「向心性」，成員們彼此對某一或某些聚焦的議題產生認同，而相互聚集在一起，才稱為「共同體」。

（2）「共同體」的類型，包括：A.「空間」類型：認同的成員聚集在一起的方式，是透過實質空間為媒介及範圍，像是：社區；B.「時間」類型：一個由過去歷史為媒介所形成的共同體，像是：具有某歷史事件的集體記憶，而相互聚集在一起的族群；或是由現在正發生中的時間串連分布在不同空間的社群，也就是與時間同步的不同空間，像是：由網路、Facebook、通訊軟體等所串連起不同地方的社群；C.「議題」類型：一些透過興趣、嗜好、議題或特定關係等為媒介，所組成具有團體特質的社群。

（3）「共同體」內部的成員們因為擁有單一或多元的中心性、認同感，因而成為一個具有意義的單元。

（4）「共同體」不僅是具有實際接觸關係者，也包括虛擬網絡社群中人際關係的類型。

（5）構成「共同體」中的成員們會生產出該單元的集體性，像是：價值、規範、符號或語言等，並可能產生屬於這個單元內部成員彼此之間自己的文化特性，並且向外部顯現成為此共同體的「地方性」，因此由共同體發展出來的地方性，包括：實質空間、心理認知、虛擬網路群組空間等類型。

二、「地方」與「地方性」的認識論

「地方」為具有當地、地區性、局部特性的對象、位置、場域、地區，而「地方性」則是在該地方所存在的氛圍、特色、性質、風格、特殊性等特質，也可以說是所有「地方文化」其外顯的特質。

「地方」可分為：（1）具有「物質」特性的地方，包括兩個形式：A. 正式化地方：以地方治理所區分的正式劃分，像是由行政疆界所區劃的地方等；B. 認知的地方：並不一定要有正式化及明確的界線範圍，而是成員認知的地方，像是：東區、西區、老地方等心理的領域感；（2）成員「心理」認知的地方，像是：故鄉、原鄉、淨土[3]等，不一定具有實

3　有關地方的「神聖性」及「世俗性」二者合為完整的「地方」之概念說明：這是由於我們對於「地方」的需求，可以分為「神聖」及「世俗」二個地方，二者讓自己的歸屬感更加完整，也就是，世俗的地

質的地理空間，而是被成員們心理所共同指向及分享的對象。然而，上述二者都可能會進一步形成共同體[4]。

「地方性」是地方成員們每日的食、衣、住、行等日常生活的活動，在地方上實踐，並逐漸在該地方領域中形成屬於當地的特質，換句話說，當地成員們在地方上日常生活的「特殊性」以及其實踐方式，在長期積累之下形成了「地方性」[5]。而所謂的「特殊性」，可經由與其他地方的比較之後，進而發現其差異及特有之處。另外，產生「比較」與比較者本身「地方的想像」（local imagination）或是當時比較的目的性有關，例如：相互比較的項目來自於做比較的目標、功能或作用。

「地方性」的性質或認識論研究，主要可以分成兩大層次：（1）屬於「本質主義」（essentialism）的認識論概念：為指涉建立地方性的純粹活動，例如：相關地方藝術、地方文化的人事物等活動具有本質性，其與純粹活動本身及其活動關聯的周遭人事物；（2）屬於「後結構主義」（post-structuralism）的認識論概念：認為地方性是主體與客體具自主性及相互影響性所交織而成，地方性主體同時具有結構性及能動性，而且地方性並非是一種穩定且普遍認同的對象，反而是一種在各種實踐行動中變動的流動體。另外，地方性一方面被納入全世界的地方性系統之中，被世界秩序結構所分類、定位及階級排序。另一方面，地方性也以此角色並進行論述及實踐改變自己的地方性，並再影響自己在世界地方性結構系統中的位置，然而是誰決定地方性的世界秩序及分類與排序、誰的地方性、由誰或

方是自己居住活動的地方，而神聖的地方是內心所投射的地方，神聖地方是一個淨土，彌補自己在現實世界的缺口。例如：許多經典對於淨土的描述，像是：聖經的天堂、阿彌陀佛的極樂世界等內容。

4　「神聖性與世俗性空間二者合為完整的共同體」之概念分析：西藏拉薩。在拉薩當地是西藏的政治核心地區，也是由佛教治理的地方，在當地擁有大昭寺、小昭寺等各種廟宇為神聖空間，也同時區分出居民自己居住的世俗空間，像是：環繞在神聖空間周圍的市集、商店、住家等等，而二者合為拉薩當地完整的地方共同體（資料來源：本研究2012年西藏拉薩現場田野調查記錄及整理分析）。

5　「地方性來自於有特色的生活方式」概念之案例分析：台灣各地的眷村。眷村的發展為「民國三十八國軍部隊及其眷屬來台，政府為了感念這些曾經為國家犧牲奉獻的國軍英雄，初期分別被臨時安置暫住於日人撤出之營房，或借用校舍、民房，甚至搭帳棚及建竹籬笆等，因陋就簡，時間久了，無形中塑成其獨特生活方式，從此『眷村』之名變成台灣近代地方文化不可磨滅一環。」（榮民文化網，20150525）。由於移民當時為了區隔當地人，而圍築自成一個社區，作為前線軍人的家眷生活地區，其生活方式也相當獨特，跟隨起「軍隊」的生活方式，眷村眷民雖然來自東西南北，卻也集體生活、相互照顧，各種濃厚的口音、大江南北的家常菜、一起打麻將、串門子、過中國年等節慶等，眷村早已成為台灣一種地方的特色。

採取何種觀點來進行自己的地方性論述等,都是值得注意及分析的對象。

　　Williams(1981)曾經以「文化的實質主義」(cultural materialism)的概念進行文化研究工作(Williams,1981:64-65),以下引用他對於文化研究的幾個角度,轉換為我們對於地方性的研究可聚焦如下:(1)地方性的生產制度(或機構);(2)地方性生產及消費等各種論述形構之系統,例如:理論觀點、學派、經驗等;(3)地方性的生產方式,以及地方性的形式與後面關聯系統之作用及關係,例如:地方歷史脈絡、文化系統、社會系統、政治及經濟系統等相互交織、互為影響;(4)地方性的形式分析,像是:地方文本、地方認同、地方習俗、地方意向、地方紋理、地點感、感覺結構、地方藝術與文化等;(5)地方性是如何被實踐出一套表徵系統,又是如何在地方脈絡中被組合而成;(6)地方性如何在地方再製或其移轉的因素、過程、機制等。

三、地方性的想像

　　從微觀的角度分析,「地方性的想像」[6]說明成員個人與地方間的關係,由於地方成員們透過日常生活與地方產生互動,在長期到相同或相異的地方從事各種活動,於是產生了屬於成員其個人的地方經驗,使得成員經常將個人所意識到的處境,用在地方公共的觀點或所關心的公共事務之上,在過程中逐漸產生地方性。

　　也就是,每一個成員對於地方的認知不盡相同,這是因為他們每一個人與地方過去到現在的連結歷程具相同性及差異性,並產生不同的在地行動(act locally),但是他們卻也能同時分享這些相同、相似或相近的地方意識及在地行動經驗,因而他們經由一起在地實踐出自己的地方性內涵。

　　因此,從研究工作的角度來說,對於地方性的分析研究工作,就需要將地方成員與周遭的地方結構一起關聯起來思考。而換句話說,由於成員們其日常生活彼此長期與地方密切連結,他們都會因為在自身周遭發生的經驗,轉化為地方意識及在地實踐行動,並集體生產出屬於當地的地方性,也因此,地方性的生產是一種具變動的、有機的,由地方成員與地方互動的過程。

6　社會學家 Mills(2000)曾提出「社會學的想像」(sociological imagination)概念,在此引用他的概念運用於地方性的形成與實踐的過程,故為「地方的想像」(local imagination)之概念。對於「地方的想像」的案例,例如:在台灣各地的政府官員經常作出一再錯誤的地方建設決策,且愈是建設愈是破壞地方原有特質,因為他們的地方性生產邏輯與地方居民大不相同,像是在鄉下突兀的政府辦公大樓,或是在市區中到處可見沒有人使用的天橋及地下道,或是移走公園內大家喜歡的大樹而興建地下停車場等,這些都是因為地方治理的官員對於地方性的想像與社會大眾不同而產生的問題。

　　從宏觀視野及功能論的角度分析，不同共同體對於同一個地方的地方性的想像，許多內容都是來自於過去發生的集體記憶，因集體記憶有助於凝聚不同共同體之間共同的情感及地方認同，具有正向的功能意義。

　　不過，從衝突論的觀點分析，由於不同共同體對於地方性想像的差異，成為地方衝突的來源，尤其是上層階級的作用力將會影響地方性的主流論述及發展方向，然而地方性就在不同社會階級之間的角力過程，在特定歷史脈絡中產生暫時的狀態以及一再變動的過程。

　　另外，我們如果再以象徵互動論的觀點來加以分析，地方性的想像是地方與個人長期之象徵意義互動交換過程，例如：符號互動等。然而，不同共同體之間因為其象徵互動方式、過程及狀態等有所差異，對於地方整體而言，形成一個具有多元文化的、跨文化的、多重文化表意系統的地方性。

四、地方賦權

　　「賦權」也可稱為：培力、授權、賦能、充權、充能、授能，或是培根等。賦權的概念運用在台灣各地的社區營造工作，其目的是要讓地方及地方成員們一起學習自主式的成長與成熟，而所謂的成長與成熟的領域層面，主要包括民眾們如何參與地方所有公共事務的認知概念以及實踐技術。

　　賦權概念與行使「公民權」（或「文化公民權」）有極為密切的關係。地方發展是在不同部門動態、相互角力的狀態中前進，然而，為了要降低地方的「不平等」發展，需要倡議地方公民權精神。因此，地方公民權至少涉及兩大層面：

　　（1）對地方成員本身而言：地方公民權概念用於反思地方上出現的階級不平等狀況。公民權的概念是反思地方階級的不平等現象，由於社會階級不平等將產生不同階層在地方發展上，所獲得的資源分配、參與機會等大不相同，且往往形成少數人掌握地方上多數人的關鍵發展機會，尤其地方發展與地方派系盤根錯節時更是如此，而在此狀況之下，地方的各項改革工作也就會變得更加艱辛且步調緩慢，所以，公民權的主張將更偏向關心地方弱勢成員之公共參與，以集體共同參與來減少地方不平等發展之現象。

　　（2）對專業者與地方成員而言：地方公民權概念用來反思有關專業的不平等。地方公民權的主張使得進入地方營造的專業者，提醒自己只是協助地方成長的人，而不是將自己的專業或想法、外國（或外地）案例等，直接灌入地方發展之中，地方公民權概念提醒了專業者減少由於專業的不平等，對地方造成的「專業傷害」。

　　Rappaport 及 Seidman（2000）認為社區在運用「賦權中」（empowering）將產生：（1）社區民眾本身：社區成員學習如何決策的技巧、與他人群體合作一起完成目標等；（2）社區組織：能學習分擔責任、共同享有一起領導及參與決策的機會等；（3）社區本身：獲得更多開放的治理及包容多元發展等。另外，運用「賦權後」（empowered）會產生：（1）社區民眾本身：看得到參與行為成果、掌握社區的感覺、對環境有批判反省的意識等；（2）社區組織：連結不同團體形成網絡，並影響政策、爭取更多資源等；（3）社區本身：成為多元領導、組織合作結盟等，過程中專業者的角色是促進者與合作者而已，一起協同完成各項社區任務，專業者應該注重當地人文特性而不是套用個人專業，將自我價值觀一味的強加於地方。

　　然而在地方上任何營造工作都是一套權力運作系統，也就是，要完成地方的工作都與地方不同人士的權力運作有極大的關係，在地方權力運作的類型，包括：集權、分權、授權、賦權。透過這些權力運作系統的分類，可以更清楚瞭解地方權力部門、權力關係、權力體系等運作的特性，此將有助於選擇如何進行社區各項民眾參與的方式。其中：（1）集權：地方發展主導權集中在某一個人或是團體身上，集權的另一端就是賦權；（2）分權：為少數人（或團體）領導，為菁英領導方式的權力分配情形；（3）授權：為專業分工的權力形式，也是更多人（或團體）具有主導權，將社區某些事務範圍依照專業授權給不同人（或團體）；（4）賦權：便是希望在地方上，每一個民眾都能擁有平等參與領導的權力。然而，所謂的領導，並不一定是對於地方民眾本身的領導而已，而是包括地方上各種事務發展的主導權。

　　地方賦權涉及「客觀賦權」或是「主觀賦權」等兩種，不過，地方成員不一定都是成熟的公民（甚至可能大部分都不是），所以，除了客觀的賦予成員們應該賦權的各項內容與參與程度，例如：各項公共及個人事務的發展機會與資源分配的決定權、發展權等主導權之外，更重要的是地方成員自己主觀認知的賦權，這是因為推動地方賦權的參與過程遠遠重於結果，在參與的過程之中，各個地方成員自己認知到參與地方事務的發展，遠比實際自己能改變多少社區建設發展，來得更具有價值與意義[7]。

7　「地方賦權」概念之案例分析：國內原住民族委員會之《原住民族部落永續發展實施計畫》。國內原民會也曾經在 2010 年落實「賦權」理念，針對國內原住民族地區 30 個山地原住民鄉及 25 個平地原住民鄉（鎮、市），進行「原住民族部落永續發展實施計畫」，其計畫目標「包括協助部落藉由學習與創新的部落營造過程與經驗，建構部落永續發展之基礎條件，及尊重部落傳統社會組織結構重建部組織運作機制，培育營造人才並凝聚部落共識，而期望建構自主發展機制以培養自治實質能力，並希望能協助部落在傳統生產方式與現代市場經濟之間，發展部落自主的產業模式，活化部落生活條件，促進部落居民在地就業機會，建立部落居民參與自主營造之支援網絡。進而希望部落自行提案，著重多數居民自決參與及普遍認同基礎上，推動部落整體發展計畫，以及依部落人文條件及發展特色，建構

　　所以，賦權概念的重點除了強調在靜態上，提倡所有成員共同、平等的參與之外，也包含在動態過程中，建立一套隨時可加入及刪除的、非單一的、多元的地方意識與地方共識，並由下而上的產生地方性特質，讓地方的價值與意義等，能像生命一樣永續傳承下去。因此，有關賦權概念對於地方及地方性的生產，所產生的作用如表1-1所示內容之分析。

表1-1　賦權對於地方及地方性的生產所產生的作用

賦權（empowerment）	對「地方」形成過程	對「地方」的作用	對「地方性」形成過程	對「地方性」的作用
過程（empowering）	地方成員彼此成長與交流、由下而上的集體決策、地方認同過程。	行使公民權的參與過程。	地方歷史或創新等各種成員認為重要的文化及特色的意識化、延續化、傳承的過程。	產生多元、開放的地方意識、實踐的地方行動等過程。
結果（empowered）	有情感的地方單元、生命共同體。	達成地方公民社會的目標。	成員們分享及認同多元的地方性、產生永續傳承的地方性、地方多元文化共識性。	達到多元經驗的地方性，像是：地方印象、感覺結構、地點感等。

資料來源：本研究自行整理及分析。

第二節　地方性作為社會文化研究之方法論

　　以下我們要進一步介紹分析地方及地方性在社會文化研究領域的相關方法論基礎，也就是說，地方及地方性在社會文化理論方面，究竟可以透過哪一些科學方法研究獲得，而這些方法的科學哲學理路思維有何特色與差異，像是：實證（否證）研究、批判研究及詮釋研究等方法論範型，以及其相關代表理論等。之後，再進一步運用幾個社會文化理論觀點，更深入分析地方性的生成、移轉等現象，包括：意識型態及地方文化對於地方性的作用等內容，分別如下。

　　文史調查基礎資料，推展部落產業發展（轉型）有關的培力，另以部落傳統素材與工法（工藝）為基礎，採『僱工購料』之方式，進行傳統建築之復振與傳承，進而推動部落環境永續發展有關之研發（改造）工程，而強調小地方是好場所，鼓勵以自發性、參與性、組織性，以及生態自然樸質、少水泥化等原則，改善部落環境。」（行政院原住民族委員會，20101214）

一、地方性的社會文化研究方法論分析

　　地方性的外顯形式承載了地方文化內涵。所以，我們可以透過社會學及文化理論，深入分析地方性的本質以及構成地方性的因素、關係及機制等。因此，依照社會學及文化研究理論的科學哲學觀點及理論的發展脈絡等，整理如表 1-2 所示內容，但由於有太多相關代表人物及理論著作，故在此僅列舉部分重點，目的在於說明由社會文化理論研究地方性，從古典社會學到近期理論等，我們可以採取的不同研究觀點等，其內容如下所作的論述分析。

表1-2　地方性作為「社會文化」研究對象之方法論

科學哲學理路	理論	哲學基礎	研究取向	對「地方性」研究的啓發	代表人物列舉
實（否）證研究	Durkheim 學派	實證主義	觀察常態事實、數據實證、推論及結論。	地方現象是一種常態出現的社會事實，研究並找出起因，地方性具有正向社會功能。	Durkheim 等人
批判研究	理念社會學	理念主義	理念意識、命題、田野調查、理念推論及結論。	地方研究需透過研究者參與地方行動才能深入，並賦予地方理念進行詮釋分析。	Weber 等人
	政治經濟學	結構主義	問題意識（命題）、歷史脈絡及田野調查、推論及結論。	地方性是由地方上不同社會階級的鬥爭與衝突而成，透過批判反思解放地方性生產及消費的不平等現象。	Marx、Weber 等人
	符號學	結構（後）主義	符碼文本觀察、符號之符徵與符旨系統解構、文本與脈絡結構之分析。	將地方性視為符號文本，並由一連串地方符碼所構成的系統，置於特定脈絡加以解讀詮釋及論述分析。	Saussure、Levi-Strauss、Roland Barthes 等人
詮釋研究	詮釋學	後結構主義	文本、研究者、受研究者三者關係分析、文本閱讀分析、各種解讀及意義、相互理解與結論。	地方性是文本、文本的形式、結構及社會意涵的多重閱讀形式與內涵，地方性在特定歷史條件中被多方閱讀及敘事。	Geertz 等人

資料來源：本研究自行整理及分析。

（一）Durkheim 學派

Durkheim, E. 是古典社會學實證主義的代表人物，提倡對於「社會事實」（social facts）之研究，他認為在社會上具有「常態性」出現的社會現象便是社會事實，值得進一步做研究分析，而且研究者應該去除自己的道德枷鎖才能更客觀的研究分析這些社會事實，例如：他多年研究《社會分工論》（1984）及《自殺論》（1966）等著作，便是採取此方式進行研究工作。

另外，他在研究《宗教的基本形式》（1968）中提出宗教對於社會的功能，其認為區分神聖與世俗世界，對於人類社會具有重要的功能，例如：原始部落對於圖騰崇拜進而發展出文明，他的研究客觀化宗教的神秘性，或是宗教的神聖事物及儀式凝聚了部落等，都具有正向的社會功能意義。由於 Durkheim 承認社會現象存在的客觀事實，並且認為社會現象具有正面功能意義，故其理論也被稱為「功能論」角度的社會學研究[8]。

對於社會的正向性理念的看法，Halbwachs, M.（1922）也曾提出「集體記憶」（collective memory）概念，他指出包括宗教、地方故事等等，透過各種機構對過去的地方歷史進行敘述，集體記憶是以故事形式被一直傳承下去，並且一再強化在敘述當時相關宣傳機構所想要表達的目的及內涵，因此，當故事被拿出來再次詮釋同時，將會因為當時的狀況而被一再加以修正，所以，地方上的集體記憶具有社會整合、穩定社會等功能[9]。

而對另一位研究者 Bellah, R. 來說，其認為宗教的影響力不只是在教堂之中，社會擴大了宗教的意義，在《美國的市民宗教》（1970）一書中，指出許多社會上的社群都受到宗教信仰其潛移默化的影響，所以，宗教並不會只出現在教會之中，在美國有許多社群都是非教派的「市民宗教」，像是：美國總統宣示就職時經常在誓詞內容中賦予執行上帝的意志及管理眾人等內涵，或是也擁有自己的神聖事件（像是獨立紀念日等）、聖地（像是

8　「宗教具有安定社會的力量」概念之案例分析：台灣各地明清時期的移民村落。台灣在「唐山過台灣」移民時期，從中國大陸沿海各地故鄉的神明分靈一起搭船到台灣墾荒，許多傳統聚落都是以廟宇為中心所發展而來，像是：三山國王等，在客家村落中訴說神明的力量及其神蹟，大家在此時空中頓時心靈交會在一起，透過信仰產生強大的凝聚力與信心，齊心對抗各種困境，安定了來台墾荒時令人不安的險惡環境。

9　「故事具有整合社會的功能」概念之案例分析：台灣戒嚴時期「毋忘在莒」的越王句踐故事。台灣在過去「反共復國」的戒嚴時期，「毋忘在莒」在當時是相當具代表性的口號，其描述越王句踐如何受到吳王的蹂躪，以及臥薪嘗膽、發憤圖強進而一雪前恥的典故，站在國民政府撤退來台的時空中，透過各種管道講述此故事作為大家學習的榜樣。然而，同樣的在中國大陸蘇州虎丘（當時吳王領土）的當地居民們，對於吳王的評價甚高，因為吳王身為一個決決大國的君王，不棄前嫌將句踐釋放回國，句踐小人居然忘恩負義，恩將仇報，回來滅掉吳國。可見得國家在講述故事時都選擇對自己有利的立場，透過故事形成集體記憶並整合整個社會（資料來源：本研究 1991 年蘇州虎丘吳王闔閭墓室劍池現場田野調查記錄及整理分析）。

軍人公墓、紀念碑等）、神聖儀式（像是各種紀念活動等）、象徵（像是國旗等）、先知與
殉道者（像是林肯總統等）（Bellah，1970：186）。

　　雖然功能論者在後來的社會學發展過程中一再被批判，包括：強調社會事實是常態性
出現以及量化研究法等不足之處，但是對於地方性研究的啟示，包括：地方性具有對地方
產生的功能性；許多地方性是一種同時具有常態性及特殊性的地方文化現象；在地方上一
些有特色的世俗生活以及區分世俗的神聖空間、儀式及神聖事物等，都是研究地方性的重
要切入觀點。

（二）理念社會學

　　在 Weber 的社會學研究中，認為研究者需帶著理念進入研究分析工作，並強調社會
學研究本身具有實踐行動，而研究行動是有意識的行為，為對於社會現象的意義及價值內
容，展開具有目的性的詮釋（Weber，1968：25）。

　　Weber 的社會學研究與 Durkheim 有極大的差異，Durkheim 特別強調不要帶有任何色
彩，且以客觀的數據來進行研究，但是，Weber 卻認為由於意識型態的作用，因此研究者
不可能不帶著完全沒有假設立場的角度來進行研究。所以，Weber 的社會學研究經常帶有
「理念型」（idea type）的批判性觀點，像是對於資本主義的支配形式、權威、工具、理性
等各種社會現象的分析工作。

　　例如：他在《基督新教倫理與資本主義精神》（1958）中，說明了基督新教興起的同
時也在社會上發展了資本主義。由於宗教具有社會的意義，在「神選說」的論點中，讓人
們內心產生了極大的恐慌與不安，因為只有神才有選擇人民進入天堂的權力，因而在現
實社會之中，人們必須要遵守神的指示，以及由教義形成的各種社會價值及規範等，唯有
盡量朝向神的意旨行事，才能獲得上帝的救贖並且進入永恆的天堂，因此，人們依照教規
內容潛移默化及生產出社會意義、價值、認同、規範等文化內涵，並在日常生活中盡量持
守，也努力耕耘、獲得豐收，藉以榮耀上帝，因而逐漸發展出資本主義的雛形。

　　Weber 的「理念型」研究對於地方性的啟示，在地方研究不僅是一種觀念及具有立場
的研究取向，也是一種地方實踐行動，既然沒有完全純粹的客觀事實之存在，便更是需要
深入參與地方提出理念並進行深入分析。另一方面，也因此瞭解每一個分析研究都值得重
視，因為即使在同一個地方，但由於研究者秉持不同理念，故會產生不同的論述內容，也
就是，地方性是多元論述的對象。

（三）政治經濟學

　　Weber 也是運用 Marx 的觀點進行政治經濟學的批判研究，Marx 以歷史唯物論角度以及論著《資本論》（1956）等研究有關資本主義之資本積累、勞動剩餘價值、勞動剝削、以及異化等社會現象，對於社會學理論產生重大影響。對於 Marx 而言，資本主義的經濟生產方式及生產關係，建立了社會階級體系，並且區分了上層階級與下層階級。而資本主義在運作時，與政治及經濟有關的上層階級人士們，為了維護自身的既得利益進而相互集合，並且一起壓迫下層的勞動生產階級，也為了要保障自己的既得利益及維護自己的統治地位，因而發展出一套虛假的意識型態來穩定社會秩序，並合理化自己的統治行為。

　　依循 Marx 主義概念的研究持續蓬勃發展，並出現眾多轉變及衍生大量的研究方法，然因數量龐大在此無法一一詳述。但在其中有幾個 Marx 主義後續發展重要的文化理論，列舉包括：Gramsci（1971）的「文化霸權」（cultural hegemony）及 Adorno（1972）的「文化工業」（culture industry）等概念，「文化霸權」為站在文化的政治經濟學角度去反思不對等的文化權力關係，而「文化工業」概念批判了商品化運作，亦即批判了文化是為了商品化而生產運作。

　　無論如何，依照 Marx 政治經濟學的角度來看，地方性並無法獨立於政治及經濟條件之下而單獨存在，所以，地方性並沒有自己真正的主體性，地方性的生產與消費是基於資本家及政客等為了維護自身利益而出現的產物。換句話說，從 Marx 主義的觀點來說，所謂的文化主體性只是一種被上層階級操弄的對象（或手段）。因此，地方的主體性在形塑過程中只是上層階級一再在當地展現特定的意識型態、鞏固地位、影響地方發展的歷程。不過，後來修正後的 Marx 主義也進一步考慮到受支配階級民眾們自己的能動性。另外，由於地方性是以政治與經濟為目的所再生產出來的產物，所以，地方性的生產系統與社會的政治經濟系統相互交疊作用，因此，地方性必須被納入在地方上特定歷史條件脈絡中才能被加以分析。

（四）結構主義符號學

　　Saussure（1986）對於語言學的研究啟發了符號學及結構主義的研究，他認為語言本身涉及表意的複雜系統，稱之為「符號學」（semiology），其主要探討符號的本質及其法則。此外，另一個結構主義的開端是 Levi-Strauss（1963）以結構主義方式對人類學進行研究，他除了研究文化深層類似語言的特徵，也研究希臘神話故事背後隱藏的深層文化結構。而受到 Saussure 的影響，Barthes 進一步運用符號分析各種法國巴黎的文化現象

（Barthes ／李幼蒸譯，1988），他認為社會結構提供許多先於個人存在的意識型態，合理化並建構出整套社會系統，這種現象稱為「神話」（myth）（Barthes，1972），他並在後期研究中轉向文本分析方法。

結構主義符號學是過去歷史發展前所未有獨特的分析方式，留意符號本身與其相關性所共同建構出來的意義領域。符號學的轉向並不像過去僅以實證主義或唯物論角度出發，其看待社會上所發生的各種文化現象時，是將其視為一連串符號，進而分析符號與心理意識連結產生的意義及符號的生產與消費系統等。

結構主義符號學在早期偏向於結構主義的研究發展，提出內心的意義是被社會的文化系統、政治系統、經濟系統等交互作用所建構而來，屬於結構主義的分析方式。晚期則比較著重在解構主義的分析研究，主要在探討個人對於符號意義的差異解構，強調符號閱讀者本身閱讀差異來自於過去生活經驗的不同等因素，而且更重要的是，來自於符號閱讀時個別的能動性，也就是，無論是不同符號之閱讀者、同一符號之不同閱讀者、不同符號之同一閱讀者、或同一符號及閱讀者等，在不同時空閱讀時，都可能會出現不同的意義與價值等差異，因符號閱讀者擁有自己的能動性。

結構主義符號學的分析工作，有助於理解地方性的符號象徵體系以及地方符號主體本身、符號系統及其意義等是在何種特定客體脈絡條件之下，像是：地方歷史、地方文化氛圍等環境中被生產出來。另一方面，將整個地方符號系統視為客體，而符號閱讀者主體本身與客體系統之間的關係、互動方式等為何。

另外，結構主義符號學提供另一個思考地方性的重點，是將原本研究焦點僅放在地方性的生產及生產關係等，擴大移轉至地方符號的消費與消費關係等分析，研究焦點兼具符號生產的再生產以及符號消費的再生產等社會作用。

（五）詮釋學

詮釋學認為「人」才是意義的編織者，而意義是由文化網絡而來，分析文化不是實驗科學，而是尋找意義的詮釋活動（Geertz，1975：5）。文化研究便是要分析特定脈絡下的社會行動，並且重新解釋這些內容與行動有關的脈絡，這些研究主題看似鎖定在微小的議題，但卻是非常關鍵且具有特定結構或顯著特徵的事實，且從這些事實之中能推演出一個廣泛的結論（同上：28）。

站在詮釋的角度，地方性是一種被理解的對象，每個人都會有一套自己的且不同於他人的理解方式與內容，所以，理解本身並不是客觀存在的知識，而是一種「經驗」。因此，開放更多人一起參與經驗與解釋，是相當重要的過程，畢竟詮釋並沒有一個封閉式的

答案，或是一個完全答對以及完美的標準答案，且在詮釋的過程之中是相當有趣的行動。不過，詮釋學不只是探討詮釋內容本身，也強調有關被詮釋的文本本身、文本的創作者、閱讀文本的讀者等三方關係之論述分析。

同樣的，將地方性視為一種文本來進行詮釋研究，以及地方文本、文本生產者、文本消費者三者間的互動關係等都值得進行分析，且會因為詮釋工作而出現各種不同的版本及不同的文本詮釋重點、價值與意義等論述內容。

二、「意識型態」對地方性的作用

對於 Marx 而言，經濟生產系統決定了社會系統，也就是，地方文化是由地方的經濟生產系統所決定，也就是什麼樣的地方經濟生產系統便會形塑出地方性的特質。因此，依照 Marx 主義的概念，地方性是由物質條件所決定，進而涉及了地方經濟發展相關的生產工具與生產關係。舉例來說，地方上的居民們為了生存而進行勞動生產，在勞動生產的同時也生產出地方的社會系統與文化系統，因此，地方性是存在於特定地方歷史的經濟生產條件之下，所呈現的形式與內容。然而，除了地方性生產與勞動生產有關，由於社會的不平等發展並形成上、下層階級的社會，因此，地方性會在歷史發展中逐漸成為上層階級支配下層階級過程中被生產出來，以及地方性也成為一種意識型態，諸如用來訴求祖籍源流、故鄉情懷、地方認同等集體意識作用，而作為上層階級用於統治的政治手段與工具。地方性除了由經濟所決定，地方性也由特定的生產組織，例如：國家機器、地方派系、地方團體等，被一再的加工、複製、擴大等交互作用之下，在當地逐漸生根成為地方上的社會及文化結構，並在長期歷史發展中成為地方的深層結構。

因此，地方性是地方上特定歷史的經濟生產方式所造成的結果[10]，所以，地方性具有地方政治性格，居民們不僅受到上層階級所散播的地方性之意識型態所影響，自己在地方生活上也親自參與及實踐屬於自己的地方色彩，例如：透過親身經歷形成的地點感、地方

---

10 「地方性是地方上特定歷史的經濟生產方式所造成的結果」案例分析：希臘諸島。希臘是由許多小島所共同組成，不過，因地理及氣候關係，冬季風大嚴寒，許多小島目前在寒冷季節其實都沒有住人，而是到了觀光季節這些居民才會回到島上準備經營觀光事業，並且開始粉刷被季風吹黃的當地特色白屋，也就是，許多居民並沒有住在當地，而是跟著觀光客的腳步一起來到島上，因此這些地方性是基於觀光的經濟生產方式而被保留下來（資料來源：本研究 2014 年希臘 FIRA 及 OIA 諸島現場田野調查記錄及整理分析）。

認同等，以及其對它的話語、描述等各種傳播行動。

　　由於在地方上具有各種社會階級的分類及排序等，因此，同一個地方中的上層階級對於地方性的想像，會與下層階級不同，因為過去個人在日常生活中所接觸到的地方人事物等有所不同，或者是說，上層階級與下層階級其在地方之生活經驗、移動方式及路線軌跡等是不盡相同的，也因此產生對同一個地方不同的地方意識與想像。

　　不過，也因為充滿地方階級關係，使得地方性的生產成為政治的過程及結果，我們更應發覺及留意在許多地方上的地方性，都可能只是上層階級為了經濟生產與自身的既得利益等，透過意識型態來合理化這些存在特定階級利益的內容，無形中使得地方性成為一種地方發展的壓迫性規範，像是：成文的法規，或不成文的潛規則，甚或是由上層階級自行生產一套所謂的地方價值，讓地方弱勢居民們就範的現象[11]。

　　雖然，Marx 的經濟決定論似乎可以解釋某些地方性的生產，但是僅以經濟的角度分析將過於簡化地方性的生產及消費之特殊性及複雜性，因為，地方性是反映出每一個地方當地特有以及與其他地方具有差異的地方特質，而且並非僅僅是經濟生產下的附屬品而已。地方性的生產除了地方上的上層階級以「文化霸權」（cultural hegemony）（Gramsci，1971）形成規範影響地方內部發展之外，同樣的也壓迫了地方與地方之間的外部狀況，像是：強地方以極高的文化形象及霸權的形式，壓迫了弱地方其地方性的生產方向與方式。

　　霸權形成一種強迫性的氛圍，若將世界視為一個社會，具有上層階級的強地方便成為文化霸權地位，並施展強勢文化的作用力來迫使弱地方跟著學習及就範，強地方在其權力的行使過程中，不僅是以位居領導階級地位來引領、影響其他各地走向與自己中心相同的地方性特質，也同時讓弱地方在這種由霸權所形成的整體環境氛圍中被潛移默化，並主動認同進而乖乖就範。而文化霸權便是以意識型態形成各地統一的信仰，成為各地發展的一致願景，產生弱地方自己主動去追隨強地方，在自己的地方上發展強地方的地方性，例如：西方城市的現代性象徵著進步社會，世界其他各個地區的地方往往將所謂西方現代性特質，置入自己的地方並複製及模仿[12]。

---

11 「由經濟生產決定了地方性」概念之案例分析：苗栗「大埔事件」。「苗栗縣劉政鴻縣長撕毀三年前原屋原地保留承諾，強拆大埔四戶，引發社會強烈反彈，苗栗大埔怪手摧毀良田，當時縣長訴求：可帶來五千億投資開發大埔里都市計劃案。2008 年群創光電以投資意向書陳情，要求將原二十三公頃工業區，擴大為二十八公頃，並且強行徵收民間地主的土地。然而，為重工業、輕農業的執政心態，審議期間群創與自救會農民同樣是陳情人，但政府兩樣態度，群創不具法律效力的意向書，立刻讓縣府修改計畫，但受憲法保障財產權的地主，建議皆不採納。」（陳一姍，20100714）。因此，大埔原有綠油油的農村風貌就在強行執行的狀況下消失成為充滿爭議的工業廢地。

12 「弱地方願意追隨強地方，在自己的弱地方發展強地方的地方性」概念之案例分析：日本成功的明治維新。「日本在 1868 年展開明治維新時期，1871 至 73 年的岩倉使節團肩負吸收西洋制度、文化的使

有關霸權影響地方發展的轉變過程，起初為強地方以軍隊武力殖民弱地方，在此強地方也同時將母國的強勢文化直接帶入殖民地，並在弱地方當地形成優勢文化，當時的文化統治模式，是伴隨武力軍隊侵略而來，並在弱地方形成一種對於強地方的文化膜拜與強制規範。之後，演變為弱地方的菁英階級、知識份子等主動前往強地方進行學習，並帶回至當地進行地方改革或套用。然而，許多未經殖民統治的地方，也因為看見強地方的強盛，也同樣的派出國內菁英份子前往強地方學習他們的文化。

站在「知識即權力」（Foucault，1980）的概念上，強地方文化成為眾多意識型態且隱藏在高級知識內容之中，強地方的發展內容及經驗成為知識案例，進而成為弱地方爭相仿製的對象，強地方文化在弱地方上形成進步知識之形式，並主導弱地方發展。

受到強地方文化霸權的意識型態影響之現象，除了弱地方的統治階級及知識份子等高社會階級人士之外，而後，文化霸權的意識型態進一步與大眾流行文化相互接合，以強商品之姿更加綿密的融入地方日常生活之中。強地方的意識型態在世界各地組成生活知識系統，使得強地方的文化在弱地方上得以整體運作，過去菁英份子的高級知識轉為地方生活普羅大眾的普遍性常識，並以世界流行文化之姿，影響及引導各地民眾日常生活並展開地方行動。

引用 Althusser（1969）對於意識型態的概念來看，由於意識型態的作用逐漸模塑出地方上認同發展的主體性，弱地方由本身的價值、思想、規範、概念、神話等再現了強地方的意識型態，並且在自己的地方上發展出自身運作的邏輯系統（Althusser，1969：231），並與地方生活緊密相連，使得強地方文化最後終於在弱地方上紮根。另外，知識（或常識）是在某些社會條件下形成的主觀認定以及社會表彰（social commendation）的對象（Rorty，1989），所以，出現在弱地方上的強地方文化經常以更高於弱地方的文化地位成為一種流行，並被視為值得追逐的對象，也因此逐漸改變弱地方原本的地方性[13]。

只不過，強地方的地方性對弱地方的影響，並不是一直處於穩定的狀態，因為有可能就在弱地方與強地方文化連結之間產生移轉變化，此移轉進而再生產成為弱地方其另一種修正過、或新的、或特有的地方性特質。如同 Derrida（1982）所提的「延異」（differance）

命，透過政府領導者的實際出訪，讓日本瞭解所處的時空環境，並且思考身為一個小國的未來方向該如何前進。」（田中彰／何源湖譯，2012）。日本之明治維新運動，在當時日本便是指派菁英前往歐洲學習，將歐洲文明帶回日本，促使日本當地（甚至日治時期的台灣各地）出現了各種歐洲的地方性。

13 「弱地方將強地方的地方性視為流行文化」概念之案例分析：台灣南投清淨農場的民宿現象。國內民眾前往外國城市觀光或搜尋照片等，之後「合理化」的去時空脈絡在台灣山中各地興建民宿，像是在南投引入的所謂的「地中海」希臘風情的住家及民宿等，完全與當地的自然環境與地方文化分離，例如：其中某個民宿陳述：「綠園景觀民宿位於南投縣清境農場境內，景色優美如畫……。兩層樓的洋房建築，……略帶地中海式的風格……。」（清淨旅遊資訊，20150527）

概念，強地方的地方性在傳播至弱地方的過程當中，出現了延遲決定或是擴大等差異，使得弱地方在接收到強地方的內容時產生改變，並不會完全照單全收。換言之，強地方將內容傳輸至弱地方時，由於弱地方擁有自己特定的歷史條件，以及特定的政治、經濟、社會文化的生產系統等其他因素，在消融後產生了變形，一方面修正或改變了原本強地方的地方性特質，但另一方面也同時修正及改變了自己原有的地方性特質，也就是，新的（外來的）與本源不同；舊的（原有的）也與歷史不同，即產生另一種「新的」地方性特質[14]。

三、「地方文化」對地方性的作用

有關地方文化對於地方性生成及移轉具有直接及間接的影響，分析地方文化對於地方性的作用，至少產生：（1）地方性是被各種地方文化實踐而成的對象；（2）地方文化為霸權意識型態形成地方性；（3）地方文化論述實踐建構了地方性；（4）大眾流行文化及商品衝擊地方性；（5）地方神話文化形塑地方性；（6）地方文化以符號系統具體化地方性；（7）地方文化為語言及言語交互作用形成地方性等作用，以下進一步分析論述。

（一）地方性是被各種地方文化實踐而成的對象

由於地方性是被各種地方文化所實踐出來的對象，也就是各種地方文化實踐形構了地方性特質。因此，我們需先瞭解什麼樣的地方文化會實踐出哪一些地方性的特質。Jenks（1993）在早期便將「文化」分成四種類型：（1）文化是一種認知的範疇，屬於心靈的精神素養層次，是個人獲得成就與解放的目標與期望；（2）文化是一個較為具體的集體範疇，涉及知識與道德發展狀態，且文化與文明相關，以演化論觀點來分析，文化具有演化的作用，可由文明的進步或是退化來衡量文化的發展情形；（3）文化是一種描述、具體的範疇，是社會中藝術與知識作品的聚合體，而且具有特殊性、排他性、菁英主義及專業知識等；（4）文化是一種社會的範疇，是社會生活方式的整體。

如果參考及轉換 Jenks 對於文化的觀點，我們認為與地方文化有關的地方性特質，應

---

14 「延異概念的地方性」概念之案例分析：台灣的異國美食。台灣人喜歡「吃」，而且台灣廚師們擁有強大的創造力可以改變來自世界各國的菜色。在國內，這些號稱來自各國的法式料理、義式料理、美式餐點、埃及美食、印度料理、墨西哥料理、甚至鄰近的日式料理、東南亞料理等等，其實口味已經台式化，與外國當地的風味已經不盡相同，但是卻巧妙的融入到大街小巷的各種主題特色餐廳之中，成為台灣的美食文化特色。另外，由於台灣有素食的歷史文化脈絡，加上現在屬高齡化社會及養生概念的盛行，使得這些原本來自世界各國的當地美食，都可以被改成素食餐點，像是：素食歐式自助餐、素食漢堡、素食牛排等等，將來自世界各地的餐點轉變為素食，擁有許多來自不同國家變成「素食」的料理，也成為國內的美食文化特色。

該具有以下四種類型：(1) 地方性屬於一種趨近完美想像的地方感，是一種心靈上對於地方期許的實踐對象，或是具有一種要前往達成的意向性與目的；(2) 地方性的發展情形，可以用來檢視一個地方文化發展的成熟度；(3) 地方性是地方文化知識所實踐的集合體；(4) 地方性是地方生活實踐的對象，實踐的行動包括具有覺知或反思的地方生活、論述、行動等社會生活的結果。

　　而地方性也是地方整體生活方式所表現出來的特性，如同 Williams 所言「文化」是包含了物質的、知識的、精神的整個生活方式（Williams，1966：16），在一個地方的食、衣、住、行等生活方式的確展現了地方性的特質，尤其是此地方與其他地方不同的生活方式，將突顯出此地方的差異性特質，而這些特質不會只是因為不同的經濟生產方式而已，也就是，除了由工作、產業等勞動經濟生產方式產生地方特質，以及地方性是由各種意識型態所形塑而來之外，在地方上所發生的藝術文化等等日常生活方式更是地方性的重要來源。

（二）地方文化為霸權意識型態形成地方性

　　一般而言，各種地方在文化多重交互運作之下建構出地方性，不過，從另一個觀點切入來分析，這些藝術文化系統卻不是單獨存在於地方上自行運作，而是許多部分都和地方政治、經濟、社會及文化等地方系統息息相關，以及地方歷史的脈絡條件等因素息息相關，並在歷史過程中相互交織且在地方產生不同的作用。而這些地方系統在許多方面，有許多都是由各種不同的意識型態所構成，因此，一個地方的地方性在某些時候將是被意識型態所支配及實踐出來的對象，例如：運用 Marx 主義的論點，對於資本主義在地方運作的批判分析，將發現許多地方在發展資本主義時，為了降低成本以及增加消費等達到更高的資本積累，而造成地方上環境的破壞以及地方性消失等問題。

　　對於持批判觀點的學者而言，文化是上層階級用來宰制下層階級的工具，而被文化實踐出來的地方性，在某種程度上也成為上層階級主導的結果。Gramsci（1971）提出「文化霸權」（cultural hegemony）概念，其認為由於政治要維持統治的力量，而需要文化力量的協助，因此會藉由教育、大眾媒體等傳播國家的意識型態。國家的意識型態便透過各種國家機器傳播及教育民眾，合理化及正當化所有的統治政策與行動，於此概念中，上層階級透過各種國家機器等管道對於地方發展產生支配性的作用，國家的意識型態不僅滲透到地方上各種食、衣、住、行等日常生活活動之中，也直接影響了地方性的生產方式與生產內容，也就是，地方性是國家透過各種國家機器所生產出來的對象。由此概念，我們也可以分析國內過去在各地的社會教育館、地方文化館等，這些作為地方生活的社會教育中心等機構，在過去日治時期或是戒嚴時期更是扮演著影響地方文化發展的重要角色，而迄今

台灣各地雖然早已解嚴，但是相關文教機構還是扮演著國家機器的角色，隱藏於各個地方且具有社會影響性[15]。

另外，在殖民時期由西方殖民母國以強大的軍隊佔領殖民地區，在統治這些殖民地時，同時也輸入母國的帝國文化，並在當地成為優越的殖民文化，當時對於地方的支配狀況，隨著時空的進程，融入地方成為被殖民地當地一種過去歷史的文化脈絡特性，也就是，地方在殖民地時期的文化成為被殖民地的歷史文化遺產，並可能成為當地由殖民歷史所呈現的地方性。然而，在後殖民時期，強權母國的軍隊及武力等逐漸退居幕後，取而代之的是跨國企業，透過在全世界各地熱賣的商品，一方面對各地輸入母國的文化，另一方面累積企業自己的財富資本。在各個跨國企業帶領的各種國際商品及其引導的流行文化潮流中，各地方的地方生活在無形中遭受文化殖民，在此衝擊之下，逐漸改變甚至消失了原本的地方特色面貌。

（三）地方文化論述實踐建構了地方性

另外，地方性是一種具有指向性的政治策略，地方性是由各種「表意的實踐」（signifying practice）所生產而來，這些具有特定指向性的「表意的實踐」共同勾勒出地方性的意向與特性。也就是，論述本身就是一種政治實踐，論述本身不僅具有策略性的意向，也同時勾勒出要表達的目的性對象，除了政府統治階級透過國家機器管道，影響各種地方性的生產與消費方式及內容之外，專家系統本身也執行具有影響地方性發展的論述實踐及文本書寫，也就是，論述及書寫本身具有其政治策略的目的性與指向性。

然而，各種具有意向性的論述實踐都是一種「再現」（representation），且生產者本身受到意識型態的影響，其本身也具有表達的特定意圖，像是書寫及閱讀各種地方傳記、地方歷史、地方誌等，都是對於當地的地方性特質進行建構的過程[16]。另外，並不是只有

---

15 「國家機器的文化機構」概念之案例：中華文化復興運動及台北市立社會教育館。「1966 年由孫科等 1,500 人聯名發起中華文化復興運動，要求規定每年 11 月 12 日國父孫中山誕辰日為中華文化復興節。1967 年臺灣各界舉行中華文化復興運動推行委員會（後改名為中華文化復興運動總會）發起大會，總統蔣中正任會長，運動即在臺灣和海外推行。」（李松林，1993）。在此同時間，各地的社會教育館紛紛著手規劃興建，扮演積極的推手，其目的在深化學校正規教育之外的社會教育，讓整個社會都能落實推行中華文化。在彰化生活美學館（前身為彰化社教館）歷史沿革寫到：「1949 年國民政府遷台，有鑑於教育建國之歷史明訓，為加強民族精神建設，於 1955 年台灣省政府依據《社會教育法》在北中南東四區，設置台灣省立社會教育館。」（國立彰化生活美學館歷史沿革，20150527）

16 「地方文化論述實踐建構了地方性」概念案例分析：中國大陸香格里拉。因為著名小說《消失的地平線》之影響，讓中國大陸迪慶中甸依照此小說內容，在現實世界中更名為「香格里拉」，以重塑地方性及發展地方觀光（資料來源：本研究 2012 年中國大陸中甸現場田野訪談地查分

菁英系統會影響地方性的發展，De Certeau（1984）便在其著作《每日的生活實踐》（*the practice of everyday life*）中，論及消費者在日常生活當中策略性的實踐，具有改變原在社會上存有的主流意義之可能。

　　因此，無論是政府系統、專家系統以及一般社會大眾等，各種不同形式的實踐本身，都是具有主動（或被動受到影響）的意向性。正因為實踐活動本身是具有意向性的政治策略，因此透過日常生活活動的實踐，也將會逐漸改變屬於當地自己的地方性特質。

（四）大眾流行文化及商品衝擊地方性

　　Adorno及Horkheimer（1972）便以「文化工業」（culture industry）概念，反思有關文化以製造業的方式進行生產，認為資本家為了資本積累使得文化得以商品的方式進行運作，文化因商品化而產生了質變。大量的商品及大眾文化成為勞動力再生產的消費對象，因為透過這些被資本家所創造出來的商品文化，一方面提供了資本家再次積累資本的機會，另一方面也因為提供勞動階級休閒消遣活動，讓勞動階級們在為資本家付出勞力工作時，將更具有活力而提升了資本積累的效能。因此，由資本家所創造出來的整套物質化生活系統，更加完整的統領了廣大勞動階級的生活。

　　所以，意識型態的生產者不僅僅是國家統治階級也包括資本家等結合起來的上層階級集團，以各種意識型態及媒介來連結及完成其目的，地方性的某些特質便是被這些意識型態給再生產出來。然而，當我們瞭解到由意識型態所創造出來的地方性時，不應該一味的完全否定或僅僅認為地方性只是一種虛假意識，因為由各種意識型態形成的地方性，其活生生的具體呈現在各地之中，反而提供我們從另一個角度去分析理解，意識型態再生產了地方性，並藉此能更深入的分析某些地方特徵[17]。

　　析）。由於「中甸是雲南迪慶藏族自治州首府，位於滇、川、藏三省區交界處。那裡有澄碧的藍天、漫山開放的杜鵑和神秘幽靜的藏傳佛教寺院，遠處的雪山熠熠生輝。幾年以前，迪慶的有心人驚訝地發現，他們生活著的這片寧靜的地域竟然與《消失的地平線》一書中描繪的「香格里拉」驚人地相似，莫非詹姆斯希爾頓小說中的景物就是以迪慶為背景。於是，「香格里拉就成了迪慶的新稱謂，吸引著國內外好奇的遊客不辭勞頓接踵而至。」（殷紅，20020107）

17 「大眾流行文化及商品衝擊地方性」案例分析：杜拜機場。杜拜機場在現場充滿目光絢爛的高科技設備（尤其是宛如星際大戰電影場景的客服中心櫃臺等）、自動化步道、高級賽車展示台、亮晶晶的貴重珠寶店及黃金飾品店、各種歐洲名牌專門店等，以及刻意模仿有鳥類飛翔及水流聲的綠洲地景、充滿阿拉伯風味的工藝、飾品、紀念品專賣店等，塑造出一個在正式進入杜拜城市之前的「門面」裝置，刻意形塑杜拜就是一個同時擁有高科技、前衛、華麗的阿拉伯世界之新形象，機場空間作為象徵杜拜

（五）地方神話文化形塑地方性

　　Barthes（1972）提出「神話」（myth）的概念，並透過神話將一些歷史事件視為理所當然。因此，在地方上的神話並不是只針對地方神明、偉人、英雄等的傳奇、典故、源流等，更重要的是對於當地早已存在的各種地方性，更深入去反思其被合理化的過程及特定目的。

　　神話是由意識型態在日常生活當中所建構出來的各種對象，讓民眾們「認為」（誤認為）各種事物都是「合理」存在的，而不是被特定目的所刻意創造出來、不公不義或是虛假的，神話的功能反而讓你覺得一切事物都是公平正義及真實的。神話概念提供一個分析角度，就是對於一切以意識型態合理化的事物，都是值得更深入的反思其存在目的以及被刻意塑造的意義及價值內容為何。

　　地方神話的類型，至少包括：所謂地方「進步」的精神、完全外來的價值、國家至上的精神、具有統戰的歷史故事等充滿意識型態的各種形式。然而，地方神話與地方結構及其生產系統息息相關並交織作用，神話所傳遞的價值與意義等並不是恆常固定不變，反而隨著不同的歷史時空發展過程中，在各階段基於特定目的而賦予不同的含意，所以，神話的價值與意義等是鬆動的、多重的、變動的、可改變的動態過程，因此透過神話內容對於地方性的反身性思考變得更為重要。也就是，神話的文本系統本身可能不會改變（也可能因為歷史演變而會加油添醋），但是，解讀神話的人及其接收的意義卻是多重且變動的，意即透過解讀再次賦予神話新的功能，如此相互交互作用產生各種該時空當中的地方意義。

　　另外，神話也是一種論述形構的類型之一。所以，以 Barthes 的神話概念，分析在地方上的神話具有以下作用（同上）：（1）對於神話的論述宣說，持續達到一定時間時將合理化成為在地方上「既定」存在的「事實」；（2）神話故事本身的內容，正當化了神話文本內所承載的地方知識及所信仰的價值；（3）神話口語化轉為具體的日常生活能接觸到的對象，像是：地方人物誌、風土誌等；（4）神話在地方將框架出可以及不可以被宣說的內容與尺度、界線；（5）透過神話讓居民在地方生活有一個重要的生活參考座標，並在日常生活當中持續展開實踐行動[18]。

為世界的核心，這種集合全世界名牌、黃金、珠寶的奢華及阿拉伯文化的世界風格，是杜拜政府精心設計的空間場景，要讓觀光客正式進入杜拜市區之前先產生一種「凝視」（gaze）的地景想像，而機場空間本身是一種去當地方脈絡化的世界地景，是由各種商品文化的意識型態所共同堆砌而成的想像空間，也宣示杜拜不是一個荒蕪的沙漠國家而是金光閃閃的奢華王國（資料來源：本研究2014年杜拜機場現場田野調查記錄及整理分析）。

18 「地方神話文化形塑地方性」案例分析：希臘諸島。希臘許多島嶼都和希臘神話的傳說關聯在一起，也就是說，各個島嶼一起分工、共同建構及見證希臘神話的國度與在現實世界的存在感，現場也傳說海神波塞頓創建「亞特蘭提斯」王國等故事，以及國王宙斯如何到處偷腥、生下小孩，而母后赫拉如

（六）地方文化以符號系統具體化地方性

　　再從符號文本的角度來加以分析，地方性是承載地方文化意義的符號系統。地方的政治系統、經濟系統、文化系統及其他社會系統等賦予地方各種符號（sign）及符號體系的象徵、價值與意義等。如同 Saussure（1986）所提出的符號語言系統，他認為每一個符號（sign）都可區分為：「符徵」（signifier）以及「符旨」（signified）等兩大部分，其中，「符徵」是「符旨」表達的對象；而「符旨」是「符徵」表達的意義。

　　由於抽象的地方文化能由各種符號及其系統具體呈現在地方上，或者說，由地方文化所實踐出來的眾多符號，將共同形構出當地的地方性，因此，地方性是由一連串複雜的地方符號（符徵及符旨）所構成。因此，地方性成為一種文本（text）置於地方的文化脈絡（context）中，可以被加以解析，而符號的意義則是由文化系統及其他各種社會系統所交織作用而來。

　　依照 Barthes 說明符號是由符徵及符旨共同組成類似符號的用詞，包括：信號、指號、肖像、象徵、譬喻等都是記號的主要替代詞（Barthes／李幼蒸譯，1988：131-143）。其中，符徵為「所表示」地方性的成分，符旨為「被表示」地方性的成分，而符徵是地方性符旨內容的表徵，符旨是地方符徵指涉的內容，符徵具宣示地方性的功能，符旨則是被宣示的內容，也就是，符徵承載的地方性意義。地方符號具有「指意」、「意指」及「延意」等三個作用，其中，「指意」的作用如同符徵，為指向某個意義的代表；「意指」為符徵的內涵如同符旨；「延意」為符號的往外延伸，為地方文化系統及其他社會關係連結的部分。

　　基於上述，抽象的地方性之所以能轉換成為一連串的地方符號及其表徵系統，是由於在眾多符號中，每一個符號都同時具有對外的表徵以及對內隱含的象徵、價值與意義，然而各種符號在地方上相互關聯或相互重疊形成多層表意系統，各種地方符號便在交互作用之下，生產出一套複雜的地方文化表徵系統。其概念如圖 1-3 所示[19]。

何吃醋及報復等，一方面合理化父權社會的統治及合理化男性風流行為，並在另一方面同時污名化女性及建立其性別的刻板印象，而諸島還有各種因為諸神不合、或相互爭風吃醋進而造成小島地理特殊景觀等神話故事。在希臘各個小島，分工承接在希臘神話中出現的各個故事，神話的另一種重要的功能，是成為一種在現實世界中建構一個國家合理統治的文化及其意識型態，由希臘神話來凝聚這些眾多小島成為一個國家，並同時賦予了諸島各自的地方性（資料來源：本研究 2014 年希臘現場田野調查記錄及整理分析）。

19「地方性為地方符號表意系統」概念之案例分析：法國巴黎。有關巴黎的地方性分析，如圖 1-4 所示的分析內容。

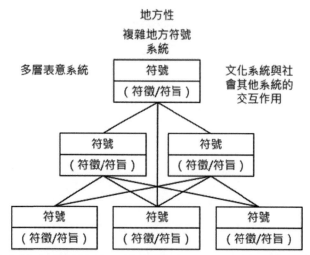

圖1-3　地方性來自於符號（符徵及符旨）形成的多重符號表意系統

（資料來源：本研究自行整理、分析及繪製。）

（七）地方文化為語言及言語交互作用形成地方性

　　Barthes 也將符號分為「言語」（parole）及「語言」（language）二者進行分析（Barthes ／洪顯勝譯，1982：33-35；李幼蒸，1999：118-120）。以他的概念來分析地方性，其中，地方性的「言語」是一種選擇化及實踐化的個體規則，結合各種「語言」代碼來傳遞自己的話語（想法），並形成特有的屬於個體的地方性特質，意即地方性「言語」的表達受到「語言」的影響。而「語言」則是一種系統化的結構規則，是一種社會習慣、集體的風氣，也是一套意義系統。一個地方的地方性生產及消費方式，都會受到社會隱藏的「語言」規則所影響，而在一個地方上使用的「言語」及「語言」二者在一再的交互作用之下，將產生屬於當地特有的地方性特質與符號系統。

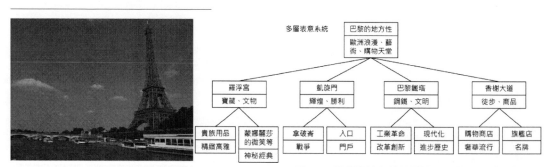

圖1-4　巴黎的地方性及其地方符號之多重表意系統

（資料來源：本研究2013年在法國巴黎現場田野調查記錄、整理分析及繪製。）

另外，地方性的生產及消費過程，依照結構語言學的方式，可以將地方性分成「共時性」及「歷時性」等二者內容加以論述，其對於地方性的分析探討，有關地方性的共時性與歷時性之變動過程概念，如表 1-3 所示。其中，「共時性」如同組成地方性特質的各種符號元素，各個符號元素本身已具有意義，而「歷時性」如同文法般的將這些組成地方性的符號串連起來，特定的串連規則將形成一種地方性的特色，也就是，串連各種地方性符號的系統規則，而且在不同的串連規則下會產生不同意義的差異，例如：同一件地方歷史事件，在不同的年代中，隨著社會的改變會有不同的閱讀規則，也將賦予其不同的意義。所以，「共時性」與「歷時性」會與不同的社會發展情形產生互動而變動，因此，地方性便是一種動態過程。

表1-3 地方性的共時性與歷時性變動過程概念

地方性	主體及主文	客體及脈絡
共時性	組成地方性的各種符號，個別符號具有個別意義。	過去的歷時性成分，又變成共時性的成分，成為客體結構脈絡，並影響主體性。
歷時性	串連符號的規則，將具有個別意義的符號，加以串連成為一種地方特質。	這些結構脈絡的成分在時代變遷下，會產生不同閱讀及運用規則，而客體歷史也會被串連成不同的意義。

資料來源：本研究自行整理及分析。

第三節　地方性的後現代及全球化

以上已經討論有關地方及地方性的基本概念，以及古典社會學與相關地方及地方性的一般社會文化分析方法等，而由於我們現在正處於後現代社會及全球化等大環境及文化現象之下，所以，以下我們將進一步藉一些相關理論概念來加以分析，在這些現象之下其地方及地方性的特徵，包括：地方性與反身性、地方性與他者、文化全球化與地方性、後現代文化與地方性、地方性的擬像作用、地方性與解構主義、地方性的文本結構與能動性等內容，以理解在後現代文化與全球文化的大環境客體及其結構性的特質與脈絡條件之下，作為地方主體的地方性其現象與能動性為何。相關理論概念之內容分別論述分析如下。

一、地方性與反身性（reflexivity）

　　無論是否在後現代與全球化社會之中，長期以來，地方與地方性一直具有階級性。剛開始，地方性是受到某些特定社會階級居民們的影響及作用力而生產出來，然而，地方性也同時會轉化成為當地一種地方結構，以及再生產回來影響社會成員並再次穩固當地的階級，例如：某些社會特定階級居住在某一些高級的地方，當地的社會階級系統生產了當地的特性，像是：住戶民眾的生活品味（例如：文化素質、嗜好、習癖等）、地方藝文活動（像是：藝文展覽及演出、藝術節、嘉年華、文化慶典等）、文化公共設施（像是：博物館、美術館、表演廳、圖書館、學校等）、建築（例如：文化遺產、古蹟、名家設計建築大樓等）等，這些特定品味的地方性，逐漸在當地形成整體（城市或國家）的特定階級及地位，而在另一方面，這些特定品味也會在當地形成一種地方結構，並再生產教育當地居民們如何過一個「對」的日常生活[20]。

　　不僅在同一個國家或同一個區域內部會產生地方性的階級性，跨區域的外部地方與地方之間也是如此，例如：西方城市（或強地方）的地方性被排序成為優於東方城市（或弱地方）的地方性，並在全球化下形成特定的地方階級印象、位置、關係、秩序及系統。

　　但是，地方性的分類、階級排序等並不是固定、一成不變的，相反的，其是一種不穩定的現象。而地方性的階級地位之流動，除了受到地方長期發展而逐漸變遷移轉之外，在後現代及全球化社會之中，相較於過去將更為快速的影響到地方階級地位的流動，其影響因素至少包括：

　　（1）國際認可的組織、基金會的推薦，像是許多具有國際公信力的組織所推出的價值「標準」門檻，例如：聯合國國際教科文組織對於世界文化遺產的指定及公布，被公布進入世界級文化遺產的地方，其階級便向上流動，或是受到世界代表性組織或團體調查、認證的排序，像是：最適合居住的地方、最美麗的地方、值得前往的地方等，透過公布的秩序其階級於是向上或向下流動[21]；（2）地方因大眾文化的流行性提升了在社會大眾心目

20　有關所謂社會上認為「對」的日常生活之案例分析：台北信義計畫區的豪宅生活。在台北市信義計畫區裡面的豪宅區，屬於「天龍國」中的核心區，是少數社會上層階級的居住地，居住在當地象徵著上流社會身分，而住信義計畫區豪宅、開名車、跑派對、喝紅酒、吃大餐、帶傭人等似乎成為一種象徵上層階級的生活方式，而這種生活也似乎成為一種判斷「富人」的標準，以及「對」的生活方式，並成為許多民眾羨慕及模仿的對象。

21　「因國際組織認可提升地方位階」之案例分析：澎湖「最美麗的海灣」。受到「世界最美麗海灣」國際組織的肯定，澎湖成為世界級景點，讓全世界各國看到澎湖美麗海灘地景，獲獎後澎湖瞬間提升了在世界地位。「澎湖之美已逐漸獲國際肯定，於2012年底獲得『世界最美麗海灣』組織的肯定，世界最美麗海灣為聯合國教科文組織所支持之NGO組織，始成立於1997年，總部設於法國中部Vannes市，

中的地位，像是一些拍攝電影或電視偶像劇的地方，因為傳播媒體的曝光而吸引大眾的同時，在當地拍攝的故事也意義化、豐富化了當地的地方性[22]；（3）由地方居民對於自己地方性的反身性，透過地方居民的自我覺知及覺醒，對於地方性本身的價值與意義產生更深的地方認同，也同時提升了地方性在地方發展上的重要位階[23]。

其實，地方性的階級分類及排序一直是不可避免的現象，但是地方性不應該去在意地方階級不平等的現象，因為不平等反而說明此地方與其他地方的文化差異特色之處，而地方文化差異特質愈高，再生產為地方性的價值便愈高，不平等反而成為形成地方性的重要資產。

因此，在面對目前全球化及後現代時期各種大量傳播資訊現象之下，許多事物已經不會像過去年代如此穩定不變，同樣的，地方性的階級分類及排序之變動性，相較於過去時期變得更為快速，地方性更成為一種具有流動狀態的特性。不過，我們更需要去思考的是，在全球化的社會發展中，我們自己所居住的地方，是往全球文化同質化方向流動，還是往自己彰顯自己地方特質及強調文化差異的異質化方向流動，將更為關鍵及重要。因為地方受到全球同質化的文化衝擊將逐漸尚失自己的特色，或是我們也可以讓自己的地方文化更具差異特性並與全球各地連結，將有不同的發展方向。也因此，各地居民們本身的地方自覺以及自我反思能力將變得更為重要，如此，才能使地方不至於淹沒在全球化潮流之中，反而更進一步，運用全球化時期大量媒體資訊快速及無遠弗屆傳播等特性，發展及展現出屬於地方自己的特質。

宗旨為致力推動保護全球海灣天然資源，目前共39個海灣加入，包括：美國舊金山海灣、中國大陸青島海灣、越南下龍海灣等。能夠成為其中的一員，不僅是澎湖島嶼自身的魅力使然，也是地方長期努力的成果，成功營塑澎湖國際度假島嶼的形象。」（澎湖縣政府，2013）

22 「因媒體拍攝而提升地方位階」之案例分析：高雄。高雄因為偶像劇《痞子英雄》提升當地許多景點的知名度，高雄透過偶像劇的宣傳改變社會大眾對當地的形象，像是：世運主場館、駁二藝術特區、真愛碼頭、新光碼頭、高雄捷運美麗島站、寒軒大飯店、統一夢時代購物廣場、高雄東帝士八五大樓等都成為著名景點。

23 「因民眾自覺而提升地方位階」之案例分析：桃米社區。埔里桃米社區從九二一大地震之後在災後復健過程中，一路走來成為國內地方營造重要的成功案例。分析其成功的關鍵在於地方居民逐漸的自覺過程，以及如何從災害危機成為轉機進而發展生態村的主題。林吉郎、楊賢惠等人認為「桃米生態村成功的關鍵因素，為新故鄉文教基金會與社區發展協會的角色扮演與功能展現。研究發現新故鄉文教基金會以其平台與夥伴角色，全程陪伴，整合來自政府、企業、學界的資源，培養社區自立更生條件，桃米社區發展協會從社區成員的轉變為基礎，進而發展社區產業，新故鄉文教基金會與桃米社區發展協會合作無間，裨益凝聚社區共識，協力推動計畫。」（林吉郎、楊賢惠，2005：41-73）

二、地方性與他者（the others）

　　當我們長期在同一個地區活動時，面對自己所處的地方經常會不容易發現自己的地方特色，有時候藉由其他地方的民眾對於我們的地方性加以回饋，諸如：評論、意見、價值、想法等反映，有時會讓我們「看到」自己的地方特色，因此我們「自己」的地方性就在 Charles Cooley 所提「鏡中自我」（looking-glass self）之中，被「他人」所形塑出來。

　　從這個角度分析，地方性的形塑過程，是從別的地方的民眾對於我們這個地方的地方性看法而來。雖然，這其實是他人對於這個地方產生另一種有別於我們當地人的「地方的想像」（local imagination），然而透過別人一再回饋反應的印象及看法，在無形中會影響當地民眾，進而產生對地方的另一種想像，並逐漸形成自己「以為」的地方性，於是自己的地方性往往由他人的眼光所塑造而來，尤其是對於自己的地方性缺乏信心（弱地方）的居民們而言，更是容易受到外來的影響，進而對於自己的地方產生懷疑並設法改變。換言之，他人對於自己的看法，是地方性發展中一個重要的過程，但同時卻也是地方性發展危機的來源之一。

　　基本上，每一個地方都應該是獨特且自我多元的發展，但是，當自己的地方性建立在外人的印象與想法之上時，尤其是在面對西方文化或是其他社會主流文化價值時，自己原本珍貴且地方獨有的地方特質，反而在此「非我則它」的「二分法」，也就是，區分為「自我」（self）和「他者」（other）的相對觀點，自己的地方性特質在此外來（或「國際化」）的「標準」下，淪為落後、頹廢、老舊、過氣等負面的評價，如果地方居民們再以此充滿負面的評價而重新調整自己的地方發展，開始仿效具有此「標準」，即為所謂的具有參考指標之地方時，自己原有獨特且珍貴的地方性，將因此相較變得落後、式微等，進而消失殆盡或完全移轉改變。

　　在後現代及全球化社會脈絡之下，許多分析大多以西方及各種強地方為「主體」中心，依這些地方作為主流論述並建構出來的全球客體環境脈絡狀況，在此現象之下，這些中心作為主流標準的地方性內容，其他非這些標準的地方性的內容變成弱地方，而弱地方的地方性便被視為此「主體」的「他者」。

　　所以，在「他者化」的過程之中，一方面這些「他者」淪落為被「主體」奴化、矮化、賦予落後等刻板印象的犧牲品，也就是，原本這些地方極為獨特、珍貴的地方性，卻淪為擁有主流論述的強者所唾棄的對象，進一步也讓沒有警覺到的「他者」之弱地方的民眾們，失去擁有自己地方特色的信心。因此，強地方除了以自己的地方特色標準來區分並弱化其他地方為「他者」之作用，以及讓這些弱地方跟隨及改變之外，另一方面，這些

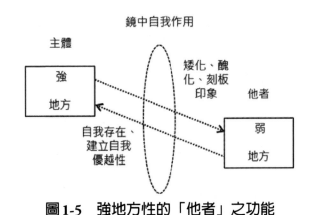

圖1-5　強地方性的「他者」之功能

（資料來源：本研究自行整理、分析及繪製。）

弱地方「他者」擁有的地方性特質，卻同時也被用來烘托、彰顯這些強者的地方性及其存在的優越性，有關其概念如圖1-5所示。

　　然而，從過去歷史到現在全球化的社會發展，「他者」是一個古老歷史發展迄今一直存在、要去面對的議題（李有成，2012）。因此，我們需要瞭解自己的地方性與「他者」的關係，而由於我們自己經常無法看清楚自己的地方性特徵，所以，我們須透過「他者」的差異性特質進一步比較來瞭解自我的地方性，而且地方性並沒有所謂的階級高低，只有地方特色差異，當地方特色差異愈大，地方獨特性的價值便愈高。每一個地方的地方性主體經常需要經由外在其他地方性來加以辨別，且由於有其他各種地方性的存在，自己的地方性才更能突顯具獨特、珍貴的地方特色，因此，我們不僅要發展出屬於自己的地方性，也同時應該尊重其他地方自己擁有的特色。其概念如圖1-6所示。

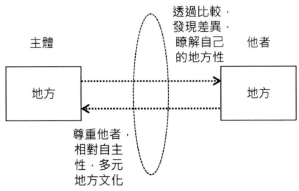

圖1-6　修正「他者」對地方性生產的功能

（資料來源：本研究自行整理、分析及繪製。）

三、文化全球化與地方性

Held 及 McGrew（2007）認為在目前全球化的時期中，全球化產生了新的世界秩序及治理模式，像是新的地方治理模式、武力組織、經濟、文化及環境的惡化等，另由於新的政治與經濟權力再次重新分配，不平等現象也形成全球性的發展，並因為出現許多新的危機而產生反全球化的問題。

分析全球化其文化現象的特性及發展，是從早期現代主義的國際化時期中，其國際化文化現象的歷史脈絡所演變發展而來，之後在後現代主義的全球化時期則有了更進一步的特色發展。其中，有關國際化與地方、以及全球化與地方發展關係之比較分析，如表1-4所示。

表1-4　國際化與地方、全球化與地方之比較分析

比較項目	國際化	全球化
社會背景	現代主義	後現代主義
經濟生產方式	福特主義	後福特主義
知識論述型態	大論述（大地方論述）	小論述（小地方論述）
地方追求的發展	國際樣式	地方風格
強調的文化價值	主流文化	多元文化
地方的重要性	去地方化	再地方化
文化在地方作用	西方文化（或強地方）對東方（或弱地方）的同化作用	強化各地方文化差異特質發展形成自己的地方性及全球各地連結

資料來源：本研究自行整理及分析。

在國際化的發展時期中，比較不重視發展各地自己的地方差異特色，因為此時期全世界在二次世界大戰之後，需要快速重建及復甦，各地的建設主要講求以西方及強地方為主的國際標準，故西方為主的強地方文化成為當時的主流，而非西方為主的弱地方則淪為落伍、陳舊、跟不上時代潮流的文化，所以，許多地方的地方文化傳統都與過時劃上等號，在國際文化潮流以霸權方式在各地充斥之下，許多的弱地方文化都被邊緣化，進而出現式微、更加弱化、終究產生消失等現象。

於是就在東方（及弱地方）的地方中心（都市等）朝向西方（及強地方）看齊及學習的過程中，不僅產生弱地方內部受到強地方外部的影響，同時也在內部中的各個弱地方間，產生邊緣地方（鄉村等）向中心地方（都市等）看齊及仿效之現象，於是便在整體弱地方地區產生一連串的破壞性創造，破壞原有地方性及創造出一些外來、離根、去脈絡化

的地方特質。

　　Robertson（1992）認為許多文化已經往全球化移轉之中，從當代社會理論分析，世界是一個整體並超越了全球和地方、以及普遍性與特殊性之間的傳統區分，在世界格局的政治、經濟發展以及日漸壓縮的時空中，文化已成為一個具有全球性的問題與爭議。對此全球文化對於地方文化造成的衝擊現象，Giddens（1990）便提出「錯置」（displacement）的概念，來解釋全球化對於地方的影響，他認為由於現代化文化向各地傳輸，使得許多地方出現「錯置」地景，即許多創新的地景與當地的地方歷史脈絡及社會系統相互脫節，但是卻出現在當地。

　　Thompson（1995）對此現象提出「去地方化」（delocalization）的理論概念，他更是認為在今日由於全球各種傳播媒體充斥到每一個地方，不僅影響各地的日常生活，也讓許多原本具有自己歷史脈絡的地方特質，在生活及地方空間生產上都紛紛產生「去地方化」。因此，在 Tomlinson（1999）眼中，全球化時期是現代性的結果，全球的現代化現象，一方面產生文化帝國主義的興起，另一方面許多跨國企業以「解領域化」（deterritorialization）的全球商品，進入各地方的生活中，此使得透過商品消費的地方產生文化衝擊，且因此逐漸對自我原有的地方失去認同，同時各地方也因此產生文化混種與融合之現象[24]。

　　另外，Crang（1998）則認為目前存在一種全球空間，全球許多地方並出現均質化的發展，由於電子通訊與網路發達之故，產生全球化對於地方的侵蝕，每一個地方應該具有當地的地域色彩，但在某些時候地方文化已被全球同質化成為「非場所」（non-places）（Crang，1998：113）。然而，對於 Auge（1995）來說，其運用新人類學的角度來分析我們在現代生活之中出現的特異奇景，其運用「超現代化」（supermodernity）的概念，來解析全世界在晚期資本主義時期形成的邏輯，所產生的各種訊息過多、太超過的空間等無所不包的特殊現象，例如：我們從機場或是高速公路沿線之中，由於車流讓時間快速運轉，我們可以見到外來與地方內部二個不同向度的發展力量，而且在新舊之間交織產生一種地景奇觀，Auge 從這些概念中試圖將地方視為一張地圖，分析在地方上各種具有當地歷史脈絡的古蹟、創新生活及「非場所」的現象。

　　Auge 認為一個流動快速、沒有感情的場所（像是：機場、醫院、使用投幣的超級市場販賣機、提款機等）便是「非場所」，這是因為這些地方場所根本無法提供能進行人與

---

[24] 「跨國企業全球商品解領域化」概念案例分析：台北信義計畫區的精品旗艦店。在信義計畫區中有許多國際精品名牌的旗艦店，由於這些名牌店面都有自己一套品牌識別系統，外觀、室內的裝潢、招牌等在全世界都一樣，因此在信義計畫區內構成無地方特色且屬於全球一致的資本地景及商品，產生當地「解領域化」之現象。

人相處（有機的）等社會關係之「人類學場所」（Auge，1995：94）。「非場所」此概念，是指出這些沒有產生人性功能的場所，根本就無法讓民眾對於當地產生重要的地方認同。

另外，由 Auge 所指認的「非場所」，在目前的發展不僅出現在如上述所說的各種地點之外，也出現在像是：網路購物、地方公共空間（街道、廣場、公園、道路等）等地點，因為在此出現太多所謂科技互動裝置（LED 燈），表面上看似與民眾對話，其實只是機械裝置且毫無人性意義。所以，Auge 認為一個地方原本應該具有濃厚的人情味，但是這些原本應該充滿人情味的「人類學場所」卻已經逐漸被機械性及符號化，而轉換替代成為「非場所」，例如：高速公路的指示牌，是將當地原有的濃厚歷史文化給簡易化、符號化，而觀光客的休息站卻扮演類似當地文化中心的角色，在休息站內也同時販賣當地的特產，而原本關心當地發展的書籍，也商品化成為裝滿符號的旅遊書，地方真實的場所與非場所並存交織，一起出現在我們的現代社會之中（Auge，1995：94）[25]。

另外，全球化其實就是全球資本主義化的發展現象，當跨國企業以商品行銷普及全球市場時，跨國企業產生出文化帝國主義，其企業總部本身擁有自己要打造的商品文化及其意識型態，就在其推出的商品於全球各地市場熱賣之際，跨國企業同時也打造了世界文化，在全球各個地方的民眾們所消費的對象，並不是只有跨國企業所販賣的商品而已，還有隱藏在商品背後的文化，於是愈是國際間互動的地方，愈是受到跨國企業的文化衝擊與影響，這是跨國企業以商品對於地方日常生活產生文化衝擊的現象。因此，全球化對於地方性的衝擊將更加的隱性、細膩、綿密等，且直接滲透進入與連結到各地民眾們其在每日的日常生活中之各種細節。

換句話說，即使在地方上許多地方性是在地方特定歷史條件與社會系統所交織生產而來，也就是許多地方性是在過去長期、特定的地方時空及社會脈絡發展下，才得以發展出地方紮根的狀況，但是就在目前全球化的快速發展之下，跨國企業挾帶世界文化衝擊地方，並以日常生活使用的商品及背後的文化，快速進入地方生活進而產生了去地方脈絡、離根的發展現象，造成地方發展力量的衝擊及流動、拉扯及分裂，形成地方文化的異質化、碎裂化、混雜化、多樣化等，地方性的生產一方面產生全球文化（世界文化）的同質化現象，另一方面卻也改變了各地方並產生複雜、衝突、突變的地方特性。

當我們瞭解及嘗試去反思上述的全球化對地方產生的文化衝擊現象之後，在目前全球

---

25 地方產生「非場所」概念之案例分析：高速公路休息站。在台灣許多高速公路的休息站，都販賣當地的特產、紀念品、特色小吃、旅遊地圖、提供地方交通等旅遊資訊服務等，休息站提供一個快速閱讀當地訊息，讓遊客在最短暫停留的時間點上，也能體驗當地淺薄、被商品化的符號及商品，尤其在國內發展文創產業的政策概念之下，高速公路休息站也「文創化」了！因此，在發展文化觀光的前提下，休息站似乎替代了地方博物館、文化館等某些文化的功能。

化時期的發展之下，地方發展更不能僅以西方（或強地方）的標準作為自己地方發展的參考對象，而是需要在參考這些案例之後，消化吸收並再次修正，讓自己的地方文化主體能透過這些案例及技術等，獲得更有力於自己地方性特色發展的方式，也就是，架構在現代主義社會以及運用現代化的各種知識與技術之下，巧妙的加入自己的地方文化主體特色，也就是「再地方化」的概念。在此概念之下，建構自己的地方文化風格，並且許多地方也能依此地方差異特色風格，再生產為地方產業及振興區域經濟。換句話說，在目前全球化的時期已經有別於國際化的年代，而更加重視各地的地方性，由於注重地方性使得「地方文化差異」成為地方文化創意產業的原料，導入現代社會在市場能被接受的生產及消費等層面之策略性「創意」技術，轉換為地方文化「產業」並帶動地方經濟。

四、後現代文化與地方性

對於現代主義與後現代主義此兩個不同時期，Jencks（2010）認為在現代主義時期的文本是屬於比較傳統的特質，而後現代時期則比較像是玩弄語言符碼、混雜使用的特性，而且現代主義比較偏向菁英主義式的價值觀，後現代主義則屬於多元及兼容並蓄主義，展現了去菁英與通俗文化差異之現象，另外，現代主義比較相信有關語言及意義本身的客觀性，且認為再現是具精準度的，然而後現代則是反對大敘事、質疑任何普遍性真理的存在、屬於解構的，而現代主義相信先驗主體的存在，後現代則認為主體是基於論述而形成，主體將會因為時空不同而有所改變（Jencks，2010：10-39）。因此，受到後現代主義的影響，如果一個地方的地方性在過去一直未受重視、模糊及未有具體的主體性特質，進入後現代主義的社會發展時，當地的地方性將產生更加模糊、破碎、複雜及資本化等現象。

由於 Jameson（2001）曾經受到 Mandel（1978）將資本主義區分為三個發展階段之影響，故而提出在各不同階段藝術文化的風格及分析，其包括：（1）市場資本主義時期：資本主義以市場經濟為導向的發展（為現實主義時期）；（2）壟斷資本或帝國主義時期：資本主義的擴大發展成為帝國主義的政治經濟制度，成為壟斷集團並向外世界擴張，形成更大規模的工業化（為現代主義時期）；（3）晚期資本主義或多國化資本主義：在 1950、1960 年代由於信息及傳播媒介的大量產生，企業組織形式逐漸改變並出現多國資本主義（為後現代主義時期）。另外，Jameson 也以馬克思主義、意識型態及敘事分析等研究文學到大眾文化、電影到繪畫、建築到科幻小說等領域，從美學風格分析文化、政治、經濟及理論層次，深入分析後現代文化的演變與特徵，及探討在後現代主義社會系統的深層邏輯，因

此，他認為在後現代的文化主體已經非單一中心化，文化主體為呈現出破碎、消失或物化等傾向，同時其文化現象也出現過度商品化、拼貼的手法、深度的消失、注重表象文化、複製及仿真等現象，且因為攝影及印刷技術，大量的形象複製、照片、機械性複製、商品複製、及大規模生產等產生仿真，使得歷史深度感的消失，時間體驗停留於現在，故而平面感、形象文化、歷史淺薄、複製仿真等成為後現代主義的主要特色（Jameson ／唐小兵譯，2001）。

另外，我們認為在後現代時期對於地方性的生產及消費之影響，將至少產生：地方性生產的表層異質化、消費的符號化、地方資本化、主體離散化等現象，其相關概念及內容，分別論述分析如下。

（一）地方性生產的表層異質化

Jameson（1991）指出，由於後現代的文化生產邏輯之故，使得地方歷史與空間深度逐漸消失，並且在各地產生一個無透視深度、淺薄的歷史感、以及新的感情基調等現象，Jameson 認為從現代轉向後現代文化包括以下的特徵[26]：（1）從深度時空到平面：現代藝術的平面感是對於過去透視繪圖方式的反叛，傳統的藝術創作是透過外在表現技術來傳遞作品內在的意義，但是在後現代卻是融合在一起，更多的藝術行動本身也具有意義，或是變成裝飾性，過去習慣的視覺深度與解釋體系在後現代也一併消失；（2）從中心化到非中心化：現代主義由於工業化及都市化發展而有一定的表達主體，但是到了後現代社會之中，主體已經去中心化、被零散化，主體是從各個片面之中拼湊而來，而且之間並無前後邏輯，時間也碎裂為各種片斷，而符號為符徵與符旨之間的關聯性也產生斷裂，時間、記憶、歷史之間皆產生片段不連續；（3）從風格到仿作的機械複製：在後現代中持續的大眾文化發展以及均質化發展之下，後現代創作逐漸出現仿製的風格，大量的仿作並同時造成個人創作主體的消失；（4）從審美觀朝向消費邏輯：眾多商品及廣告等出現，滲入原本的藝術文化與美學領域，而由於文化商品化之故，菁英文化與大眾文化、藝術創作與生活所需消費之間的分界逐漸消失，藝術生產是為了商品消費而生產；（5）一起追求大眾文化而非高雅文化：因為興起大量的大眾文化使得過去藝術為菁英專制而生，轉變到為普及民主化的民生而生，所以，文化不再是追求高雅而是以取悅社會大眾為主。

---

[26]「後現代無歷史感的商品淺薄化消費」概念之案例分析：台北故宮博物館狂賣的紙膠帶「朕知道了」。「朕知道了」是出自於台北收藏的清朝乾隆朝批閱的奏摺（故宮博物院，不詳），本來是相當具有乾隆皇帝的語氣以及審視重要國家大事的批閱用詞，在國內文創產業的發展下變成有趣的紙膠帶商品，吸引大量買氣，一般民眾將其轉用於一般日常生活的瑣碎事務活動之中。

因此，在後現代中經常出現大量的表象化及異質化之生產及閱讀，尤其是 Jameson（1984）認為在後現代文化的特徵中到處都充滿「拼貼」（仿作，pastiche）的文化，「拼貼」即是一種自己以為使用了地方歷史，但是實際上卻是遠離地方真實文化的現象，由於到處充滿了商品化以及印刷、媒體等等大量的複製技術之下，在後現代時期由於相較傳統社會或是現代社會時期，逐漸不再重視個人的風格，形成目前大家都可以普遍性的複製仿作。另外，在後現代的文化特色中也產生出一種「反諷」（parody）方式[27]，然而反諷的文本生產本身還是一種具有目的性的動機，像是：以詼諧的語氣來諷刺現代性，並提供一個反思的機會等，但「拼貼」卻只是一種毫無任何意義的、戲謔的惡搞而已[28]（Jameson，1991：64-65）。

另外，由於文本消費者及閱聽人等對於文本的快速閱讀及消費，文本生產出現了表層化與異質化之現象，地方性的真實性（原真性）已經再也不是最重要的重點，而重點則被放在地方性文本的功能性，故地方性已經不是一種追求的目的，而變成是一種策略工具。許多地方文本本身與真正的真實之間產生了距離，在地方生產地方性的目的並不是要忠於本源、原真、或無誤的回溯當時歷史的真實性，地方性文本的生產實際上是一種要發展地方文化經濟、文化政治或文化認同等功能的工具。因此，地方性的文本生產漸漸遠離了真實而趨近於功能。

在後現代時期產生真實與虛假之間已經模糊不清之現象，就出現如同 Baudrillard 曾經以「擬像」（simulation）概念，說明一種沒有源頭或是現實的真實進而產生的事物，也就是，如他說的「超真實」（hyper real）的現象（Baudrillard，1983a：4）。也就是說，由於地方事件的本源在真實與想像之間產生內爆（implode），彼此不斷的崩解使得到後來想像與真實之間，已經毫無差別，並且也無法清楚區分真實與虛擬二者，甚至在擬像的發展過程中，還超越了真實本身，對於文本的觀眾閱聽人而言，所生產出來的對象已經遠比真實還要更為真實，這就是後現代文化的現象。

在此概念中，Baudrillard 認為美國的迪士尼樂園是最佳的範型，在樂園中出現無數個擬像提供美國人完美的幻想，置身於樂園中讓美國人遠離現實世界並且沈醉在其中，同時也由於迪士尼樂園的擬像，讓個人更能確定自己的現實世界，一起集體體驗「真實」的美

27　後現代「反諷」概念之案例分析：國內的「反諷」電視節目。包括：2100 全民亂講、2100 全民開講、全民大悶鍋、全民最大黨等節目，其節目製作人為王偉忠或詹仁雄等人，節目的內容為透過明星模仿各種政治人物，來挖苦政治人物、諷刺政治事件的方式，成為頗具特色的諷刺性節目風格。

28　後現代「惡搞」概念之案例分析：偽基科。原本為「海納百川，有容乃大」及「人人可編輯的自由百科全書」的維基百科，出現仿製的惡搞版百科全書，為「偽客觀、偽公正、偽持平、偽學術、專事挖苦」及「人人可編輯的惡搞百科全書」之偽基百科。

國,而超真實或擬像不僅使真實顯得並不重要,而重要的是不一定要真實的事實,超真實及擬像本身亦提供了社會功能(Baudrillard,1983a：23-25)。

然而,更加更有趣的是,由於在迪士尼樂園當中運用各種商品化的方式來描述歐洲的城堡地景風格,進一步造成在歐洲的某些真正的城市,因為美國迪士尼的關係,反而將自己原有特殊濃厚氛圍的歷史文化遺產,反過來妝點化身為在迪士尼樂園中所論述出來的城堡,這些歐洲城堡模擬迪士尼樂園內的城鎮,在為了發展觀光之下而將自己給主題化(Harvey／王志弘譯,2003：1-19)。

(二)地方性消費的符號化

如同上述所言,後現代的文化消費方式使得地方性文本生產,成為去地方脈絡的表層及異質空間文本等特性,同時也成為一種失去地方脈絡的文化符號消費方式。而且,更由於在後現代時期中,社會大眾們早已習慣於符號文本的表層異質化生產以及快速與簡單的愉悅消費方式,地方性是否完全遵照歷史原真性而成,或者是否為在地方上自己本身的歷史所特有的內涵及風格,已經不是重點,重點反而是地方性如何被置入於快速符號生產及閱讀的有效性,也就是,如何將地方語彙形塑成為可以被廣大民眾所快速消費的對象。

因此,地方性及地方風格在後現代時期,已經被社會大眾習慣性的去除地方時間、地方空間及地方歷史脈絡化的去深度消費,觀眾們對於地方文本的消費方式,習慣於不作地方歷史深度發展的探究,而從整個地方的上下文脈絡進行較準確的閱讀與理解,已經花費過多時間且已毫無意義,觀眾們喜歡直接從文本中進行簡單的表層閱讀,以及重點是能在快速閱讀時獲得快感。

然而觀眾在迅速的文本閱讀中所獲得的意義,將會因為快速及淺薄閱讀等而夾帶著自己的意義、價值等個人觀點,因此文本消費所獲得到的內容經常是基於自己的觀點而得,而不是在更深的理解之後,獲得真實、精準的內容。然而,這種現象在後現代社會已經不是十分嚴重的問題,這是因為在後現代社會之中,觀眾們普遍對於地方符號快速、表層的閱讀消費之方式,對於閱讀獲得每一個人不一致的意義及價值,有著更大的接受度及包容性。而且,加上在後現代時期也經常反思地方事物存在的原真性,因此我們已經習慣(甚至鼓勵)於每一個外來觀眾都可以不必相同,甚至因為每一個人所獲得的個人意義與價值之不同,還進而引發不同社會族群共同討論的議題,甚至進一步因為話題性而帶動當地商機,像是:各種在 Facebook 成立的文化觀光旅遊社團、地方傳統小吃美食的熱烈討論,也在無形中振興了地方經濟。

然而,這種失去對當地上下文的脈絡等歷史意義的閱讀,早已是後現代時期對於地方

性消費的另一種文化特徵之一。Jameson 就曾引用 Lacan 所言「精神分裂症」的概念來進一步說明此現象，Jameson 認為在後現代時期這種去上下文脈絡的文化消費方式，就如同精神分裂症一樣，精神分裂的病人所感覺到的是虛幻且上下之間並不連續的經驗（Jameson，1997：192-205）。換句話說，這種去脈絡化且缺少連續性時間的閱讀，是閱讀者以自身外來的上下文脈絡經驗去具體感知地方主體，所以，會對地方產生幻覺及經歷不真實的經驗，但這種幻覺並不是地方的真實，而是對地方性產生的精神分裂症狀。

　　然而，此種現象不僅出現在閱讀者本身所產生的幻覺式消費方式，對於地方性的生產部門或生產者而言，也因為要迎合在後現代時期所出現的地方時間與空間相互斷裂的「歷史失憶症」之地方生產，或是為了將地方性轉做商品化發展，而將地方歷史淺薄書寫為具有市場魅力的「故事」文本，也就是，為了將地方性故事化而對於地方產生「選擇性記憶」，並因此產生了地方性的失憶症。

　　地方歷史是一種符號移轉過程，地方性似乎無法完完全全以原創當初的原真性持續存在，而在後現代時期中有關符號的形式、價值、意義等與本源是否一致似乎也已經不重要，如果我們不能避免消費文化的社會發展，那麼，我們便應該去思考如何在消費文化的歷史洪流中妥善保存哪些地方性，以及某些地方性需要轉為能被廣為消費的文化符碼，因為地方性是主要消費內涵，也就是，沒有保存既有特色的地方文化，又要如何發展成為大眾的消費文化。

　　如此看來，地方性透過消費將會產生再發展的形式、價值與意義，雖然並非所有的地方性都應走向符號消費市場導向發展，但是需要考慮在後現代文化消費的脈絡中，地方性該如何被生產成什麼樣合適的符碼，以及如何被重新置於整體社會的符號系統秩序中，以產生特殊價值及意義而被加以消費，不過，更重要的還是應當先回來思考自己地方上想要保存的地方性為何，因為先有地方文化保存，才可能有所謂的大眾文化消費。

（三）地方性的地方資本化

　　在後現代社會之中，各地的地方性成為各種地方商品的「原料」（地方文化資源、資產等），從此角度來看，地方的各種軟實力將轉換成為地方經濟發展的軟實力基礎，而且更進一步來說，在地方上重要的文化差異特質將能再生產成為地方發展經濟的資本。就如同 Jameson 認為在後現代時期，文化已經不再如同過去時期，文化作為上層結構用來宰制下層結構的工具，文化不再只是隱藏在意識型態之中並為政治服務，文化生產邏輯已經不是僅僅為了政治，而所謂的菁英文化與大眾文化之分界已經模糊不清，到處都是文化，且文化的生產邏輯是為了商品經濟而運轉（Jameson，1991：85）。

綜觀來說，今日許多地方早已經是以資本化的方式進行運轉，而要在地方上發展文化經濟，其中最快速有效的方式之一，便是直接在地方上進行「文化圈地」（cultural rodeo）工程。Soja（2000）也認為在後現代社會中許多地方都興建出一個朝向消費者市場的「主題環境」（themed environment），建設一個主題樂園的地景環境，並成為文化消費空間，直接以此主題創作各種系列的場景，像是：在台灣各地出現與當地環境有所不同的各種主題樂園、主題園區、文化創意產業園區、風景園區、土雞城、產業文化遺產再利用的廠房園區、觀光工廠、外國特色民宿及摩鐵等，甚至是脫離當地生活的豪宅等大型房地產建案，這些圈地不僅去當地的地方文化脈絡，也同時將原本是出現在世界各國不同歷史時間及空間地點的文化語彙，集中在一起成為一個趣味化符號地方，並更集中火力快速、有效的累積該地方的經濟資本。

這種「文化圈地」是以消費文化為主形成的主題樂園，在圈地內自成一國與當地文化發展脫勾，吸引的買家們也是當地以外的觀光客，這些觀光客透過樂園地景及樂園內販賣的地方美食與紀念品等商品符號，經驗及再現了當地的文化。另外，由於強勢的地方環境主題樂園，以強勢經濟帶動了地方發展，除了園區內的外來文化對商品重新編碼進行符號消費的現象之外，原本園區以外真正屬於當地的地方特色產業與生活卻加速往邊緣化發展，在地方上形成「雙元地景」，即進入與圈地有關的產業大賺觀光客的金錢，但是大部分沒有進入圈地產業供應鏈的其他產業及生活環境，卻負擔了外部環境的成本，例如：在當地形成的交通阻塞及噪音、遊客帶來的大量垃圾、垃圾及環境生態污染、文化衝擊等成本都傾倒到園區以外的地方。但是無論如何，由於後現代社會中大量消費者對於地方文化消費的需求，促使許多地方的地方性轉向商業獲利模式，為地方經濟資本積累而運轉。

（四）地方性的主體「離散化」（discretization）

後現代時期由於資訊時代傳播媒介能無遠弗屆且迅速的將強勢文化傳輸到其他地方，許多地方因為發展資本主義商品化之故，而在地方上利用仿製、拼貼、挪用等手法來複製這些文化。不過，由於文化輸出地與輸入地之間的文化差異，輸出地的文化到當地會產生程度不同的變形，也就是，標榜從輸出地輸出的文化，到了輸入地實際上已經與當地的地方文化相互融合在一起，並且形成一種被修正過不同程度的混合文化。

在輸入地的地方上出現的混合文化，並沒有對輸出地的強勢文化完全照單全收，而是到了輸入地當地出現各種能動性。輸出地的文化對於輸入地而言是屬於外來文化，需要透過當地逐漸消化才能逐漸被接受，更何況，外來的輸出地文化並無法在當地文化完全切割之下而獨立存在。然而，輸出地的文化為何到了輸入地會被加以轉變，我們認為其中包括

了不同的地方民眾擁有自己各種不同的意識型態，以及地方居民擁有不同的「地方的想像」，因此即使是同一種文化卻會衍生出各種不同閱讀方式，並獲得不同的意義與價值。另外，也如同 Derrida（1982）所說的「延異」（differance）作用，該概念解釋了在輸出地的地方文化，傳送至輸入地的過程之中，原本的文化被「差異化」（differ）及「延遲化」（defer）了原有的意義與價值。

同時，我們也認為在後現代社會中，無論透過各種大眾或是小眾的傳播媒介，對於輸出地的文化在傳送的過程中，將使輸出地的文化主體性產生「離散化」作用，直至輸入地的當地進行重整，並在輸入地當地形成轉換過的地方文化主體性特質。而所謂地方性「離散化」的過程，就是輸出地的地方文化在輸出過程中，產生內在的文化價值及意義，或是外在的文化展現形式，與輸出地當地產生相互「分離化」及「擴散化」的現象。其中，因為「分離化」現象故而產生了文化的斷裂，輸出地與輸入地等兩地的文化價值、意義或形式產生斷裂的作用及現象，同時在輸入地當地形成修正後的新文化主體。另外，在另一個「擴散化」的作用及現象之下，在輸入地當地產生了更廣的解釋與運用，輸入地在自己特定文化脈絡之下，除了產生修正後的文化價值與形式，以及影響相同領域的文化發展之外，也可能影響到其他更廣的不同生活領域，甚至直接跳躍影響到與輸出地當地完全不同的生活領域。就在一再脫離又分散、分散又脫離等雙重作用之下，輸出地本源的文化意義、價值及形式等，到了輸入地產生文化變形，產生出與原先不同、修正本源的地方文化特質，此移轉的地方文化又會再度影響當地生活的其他領域[29]。然而，後現代社會的地方性，就在世界各地一方面離散化及同時重塑主體化的過程之中，逐漸被建構出來。

分析上述地方性的離散化，至少有四個作用及現象：（1）輸出地與輸入地之間地點的離散化現象：就如同上述在本源地點的地方性，傳送至輸入地時，產生與原本地點之間相互脫離的價值及意義、形式等斷裂及分散化之現象；（2）輸出地與輸入地之間歷史脈絡的離散化現象：當輸入地所輸入的文化，是輸出地過去歷史所發生的文化事件時，對於輸入地而言，所輸入的外來文化是脫離輸出地當地的歷史文化脈絡，因此在輸入地產生偏離輸出地的歷史脈絡之現象；（3）輸入地對自己地方歷史事件的離散化現象：對於地方過去的歷史事件，在現今重新賦予屬於今日的價值與意義，甚至將過去的地方歷史加以改寫，產生新的地方性特質，形成另一種離散化現象；（4）輸入地對於內部正發生中的事件產生離

---

29 「脫離本源的文化意義」概念之案例分析：美國麥當勞。美國的麥當勞，在離開美國當地到亞洲其他地方，包括台灣各地等時，原先在美國屬於快速又廉價的速食文化（還被認為是垃圾食物），在台灣卻轉變成高級的時尚飲食，而且文案寫著「歡樂就在麥當勞」；或是台灣流行的紅酒文化及馬卡龍小點心等，都是從法國當地本源逐漸離散化，之後，在台灣當地產生修正後的文化意義與價值。

散化的現象：對於地方內部正在發生中的文化事件，透過不同的角度賦予新的詮釋，產生各種不同族群及多元的價值與意義，或是換個角度說，同樣一件地方事件由許多不同的地方社群、部門、作用者等參與並相互拉扯、角力，並產生出當地各種主流及非主流等屬於整個地方或是不同社群他們自己的價值與意義。

面對後現代社會其地方性的生產、消費等現象，可瞭解在後現代主義是一個一方面批判現代性，另一方面則在建立自己的現代性之社會，也就是說，是一個鼓勵透過反思實踐，並藉此重新找尋與論述屬於自己地方主體性的社會。就如同 Forst（1985）整理分析很多研究者對於後現代的論述，將其分成兩大類型：（1）反抗現狀想要解構現代的後現代；（2）反動且讚揚現狀但否定現代的後現代。而反抗的後現代流派不僅批評現代主義，也同時攻擊反動的後現代主義流派（Forst，1985：xi-xii）。因此，雖然許多後現代主義的理論是對於現代性進行反省及批判，但是也因此嘗試想要自己建構出另一個論述，也由於批判了現代時期普世通用的大敘事等，並更加注重地方自己的小敘事等，故而地方性的重要性及內容，就是在此歷史脈絡的特性中獲得重視。

換句話說，如果我們自己的地方文化，無法完全脫離世界各地在往後現代社會發展的現況，我們則需要知道如何面對及因應相關後現代的文化特徵，甚至將後現代文化視為一種發展自己地方文化的工具及策略。Lyotard（1984）他非常重視當今社會中科學及知識的重要地位，但是他卻認為在第二次世界大戰以後，科學的目標已經變成不再是為了追求真理，而是成為具有展演的特性[30]，知識不再是目的，而是成為要達到目標的工具，而且教育再也不是目的而是開創技巧[31]。所以，他認為在後現代的文化是一種衰退中的文化，品味不重要而重要的是金錢，但是，在後現代並沒有終結現代文化，而是崛起的新現代主義，因此必須要先成為後現代，才能成為現代，屬於新生的現代主義。

不過，由於後現代是一種當今社會各地已經發展的文化現象，我們無法漠視、假裝不在或置身事外，因此面對目前已經成為大環境客體的後現代時期，我們需要注意其文化特徵對於自己地方性的生產與消費之影響狀況，同時也須思考將此時期的後現代特性轉為自

---

30 本研究將此現象進一步定義為「科學劇場」，有關「科學劇場」概念的進一步說明：「科學劇場」用以說明賣弄科學知識來推銷商品，在後現代社會中，科學研究的目的不是為了追求真理，而是為了運用科學知識來進行表演以及促銷商品。像是在台灣許多電視購物頻道，經常會播出「外國」當地科學家的影片，來說明商品實驗的結果，以佐證商品的有效程度，尤其是減肥藥、化妝品、醫美商品等，我們將其現象稱為「科學劇場」。

31 有關「教育再也不是目的而成為開創技巧」概念之說明，例如：台灣大學數量過多及少子化減少需求等造成嚴重的供過於求之現象，以及產業外移等問題，加上學歷文憑的重要性遠高於教育學習內容是否充實，於是產生大量大學生失業問題，以及薪水停滯不前等問題，受教育只是為了趕快拿到學位文憑，找到更好的工作、賺大錢的策略工具。但是卻在整體社會發展環境下，產生更為嚴重的問題。

己地方主體發展的策略性工具[32]。

五、地方性的擬像作用

　　Baudrillard（1997）曾提出「物體系」概念，認為社會的任何事都是一套符號系統，我們不僅透過符號的編碼建構社會體系，且每一個符號皆具有其位置與代表的意義，也就是說，我們透過對於物品的符號及其意義，建立一套自己的意義體系，而社會秩序對於我們而言是在內心建立一套符號秩序，同樣的對於我們本身在日常生活中所展現的各種行動而言，也是符號的生產及消費的實踐行動。因此，在消費生活之中，對於任何物品在各種消費行為的選擇上，都是遠離了物品的功能本身，而是趨近於符號的消費，其中，也包括了地方性。

　　地方性由此概念切入分析，便可知地方性本身是由一套地方符號系統給具體化生產出來，而各個不同地方的地方性的整體秩序，也是一套符號系統，由此雙層系統共同建構了地方性的分類、位階、特色等，而我們也可以將地方性整套符號系統所展現的一個整體氛圍，稱為：地方風格、地方印象等概念。另外，地方性的符號被社會大眾所認知的象徵意義，遠遠重要於實質功能，而且即使是地方性的實質功能，也將被社會大眾轉為所認知的符號象徵並加以消費。

　　地方性是一連串的符號系統，但是符號所承載的意義是不穩定的，因為每一個消費者本身具有其獨特性，所以在閱讀地方符號時也將獲得不同的意義與價值，換句話說，地方符號系統具有多層次及重疊性的意義。也因為如此，地方符號的生產與消費是斷裂的現象，地方符號生產時所賦予的每一個符號及其意義，以及整個符號系統承載的符號象徵秩序，符號接收者本身會有自己一套接收的方式以及喜好標準，而有所篩選並對符號解讀出屬於自己的意義。

　　Baudrillard（1983a）提出「擬像」（simulation）的概念，他認為在後現代社會中，透過各種媒體的影像處理，在媒體中所建立的文本符號，比真實還要真實，甚至已經超越及替代了真實世界，而且這些虛構的真實性成為了「超真實」（hyper reality）（Baudrillard，

---

32 像是：「台東池上鄉金城武樹原本只是一棵位於伯朗大道上、讓農民乘涼的40年茄苳樹，被為長榮航空拍攝形象廣告的金城武一坐成名，池上鄉觀光旅遊人數倍增，名樹加上周邊稻田美景，推估一年為池上鄉帶來7億元產值。」（王秀亭，20140930）。由於長榮航空在台東池上鄉拍攝此部一大片美麗稻田的廣告，造成轟動的「金城武樹」及當地文化觀光熱潮，而更重要的是，當地透過此廣告媒體影像化處理以及大量曝光，讓當地原本已經存在，但卻毫不起眼、未被社會大眾重視的大片稻田，產生了具體的感動經驗，也由於廣告影像及偶像對於地方的論述形構，讓當地早已存在的地方性，用此方式顯現出來受到肯定及認同。

1983b）[33] 。

　　不過，相較於真實世界，「存在」的真實世界只是透過論述及其所論述的對象而成，是不完整且帶著觀點所認知到的世界，因為事物對象是透過論述才具體化在現實世界中存在的事實，在真實世界的事物一旦透過論述，則已經加入了觀點而不完全真實，再加上於後現代消費社會中，消費者強調對於符號接收所獲得的愉悅、快感等，於是所消費的符號對象，其與本源的原真性是否相符一致已經變得無所謂了，且消費者反而能在操弄符號文本的真真假假之過程中，獲得符號消費的快感經驗[34] 。

六、地方性與解構主義

　　在後現代主義中，Lyotard（1984）反對過去對於一致性的「元敘事」（meta narration）或「大敘事」（grand narratives）。雖然現代社會是由大敘事所構成，然而大敘事是具有主流價值及目的性，且大敘事是在特定的歷史結構及社會條件下產生，形成一種令人誤以為一切皆為合理存在的「神話」，再加上大敘事不僅無法適用於其他各種地方，還會壓迫原有的地方性特質，以及扼殺了原有的地方性。

　　在後現代時期應對大敘事產生質疑，並透過質疑讓自己更為進步，而不是受到大敘事的制約，對於許多地方而言，大敘事結構與論述文本以及地方主體之間卻是毫無關係，過去在現代主義時期被推崇、追求、統一敘事的地方性內容，例如：國際樣式等，以及其構成地方性的「標準」及條件，例如：地方如何符合各種現代化發展的條件，成為一個進步的國際城市等，反而往往扼殺了各地自己地方性的發展，因為同一套現代化標準根本無法

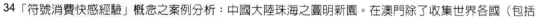

33 「擬像」概念之案例分析：日本三鷹之森的吉卜力美術館。日本三鷹之森的吉卜力美術館就是以宮崎駿先生所創作的動漫卡通為主，在地方上布置的讓民眾彷彿置身於宮崎駿所拍攝的電影氛圍之中（三鷹之森吉卜力美術館，20150606）。由於這些創作都是虛構人物、故事及場景，卻是當地構成虛構的真實性之重要素材，在當地的地方性是一種「擬像」的地方性，此地方性的重點已不在於是否曾經真實存在過，而是目前真實的存在於現實世界中，並以大眾文化的藝術主題樂園，成為可被消費的對象。

34 「符號消費快感經驗」概念之案例分析：中國大陸珠海之圓明新園。在澳門除了收集世界各國（包括義大利的威尼斯）建築符號來經營賭場之外，位於珠海的圓明新園號稱用北京圓明園的原稿以1：1方式投資數億元興建，在現場民眾都知道這是假的仿製品，但是也把園區想像成珍品，並付錢和宮廷內清朝皇帝等蠟像拍攝合影，小孩子可以穿著龍袍坐在龍椅上給父母親拍照，或是成年男性亦可穿上龍袍頓時成為雍正皇帝，但是園區卻顯得相當粗糙及不真實，屬於中國風的主題樂園（資料來源：本研究2014年珠海圓明新園現場田野調查記錄及整理分析）。

適用於各地所有的地方特性，且各地方在吸收、仿製了大敘事標準的地方性之後，卻反而致使自己的地方產生離根及去地方時空脈絡的不當發展現象，運用同一套標準其實反而是阻礙了各地自己地方性的真實發展。

不過，在過去存在的大敘事，對於當今後現代社會的地方發展，並不是完全只有負面的作用而已，我們反而藉此可以透過對大敘事的反身性（reflexivity）來思索地方性的出路，也就是去發覺地方自己的小敘事及其主體內容，且將被反思的大敘事及自我發掘的地方小敘事作為地方再發展的基礎。

我們在各地方之所以能對各種大敘事進行反思及修正，在此再次引用如前面 Derrida（1982）提出的「延異」（differance）概念來加以說明，由於延異作用我們對於大敘事產生出與原先不同的意義。延異指涉在語言傳播與接收的過程中產生了「差異化」（differ）及「延遲化」（defer）作用，其中，「差異」為被區分的空間化（spacing）；「延遲」則為被延緩的時間化（temporalizing）現象。「差異」使得收到的領域與本源產生斷裂與距離；「延遲」作用則使得意義不會被本源的意義所約束而加入了某些形成意義的變數。

引用 Derrida 的概念，我們並不認為地方性的符號及符號系統所指示的意義將永遠不變，而是在接收地方符號與產生意義中間會有差異、擴大及延宕的現象，因此，即使是同一符號在不同的人或時空中，接收到之後產生的意義是不固定的，所以，原有的符號及其系統產生了不穩定性，這使得原有符號及意義的結構也是不穩定的，並會產生解構的現象，而在互為文本性的交互作用下獲得特定符號的意義。也就是，由於意義的向外擴散使得與原意產生距離，並逐漸模糊、片段、零散而不同於本源，被延宕的意義則又不斷的與其他意義產生溶解、融合、交織等，進而原有意義產生轉換或消失，以致到後來不同於本源進而生產了新的意義。

所以，在延異的概念下，對於地方性的大敘事其中心意義最終必將瓦解，並會再生產出許多新的地方性意義，而意義便在持續延異之下，隨著不同的時空、在特定的歷史中將產生不同動態的地方性意義。

換句話說，在地方上大敘事的終結是必然的結果，然而，更重要的是各地能否產生出多種屬於地方自己的小敘事。而透過小敘事的生產過程來凝聚地方共同體，也突顯了民眾們共同參與各種地方敘述的重要性。另外，在地方敘事文本及敘事結構的形成過程中，哪些人參與了此工作，也將會決定地方性的生產與實踐。

七、地方性的文本結構與能動性現象

如同前面內容所論述分析，我們在此再次將地方性視為一種文本對象，既然文本是一連串符號系統所建構而來，那麼，地方性文本也就是可被生產、消費及分析，但是，地方性意義的生產是不穩定的，因為地方性文本受到特定地方歷史脈絡的交互作用影響，同時文本的生產也受到文本生產者在論述時，個人的意識型態及價值等因素所影響，所以，在不同特定的歷史時空環境及論述者中，即使同一地方也將會產生出不同的地方文本。這是因為不同生產者在文本生產過程之中，由於自己對於「地方的想像」（local imagination）以及延異等作用，轉換了地方性的「真實」（the real）而成為「再真實」（the re-real）的文本再現過程及內容。

然而在上述，只是分析在地方性文本在生產過程中的移轉，更重要的是，面對文本的消費者在閱讀時的所獲得的親身感受才是重點，因為「作者已死」（The death of the author）（Barthes，1967），生產者及其生產內容的現實性已經不重要，重要的是文本消費者自己轉換成為自己的真實性。每一個人都有一套自己的接收及轉換方式，所以，一個地方的真實性在被生產者轉換生產成自己認為的真實性文本，即在文本閱讀消費過程中，將再次由消費者自己感受出另一套屬於自己內心的真實性文本意義，於是地方本源的真實性在生產階段已經被轉換過一次，而在消費者對於文本消費時再一次轉換。

因此，文本的意義呈現極不穩定的狀態，每一個文本消費者自己心中都有不同的看法，且自己會去解讀自己所認定的符號，並生成自己的象徵、價值與意義。這樣的文本生產與消費之現象，並不表示文本生產已不再重要，而是在知道文本生產與閱讀之間將會產生落差之後，可進一步思考在文本生產時該如何提供消費者一個可以鬆動、非制約、可參與的閱讀對象。另外，或許真實世界早已不存在於外在世界，真實世界存在於真與假的中間，也就是每一個消費者自己的內心之中。

在過去消費者屬於被動去接收文本及其意義的方式，受到目前文本消費者意識的逐漸抬頭，使得過去文本被動閱讀的方式，開始逐漸轉變成消費者對於文本的佔領，其中包括了消費者自己參與文本的「仿製」，自己成為文本對象等[35]。另外，再更進一步，甚至部分消費者參與「自製」文本，過去由「達人」（專家）生產文本，目前出現大量「素人」（民眾）自己生產出各種大受各界熱烈歡迎的文本，像是：各種素人在食、衣、住、行等各方

---

[35] 地方消費者自己參與文本「仿製」之案例分析：新北市汐止夢想社區。位於汐止的夢想社區近幾年來以「夢想嘉年華」為主題，模仿巴西嘉年華活動的方式，成為地方藝術慶典，民眾自己設計踩街的服裝、造型、道具、遊行的表演方式等，整個藝術節活動就是一個地方文本複製生產及展示的過程。

面大量的文本創作，透過網路及媒介向全世界散播開來，甚至是相當複雜而過去需要許多專家來建造的地景建築文本，現在都出現素人居民興建營造出屬於自己的特色家園[36]。

---

36 素人建築的藝術地景之案例分析：台中的彩虹社區。「台中市熱門景點彩虹眷村充滿繽紛彩繪，是由高齡92歲的素人畫家黃永阜一手打造，原本面臨重劃拆除危機，經網友推廣後漸受正視。日前台中市文化局即斥資千萬，改造為台中彩虹藝術公園，即日起開放，不但老爺爺的彩繪創作得以保留，公園裡還多了公廁及休閒設施，環境煥然一新。」（旅遊中心，20140126）。彩虹社區因為素人畫家彩繪各種燦爛色彩的壁畫，從原本的要拆除的違章建築轉為原地保留，以素人藝術氛圍變成目前許多民眾喜歡前往的熱門新景點。

第二章

地方及地方性的空間理論

上述是將地方及地方性以社會文化理論為主軸來加以進行分析及論述，而由於地方及地方性另一個需要探討的重要層面，為呈現於地方「空間」中的地方性，因此，以下我們以「空間」研究理論為主軸作進一步討論與分析，論述架構同樣的在開始從討論其基本概念及其研究方法等理論，最後則更進一步鎖定到空間象徵等重要議題，故以下的章節分別為：地方空間理論與概念、地方及地方性的空間方法論、地方的象徵性等內容。

第一節　地方空間理論與概念

由於本章節內容為與空間有關的基本理論，所以，在以下先分別介紹及分析有關地方空間的結構概念，說明整體的地方空間是由許多結構所共同構建組合而成，之後，進一步分析地方空間的中心性以及由中心所對應的邊緣性，接著分析介紹空間與地方性之論述權力，說明在地方空間中對於地方性的詮釋與再現等過程，是一套建立各種論述形構的權力系統，最後，再分析有關地方性與地方空間之間兩者互為表徵之關係。

一、地方空間結構

在開始以空間為主來討論地方性之前，我們先分析構成空間的「結構」概念，所謂的「結構」為分析：組成結構的基礎構件、構建的結構方式、以及構建與構建之間的關係。另外，陳坤宏（1994）曾將「空間結構」歸納出四個主要特徵，為：可辨識性、持續性、動態性、層級性。其內容分別如下：（1）「可辨識性」：為暫時靜態、可供辨識、觀察及研究的特性；（2）「持續性」為結構的形成，是由一連串的價值、知識、信仰等相互支持而來，結構與結構變遷相輔相成，各種層面有密切的關聯性，也稱為「系統性」；（3）「動態性」會隨著時間而不斷的運作、作用，為一種動態的變遷過程，是行動者與結構之間的互動結果，故也可稱為「變化性」；（4）「層級性」是由於結構具有不對稱性，不均質時會產生結構層級，像是：政府組織層級的體系，便是有別於一般社會大眾社群等，因此，要瞭解結構不能只從本身，而需要從其上下、內外的關係看起（陳坤宏，1994：10-12）。

地方的空間結構，如同一棟建築物一樣，建築物由不同的樓層及房間所共同構成，換句話說，地方空間結構概念有助於去理解一個構成地方特色的空間組件、構成地方特色的組件其位置、角色及作用、以及地方特色組件彼此之間的相互關係、地方特色結構的形成與移轉的過程、地方空間結構在當地各個歷史階段中出現的範型及其特徵等。

　　另外，地方空間結構亦可初步分為：實體空間以及虛體空間。在老子《道德經》中，載明：「三十輻，共一轂，當其無，有車之用。埏埴以為器，當其無，有器之用。鑿戶牖以為室，當其無，有室之用。故有之以為利，無之以為用。」在地方空間中，是以「實體為名」、以「虛體為用」，也就是，對於實體空間有其命名及稱呼，但是，實際上的使用是在由實體所承載的虛體空間之中，換句話說，在虛體空間出現的各種地方文化活動（是一種社會行動）實踐及累積於實體空間，並逐漸產生地方特色，因此，地方特色表徵在實體空間之中，而虛體空間承載了地方文化活動[1]。

　　然而地方空間既然是地方文化實踐的對象，所以，地方空間並無法脫離地方社會文化系統而單獨存在，且地方空間結構的形成往往與當地的歷史脈絡及社會文化特性息息相關，而地方空間的特色也和當地文化特色之間產生相互作用，是故進一步而言，地方空間結構經常是地方文化深層結構所實踐並逐步展現出來的樣貌，也就是說，地方空間結構性的特質與當地文化深層結構的特質有關[2]。

二、地方空間的中心性與邊緣

　　在地方空間所承載的地方性，其特質與當地歷史發展脈絡條件有關，地方特色的形成，經常是在一個地方長期實踐相似文化活動所累積的結果，不過，每一段地方的歷史脈絡都是由當時的主文所串連而成，所以，對每一個主文都應進行分析，而地方主文將因當地開放或封閉之程度，或是在同一地方可能包含單一文化或是不同的多元文化，這些文化在當地交叉作用之下將形成自己的地方文化特色與風格。不過，無論如何，在許多地方所

1　「地方特色表徵在實體空間之中，而虛體空間承載地方文化活動」之案例分析：柬埔寨的吳哥窟。在吳哥窟便是以宗教信仰所建造的城市，而其中最著名的是小吳哥，城市中間主殿為印度教三大神祉（保護神、創造神、破壞神）為中心，向外對稱延展出重要各個神殿及整個城市，象徵以須彌山為中心並向外延展出整個宇宙結構，另外，在吳哥窟現場發現印度教及佛教之信仰，重疊在城市遺址上方，可見吳哥窟在不同時代提供不同宗教信仰活動的使用方式（資料來源：本研究2009年吳哥窟現場田野觀察記錄及訪談調查分析）。

2　「地方空間結構與地方文化深層結構息息相關」概念之案例分析：中國蘇州的網師園。在中國大陸現在江蘇、浙江一代等各地保留許多古典園林，構成中國古典園林的結構要素，計有：亭、台、樓、閣等空間型態，這些空間便是與當時文人雅士的日常生活方式息息相關。像是：在蘇州著名的中國古典園林經典代表為網師園，其庭園中刻意設計及區別出：主人及僕人、男性及女性等使用的空間及行走的動線位置，在整個空間結構中顯現出當時民間生活的社會階級、父權社會、性別歧視、風水文化等中國文化深層結構的作用（資料來源：本研究1991年網師園現場田野記錄及整理分析）。

出現的地方性，也將會因為當地主流文化之發展與實踐而在此地逐漸形成中心性，以及產生其他非主流文化形成地方邊緣性等現象。

此概念，也就是說，地方性出現具有中心性以及將文化他者邊緣化的情形，而且在歷史發展過程中，只要地方社會關係與中心性的改變，便會轉變地方性相關的生產過程、方式、內容及特性等。地方性的中心性其內容及特徵，是由當地的歷史脈絡及主流文化交織而成為地方的主流特色。綜觀來說，有眾多原因產生主流文化，但其中一個主要因素是與當地的社會階級及其系統息息相關，在地方上的上層階級、菁英階級等對於地方性的塑造過程，比較具有影響力，例如：地方政府、社會名流、地方仕紳、耆老、專業權力者等，他們與其他居民同樣身處於當地文化發展的歷史脈絡結構下，但因具有較高的文化能動性，於是在當地賦予了較高的權力（及微權力）故能提倡各種議題，同時也有許多願意跟隨的地方群眾。這種現象不只發生在過去的歷史發展之中，甚至在現代社會許多地方上的文化菁英人士，扮演如 Bourdieu 所說的「文化中介人」角色，地方文化透過這些人的中介，擴散到地方上各個階級的日常生活之中（Bourdieu，1984：359），於是在當地形成了主流地方性的內容與特徵。

所以，我們可以透過地方性的層級，即從主流的地方性到邊緣等層級，去分析及瞭解在當地某些地方性是由哪些社會階級所生產出來，以及其生產的方式及過程。另外，這些在地方不同社會階級所形成的社會結構，將與地方性的生產結構相互重疊，而社會體系也會影響地方性的生產體系。同樣的，面對地方性的消費，透過地方性消費與地方階級重疊性的概念，也能分析出主流地方性的消費階級、邊緣地方性之消費階級，並也將會發現地方社會結構與地方性消費結構之間將產生重疊的關係，而且地方社會體系的某些運作是用來支持地方性的消費系統。因此，藉由分析彼此之間的關係，便能整理繪製出當地地方性的動力模式，進一步分析，至少分成以下三個層面的地方性之動力模式：（1）地方「生活」層面：便是地方各社群、社團等之間的「社會資本」（人脈）關聯模式；（2）地方「生產」層面：便是各個地方文化產業，其垂直及水平相關產業的地方「產業鏈」關聯模式；（3）地方「生態」層面：則是在地方上人與人之間、人與環境空間的地方「生態鏈」關聯模式。

另外，由於地方性的中心性將對應地方性的邊緣性，對於可能屬於弱勢階級所擁有的文化活動，則提醒了我們不能因為過於重視地方的中心性，而忽略在地方上可能即將要消失的弱勢文化，保存這些弱勢文化將不僅有助於地方發展多元文化的面貌，並讓這些相較弱勢文化有更多的機會能在地方一直傳承延續下來。

三、地方性的詮釋與再現系統

　　對於地方性的理論概念論述，以及進行地方田野調查盤點等工作，都是一種對於地方的實踐，並影響地方性的形成與發展。這是因為在地的論述及盤點的調查本身即是帶著特定觀點進入地方，而由於我們帶著自身特定的觀點展開對地方論述及盤點工作時，就會涉及到對於當地事物取捨的問題，但事實上，取捨本身就是一種價值判斷的觀點問題。

　　由於論述工作涉及立論觀點，以特定立論觀點置於被調查、理解及分析的地方事物對象之上，便形成一個無形的形構「框架」，所以，我們必須知道從事地方論述工作時，在勾勒顯現主體的同時，也可能排除了「框架」以外其他的地方性。也就是，面對所見的事物對象需要有切入觀點才能進一步被作出解釋，所以，從事論述工作無法離開觀點問題，並且該事物對象也將因為特定論述而形構出特定價值與意義。另外，即使一個同樣的對象，但是由不同的論述觀點之角度切入分析，也會獲得不同的內容。

　　那麼我們是否可以避免論述？論述工作賦予我們在現實生活能夠被解讀、傳遞訊息、增加及修正訊息等，成為「被知識化」的世界。因此，我們並無法避免在日常生活中各種大小不等的論述形構工作，不過，我們知道只要是進行調查、分析及論述等工作，便無法脫離切入觀點的問題，意即只要使用觀點來觀看（論述）世界便會形成：浮現（主體）、受限（框架）、有限（捨棄主體以外）等三個現象。

　　因此，我們面對地方性的論述（與盤點）更是應該在過程中反思地方文化的主體性為何？是誰的地方性？又是誰來再現（論述或盤點地方性）？以便增加地方性的真實性，並減少不同社會階級成員對於其他不同社會階級（尤其是上層階級對下層階級）產生自己的價值觀判斷。

　　另外，值得留意地方性本身由於受到當地（及在當時，也就是論述的時空）的歷史及文化等社會系統的脈絡影響，對於以地方性為主體所彰顯的內容主體與價值，往往是在當時的時空中被推崇及認為合理的才被成立。也就是，以 Foucault（1972）「真理政權」（regime of truth）的概念加以分析，某些地方性的「真理」是被當時社會脈絡認可得以存在的，是一種行使微權力以及微權力系統所共同建構出來的結果，因此地方知識是以政權方式存在。所以，當我們瞭解這種現象之後，便需從更多元的論述觀點及切入角度等，多方分析、理解及描述構成當地各種地方性的內涵，以免被在地方上早已既定的文化慣例或特定階級其狹隘的地方性論述給遮蔽而受到侷限。

　　不過，不可避免的，每一個論述者（調查盤點者）本身都會帶著自己的觀點進入地方，而且對地方性的真實性本身即是一種透過個人詮釋與再現的工作。而由於詮釋與再現

工作將會帶著自己個人的立場及觀點，一方面便顯示出由地方居民們共同積極參與其中，將是更為重要的過程，另一方面值得討論的是，如果我們無論如何都會帶著自己的觀點進入地方，而且我們從事的是「再現」地方性的工作，都是轉換過的真實性，並沒有一個完完全全的原始真實性，那麼我們又應該如何展開地方工作？既然，我們無法避免自己的意識型態，那麼不如就帶著「反身性的意識型態」進入地方，並且展開一個策略性的地方實踐行動。而所謂的策略性，表示具有想要達成的一定目的，在朝向此目標進入地方之同時，重視地方性的真實性與策略性的論述、盤點與相關行動工作。

更進一步，在整個地方性論述及盤點的相關工作中，最好是由居住於地方上的當地人自己來完成，因為外來研究者經常在地方性的詮釋與再現過程中，隱藏著自己外來的意識型態，以及在當地行使不平等的微權力，容易在整個地方性形構過程之中，不小心合理化及正當化自己的權威論述，但實際上卻與地方的真實性產生更大的距離，其相關之概念，如圖 2-1 所示。另外，當我們再次反思整個地方性的形構過程之後，便會留意，即便是由當地人自己完成整套地方性論述與調查工作，似乎也不可避免既存於當地不同社會階級其行使權力的過程與結果[3]。

---

3 「對地方性的詮釋及再現是權力行使的過程與結果」概念之案例分析：台灣各地出現的檳榔攤以及夜市。究竟台灣各地的檳榔西施及檳榔攤，是屬於地方性的元素之一，抑或不是？我們經常帶著社會賦予的道德觀，依此通用「標準」去分析不同的地方特色，在社會「主流」的「框架」所規範的標準內容下，違反標準者便視為負面且需要改進的對象。台灣各地的夜市便是如此，當政府部門及專家等菁英階級，運用外來的、中上階級的標準，來重新「拯救」夜市時，通常都將夜市「向上」提升，以百貨公司的「美食街」概念進行整修，於是當整修工作完成後，也是夜市沒落時，因為整修工程反而去除了夜市的地方性特質，像是台北南京西路圓環案例，「大稻埕圓環是台北市最早的通宵地段，其歷史橫亙清朝、日治、民國。隨著台北鬧區東移，多為違章攤販組成的台北圓環漸趨沒落。1993 年及 1999 年圓環兩度大火，至此接近荒廢達十年之久，直至 2002 年在馬英九市長任內，由李祖原建築師事務所設計、耗資兩億元新建建成圓環美食館，以美食小吃街型態重新開幕。然而重新開幕後的建成圓環，因原圓環內知名店家均已自立門戶，沒有進駐故一直處於虧損狀態，不但二樓無法利用，原本進駐於一樓的 20 攤攤位，僅存 6 攤，並嚴重虧損。在各方考量下，2006 年 7 月正式歇業，2008 年台北市政府宣布建成圓環內部將重新規劃並更名為台北圓環，2009 年 6 月 22 日重新開幕，但因承租的華旭公司和實際經營的流水席公司產生財務糾紛，導致於 2011 年 5 月 1 日再度熄燈歇業。而在 2012 年 4 月 9 日由余湘及聯廣集團主導重新開幕。」（台北市政府教育局，20150606）。另外，此圓環早已被指定為古蹟，「此古蹟為目前台北市僅有出土之最大的防空蓄水池，位於重慶北路與南京西路交口之圓環位置，極具歷史價值，在 1920 年代，小販開始聚集於此，商業興盛。到了 1943 年，美軍轟炸臺灣，圓環攤販的商業行為也開始被政府禁止，並在圓環中央開挖防空蓄水池，以供空襲發生火災時汲水滅火。二次大戰後，圓環才逐漸恢復昔時盛景，並形成繁華夜市。」（台北市政府文化局，20150606）。目前這個圓環已經成為名符其實的文化「遺產」，令人憑弔過去歷史的閒置空間。

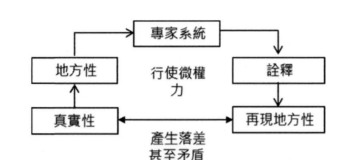

圖2-1　專家系統行使微權力對地方性的詮釋與再現

（資料來源：本研究自行整理、分析及繪製。）

四、地方性與空間表徵

在許多地方之中，當地歷史文化所顯現出來的地景樣貌，經常會形成此地部分特殊的地方性特質，而且地方遺產的歷史保存所留下來的不只是歷史建築或文化遺址區域等，這些歷史文化遺產同時也是在當地散發出地方性，以及教育當地居民學習地方性的重要來源。因此，在許多城市保存中就相當重視城市地景的歷史結構，且為了一些地方文化遺產會規劃出一些地方保存的原則（Cohen，2001），用以作為地方文化傳承及文化再發展的指導綱領。如此，當地被妥善保存的歷史文化遺產將會轉為地方文化知識，發揮地方性的再生產作用，成為地方重要的文化寶藏資源，地方歷史文化遺產為何如此重要，這是因為這些地方上的文化資產見證及建構了當地特定的歷史文化脈絡特色。

除了地方上過去歷史文化資產建構出特定地方性，成為地方文化特定發展脈絡之外，現代的特定空間氛圍同樣的也建構出屬於地方自己的特性，對 Lefebvre 來說，他認為在地方上的空間不只是物質構成而已，空間的生產（production of space）與社會關係息息相關，因為空間這個「產物」是由社會所生產出來，他以三個層次討論空間的生產（Lefebvre，1991），分別為：（1）空間的實踐（space practice）：為被社會所感知（perceived）的空間，而且，未被感知的空間是模糊而不存在；（2）空間的表徵（representation of space）：是屬於被具有論述權力的專家，像是：規劃師、科學家、政府官僚等，所構思出來的、概念化的空間；（3）表徵的空間（representational space）：由居民們在生活中被動經驗到的空間，使用者經歷了空間中的象徵[4]。

4　「空間的生產」概念分析案例：（1）空間的實踐（space practice）：我們所使用的城市空間，是歷經過去開墾至今，在各階段時期的各種空間實踐行動，才累積生產出這個城市及其特質，相較於城市以外的荒郊野外，便是過去未被開墾的原始風貌，而實際行動除了實質空間的開墾之外，也同時賦予空間

　　受到 Lefebvre 上述空間概念之影響，我們放在地方加以思考，對於一個地方性的地方實踐與表徵系統概念，可整理如圖 2-2 所示，以及三個層次[5]：

　　（1）地方性的實踐：地方性是被實踐出來的對象，如同存在主義所言，地方性不會單獨存在，而是「我感知故我在」。地方性僅僅存在於感知到及佔有之處，因此未被感知的地方性，由於在目前以及過去地方歷史脈絡中尚未生產出來，故而並不存在於當地，也就是，唯有透過在地實踐，而其被實踐的地方性對象，才得以出現並逐漸確立而存在。

　　（2）地方性的表徵：是地方性透過特定專家概念來加以表徵，為由專家系統所論述的地方性，屬於理論、概念的地方性，而這些專家們所認知到的地方性，並不一定相同於當地居民在生活活動所獲得的地方性。

　　（3）表徵的地方性：為各種具有特定地方性的空間被居民以生活活動所經驗，是在生活層次中從地方空間感受到的地方性，也就是，具有再現地方性特徵的空間，經由居民們每日日常生活的在地經驗，使得地方上各種系統在空間中生產出各種地方性，這些特質則提供了民眾們參與體驗。而這三層面也同時受到在地方歷史脈絡中已經存在的各種地方性特質所影響，並在地方上彼此相互重疊、牽引發展成為地方系統。

的心理象徵層次意涵，例如：從過去歷史至今對於這個城市的城市意象及郊區傳說等，也是一種論述實踐；（2）空間的表徵（representation of space）：中央或地方政府等技術官僚、專家、學者等專業者，會提出一些城市空間規劃的綜合發展計畫、都市計畫、建築計畫、各種工程等，其相關食衣住行活動等全盤發展之計畫與建設工作，或是個案計畫，像是：歷史保存的文化遺產街區、建築等保存及再利用規劃等。另外，各種政府計畫都會包裝成吸引民眾的文案，尤其在選舉活動時，許多候選人及其專業幕僚等都會提出美麗詞彙的計畫，所以，這些專家計畫也包括象徵性的提案；（3）表徵的空間（representational space）：由於空間要生產出來，才能被民眾體驗，居民便是在空間中從事日常生活活動，並經歷這些空間及產生象徵性、意義及價值等心理認知。

5　「地方性的地方實踐與表徵系統」概念分析案例：法國巴黎的地方性。依照此概念來舉例分析有關法國巴黎城市的地方性，如下：（1）地方性的實踐：巴黎的地方性由歷史發展脈絡給生產出來，在各階段歷史中，透過各種行動及論述實踐，才產生今天的巴黎樣貌，並有別於法國其他各地的文化地景風貌及象徵特質，成為「巴黎是巴黎、法國是法國」現象，巴黎以外的法國地區是另外的風光，反而巴黎與法國其他地區大不相同，透過地方實踐形成完全不同的文化差異特質；（2）地方性的表徵：奠定今日巴黎地位，是由過去至今，政府官僚及專家們所共同規劃、建設的成果，包括：當時興建的羅浮宮、凱旋門、杜伊勒里花園、方尖碑等歷史軸線，以及凡爾賽宮、艾菲爾鐵塔、奧賽美術館、晚期的龐畢度美術館等等，皆是由專家系統所實踐的地方性特質；（3）表徵的地方性：居民及觀光客等使用者們，透過活動遊走在香榭大道兩側，體驗上述各種巴黎的地方性特質（資料來源：本研究 2013 年法國巴黎現場田野調查記錄及整理分析）。

圖2-2　地方性的地方實踐與表徵系統

（資料來源：本研究自行整理、分析及繪製。）

第二節　地方及地方性的空間方法論

　　由於「地方是地方性的『空間』容器，地方是地方性內容的外顯形式」[6]。因此，研究一個地方的地方性，可以透過與空間有關的研究法出發，故在以下分成：實證及否證研究、批判及詮釋等不同科學哲學理路的面向，整理及分析部分重要的相關理論及觀點，並論述分析這些概念對於地方性研究的影響與啟發，在此將其相關研究法整理如表2-1 所示內容。

6　「地方是地方性的空間容器，地方是地方性內容的外顯形式」概念分析案例：日本的妻籠宿。日本的
　木曾・中山道之妻籠宿，是日本著名町並保存（歷史文化
　保存地區）具指標性的重要案例，當我們去日本的妻籠宿
　當地聚落進行文化觀光活動，其實就是進入其「空間」，
　而妻籠宿在「空間」中承載的各種地方性的象徵物，就由
　當地在江戶時期等保存下來的各種古蹟、歷史建築、車
　站、街道家具、路樹等等，整體街道空間都是由屬於妻籠
　宿當地的語彙、符號等各種地方符碼所共同集合而成，因
　此，地方性可以從「空間」角度進行研究分析（資料來
　源：2001 年妻籠宿現場田野調查記錄及整理分析）。

表2-1　地方性作為「空間」研究對象之方法論

科學理路	理論	哲學基礎	研究取向	對「地方性」研究的啓發	代表人物列舉
實證研究及否證研究	區位理論	實證主義	觀察經驗、提出模型、實際驗證、修正與結論。	區位理論、生活或生產的群聚等概念，及透過案例實證來檢驗與修正提出的模型或理論。	Thünen、Weber、Chritaller 等人
	芝加哥人文生態學	實證主義	觀察經驗、提出模型、實際驗證、修正與結論。	地方性與土地使用有關，以案例實證提出模型，地方性可以用圖形模式表現。	Burgess、Hoyt、Harries & Ullman 等人
	環境行為研究	行為主義	使用者分析、使用者與環境行為調查記錄與分析、推論及結論。	調查、分析有關地方居民透過活動及其使用行為與空間環境之互動關係。	Moore 等人
	環境人文研究	人文主義	環境分析、人文調查分析、經驗整理、推論及結論。	透過實質規劃的實務工作，分析整理產生地方性的因素與模式。	Lynch、Alexander 等人
批判研究及詮釋研究	空間之政治經濟學	新馬克思主義	觀察、命題、歷史唯物分析、批判分析、結論。	地方性從歷史唯物論的角度分析，資本主義的地方運作影響其角色、意義與功能。	Lefebvre、Castells 等人
	文化及消費地理學	結構（後）主義	觀察、命題、各結構及建構層次之宏觀分析、結論。	文化及消費的歷史發展，建構及結構出地方性及其文化形式，故不同的社會結構體系及互動關係等生產出地方性。	Harvey、Soja、Mansvelt、Massey、Ritzer 等人
	結構化歷程	結構（後）主義	觀察、命題、各結構及建構層次之微觀分析、行動者每日日常生活分析、結論。	地方性是當地居民個人實踐的串流結果，每一個居民同時被結構與建構，透過日常生活的活動及軌跡在地實踐。	Giddens、Pred、Certeau 等人

資料來源：本研究自行整理及分析。

一、區位理論

　　由 Thünen（1826）所提出的「農業區位理論」（theory of agricultural land use）為當時在德國的主要發展為農業，故由此說明農場、地租及選擇經營方式三者具有關聯性，由於農業位於郊區並服務於都市，加上運送距離會影響成本等考量，農業區便會沿著都市為中心，在外圍形成同心圓，Thünen 將所提的模型，分為理想模型及現實模型兩種（陳坤宏，1994：27-30）。而 Weber（1909）則提出「工業區位理論」以產業生產提出空間使用的區位規則，該理論論及個別廠商選擇座落點的區位，並非具有全面的層級性，廠商會考量與原料生產地、市場間之關係來決定區位（同上：31-39）。

　　另外，與「區位理論」有關的另一個重要的基本理論是 Chritaller（1933）所提出的「中地理論」，該理論是以蜂巢六角形為基本模型，可應用的範圍為至小地方到大都市，強調空間與距離因素的經濟學理論，區分不同層級的中地（中心及腹地），並形成一套由中地層級系統發展的模型概念。

　　看似古典的「區位理論」其主要觀點是以地方經濟生產為基礎，並且依地方經濟在地理空間中選擇座落的區位作相關理論分析。但是，在地方文化及地方文化產業發展中，地方文化成為地方發展或地方經濟生產重要的一環，同樣的也會在各種條件因素的考量之下，選擇進入某一有利發展的區位，影響地方特性的發展。雖然古典的空間理論是空間研究理論的基礎源頭，但是在後期蓬勃發展的各個空間研究理路學說，曾同時指出古典理論在分析及使用上的某些問題。

二、芝加哥人文生態學

　　Burgess（1923）曾提出一個「同心圓」理論，其認為在地方上所有的活動與土地使用有關，於是他將沿著市中心商業區展開一層一層的使用方式之調查分析，並發現在每一層中所出現的使用行為都十分相近，像是他研究芝加哥城便看到由中心商業區向外擴展的層級圈，分別為：中心商業區、過渡區、勞工住宅區（方便進入中心商業區工作）、較高級住宅區、通勤者區（居住在郊區，每日開車至商業區上班工作）等，然而，同心圓是土地使用與活動出現的層級現象，並加以理論模型化，意即「同心圓」理論是以商業區向外擴展形成土地使用層級的現象。不過，Hoyt（1939）在後來提出了「扇形」理論，修正了「同心圓」理論，其認為不會有一個地方是層級發展，他調查在美國的 64 個小城市中，發現沿著大道路兩側的建築物，其租金及使用方式反而會出現相近之處，並形成扇形分布。另外，Harries 及 Ullman（1945）提出「多核心」理論，也修正了「同心圓」理論概念，其認為在一個地方並不會只是出現單一核心，而是在許多地方都出現多核心發展（陳坤宏，1989：10）。

　　對於地方性的參考運用，雖然同心圓、扇型及多核心等古典理論是較為古老且有化約粗略之疑慮，不過，這些理論的「層級圈」概念仍然可以提供參考。在某一些地方發展上，由於受到特定地方文化的影響，於是在空間中發展出層級的現象，例如：地方神明的祭祀圈[7]等，都是以廟宇為中心向外擴張，在地理空間中產生幾個不同文化層級圈，並影

7　地方「層級圈」概念分析案例：彰化媽祖的宗教祭祀圈。國內由於過去從大陸移民之故，對於媽祖宗教信仰的人口眾多，也在國內各地形成媽祖宗教的祭祀圈，而這些祭祀圈也在地理空間中形成層級

響地方上文化經濟產業及文化地景面貌的發展。

三、環境行為研究（**environment and behavior studies**）

Moore 曾經以特定歷史脈絡的條件因素等角度，去研究有關北美地區許多不同「環境及行為研究」（environment and behavior studies）的觀點及其尚未解決的問題（Moore，1987；畢恆達，1989）。環境行為的主要研究領域，非常重視使用者與環境互動的行為活動，研究領域包括生理及心理等二大層面，而環境行為研究的功能主要有二：（1）可用於瞭解使用者與當地環境之間的使用行為；（2）整理得到的內容，可以成為日後相關環境規劃設計安排上的重要參考依據。不過，環境行為研究不只瞭解使用者的一般空間使用行為而已，因置於地方之中，地方上的居民也是從各種地方使用行為，去認知、感覺及經驗當地的地方特質，因此研究各種使用行為將有助於分析當地的地方性。

另外，Zeisel（1996）對於如何進行環境行為研究，提出進入實際研究工作之前的研究「設計」工作，及正式進入對象所展開的「研究」行動。他提出在研究的「設計」工作方面，設計一個環境行為研究需要涵蓋研究者自己的意象、表現及檢定等工作，也就是，我們研究者自己先對研究對象產生初步觀察的意象，接著運用各種方式來表現出（展現）我們想要從事的研究內容，之後再進行再次檢定（檢核確定）的工作，而我們便透過上述三項步驟一再的螺旋循環出想要研究的內容（Zeisel／關華山譯，1996：3-37）。

不僅只有 Zeisel 的方法，由於環境行為研究相當重視地方田野調查工作及使用者直接的回饋，所以，可以運用各種對當地量身訂作的方法，但是，無論何種調查的研究法，環境行為研究不會只是分析環境使用者的生理層面而已，像是：環境與使用者之間的高度、長寬、大小等尺寸及規模等等相關於人體工學的部分，而有關使用者心理層面的調查分析工作更是重要，像是：現代與傳統、新穎與老舊、國際與地方感、快樂與悲傷、空曠與封閉、安全與危險等。

因此，出現了環境心理學的重要研究，像是：Bell、Fisher、Baum、Greene（1990）等人則認為，由於我們人類是屬於自然界的一部分，改變自然環境似乎一直都是人類的本質，我們從遠古時期的用火、製衣、造屋等行為開啓了文明，直到現在都在使用各種方法來改變環境，且隨著各個時代的演變而有不同的需求以及技術。人與環境的關係雖然一再變動，不過，好的環境品質可以運用包括：實驗法、相關性研究法、描述法等，進行對於

圈。林美容（2015）就曾調查彰化媽祖信仰圈及其社會史意義，發現從移民至今對於媽祖的信仰在當地產生許多地方組織，分布在不同的區位及各自佔有自己的範圍，並且向外有不同程度的層級圈。

環境心理學的研究，而有關環境心理學的研究主題，便是透過觀察、分析及評估等工作，在行為活動之下自然環境、人造環境與人（使用者）之間的互動，對人在心理層面產生的認知、態度、倫理、喜惡、觀感等環境知覺及經驗。

另外，李道增（1993）更是進一步運用皮亞傑學派等人的重要觀點，對於人、行為與環境等三者關係進行分析，同樣的，他也認為空間環境除了會影響使用者在空間中的使用行為之外，也同時影響心理層次的經驗與發展，並依此而逐漸形成從個人到鄰里社區等，不同大小層次的領域性及其使用者的個人觀感，且會進一步由這些認知的模式影響整個大型的城市意象與經驗。

Bechtel 及 Churchman 等人（2002）研究團隊則認為，環境心理學不應該只有涉及使用者對於空間環境的心理認知而已，他們在環境心理學的研究領域中，提出一系列具有社會實踐的手法，並將環境心理學研究與其他領域的理論及實踐工作結合，產生跨領域的理論、分析性的方法以及程序設計等研究，同時，他們也認為環境心理學要面對環境污染、環境老化、婦女及兒童等弱勢族群等主題，並從微觀個人的心理及行為，到宏觀的社會發展及都市環境規劃等，也就是，在地方上的各種發展層面，像是犯罪、災害、博物館、污染、老年化及資訊化等都是環境心理學研究的主題及範疇。

綜合上述分析，環境行為研究是一種強調使用者及其使用行為的地方實際研究，地方使用者進行實際的觀察、調查、記錄及分析等，有助於對地方性實際的理解，因此，同樣的，我們能以環境行為研究的角度及其方法，來分析地方居民們對於地方特性的觀感內容，而此種類型的調查方法不僅能促進當地居民集體生產出地方性，當地人依此所集體生產出的地方性，也將再更進一步強化其地方性在地方上的形塑。

四、環境人文研究

Lynch（1960）在《城市意象》（*The Image of the City*）一書中所提出的理論概念，屬於一種人道主義的環境關懷，他的理論發展背景與當時美國地方郊區蔓延開發、都市更新及大量興建高速公路系統等環境，以及興起社區運動之間有密切關係。透過 Lynch 長期的專業實踐經驗匯集成此概念，他認為構成「城市意象」的五個元素，分別為：通道、地標、區域、節點、邊緣等[8]。然而意象提供了民眾團體其象徵及集體記憶的素材，使得居民有

---

8 「城市意象的五個元素」概念案例分析：以台北市為例。以下分別以 Lynch 提出的通道、地標、區域、節點、邊緣等分析台北市構成「天龍國」的城市意象：（1）通道：像是忠孝、仁愛、信義、和平等東西向大道，以及中山、中華、新生、敦化、復興、基隆等南北向大道，或是各個不同路線的捷

情緒上的安全感，因此，他也認為環境的意象是由自明性（identity）、結構與意義等三者所共同構成（夏鑄九，1987：119-132）。

因此，一個地方的地方性特質就如同一個城市的意象，需要有自己整體特色，而這些整體特色則是由城市中，各種特色景物一點一滴所共同構成，此外，城市的感覺是民眾們透過活動和空間相互互動而產生的經驗，因此，地方的環境並不是冰冷及毫無意義，反而是充滿活動、記憶與意義的生活經驗。

另外，Lynch（1984）在《好的城市形式》（*Good City Form*）一書中，他提及雖然大多數的城市都令人不滿意，但在本書中試圖要找出什麼是好的城市（地方），於是他提出一些價值標準，分析出一般城市有三個模式：宇宙、機械、有機等模式，但也強調價值標準是不完整的理論，只是試圖對於什麼是「好的城市」進行描述。另外，他也認為城市應該具有生命力、感覺、適宜性、可及性、控制、效率及公平等作用，而他認為的城市是獨特的歷史現象、人類聚落的生態系統、生產及分配貨品的地方、動態流動的力場、關聯的決策系統、矛盾鬥爭的舞台等現象，城市的一般模式型態則有放射型、衛星型、線型、棋盤型、其他格狀型、巴洛克軸線型、花邊型、封閉型、蜂巢型及近代的想像等。而城市的本質就像是一群細胞，會產生蔓延及壓縮現象，且不同活動會產生分離及混合、具有特定的空間紋理、革新技術房屋、自力造屋等現象，並因此產生自己的地方特色。

我們認為 Lynch 透過自己的經驗嘗試要描述出一個理想的地方空間，以及這個地方空間所應具有的相關人文條件，因此，他以型態的角度整理分析地方出現的形式等，讓地方性不只是抽象內容，而是具體的圖像。

同樣是以圖像及描述品質而匯集的理論概念，Alexander 等人（1977）在《建築模式語言》（*A Pattern Language: Towns, Buildings, Construction*）一書之中，分析及整理分散在世界各地中為數眾多的空間語言，從大到小尺度等不同層級，彼此相互關聯並且串連成各種網絡，他認為一個地方特性的生產，是由於居住在此的每一個人，都朝向有助於此地方特性的方向前進，在若干年之後，終將逐漸緩慢形成屬於這個地方社區其綜合且複雜的特質。因此，他在書中非常強調居民們如何在自己的空間中，藉由參考書中所提各種的模式語言，在當地自行生產出「好」的品質空間，因此他致力於匯集各種建築模式語言，鼓勵民

運路網等，都是構成通道的象徵作用；（2）地標：像是台北 101 大樓、新光台北站前大樓、中正紀念堂、總統府、國父紀念館、故宮、美麗華百貨、帝寶等，都是構成地標的重要建築物；（3）區域：像是信義計畫區及大安區為象徵菁英高級區、東區是另一個高級區、西區為老舊落後區等，皆是有關市民們身體移動及心理認知的領域感；（4）節點：像是仁愛圓環、南京西路圓環、台北車站、轉運站、捷運車站等車行及人行聚集的地點；（5）邊緣：像是通往新北市的河道橋樑處、高架道路、淡水河堤防、高速公路及匝道出入口等處。

眾依照這些在世界各地一再出現的模式進行自力造屋，創造真正符合自己需求條件的房屋。

而 Alexander 等人（1979）另外在《營建之常道》（*The Timeless Way of Building*）一書中，提出在地方上出現的每一個活動事件都會連結空間，並會產生出空間模式，所以，在地方空間中會一再出現所謂的「道」，「道」是眾多空間模式，是一種好到無法用名詞加以形容的無名特質，而且這些無與倫比的特質是從地方長出來的，而不是強加上去的。因此，要設計一朵花，不如設計一個種子，讓其在地方生長開花。

依照上述 Alexander 的概念，在一個地方的地方性之生產上，也會發現一個地方性的特質是在地方長期的紮根之後、逐漸生長出來，而並不是以外力強加與此地的結果，地方性的生產方式，應該強調是整體居民共同參與、由下而上一起操作的過程。再者，地方性的生產和當地的地方生活需求特性息息相關，地方生活特色提供了地方性生產特質，地方性由地方生活語言所形成，也成為地方「好」品質的基礎。

夏鑄九（1989）曾進一步以歷史結構脈絡角度，分析 Alexander 理論形成的環境客體背景及主體價值等，並對他提出的概念及研究轉折提出分析，其認為 Alexander 的研究是由地方脈絡來界定問題因素等條件（客體條件），而空間的具體形式（主體形式）是 Alexander 的解答，也就是說，地方空間的模式語言已不只是形式本身，而是由地方社會及文化脈絡與形式關係所產生出來的結果。

我們認為在環境人文研究與地方性的關聯性中，無論是 Lynch 或是 Alexander 等人，皆是以可被經驗到的空間形式出發，而兩者不同之處，在於 Lynch 對於空間經驗的提出及整理，是出自於自己多年的專業工作經驗為基礎，而 Alexander 等人則主要以收集世界各地居民，在地方上經驗到的空間形式為主，然而此二者皆指向地方性的空間經驗，並且企圖整理及分析出各種在經驗中，所謂好的且具體形式的地方性特質。

五、空間的政治經濟學

Lefebvre（1991）曾經以馬克思主義進行空間的生產及再生產之批判分析，在馬克思主義的觀點之下，他認為空間與資本主義及商品化之間有密不可分的關係，因為空間一直具有生產及再生產之功能，且在特定的空間場所中擁有其特定社會型態特徵（Lefebvre，1991：33）。Lefebvre 並認為，空間本身包含具象的空間與抽象的空間，具象的空間是當地圖像、符號等，居民以生活活動具體經驗到的實質空間，然而抽象的空間是概念化及想像的空間，則是由科學家、規劃師等技術專家所構思，並對空間展開實踐（同上：38-39），

並以此二論點用來論述有關空間的生產及再生產之關係、過程與結果，因此，他認為空間是由專家系統及技術官僚系統等生產及再生產而來，並由民眾們具體經驗。

同樣都關注城市的政治經濟學等研究方向，相較於 Lefebvre 的論述觀點，Castells（1979）雖然也曾經以馬克思主義作為基本觀點，進行都市問題及文化形式的分析研究，但是，他主要聚焦在研究都市政治方面及關注都市中的集體消費，而他所謂的集體消費，並不只是針對經濟商品之消費，也包括了住宅、學校等在都市中的公眾事務，以及這些集體消費在都市空間中所產生的危機。此外，他的理論架構主要包括：社會結構、都市體系、社會組織等，以及都市空間中政治（政治行政）、經濟（生產、消費及交換）及意識型態（都市意象）等三個分析性的層次，並由此分析都市中的生產方式與社會組成（陳坤宏，1994：245-246）。

再者，Castells 另從歷史唯物論的角度分析，認為都市的意義是從特定的歷史條件脈絡中被生產出來（Castells，1983：67-72）。他提出一個跨文化的社會變遷理論，以說明社會變遷的過程，其認為城市是歷史的產物，導致城市變遷的過程，與統治階級的支配性以及被統治階級的反支配性等二者之間的衝突有關，而不是單一文化在城市中重複變動再製而已。由於他以唯物論的角度看待城市發展，並認為城市具有物質的功能性，因此，在此觀點之下，城市的功能（及分工）受到該城市過去的歷史發展脈絡等影響，並成為該城市發展的歷史結構因素，換言之，從唯物論角度分析，城市的功能與意義直接決定了城市本身的形式。另外，在同一個地方中，不同組織對於社會意義的轉化，也會影響城市產生變遷現象，而在資本主義的發展下，將使得城市各地的地方意義產生消失的狀況，且在資本主義（尤其是福特主義式）下生產的新空間形式（像是：座落於各地，外觀長的很像，並且在內部製造各種世界產品的各種工廠之廠房），是由商品所運作的空間，將對地方造成一致化，使得空間在商品流通中逐漸瓦解，城市因資本的決策進而擴張並消失了原有的樣貌，至於未投入廠房內部生產的地方居民則沒有被加入參與城市的生產，因此，新的都市意象將是空間與文化決裂的集體異化之空間形式（Castells，1983：289-317）[9]。

---

9 「資本主義的空間分工生產方式如何影響城市風貌發展」概念分析案例：以台北市為例。在台北市的東區及信義計畫區的商業區，以高級百貨的零售消費為主，所以，出現各種大型百貨公司、名牌旗艦店、世界品牌的連鎖店等，該地方特質由於許多商店都與跨國企業連接，因而在當地跳脫台灣本土性，並產生全球化文化同質性的建築物、櫥窗、店面、招牌等形式。另外，在台北東北區為內湖高科技園區等，由於高科技的生產方式，許多建築物也都顯現出高科技形式。而在台北西區萬華一帶、北區迪化街及大龍峒一帶等地方，由於屬於傳統製作業的生產模式地區，迄今還保留許多傳統老舊的「舊台北」建築形式。然而，在台北南區的師大、台大等附近地區部分為文教區，為培育專業人才的地區，由於學生眾多故而產生許多學生相關的產業空間形式，像是書店、影印店、餐廳及咖啡廳、夜市等。而在台北市的敦化南路沿線地區為許多銀行及企業總部，因此許多高級的辦公大樓、服務業大樓、豪宅等出現於此。這些都是架構在資本主義下，不同的空間分工及生產方式而形成的空間形式及

　　受到空間的政治經濟學概念之影響，對於地方性的分析可引導至結構主義的馬克思主義理論之中進行思考，因此，地方的地方性特質是與當地的特定歷史條件因素所形成的結構特性有關。以地方歷史唯物論的分析角度來說，地方在歷史發展過程之中，由於地方分工及資本積累過程等作用之下，各個地方被賦予了屬於自己的社會分類、定位、角色、作用、價值、意義及象徵性等內容。

六、文化及消費地理學

　　對於上述政治經濟學而言，強調空間的生產與政治經濟息息相關，但是文化卻附屬於政治與經濟主體論述之下，然而，我們除了留意政治經濟影響空間地理的生產之外，文化本身應該是一個論述的主體，我們認為以文化作為論述的主體，應該包括文化的內在內容以及外在展現的形式等，文化的內在內容：包括思想、概念、習性、素養、價值等，外在展現的形式則包括對於藝術生產，像是：語言、文學、繪畫、工藝等創造，以及展現在日常生活的各種形式，像是：各種食、衣、住、行等地方活動其外顯的對象，包括：餐點、衣飾、地點感、交通等相關的生活型態。

　　因此，晚近許多地理學者以文化在空間的作用為論述主體進行研究，Crang（1998）便以個人高級文化、通俗文化及日常生活的微觀地理學角度，去分析文化在地理空間的角色，並由文化所形成的文化地景、地理圖像、甚至於文學地景等角度，分析地方性在形構一個地方所扮演的重要性，以及地方性形成過程及展現的形式。

　　Crang 認為，文化構成地方性，人群地景與時間等則構成文化地景、文化的區域個性，文化不僅形成了具有象徵意義的地景，且文化地景是一套「表意系統」（signifying system），是一種文本，在特定文化脈絡中產生價值與意義，無論是從住宅、花園到具有紀念性的國族空間等，也以文學作為一種文本的書寫方式，傳遞地方的感情及文學化的想像經驗，也從書寫中看到認同關係，像是：對於家園的文化認同及「他者化」（othering）的過程，另外，電影、電視及音樂等文化也會創造出屬於自己的空間，例如：在電影中會自己形塑一個城市的地景空間，並在影片過程中塑造空間中發生的事情與經驗[10]。

───────────────

　　特徵。

10　像是在好萊塢拍攝的眾多商業電影，就經常在電影中塑造出虛構的地方，例如：電影蝙蝠俠就虛構出一個「高譚市」，或是在駭客任務、創：光速戰記等故事就發生在一個電腦世界之中，在星際大戰中也建構出自己的外太空，然而，這些電影不僅是建構出一個城市空間，同樣的也將現實世界中出現在社會上各種意識型態，像是：種族、階級或性別角色等置於影片之中，觀眾們透過電影潛移默化這些意識型態。

由於晚近時期的文化發展與商品文化息息相關，因此，Crang 也從商品生產及消費的空間來加以分析，像是：一般商店、市場、世界博覽會、地方樂園化等，透過全球商品產生多重全球與地方文化認同（Crang，1998：120-177）。另外，Mansvelt 更進一步直接以消費文化的角度切入分析，Mansvelt（2005）曾經探討都市中的消費地理，消費地理學主要為分析及批判了有關消費行為反映在空間中所呈現的各種現象，並認為消費的主體性（也就是以「人」作為消費的主體、身體與認同）、空間性（也就是可見的消費空間）與社會性（包括有關消費的社會關係等）等三者同時交互作用，並且在地方上出現各種消費地景，包括：現代商店到傳統歷史古蹟等；文化節慶、觀光活動到主題樂園空間等；一般小型零售商店大到資本城市地景等，都充滿了消費行動所形成的地理特性（Mansvelt：10-17）[11]。

Mansvelt 認為，因消費活動是在空間中發生，所以，地理是相當重要的因素，過去地理學家重視消費的地方、尺度、脈絡與空間組織中，與社會的互動關係，例如：「地點」（place）、「空間」（space）及「尺度」（scale）的討論等，像是 Massey（1984）、Harvey（1982）、Soja（1989）等人主要認為空間並不是一般容器，而是具有特定的地方脈絡條件，依照 Massey 的說法，地方不只是地圖上的某一個區域，而是持續不斷的權力文化運作，故也是社會文化關係的集結地，因此，在地方上會造成奇景空間，這些地方的特色是封閉且與附近地方社會分離的，像是具有主題展演式之消費空間，例如：迪士尼樂園等，地景再現為商品的魅化空間。對於這種空間類型，Ritzer（1999）則說明，這些空間是藉由幻想而生產休閒與體驗消費，並是取代原真的異化經驗。

另外，Hopkins 則是以零售戲劇來說明我們所見及參與的購物商場，其整體是一場精心設計成為消費的劇場（Hopkins，1991：270）。由於文化消費及消費文化的持續發展之下，Mansvelt 認為，出現消費地點的地方化，在各地的小鎮、村落、城市中某個區域等，皆由於消費規模愈來愈大，消費機能也愈來愈完整，而成為一個地方，且整個地方就像是一超大型的購物商場，不只如此，就連家庭等個人私密空間、由網際網路所產生的虛擬空

---

11 「消費行動形成的地理特性」概念分析案例：台灣南投九族文化村的文化消費問題。九族文化村是一個台灣原住民文化消費樂園，許多原住民文化在園區內成為商品及商業儀式活動。因為，是以消費文化建造的主題樂園，曾發生在表演蘭嶼達悟族的拼板舟之下水儀式時產生極大的文化扭曲現象，而遭到蘭嶼部落文化基金會的抗議，該基金會聲明：「不要消費達悟族後再來汙辱我們的美。文化透過非族人詮釋，把蘭嶼的船用丟的而非拋向天空，就是一種扭曲與汙辱。大船下水祭是達悟民族原始信仰中很神聖儀式的一部分，見到此張照片，實在令人憤慨，換個角度思考，若我們對待媽祖聖像等民間宗教的雕像，或對天主教的聖母像，像玩具（垃圾）一樣丟來丟去叫做表演，大家作何感想。2012年，蘭嶼部落文化基金會協助部落召開會議，已將大船下水祭透過原住民智慧產權申請標的物。因此請原民會主動依《原住民族傳統智慧創作保護條例》協助部落進行相關的法律行動。這種不敬與汙辱，我們要求南投九族文化村，向達悟族公開道歉。」（何豪毅，20150615）

間等，也都將改變成為消費空間（Mansvelt：56-79）。

站在文化消費或消費文化的地理學角度來看，地方的核心商業區，就像是一個由各式各樣消費產品所堆砌而成之虛構的奇幻「天堂」，在「天堂」中不僅陳列各式各樣、被特定文化脈絡形塑出來所謂的「高級」商品、「好」的商品，且琳瑯滿目的商品到處充滿著魅力，特定的文化論述則轉為廣告媒介，告訴消費者如何利用這些商品體驗一個天堂般的貴族生活方式，像是：每一個時尚衣飾、包包或家電等等，都在跟消費者勾勒一段「好」生活方式的故事，而服飾、化妝品等專櫃人士則化為天使，並教導消費者如何成為在消費天堂中的天使成員。然而，過去由百貨公司資本集團所打造的封閉式購物天堂，如今建築物的界線已相當模糊，在擴散的同時也將整體地方商場化，地方成為到處堆砌各種商品的超大型集合地，尤其是在目前到處發展文化觀光的現象下，地方更是朝向為了迎合大量消費者而發展，呈現一個邁向大眾文化市場的商品化地景[12]。

另外，受到全球商品文化流動的影響，Howes（1996）認為，全球文化產生了同質化的現象，透過商品使得商品所挾帶的文化在全球各地流動，於是原本具有地方性的文化差異特質也愈來愈受到侵蝕。Rizter（1993）便提出全球麥當勞化的問題，即各地方引入可預測、效率化、可控制、理性化等系統管理，並延伸至各種地方脈絡之中。

我們則認為由於跨國企業的商品以現代性、高度文明之姿，透過跨國媒體等媒介直接跨越國家的地理疆界，滲入地方生活的公共領域及私領域等個人生活其各種所需要使用的產品、事務等之中，並成為被各地追求的迷思，因而各地在潛移默化的接受各種外來文化，被改變的意識型態並一再的在地方實踐行動中，逐漸讓地方轉變而失去原有地方的地方性。雖然，地方性是一種動態流動的過程，但是全球商品化及多元媒體的快速傳播下，更加迅速的洗滌了地方並產生同質性，讓各地淪為跨國文化的地方加盟店。

全球化除了產生文化同質化之外，也出現地方文化與全球文化混雜在同一個地方的現象，Howes（1996）認為，地方弱勢文化向外來強勢文化學習後，產生文化變形的「克里歐化」（creolization）。這就如同過去原始部落的住民們向外來強勢文化學習的現象，是相

12「文創園區商場化」概念之案例分析：台北的松山文創園區。松山文創園區對於國內文創園區的發展具有指標意義，台北市政府文化局將其定位為台灣原創力基地，依此定位文化局將園區訂出四大策略：「創意實驗室、創意合作社、創意學院和創意櫥窗」，並藉著該園區進行軟實力創新、社群網絡連結、品牌價值經營、人才養成等提升文創競爭力（台北市政府文化局，20150526）。不過，事實上，卻被各界認為園區內的台北文創大樓（委由富邦 BOT）之經營內容有極大問題，像是：台灣大哥大等是否為文創產業，以及大樓內由得標單位富邦再轉租給誠品，而誠品再租給各個文創業者的租金過於昂貴等問題，因此，被社會各界提出強烈意見，質疑其園區對於文創業者的功能。由於太過於商業化，整個松菸文創園區（尤其是台北文創大樓）出現為迎合大量文化消費者而發展，成為一個大眾文化市場的商品化地景。

對弱勢的地方被迫接收外來強勢文化下，由於關係不對等的文化涵化現象，於是原本的地方文化產生移轉，以及到後來在地方產生新的文化主體[13]。

在資本主義發展消費文化及文化消費的現象之下，地方性的生產與消費之特質，直接或間接的關聯到商品文化在地方的生產與消費的作用，在日常生活中民眾對商品的消費特性會形成一種文化特性，並依此文化特性產生更多此特定商品類型的需求，消費文化與文化消費的周而復始、一再循環發展等相互交叉作用之下，終於在空間中產生特定風格類型的消費文化地景，也區分出一些像是：高雅地區、時尚地區、歷史地區、落後地區等地理分區。

七、結構化的歷程

有關結構的歷程理論，主要以 Giddens 提出的「結構化」（structuration）理論為基礎，其相當重視日常生活活動在社會生活中扮演的重要角色，他認為人類具有主動性及創造力，也因此，其強烈反對外在世界的規則與結構會完全限制個人行動的這個觀點，因為結構是個人內在而非外在的事物，社會制度及體系只是許多個人其反身性（reflexive）行動的總結果，所以，Giddens 認為結構包括了我們在社會化過程所獲得的規則與資源，我們在日常生活中會運用資源及規則在穩定的社會中再生產，並因此可能產生穩定環境的社會變動，而結構化即是個人在社會生活中，聯繫個人行動與社會力之間互動的過程，但是，由於人類對社會種種不確定性產生的恐懼，所以，在社會行動時需要信賴及安全感，個人的行動也因此經常會規則化及習癖化（Smith，2001：142-144）。

然而，Giddens 所說的「結構」概念一詞，並不是像一般社會學理論以宏觀視野所論及的社會結構，反而是屬於個人的微觀視野，是個人透過生活所接觸、直接相關的、自己建構出來的個人結構，因此，個人具有相當的能動性，意即在建構個人結構的過程之中，是由個人長期與社會互動下接觸到限制規則（被結構）以及獲得社會資源（能動）交互作

---

13 「克里歐化」概念分析案例：台灣泰武鄉原住民的「咖啡文化」產業。國內原住民過去歷史中有很重要的檳榔文化，但是並沒有咖啡文化，但是在西方強勢的咖啡文化之下，也開始不只種植檳榔，部分山區出現咖啡樹，甚至養殖果子狸來吃咖啡豆（學習「麝香貓咖啡」轉變為「果子狸咖啡」）。在泰武鄉種植咖啡的農民，為健全產銷體系而成立「有限責任屏東縣原住民泰武咖啡生產合作社」，該合作社還提出「103 年有機咖啡的故鄉・泰武咖啡產業人才基地育成培力計劃，引進專業課程、專家在地諮詢陪伴，培育地方專業人才，以奠定產業發展的雄厚基礎。並執行『吾拉魯滋產銷中心』，以專業的有機咖啡產業，打響泰武鄉的知名度，以達到經濟發展、青年回鄉、文化傳承等目的。」（有限責任屏東縣原住民泰武咖啡生產合作社，20150608）。目前流行的咖啡文化，再加上原住民的文化元素，頓時成為台灣原住民一種被混合過的新文化產業。

用的歷程。

　　Giddens 在地方空間中的論述，主要是處理社會系統的「時間—空間」，而社會結構不僅是由各種規則與資源組合而成，也是由個人在實踐時，同時出現被結構與建構的二元性所成，而且權力會在其中運作，進而形成整組社會系統，也就是，社會系統是由各種個人實踐行動所相互串連而成，但也由於是相互串連而非整合，所以，在社會上所產生的矛盾及衝突是無法避免的現象，因此會一再發生各種社會事件與社會變遷。

　　而 Pred 從 Giddens 的理論中，再進一步提出「場所理論」（place theory），其認為空間結構與社會結構等二者無法分離，任何社會系統的結構特性會透過日常生活的實際行動之運作而呈現出來（Pred，1986）。因此，在日常生活的實際行動中，會生產及再生產出社會體系中微觀與宏觀層面的結構特性，也會因此產生「地方感」（sense of place）的地方歷程與經驗（Pred，1983）。

　　另外，Michel de Certeau（2009）曾經批判以高樓鳥瞰的方式建構理論，而提出「微型實踐」（minor practice）概念，意即從日常生活實踐的場域中分析和建構理論，其提出社會生活制度或習俗規範為「策略」（strategic），以及民眾們的游擊式反抗為「戰術」（tractical）等概念，而對於日常生活語言則提出「每個人」（chacun）及「沒有人」（personne）等來彰顯語言的傳播並不擁有明確的作者等，並以微觀視野分析城市發展歷程，論述地方空間與地點形成的經驗地圖等（Michel de Certeau 著／方琳琳、黃春柳譯，2009）。Certeau 雖然並未明確說明地方行動者其被結構與建構的關係，以及行動者在地方的結構化歷程，但其強調日常生活實踐在社會中的能動性，並採行動實踐的觀點提出分析，論述不同實踐過程對地方所生產的各種地方特性。

　　結構化歷程之論點，提供了一個分析的角度與策略，對於地方性的論述從微觀、每個人、日常生活等其移動與軌跡進行研究分析，每一個成員在一方面經驗地方（被結構性），也同時採取自己的實踐行動（能動性、建構性）之中，一點一滴產生個人的地方性，而且每一個人的地方性將匯集而成整個地方集體的地方性特質，不過，一個地方的地方性並不具整合性、共識性等靜態特質，反而是透過地方日常生活所串流的多元性、特殊性，而且具有動態變遷移動等特質。

第三節　地方文化認同、意象與象徵

　　上述主要為針對一般空間的研究法提出討論，以下針對基於地方經驗遊歷因而由文化認同所產生的地方意象等象徵性有關之論述分析，包括：城市意象與地方性、地方性的地點感和感覺結構、整體地方象徵與地方意象等，其有關地方象徵性在地方空間中的形成、過程及結果等，以及其作用因素與作用關係之分析。

一、城市意象（city image）之地方分析理論

　　Kevin Lynch（1960）曾以城市環境中實質空間規劃的角度，彙整出構成城市意象的五個主要要素，分別為：通道、地標、節點、區域及邊緣等，而這五個構成城市意象的元素，並不只是反應出空間規劃上，所會運用到的一些冰冷的數據及物質等條件而已，Lynch 在環境規劃中加入了認知心理學的運用，故透過這些要素可以獲得使用者對於空間環境的心理認知及存在的意義。

　　因此，我們將 Lynch 提出的構成空間意象的五個元素，進一步運用於分析地方性的構成要素，其內容分別如下：[14]

　　（1）地標：除了涵蓋在地方上出現的重要建築物之外，也應該要包含地方上許多構成地方特殊地景的相關人造物，像是：紀念塔、著名雕塑、公共藝術等，或是自然景觀物，像是：特殊山脈、奇石、瀑布等，都是成為地方重要的印記與特色資源，另外，由於地標強調的是與地方性有關的地方價值及意義，所以，地方上的地標不會只是建築物量體高大或造型突出而已，更重要的是能象徵或代表屬於當地在各種不同集體記憶之中重要的空間對象。

　　（2）節點：除了人潮、車潮聚集的地點外，地方節點更是屬於地方上日常生活聚集的公共空間，同時也是透過各種活動事件產生集體記憶之處，像是：地方的廟宇、廟埕、廣場、公園等。

　　（3）通道：除了地方上主要的人行或車行的主要動線，像是一般重要的車道，或是林

---

14 「Lynch 提出的構成空間意象的五個元素」之案例分析：美國紐約市。（1）地標：包括自由女神像、帝國大廈等摩天樓、布魯克林大橋等；（2）節點：像是時代廣場、中央車站、幾座重要橋樑、地下鐵車站等；（3）通道：曼哈頓區中的主要幹道，像是：百老匯等大道，以及地鐵等；（4）區域：像是曼哈頓市區就分為下城區、中城區、上城區等，或是中央公園區、蘇活區、中國城區、小義大利人區、格林威治村等分區；（5）邊緣：曼哈頓陸地與河道交接處、各種人種住宅區的邊界等（資料來源：本研究 2010 年紐約市現場田野調查及整理分析）。

蔭大道、公園道等，也應該包括在地方上有意義的通道，像是歷史古道、礦道、日常生活步道等有意義的線型軸線空間。

（4）區域：在地方上居民們會對於該部分區域形成特定的認知及觀感，表示在此區域中散發了某些特定相似的氛圍，並且有很多居民對此產生各種共識，以及在他們心目中建立了大致上的地理空間範圍，例如：在某特定區域範圍中會隱約共同存在一些相近的地方氣質、特性、風格等。然而，在各種不同心理區域中，則會產生中心性及由中心所影響的關聯範圍，也因此，居民們所認知的心理區域與實際的地理疆界將可能相互重疊或脫節，這是因為使用者透過日常生活的實踐經驗，在此區域中形成了經驗記憶的集體性，由集體的記憶所圍繞的區域範圍，往往與現實世界的地理疆界範圍有所差別。因此，構成地方意象的區域不應該只是實質空間區域，而更應該強調的是由集體經驗與集體記憶所指認的空間範圍。

（5）邊緣：在構成城市的意象中，邊緣是使用者所集體認知與集體經驗到的某些特定區域，這些區域的外圍為地方邊界（或範圍），由於地方活動也受限於空間條件，所以，地方邊緣也可能會像是：河川、山脈、森林等自然邊界，或是人工駁坎、高牆、高架道路等人造邊緣。但是並非只是如此，因為，站在地方性的角度來分析，地方邊緣之處會是由地方居民在集體記憶與集體經驗中，所認知及顯現出來的區域，所以，地方邊緣是這些居民們其地方記憶區域的外圍地區，是居民們集體記憶的模糊之處，例如：某些與居民極少互動的特定區域，像是某些河川高架堤防外的河川地、軍事用地等，或是由一些地方活動或社會事件賦予的邊緣性地區，例如：中國人的文化中一直避談死亡，所以，墳墓等死亡地景為地方邊緣地區，抑或是某些地方鬼故事所傳說的地區等，也會屬於是許多民間禁忌的邊緣地區。

受到 Lynch 從空間規劃的角度及民眾對環境的認知心理學等影響，在此依照 Lynch 提出的五個構成城市意象的要素，進一步來分析構成一個地方的地方性，相關概念論述整理如表 2-2 所示內容。然而，在一個地方要生產出當地的地方性，其中有一個相當重要的因素，就是集體記憶及集體經驗。也就是，有溫度的地方是集體記憶與經驗的生產地，且透過集體記憶及經驗會進一步生產出當地的地方特性。另外，集體經驗是居民透過日常生活在地方空間的實踐與互動中，所產生認知的狀態，而集體記憶所記憶的不僅是只有空間及空間結構，還有對地方的感覺以及對地方整體的感覺結構，也因此而讓地方產生及充滿了由各種經驗中所獲得到的價值及意義。也就是說，許多重要的地方性特質，是由居民們的集體記憶以及集體經驗所生產出來。

表2-2　構成城市意象的五個要素與形成地方性之關係

意象要素	抽象概念	抽象概念說明	地方性的生產
地標	地方的點	在地方上實體的點	為展現地點感的實體空間對象，也可能為居民們感覺結構的實體核心。
節點	地方的點	在地方上虛體的點	為展現地點感的虛體空間對象，也可能是居民們感覺結構的虛體核心。
通道	地方的線	在地方上連接點及產生面的脈絡	為連接地點感的空間脈絡，但有時候本身也成為另一種地點感的來源。
區域	地方的面	在地方上由某些中心所擴展的領域	為居民們集體記憶與集體經驗故事的中心其所關聯及包圍的空間領域，並形成地方整體的感覺結構及氛圍。
邊緣	地方的線（或面）	在地方上某些中心領域的外圍	為各種地方故事中心所關聯到的外圍空間，或是直接由某些地方故事指定作為邊緣區域，為居民們感覺結構之邊緣特質。

資料來源：本研究自行整理及分析。

二、地點感（sense of place）與感覺結構（structure of felling）分析

　　Pred（1983）曾以「結構化及地方」概念的論述，來說明「地點感」（sense of place）和「感覺結構」（structure of felling）的形成過程。他認為地點原本毫無生命，但是透過每日的生活實踐而賦予的感覺，讓地點產生了意義。然而，地點感的形成是一連串「個人層次」（individual-level）在地方上持續性實踐的過程，而且在地方上不同的個人其「生活的路徑－每日的路徑」（life path- daily path）不斷的重複實踐之後，將可能因此再產生出地方階級，也就是說，不同的民眾由於有自身的社會角色，依此角色在地方上長期活動，將在地方上產生一些特定活動的路徑，也由於個人在此路徑上與其相關事物產生長期互動之下，將會因為在此路徑上遇到的一切事物，而讓此個人再次更加確定其個人的社會角色，因此，換個角度來說，一個地方的特定歷史脈絡及社會結構特質，將影響不同成員個人對於地點整體的感覺結構（Pred，1983：45-68）。

　　依照 Pred 所言，各個民眾因為社會角色的不同，將促使其在地方上移動的路徑及方式大不相同，舉例而言，如果是一般的家庭主婦，受社會賦予這個家庭角色的位置與其特定的活動路徑所影響，家庭主婦在一天中的生活計畫，將包括送小孩上下學、買菜、煮飯等等，另外，社會賦予上班族的社會角色及在地方上的特定活動路徑，像是：上、下班需要往來於自己的住家與公司間，因此前往大眾捷運的通勤路徑等，並在大眾捷運的移動路

徑中遇見一切事物，而個人層次將透過時間在空間中移動，來完成這個角色在當地所需完成的工作。

由於個人每日且長期的前往特定路徑，並與其所有相關的一切事物產生互動，透過地方活動對原本毫無意義的實質環境，逐漸產生了地點感及其個人對地方的整體感覺結構。也就是說，個人由於受到社會意識影響認知到自己的社會角色，於是在與此角色有關的地方活動及移動，來完成此角色在一天之中所應該要完成的社會行動，同時，在路徑的經歷過程之中，一方面再生產而更確定自己的社會角色，另一方面也對路徑經過的空間，產生出特定感受的地點感。民眾以自身的社會角色透過活動在地方移動中，除了在所經驗到的特定空間產生特定的地點感之外，也在各個經驗歷程之中，逐漸建構出對於整體地方的感覺結構，以及對不同空間地點在整體感覺結構中的分類、位階等，而在自我建構自己的地點感及地方感覺結構之過程中，個人對於地方的認知觀感，也同時會受到早已被社會建構的感覺結構所影響[15]。

在地方上感覺結構的形成，除了上述 Pred 所言與時間地理學相關的論述之外，從符號學的角度分析，地方的感覺結構是一套複雜的地方符號系統，透過此符號承載了屬於地方的象徵、價值與意義，而進入到此地的個人便可以透過這套符號系統進行彼此的溝通、交換、共鳴、增修等作用。

以下再分三個層次進一步論述分析：（1）地方社會結構的結構框架方面，各個不同的公、私及第三社會部門等，都會展現出一套有共識交集（或是並無交集）且複雜的符號系統，此符號系統所產生的地方符號結構，成為影響個人地方感覺的特定結構框架；（2）地方分工部門及社會系統運作方面，在地方上不同的分工部門及其體系在運作時，便是在發送、接受及交換等運作功能性及象徵性的相關系統；（3）地方上社會成員從事地方活動及移動方面，社會成員個人透過持續性的每日日常活動及其路徑中，在個人主體建構及被地方客體結構等雙重作用之下，再建構出自己所經驗到的地點感以及整體的地方感覺結構，其概念如圖 2-3 所示。

---

15 「個人對地方的認知觀感也會受到早已被社會建構的感覺結構所影響」概念分析之案例：梵帝岡。位於義大利的梵帝岡是天主教立國，從過去歷史發展到現在一直都是天主教最重要的聖地，在此地由宗教信仰在各處空間中，早已展現出一種高度一致性、不可動搖的、強烈的特定地方性特質，因此，前往的民眾無論是否是天主教教徒，在現場都會強烈感受到濃厚的天主教氛圍（資料來源：本研究2013 年梵帝岡現場田野調查及整理分析）。

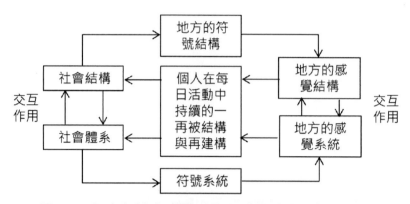

圖2-3　個人在地方感覺系統與感覺結構的形成過程

（資料來源：本研究自行整理、分析及繪製。）

三、地方象徵（symbolic）與地方意象（image）分析

　　Manuel Castells（1976）提出「空間承載了意義」，他並以「空間的文化形式」說明由各種意識型態逐漸展開序列而形成符碼（code），而由一連串的符碼（符徵與符旨）賦予了空間意義並共同建構出都市結構的特性（Manuel，1976：215-221）。因此，「空間的文化形式」是構成地方性的重要內涵，這些地方特色文化內涵向外以各種形式展現在地方之中，並產生特殊的地方文化形式。而地方文化及其文化形式具有特定的象徵性意涵，且這些地方的象徵意涵是由地方上各式各樣的符碼系統，在共同交織作用中生產而來。

　　然而，民眾對地方產生特定的地方意象，其形成的過程和符碼的接收情形有關，由民眾（閱讀者）對於地方生產出來的象徵性進行閱讀，自己會轉換了某些象徵內涵，並獲得一種修正過、屬於自己的個人意義。以符號的角度分析，符號閱讀者心中產生的地方意象，會由於符號閱讀者本身擁有自己特定的意識型態並依此展開社會行動，因此，當閱讀者在閱讀外在符碼產生意涵時，會同時調整為自己所閱讀到的象徵性意義。

　　換句話說，地方象徵性的生產過程來自於當地各種意識型態在空間中的實踐行動，所逐漸累積出來的地方象徵特質，但此限於地方性的生產方面，對地方性的消費而言，地方的象徵性只是提供一個參考文本，對作為符號閱讀者的民眾來說，並沒有絕對宰制的力量，在符號消費的過程中，民眾反而會同時受到自己過去既存的各種意識型態與經驗之影響，而將地方象徵性自行調整成屬於他自己心中所感覺到的地方印象。

　　另有關地方象徵與地方印象的生產與消費關係，以及對地方形成地方性之循環影響，

其概念如圖2-4所示。[16]

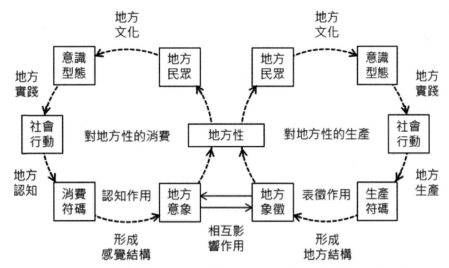

圖2-4　地方性的生產及消費與地方象徵及地方意象之關係

（資料來源：本研究自行整理、分析及繪製。）

---

16 「不同閱讀族群將因地方象徵性的閱讀差異而產生不斷的衝突」之案例：以色列之耶路撒冷古城區。由地方產生的象徵性與閱讀者所感知的地方意象，有時候會產生極大的斷裂，並且成為地方主要衝突的來源，本研究曾於2013年耶路撒冷古城區內，在夜間時刻親身遭遇到當地阿拉伯居民對以色列軍隊攻擊的暴動事件。然而，規模不大的耶路撒冷古城卻有著強烈的地方信仰認同差異，被硬生生的劃分成東耶路撒冷及西耶路撒冷，兩邊不同的宗教文化信仰（一邊是猶太教、一邊是回教）及其不同的象徵性（聖地），自古以來衝突至今不斷。就在此從古至今的衝突中，根據2013年在耶路撒冷現場的觀察以及對當地居民們（商家及住戶等）訪談的調查工作，顯示出目前古城區前往最多的族群，並不是猶太教徒或伊斯蘭教的信徒，反而是來自於全世界各地的「基督新教」信徒，尤其由於在新約聖經中，記載著當年耶穌基督所行走的「苦路」，這條路徑更是大受全世界各地教徒的歡迎，因為沿著此路徑具體呈現聖經中記載的各種典故，行走在此也象徵自己扛著自己的十字架等體驗之路，因此，此路徑是必定前往朝拜的地區。另外，由於不同宗教文化差異，同一個耶路撒冷古城卻產生不同認同者的不同地方象徵性及意象等，也因此造成許多矛盾與衝突事件（資料來源：本研究2013年耶路撒冷現場田野調查及整理分析）。

第三章

地方文化治理

　　在上述內容分析了地方及地方性的社會文化理論及空間理論，以及社會文化與空間等二者相關之研究法等內容之後，以下再針對地方文化治理相關概念及技術、方法，分別進行論述，而內容分為：以地方「文化資本」概念探討構成地方性的內涵；以國內近幾年相當重視的「文化生活圈」概念探討地方發展計畫；以治理概念及文化政策討論地方文化發展。

第一節　地方性的構成與地方文化資本

　　以下再分為地方性之構成以及地方文化資本等理論及概念，分別進行其相關之論述與分析。

一、地方的地方性構成

　　我們以整體宏觀的角度來分析地方性的構成，可知地方性的生產主要由：地方結構、地方體系、表徵系統等所構成。其中，「地方結構」是構成地方性的各個作用部門（或因素）的分類結構及其關係；「地方體系」是地方性生產及消費的運作系統；「表徵系統」是地方符號作用系統。而透過此三者即可分析一個地方的地方性。另外，再依照此三者概念可進一步以「人、文、地、產、景」等五個社區營造內容的主要項目進行分析，其概念如圖3-1 所示及以下內容分析。

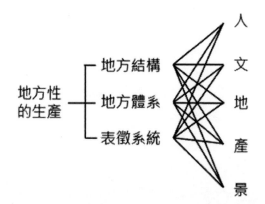

圖3-1　地方的地方性之構成及作用因素

（資料來源：本研究自行整理、分析及繪製。）

1. 地方結構

主要為構成地方性產物有關的分類、限制及條件，包括在地方上主要的結構因素、組成方式、結構關係等。分析如下：

（1）「人」的結構：可分為：A. 社會一般性人口：像是地方成員普遍的教育程度、職業、性別、年齡等；B. 社會特殊性人口：少數民族、地方派系、特殊團體、地方耆老、具有影響力的名人等的組成類型、組成方式等。

（2）「文」的結構：包括：A. 歷史脈絡的文化，像是：傳統、民俗、風情等；B. 創新文化，像是：目前正在流行的大眾通俗文化、生活潮流文化、新創藝術文化節慶活動等，所展現出相關的地方價值、地方規範、地方語言（含文字）、象徵內涵等地方文化內涵。

（3）「地」的結構：與當地的天氣、地理等實質環境互動形成的地方特質，像是地形及地質結構、氣候模式等。

（4）「產」的結構：屬於地方相關特色產業等，像是：產業結構、經濟條件、就業環境等，這些將可能具有生產方面的文化特色。

（5）「景」的結構：為有關地方特色地景等結構分類，像是：地方上的氣候環境（微氣候、雲、霧、日照、溫溼等自然條件）形成的自然地景、地理環境地景（奇山、峻嶺、瀑布等）、人文地景（入口意象建築、地標建築、古蹟、歷史建築等）。

2. 地方體系

主要為將地方性的生產及消費過程，視為是由一組（或多組）不同功能及分工的地方體系，所共同運作而成。如下分析：

（1）「人」的體系：可分為正式體系與非正式體系在地方交互運作：A. 正式體系是地方團體界線較為明顯所形成的體系，像是：政府部門、社團法人、地方團體、地方組織等；B. 非正式體系是屬於當地人與人之間的運作關係，像是地方派系、內團體或是初級團體等，沒有正式劃分但是彼此互有關係而形成的地方人脈體系。

（2）「文」的體系：可以區分成內部文化的運作體系及外來文化的運作體系：A. 內部文化的運作體系：像是地方廟宇文化便是透過寺廟的管理委員會或特定組織等深入及連結地方，透過地方神明的慶典等來動員地方參與，傳播地方傳統民俗文化等，而對於一般祖傳的家族風俗來說，則是由家庭成員及重要的親戚等形成的家族體系；B. 外來文化的運作體系：地方性的特質是一再持續變動的過程，地方性永遠是動態發展且不可能一成不變的，也就是，在各個階段經常會受到各種外來文化的衝擊、消融或對抗等，並產生移轉變動。所以，外來文化的傳播體系將一再影響造成原有地方特性的改變，如此長期下來甚至

將移轉成為另一種有別於過去歷史的地方性。

（3）「地」的體系：有關土地的使用系統、土地上的活動系統等都會直接影響地方特色，像是要完成一連串的居住、農業生產、商業生產、或文化觀光消費等活動系統，都需要一連串的土地使用相互配合，才能完成運作時所需要的機能。

（4）「產」的體系：像是在地方上出現各種特色產業，且該產業其相關上、中、下游或水平產業的產業發展體系皆健全之下，才能支撐該產業在地方的持續發展，而不同的特色產業及其產業鏈構成產業系統，才能在地方上產生地方特色，例如：茶葉生產不僅涉及製茶工廠，也需要包括採茶及包裝、配送等垂直產業的系統，以及包括飲茶時所需要的茶壺、茶杯等茶具、設備、特色桌椅等等相關產業系統，才能支持及烘托出地方特色。

（5）「景」的體系：如同地方文化觀光需要規劃一套遊憩系統，不同的名勝、古蹟、風景、園區等等地方景色遊憩地點，以及支持這些地點的特色景致，像是景觀餐廳、人文咖啡廳、或博物館等，皆相互配合。在地方「景」的體系，除了包括當地特殊地景之外，例如：特殊天氣景色、人文景色、地理特殊景觀等等層面，以及支援服務這些特定景色相關的其他景點，例如：一些具有地方特色，並用來服務遊客相關食、衣、住、行的地點及設備，整合起來才能成為一套完整的地方文化觀光消費系統。

3. 表徵系統

主要指涉一個地方的地方性內容及其表徵的符號對象、關係及其符號系統[1]。

（1）「人」的表徵系統：由於地方文化本身是抽象的、精神層面的內容，但是，地方文化長期實踐的對象卻是具體的，所以，地方文化的特色本身也直接影響當地居民個人的文化素質、涵養、特性、喜好等，並將形成地方上「人」之表徵系統。

（2）「文」的表徵系統：主要為具有地方特色的文化價值及規範、地方語言（含文字）、圖騰標記等系統，及其所表徵的地方文化內容等。

1　「地方性其表徵系統的人文地產景」概念分析案例：尼泊爾之藍毗尼。尼泊爾位於印度邊界之處的藍毗尼，是佛教始祖釋迦牟尼佛的出生地，以「人文地產景」分析：（1）人：由於是佛教重要神聖之地，當地居民都是信奉佛教，因此，其服裝、儀表、言談及舉止等氣質，都是因信奉佛教思想而外顯的文化樣貌，像是：穿著布衣、雙手和掌、行為端莊等；（2）文：佛教文化有關的語言、價值、規範、記號等；（3）地：佛陀出生地因而象徵佛教重要的發源地，具有不可替代的神聖性；（4）產：佛教經書、相關文物、紀念品、花朵、供品等；（5）景：佛陀出生寺廟建築、摩耶夫人廟、巨木林、水池、阿育王柱、庭園等具有佛教聖地的地方意象。以上這些都在當地系統性的表徵出宗教的神聖空間（資料來源：本研究2006年尼泊爾藍毗尼的田野調查記錄與整理分析）。

（3）「地」的表徵系統：主要為地理的區位及城市印象等所表徵的地方印象，以及其被階級化分類及排序的符號系統，例如：生活、工作在高級或貧困地區、傳統或現代文明地區、開放自由或封閉地區等地方的感覺系統。

（4）「產」的表徵系統：主要是由地方生產文化或消費文化所實踐形成的地方特色產業，這些各項品牌或產品等將共同成為地方特產的符號表徵系統。

（5）「景」的表徵系統：主要是由地方文化所實踐出來的特色地景表徵，例如：具有地方文化特色的古蹟、歷史建築、特色街區、文化園區、入口意象建築、地標建築等。

二、地方文化資本（cultural capital）

Bourdieu（1986）修正馬克思的資本論，提出「文化資本」（cultural capital）概念，其認為「資本的形式」（the forms of capital）不只有經濟形式，且也認為資本是「個人」長期累積且相較他人的某些特殊優勢之處。因此，Bourdieu 將「資本的形式」分成以下數種類型，分別為：經濟資本（economic capital）、社會資本（social capital）、文化資本（cultural capital）及象徵資本（symbolic capital）等（Bourdieu，1986：245）。

在上述各資本中，Bourdieu 進一步再將其中的「文化資本」分成以下三種形式，分別為：（1）「內化形式」（embodied state）：屬於個人的內在以及外在的長期傾向；（2）「客觀化形式」（objectified state）：屬於將文化資本轉變成文化商品，包括：圖書、工具、器具等事物；（3）「制度化形式」（institutionalized state）：屬於某種被社會大眾共同承認的形式，包括：教育證書、文憑等（同上，1986：243）。總而言之，Bourdieu 所提的「文化資本」是「個人」在文化方面之長期累積且優於他人的特性與優勢。

如依照此概念論點，將其運用在一個「地方」之上，可發現由於文化特色在地方長期的發展及累積之下，將形成該地方優於其他地方的特色及優勢，也因此會成為該地方的「地方文化資本」。而「地方文化資本」就是地方的軟實力，而且，一個地方的「地方文化資本」，將包括以下三種形式：

（1）「內化形式」：為地方生活長期內在特性的取向，就像是一個地方的文化涵養、文化資源、文化特色等，與地方內部文化素質及特性之發展有關；（2）「客觀化形式」：將地方文化資本轉為可見的文化對象，例如：地方圖騰與符號、民俗慶典、藝術品、設計品、工藝、文學、舞蹈、音樂、古蹟建築、歷史街區等等，為地方文化展現在外部的各種對象；（3）「制度化形式」：被廣大的社會大眾所認可的文化價值標籤、獎項、排名等，例如：世界文化遺產、或是依照國內文化資產法規所指認的「有形文化資產」（像是：指定

為第一至三級古蹟、或登錄為歷史建築、劃定為歷史文化街區等）或「無形的文化資產」
（像是：地方特定的風俗、舞蹈、音樂、表演、技藝、技術等）等，為在社會中制定的各
種制度及規則下所認定的對象[2]。

另外，依上述的文化資本概念，再加上社區總體營造主要營造的「人、文、地、產、
景」等範疇，分析構成一個地方的地方文化資本，應至少包括以下地方文化資本形式：

（1）「人文資本」：為以地方居民本身為主，可再區分為二：A. 宏觀層次：相關地方居
民們內部擁有的教育、文化素養、地方人文特色等，B. 微觀層次：相關地方居民是否為藝
術文化國寶、文人、文化耆老等，為個人對其地方文化具有貢獻者；（2）「文化資本」：屬
於人文資本所展現出來的各種藝術文化對象等所累積出來的資本，亦可分為二：A. 宏觀
層次：由地方居民們共同在地方上所展現的文化活動及器物，像是：地方廟會、地方特殊
的風土民情、民俗、共同彰顯的地方文化特質等，B. 微觀層次：為相關居住在當地的各種
視覺或表演藝術家、音樂家、文學家、設計創作者等屬於地方文化菁英份子（達人），或
是某些少數身懷文化特殊專長（及傳承）的居民（素人），所展現的文化資本；（3）「地理
資本」：屬於地方的自然資本，包括：日、溫、濕、雲、霧等由於地理位置出現的自然氣
候、地形、地質、礦產等地理特質條件所形成的地方資本；（4）「產業資本」：當地的地方
特色產業、特色產品等，以及產業生產過程有關的特色；（5）「地景資本」：屬於地表呈現
的地方特殊自然或人工地景、風景、名勝、歷史街區、古蹟、建築等空間有關的內容。此
五項地方文化資本在地方上的長期累積成為特殊形式，並產生地方特有的魅力。

在另一方面，我們也可將一個地方的地方文化資本形式，更簡單的區分為：天然資
本、地理資本、人文資本等形式，如下分析：（1）「天然資本」：屬於地方特有的自然氣候
所形成的地方特性，像是：在不同季節中出現的風景，或是一天中的日出、夕陽等自然美
景；（2）「地理資本」：屬於地方特有地理相關的條件形成的地方資本，可分為：A. 原始地

2　「地方文化資本」概念案例分析：印度泰姬瑪哈陵。位於印度北方邦阿格拉的泰姬瑪哈陵：（1）「內化
　　形式」：伊斯蘭信仰在當地長期形成強烈的地方特殊宗教文化涵養與特色，產生與印度其他大部分的
印度教地區截然不同的文化特質；（2）「客觀化形式」：由
伊斯蘭信仰建造的泰姬瑪哈陵雄偉的紀念性建築，以及以
此文本製作出當地圖騰、伊斯蘭符號、舞蹈表演及各式各
樣的特色手工藝等外顯產品；（3）「制度化形式」：其早在
1983 年就已被列為聯合國教科文組織登錄的世界遺產，因
為聯合國教科文組織的權威性以及被認定為具世界文化遺
產價值的角色等，由制度產生的地位，使得其聲名遠播並
吸引無數來自世界各地的觀光客，前往當地觀光旅遊（資
料來源：本研究 2004 年印度阿格拉泰姬瑪哈陵現場的田
野調查記錄與整理分析）。

景：像是森林、植物的林相、珍貴樹木、老樹或大樹、瀑布、山形、河流等，以及 B. 人工地景：像是建築、古蹟、橋樑、水壩、人工河渠等人造地景；（3）「人文資本」：屬於當地居民因本身特性所形成的地方資本，分為：A. 宏觀層次：像是：地方居民的文化素養、教育程度、信仰、風俗、其他文化特徵等，以及 B. 微觀層次：特殊文化專長（及傳承）的居民，以及當地藝術家、文學家、耆老、國寶等文化菁英[3]。

　　因此，在實際從事地方文化資源盤點工作時，我們也可以將這些地方文化資本形式，與 Bourdieu 所提的三個文化資本形式，也就是，與內化形式、客觀化形式、制度化形式等，進行更進一步的調查及交叉分析工作，此將有助於更加詳細的瞭解地方性的內容、外顯、制度認定的各種特質及問題。

　　另外，由於上述所論述的各種地方文化資本形式，無法單獨存在於地方之外，也就是，即使某一資本形式以物質方式單獨出現在地方，對於當地的社會大眾來說，也無法關聯及辨認出任何價值及意義，因為價值及意義是與當地互動而來，所以，我們需要留意除了盤點地方文化資本形式中的各項內容之外，更應進一步分析這些內容與當地社會的互動關係，以及各項地方文化資本形式內容的價值及意義如何被地方建構與結構出來，換言之，地方文化資本的形式及特色，是地方上各種社會系統長期相互作用下一再的交織及累積而來。

第二節　文化生活圈治理

　　台灣在近年的地方文化及空間治理的過程中，經常使用「文化生活圈」的概念來加以檢視地方的文化發展狀況以及文化建設的供給與需求等內容，所以，以下將分別論述「文

3　地方性的「天然資本、地理資本、人文資本」形式之案例分析：埃及的地方性。依照上述的資本行事來分析埃及的地方性，其內容主要如下：（1）「天然資本」：乾熱的氣溫、強烈的日出及日落等自然特色；（2）「地理資本」：A. 原始地景：沙漠地形、地質特徵、尼羅河、棗樹等。B. 人工地景：金字塔、人面獅身像、太陽神神殿、伊斯蘭寺院等；（3）「人文資本」：A. 宏觀層次：社會大眾對於伊斯蘭教信仰、服裝、談吐、舉止等，或有特色食衣住行等生活活動，像是：以駱駝為交通工具、齋戒月、白色服飾等。B. 微觀層次：當地的藝術家、建築師、工藝師、傳教士等，而共同構成埃及的地方性，並且這些地方性的特徵與當地過去歷史與現在的社會系統，產生相互連接及相互糾葛，並讓這些地方性得以被生產及賦予特定意涵（資料來源：本研究 2012 年埃及吉薩現場的田野調查記錄與整理分析）。

化生活圈」的概念，另外，由於在早期都市規劃的概念曾提出「中地理論」模型，此概念與「文化生活圈」的概念在某些思考及技術方面具有相同之處，因此，也會分析「中地理論」的「文化生活圈」概念，之後更進一步分析文化生活圈目前在操作上需要加以留意的課題，內容如下。

一、文化生活圈概念

國內出現以「文化生活圈」概念思考地方文化發展的問題及需求等，然而「文化生活圈」的概念，主要是受到同樣都是在最近廣為討論的文化公民權、文化平權、資源分配、系統規劃、文化群聚、文化治理等概念影響，並且和這幾年在台灣相當關心的民眾地方文化生活以及整體地方文化發展等息息相關，所以，運用「文化生活圈」的概念，來進行地方文化資源、地方文化建設的分析，並作為規劃的重要參考[4]。

分析有關「文化生活圈」的治理概念及特性，主要內容如下：

1. 系統性規劃的思考方式

文化生活圈是將一個地方依照其居住者們所需要的各種文化資源、文化設施等，例如：博物館、美術館、表演廳、古蹟、圖書館、文化公園等設施，進行系統性、整體性、層級性、規劃性的思考方式，並且將各種不同的文化資源及文化設施等，其相關類型、分布、規模等進行調查分析與規劃工作。

2. 文化環境供給論的角度

文化生活圈的概念是以「供給論」的角度，在一定地區內提供各種文化生活上所需要的文化設施或相關的文化資源等，而其主要目的在於可讓地區民眾們的日常生活與地方文化發展之間相互結合，提升住民本身以及整體的地方文化素養，增加文化在地方上的紮根，以及有利於地方文化的永續傳承發展等功能。

3. 文化資源調節與分配

文化生活圈是以專家及政府等部門，以專業者及政府共同為規劃者的角色，對於地方

4　「文化生活圈」概念分析案例：雲林縣。在台灣各地有許多規劃出來的「文化生活圈」，但是一直停留在概念或規劃的階段，文化生活圈貼近於日常生活，落實文化生活圈除了讓居民的生活品質提升，也能進一步發展地方文化產業，尤其是地方污染嚴重的縣市，可以透過由下而上的改造來轉換地方生活品質，例如：污染嚴重的雲林縣，可串連金水 164 幸福生活圈、西螺生活圈、虎尾生活圈、斗六生活圈西螺海口生活圈等，從社區開始反思居住環境及地方文化等議題。另外，其他縣市本身也能以生活圈規劃、指定及相互串連成為地方文化發展藍圖以及文化體驗的地圖等，有助於在地方上發展出更加濃厚的文化特質。

作調節與分配,並進行計畫性、系統性的發展計畫,因此,重新調整及分配地方民眾所需要的文化設施或文化資源,用以協助弱勢地方,或是平衡各個地方的文化發展為重要工作。

4. 著重地方生活的角度

由於地方文化生活圈為依照地方文化發展需求等進行規劃並形成各個單元,所以,在每一單元進行規劃時,其主要考量之一,為住在單元內當地的居民擁有多少文化資源的類型及數量、規模等,以及前往各個文化設施的距離、時間和方式等等,因此,前往文化設施的可及性、近便性、親切性等皆為重要考量的因素。

5. 文化生活圈與中地理論的概念二者具有相關之處

在中地理論內容中曾提出,像是:中地、中心性、服務旅程及需求門檻、腹地、層級等概念,此部分與文化生活圈之理念概念相近。

二、中地理論模型的地方生活圈

我們將 Christaller（1933）提出的「中地理論」主要概念（嚴勝雄,1980）繪製如圖3-2所示。「中地理論」概念模型是由各種大小不同層級的蜂巢式六角形所共同構成。此理論是排除各個地方不同座落區位,和其他有關的自然環境等因素,並以聚落經濟概念發展而來,不僅在古典的空間規劃理論中佔有相當重要的一席之地,也影響了全世界許多城市後來在規劃理論的思考方式,以下,我們將中地理論與文化生活圈的概念作結合與思考,並引用中地理論概念作為地方文化生活圈之調查分析及規劃工作的參考:

1. 文化中地

一個地區的文化發展需要至少一個地方來作為藝術文化活動的主要核心、中心區,而在此中心區域之中聚集了各種專業的大型藝術文化設施,並提供較專業的各項藝術文化活動,像是:不同層級、大小、規模、專業程度,與視覺藝術有關的美術館、表演藝術有關的演藝廳、以及全國性或是地方性的博物館或文物館、歷史館、地方主題館、圖書館、或戶外藝術文化表演及活動廣場等等,為這個地區的「文化中心區」。

2. 文化中心性

每一個文化中地具有中心性以及中心性的層級,中心性的層級表示文化中地與周圍所服務的腹地間之關係,為文化設施所提供的文化活動及文化服務之強弱程度,文化中心性的高低與文化活動的數量與類型,以及所服務的腹地面積具有正向關係。

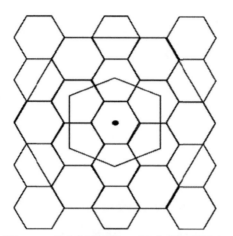

圖3-2　「中地理論」基本模型概念

（本研究自行重繪自嚴勝雄，1980。）

　　文化中心性就是文化中地在整體城市中扮演的高低層級，也是具有對於整體城市文化發展具有貢獻的重要性層級，抑或是，此中心區域內各項文化設施，能提供當地居民文化活動及服務機能的程度，因此，我們也可以設定在不同層級的文化中地，其預定服務在不同腹地範圍中，每一個居民的文化需求程度，像是：預定每一個人所需文化的活動類型（例如：展示類型及演出類型等）、時間（例如：活動時間及活動長度等）或面積（例如：用地面積及樓地板面積等）等。另外，再由民眾個別需求參考標準，與所預定服務範圍腹地內所有人口相乘，便可知道該文化中地應具備的文化設施及文化活動類型、規模、時間等，以符合地方居民的需求。

3. 文化服務旅程及需求門檻

　　文化服務旅程就是居民願意前來參加藝術文化節目活動的臨界距離，超過可達距離太遠、或是交通不便等，則民眾前往的意願較低，除非有更強大的吸引力，例如：國際超級巨星的演出、唯一一場演唱會、不可替代的展演等因素。另外，如果往返當地的通車時間遠遠超過所能負荷的時間，現場觀賞活動就可能被其他媒體所取代，例如：透過網路、電視或其他傳播媒體等方式進行觀賞。

　　除了文化設施之外，文化活動本身的需求門檻是一種文化活動可以維持的最低參與量，當此文化參與率少於這個數量時，該項文化活動便無法在當地繼續進行，而文化活動的需求門檻固然和展演場地與居住地之間的距離有關，民眾除了考量通車時間、通車成本等因素之外，更重要的是受到文化活動本身的主題與內涵之影響。

4. 腹地（或周地）

腹地或周地表示文化中地所提供各項文化設施、文化活動等服務的地區，提供愈大者其中地的重要性愈高、且所涵蓋的腹地面積愈大。

5. 階層

階層與中地所提供的各項文化設施、文化活動及文化服務的功能有關，其數量愈多、內容愈完整者則規模愈大，而規模愈大的中地則階層愈高，而中地階層愈高者其數量便愈少。

6. 文化活動內容原則

民眾前往中地參與文化活動除了考量距離及交通方式之外，更會受到展演活動的主題及內容之影響，對於不同的觀眾市場來說，他們認為的重大、或喜愛的特定藝文活動並不相同，且這些藝文活動大部分都不會長期在地方展示或演出等，所以，依照藝文活動的主題及內容會影響更多人（或更少人）前來參與，亦可稱為「文化市場原則」。

7. 交通原則

如同上述所分析，為一般民眾前往中地的可及性、運輸成本等條件。

8. 文化治理原則

文化治理與整個地方文化資源的分配與調整有關，例如：文化政策、文化預算、文化計畫等，以及不同社會階級的文化參與機會等，以及有關文化平權及文化公民權的行使等，都將影響文化政策與文化行政的作為。

三、文化生活圈概念的課題

在上述是以中地理論模型加以分析文化生活圈，而運用中地理論結合文化生活圈概念是一個理想模型，然而在實際狀況中，文化生活圈概念卻出現以下的課題及分析：

1. 文化生活圈是一個烏托邦的文化家園理想

由於文化生活圈是一個文化在地方發展的烏托邦概念，要設定在每一個生活圈單元中，居民所需要的各種文化設施配備，以及要在地方上興建與經營各種文化設施，所需要的經費及人力都相當龐大，在實際執行上也將會受到各種因素的限制，所以，在概念上文化生活圈是一種打造文化生活的理想概念，但是要實際產生一個完整的地方文化生活圈將有其難度。

2. 地方存在「準」文化展演設施的認定的課題

在地方文化設施盤點工作時會產生一些問題，尤其是對於「準」文化展演設施的認定標準問題，其中在比較具有專業水準的展演設施，例如：音樂廳、戲劇院、博物館、美術館等的認定上較無疑義，因這些文化設施在從事表演或展覽活動上也具有一定的專業水準。

但是，這些比較專業的文化設施大多位於都市的市中心區，數量也比較稀少，相較於其他各地出現更多的是：民眾活動中心、有藝文場地的高中、國中、國小等學校、有表演舞台的公園或廣場、有展演機能的走道空間等等，而這些屬於「準」展演設施的類型繁多、標準不一、功能不夠專業等因素，都將造成難以認定而產生在地方上文化設施的盤點調查及分析的困難度。

3. 展演設施與地方文化發展之間的問題

如果我們以菁英文化、精緻藝術等概念著手進入地方進行規劃，則會專注在與這些菁英文化有關的文化展演設施之上，以後所展演的文化活動也會比較偏向於此。然而，展演設施不等於地方所有文化設施，展演設施只是文化設施的一部分，若比較多的預算等文化資源偏向菁英文化的發展方向，由於這些藝文內容通常是特定中高階級人士的偏好，而當地一般民眾可能缺乏熱烈的興趣，因此將造成預算以及其他文化資源的階級不平等問題，因為集中於服務這些特定社會階級人士以及特定的精緻藝術。

另一方面，更直接影響大部分民眾的則是在生活中到處出現的網路、電視、媒體等，這些普羅大眾文化有關的各種設施或設備反而影響速度更快且深遠。所以，我們需要注意文化生活圈不應該只是以特定菁英文化為發展核心，且需留意電子媒體對於地方文化的影響性將愈來愈大。

4. 在現行法規上目前並無正式執行制度

文化生活圈目前尚無任何法規加以實施，所以，也就無法套用到現在台灣各項空間發展有關的法規制度之中，因此，並無實際實行的規範。如果政府視一個地方的文化設施為社會大眾生活的基本配備，就如同公園綠地、學校等文教設施一樣，建議應該將文化生活圈概念中有關中地層級、中地面積、服務類型、腹地範圍、與住宅區間的步行可及距離等，納入國內各地都市計畫的相關法規之中，讓各個地方政府在定期進行各個地區通盤檢討計畫時，能有一個可執行的法源依據，也能在各個地方實現「文化建市」的理想。

第三節　地方文化治理與文化政策

　　地方文化治理與地方文化政策息息相關，以下先分析地方「文化治理」之概念，此概念是過去由上而下的政策制訂及執行方式轉變為文化機構、文化企業及文化團體等以「夥伴關係」（partnerships），共同協力發展地方文化。在此之後，分析討論地方文化政策與文化行政等內容，最後並指出從事地方文化治理，其地方文化資本、文化四生、文化政策、文化行政、文化指標等，具有地方文化基礎底蘊到落實地方文化治理工作之間的重要關係。

一、地方文化治理

　　在國內的中央及各地方政府相關部門其「文化治理」（cultural governance）在過去歷史發展脈絡中，其各階段的發展範型及移轉情形，剛開始為在日治時期及戒嚴時期，以文化作為一種國家的意識型態，透過各種國家機器來合理化各種強權統治的行為，並藉此取得社會控制的正當性，而過渡到解嚴時期，以各地文化建設計畫工作，並與社會生活結合，作為一種國家福利政策的理念，之後，逐漸向社區總體營造之發展，文化作為一種關心地方生活及文化公民權的平權理念（廖世璋，2002：160-184），晚期，則以文化創意產業將地方文化投入市場進行發展為主，文化作為一種文化經濟的理念。另外，王志弘（2003）也以「文化治理」此概念分析台北市地區有關文化治理的性質和轉變，並將台北市分為：1960 至 1970 年代「中華文化復興運動」、1970 至 1990 年代「富而好禮」、1990 年代中期市長民選多元文化發展時期。

　　然而，有關「文化治理」概念在國際上的發展，聯合國教科文組織（UNESCO）在 2005 年通過具有法律作用的《保護及促進文化表達多樣性公約》（Convention on the Protection and Promotion of the Diversity of Cultural Expressions，簡稱「文化多樣性公約」），正式立法向世界各國宣示及表達一種特定文化治理的基本主張，也就是，訴諸世界各國應該朝向各地的多元文化及文化公民權等方向進行發展。

　　這種無論是國外或是國內的發展潮流趨勢，皆是從過去的文化統治範型移轉至目前多元文化治理的範型，相關部門從過去由政府有關的國家機器去控制被支配的社會大眾，以及出現統治階級與被統治階級緊張對立的方式，逐漸轉變由第一部門政府機構、第二部門文化企業（因為各種文化企業公司們，可依照《政府採購法》參與執行政府文化部門的標案）、第三部門文化非營利團體組織（像是：文化藝術相關公會、工會、學會、基金會、

協會等）等，三個不同部門共同形成地方文化治理的「夥伴關係」，並在各地發展不同的「文化權利」（cultural rights）角色以及發揮不同的「文化權力」（culturl forces）作用，相互影響地方文化整體的發展。

有關從文化統治範型到文化治理範型的概念及其移轉，如圖3-3所示。為過去由單一政府國家機器執行文化任務，以文化工具達到社會秩序穩定效果，以便穩定國家統治之範型，移轉改變至公、私及第三部門等共同進行文化治理的範型，並強調文化公民權及公民參與之現象。

因此，文化治理工作是透過當地各種文化部門以「文化概念」作為「文化構思」、以「文化政策」作為「文化策略」、以「文化行政」作為「文化實踐」等，以及在過程中投入各種資源（像是：預算經費、人力、物力等），進行文化生產（無論在生產過程中是由上而下；或是由下而上的生產方式等），並產生文化消費（包括：社會大眾對於文化政策、文化藝術活動的參與、文化創意產業市場相關文化產品的消費、或是地方文化符號的消費等），一再重複的在各個地方上展開具體的文化實踐行動。

因此，我們認為文化治理其各項工作之基礎，應以形塑在地文化特性為基礎，唯有讓地方文化在地紮根及延續傳承，地方文化實踐行動才更具意義。另外，文化治理工作除了將直接影響地方的文化藝術發展之外，文化治理工作對於地方上還產生其他重要的複雜功能及作用，包括：（1）文化政治：例如：國家意識型態、文化政治、權力及微權力、文化的公共領域、文化政策及行政、制度及法規、分工體系、文化部門及文化機構；（2）文化經濟：例如：文化產業、創意產業、文化聚落等；（3）文化參與：例如：地方文化實踐與行動、文化公民權、文化權利等層面。以下，將進一步分析聯合國教科文組織及許多專家

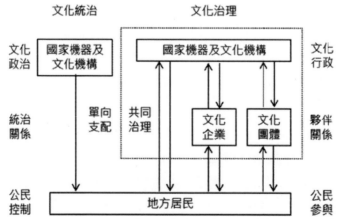

圖3-3　由「文化統治」到「文化治理」之範型特徵及其移轉

（資料來源：本研究自行整理、分析及繪製。）

學者所提出的相關論點。

（一）文化政治

在早期的文化政治分析理論中，Althusser（1971）曾經以國家機器的意識型態等概念，來批判所謂的文化已經淪為國家機器所收編的對象，且國家透過一套精密的社會系統，利用意識型態來共同執行支配社會的力量。然而，不只是單純的意識型態而已，由於權力的不對等，更加使得文化成為強者壓迫對方的力量，Gramsci（1968）便以文化「霸權」（hegemony）概念，來批判強勢文化對於弱勢地方文化的壓迫現象，將造成地方文化轉為式微甚至消失。

這些都是國家機器行使文化政治的社會過程，只不過，並不是每一個文化都是以粗重的霸權形式來壓迫人民，有時候權力轉為各種知識的形式（Foucault，1980），出現在社會大眾的日常生活當中，並建立一套知識權力運作而成的生活系統。就像在行使文化相關的權力時，特定文化階級人士便會告訴社會大眾什麼被認為是「好」的文化價值、文化規範、文化象徵、文化符號等生活等。因此，特定的文化階級人士（或文化部門）便是以專業形象、專業口吻、專有名詞等，在實體（例如：博物館的展覽、演藝廳的表演、各種文化零售商品門市的銷售排行等）或是在媒體（例如：電視、電影、網路等）等各種管道媒介傳播其有關內容及重要地位，使得社會大眾信服，甚至將進一步展開追求這些「好」的文化[5]。

除了經由行使各種微權力構成綿密的生活系統之外，Foucault（1991）也曾以「統理性」（governmentality）研究相關機構、制度、權力及知識系統，而 Dean（2010）等人也以此概念分析現代社會的權力及規則。Schmitt（2011）更擴大以許多社會文化理論，包括：Max Weber, Antonio Gramsci, Theodor W. Adorno, Clifford Geertz, Stuart Hall 等人之理論，用來研究文化治理概念，同時他也提出如何以文化治理概念去面對地方文化遺產等。

另外，Bennett 更延續了 Foucault 等人的概念，將文化政策置於文化研究的論述脈絡之中，並加以批判分析，他認為過去以文化學者對於文化批判，以及以技術官僚進行文化行政工作等，二分路線應該修正，並讓兩者相互結合，也就是，在執行文化實務工作時，

5　其實台灣各地從過去到現在，許多地方因為「專家系統」帶來所謂的「知識」及其論述，而讓原本的地方性已逐漸改變，例如：由於國內許多文化專家及其知識論述，於是出現台灣文化向西方（及強地方）文化學習、台灣南部文化向北部文化學習、台灣東部文化向西部文化學習、鄉村文化向都市文化學習等現象，而現在全球媒體及網路化的發展現象之下，許多地方直接透過這些媒介將外來文化引入地方，致使許多地方的地方性更加快速消失及移轉。因此，由「專家系統」以各種專業之姿，對於地方帶來不當的干預現象，可稱為「專業霸凌」。

應該帶有文化批判的意識進行工作，而對於文化批判研究的學者及研究人員來說，也應該要具有相關文化實務的經驗，因此，認為從事文化行政的人員應具有文化批判的性質，而從事文化批判的論述權力及工作，也不應該只讓知識份子獨有（Bennett，1998、1999、2001）。

（二）文化經濟

在文化治理作為一種經濟治理方面的工作，政府的政策與文化經濟之間是相互交織且共同發展。Throsby（2009）將影響文化發展的政策分為：顯性（explicit）與隱性（implicit）等類型，他認為顯性的經濟政策可能隱含著文化政策，例如：隱性的勞工政策、國際貿易等政策都與地方文化有關，而顯性的文化政策也隱含著經濟的領域，像是由文化帶來的產業經濟等（Throsby，2009：179-185）。因此，地方的文化政策與文化經濟發展之間並無法分割，Throsby（2010）進一步以文化經濟政策為研究對象，舉例說明經濟影響藝術、文化產業、文化遺產、城市及區域之發展、旅遊、文化的多樣性、藝術教育、知識產權等不同文化領域的決策，他認為當今在進行文化政策研訂工作時，更是需要加以瞭解有關經濟與文化之間的複雜關係，以及執行文化政策相關決策組織、決策過程、目標、執行、監督等的進行方式。

對於文化經濟的治理方式，Snowball（2008）以文化經濟學角度對藝術文化的經濟效用提出了兩種方向，分別為：「經濟衝擊研究」（economic impact studies）及「價值評估」（contingent valuation）。他認為文化經濟不應該只是單純的數學經濟模型之演算工作而已，且他認為地方的藝術文化不應只有經濟產值的評估，而應該有更多屬於自己本身的藝術文化價值。

另外，有學者運用更為宏觀的視野來進行分析，像是：Saccone及Santagata等人（2011）即以文化治理的全球視野來研究地方文化經濟，他們針對聯合國教科文組織所認定的世界文化遺產，採取全球治理之觀點分析文化經濟發展，他們將世界文化遺產視為一種全球經濟模式，而文化遺產對地方帶來的經濟收入，包括：觀光客在當地的花費、各種門票收入、及其他經濟產值等，再者，他們也提出世界文化遺產的稅收分配是一種文化治理的重要經濟策略[6]。

6　但是在國內各地並不合適將各種地方歷史文化用來發展經濟，舉例來說：國內在大力推動文化創意產業的情形之下，透過各種專家及其知識論述等，使得各個地方文化朝向各種商業化發展，並去思考如何變成各種商品，可是，在許多社區當地並無相關上中下游的垂直產業鏈、水平產業鏈等生產單位，各種地方文化商品更不具備市場價值及經濟規模，因此，許多原本在地方上已經式微的文化，卻因為轉向沒有市場的經濟發展，結果發生不但賣不出去，又失去原有文化特質等多輸的局面。

（三）文化參與

由於從過去國家支配性地位及力量逐漸薄弱之下，目前許多國家其政府及其相關的國家機器等機制，已無法像過去能單方面的支配各地，目前各地的居民在日常生活中，對文化的參與性與自主性相對提高，加上目前浮現出文化公民權的重要性，尤其在網路科技等技術的推波助瀾下，更加速了文化公民權的傳播及文化事務參與的近便性。

Stevenson（2003）強調文化公民權是社會參與的重要溝通力量，特別是在目前全球資訊社會擁有下大量傳播媒介，更推動了文化公民權。在台灣出現的現象，例如：在Facebook發表自己的文章、貼圖或意見，或是聚焦在某一社會文化議題，並且快速動員與集結相關民意，積極展開公民行動等，網路世界形成公眾論壇，文化公民權便在網路媒體的推波助瀾之下更加快普及的速度[7]。

另外，文化治理是「去霸權」（de-hegemony）的文化共治概念，且特別注重各地方「文化多樣性」（cultural diversity），聯合國的《文化多樣性公約》第四條（一）中也定義了「文化多樣性」：「指在各群體及社會中表達其文化的多種不同形式。這些表達在他們的內部及社會中被傳遞。而文化的多樣性不僅展現人類的文化遺產，並透過豐富的文化表現形式來表達、弘揚及傳承各種類型，且會運用工具或技術進行藝術創作、生產、傳播、銷售及消費等各種多樣的狀態。」在該公約中傳達出地方發展多樣文化的理念，並要各地政府以相關措施去保障這些不同地方、不同族群的文化，使其都能被保存及延續下去。

另外，在該公約中第四條（八）中更加定義了「文化間性」（interculturality），所謂「文化間性」：係指「不同文化的平等互動，以及透過對話和相互尊重來產生文化表現形式的可能性。」因此，在此條約內容中，進一步論及有關「文化權利」的理念，其認為在世界各地不同的社會階級、族群、團體、地方等，都應該享有發展自己的文化權利，並且透過相互尊重、平等的互動參與及之間的對話，讓世界各地都能產生更多元的文化發展。

Labadi等人（2010）更視文化多樣性是一種新的文化治理形式，並認為這是文化治理

---

7 「文化公民權在網絡媒體的傳播」分析案例：2014年的反服貿連署運動。在2014年台灣因為反服貿的運動，文化界人士便以〈文化界給龍應台部長的一封信〉於各地快速掀起旋風，在短時間內及有數千人完成簽署，表達對於政策不滿的情緒，該份連署書主要提出三點連署的主張為：「1. 更能發揮文化部的功能與維持尊嚴，在任何與文化界相關的兩岸法條制定時，都能先和文化界充分溝通，並真正盡到法條制定過程的監督職責；2. 能夠認知到出版、印刷、販售通路等，乃是環環相扣，牽一髮動全身，並不是不歸文化部管的就與文化無關。龍部長身兼作家、公共知識分子，素來與文化出版界熟悉，不可能不知道其中的利害攸關，所謂『出版沒有開放』、文化部就不需有任何作為，只是卸責之詞；3. 擱置甚久的圖書統一售價法案，是獨立書店、小型出版社能夠存活的屏障，同時也能避免低價傾銷造成圖書市場崩壞。立法進度如何？文化部不能再迴避！請龍部長給出時間表。」（資料來源：http://campaign.tw-npo.org/sign.php?id=20140407234335）

的重要性基礎,因此以全球視野對各地的地方文化發展的多樣性、差異性等條件展開調查分析,以及審視在地方上的文化權利。另外,Saukkonen 及 Pyykkönen(2008)也同樣的關心弱勢族群之文化權利,他們研究戰後的移民在歐洲社會中產生的新種族與文化多樣性現象,並發現許多關於多元文化主義(multiculturalism)及文化間性主義(interculturalism)等問題,已經逐漸進入國家及地方的文化政策制訂者之議題中,另外,他們也研究出芬蘭等地的文化政策與移民之間與文化多樣性之關係,而文化多樣性的考量也已經被納入芬蘭的文化政策內容之中(Saukkonen, Pyykkönen,2008:49-63)。

另外,面對現代社會的文化參與權利,在許多地方上原有既存的文化遺產,經常因為無法適用現代社會的治理制度而淪為弱勢。像是 Silverman 及 Fairchild Ruggles(2007)等人便分析文化遺產與人權產生發展上的問題,他們認為在現代社會之中,應該有效治理地方文化遺產,包括:弱勢原住民對於傳統土地、戰爭、懷念及紀念等事件的價值及意義,以及這些文化知識的產權等問題,並強調文化遺產管理的保存,以及這些文化遺產在地方發展上的重要性,另外,他們更是強調各種族群的文化權利是一種普遍存在的人權,因此在現代社會從事文化治理工作時,應該有別於一般政治或經濟的管理過程。

在台灣的原住民其祖先的土地及部落留下來的傳統文化等土地產權及智慧財產權等,也是引發爭議討論的議題,對於原住民祖先留下來的森林獵場、祖靈聖地等、以及原住民傳統文化等,這些有關原住民的文化財究竟是全民的公共財還是原住民族群自己的公共財,都不僅是相關法律及智財權的問題,也同時涉及文化權利的議題[8]。

二、地方文化政策

為了要讓地方上的文化政治及文化權力避免發生單一濫權等,及能夠透過治理產生穩定的發展秩序,於是需要研訂一套「文化政策」(cultural policy)使得地方文化比較能有方向性、全面化及制度化的發展。Barker(2000)便認為,文化政策是用來在某些特定的文化領域中規範及管理其文化事務,由於文化實踐而有關生產與分配相關的程序、策略及措施等,以及與其相關的文化權利之制度、組織部門及管理方式等內容。

---

[8]　為了解決原住民智慧財產權的問題,在2015年2月4日修正公布《原住民族傳統智慧創作保護條例》,在其中第七條規定:「經認定為智慧創作者,依下列規定取得智慧創作專用權:一、智慧創作經認定屬於申請人者,應准予登記,並自登記之日起,由申請人取得智慧創作專用權。二、智慧創作經認定屬於申請人及其他特定原住民族或部落者,自登記之日起,由申請人及其他特定原住民族或部落共同取得智慧創作專用權。三、智慧創作不能認定屬於特定原住民族或部落者,應登記為全部原住民族,並自登記之日起,由全部原住民族取得智慧創作專用權。」(原住民族委員會,20150530)。在內容中,明確規定原住民傳統藝術文化的著作類型。

　　不過，以文化政策形成的制度應該能具完整性，而不應該只是聚焦在關心某些特定社會階級、或特定議題的文化運作而已，McGuigan（1996）便曾經分析在近代歐美及澳洲等地，他認為這些地方的文化政策展現出對於文化政治以及文化經濟等的治理工作，其發現文化治理不僅會產生文化政治作用，同時也會興起許多文化藝術的行政專業，並藉由文化治理工作促成整個城市進行大幅改造的工程，以及讓地方對內更有藝術性，對外則提供外地民眾的文化旅遊等，McGuigan 也認為地方文化政策與行政工作，更能用於對地方民眾的文化認同、身分認定、文化公民權等[9]。

　　在不同的文化治理部門，其內部有自己的文化理念，同時，也對外反應在自己各種文化政策及措施內容之中。而所謂的「文化政策與措施」，在聯合國教科文組織《文化多樣性公約》第四條（六）中定義為：「指無論是在地方、國家、區域或國際等層面上，針對該類文化或為了個人、群體、或社會的文化表現形式，所直接影響的各項政策及措施，包括：創作、生產、傳播及享有文化的活動、產物及服務。」另外，在該公約第四條（七）內容中，定義「保護」（protection）係指「通過保全措施對文化表現形式多樣性的保存、維護和增強。」而且該條文還特別強調「保護」是以「protect」（動詞）採取此類措施。意即，特別重視地方的保護措施是動態的行動[10]。

9　英國利物浦地方文化政策的分析案例：利物浦文化節慶結合了區域發展。文化政策最重要的實踐之一乃是文化節慶的舉辦，其中又以歐洲文化之都計畫最具代表性。劉以德（2014）曾分析利物浦，他認為「利物浦在歐洲文化之都的治理和傳遞程序上，融入不同的利害關係人，建立公部門、私部門和第三部門的夥伴關係。此社會資本的建構有助於文化在城市發展中的重新定位，並同時反應在 2008 年至 2013 年利物浦文化策略的制訂上。透過夥伴關係的建立，日漸提升機構之間的互信，尤其在文化與觀光領域，長期而言將有助於留住當地人才、開發新概念、吸引外來投資，和持續發展城市文化供給之範疇與品質。首先，利物浦從成功擊敗英國其他 11 個城市獲得提名到規劃長達 8 年的主題年活動，便是因為立基於市政府和利物浦文化公司所建立的成功夥伴關係。此夥伴關係包含：利物浦藝術再生協會（Liverpool Arts RegenerationConsortium，簡稱 LARC）、中小藝術集團（Small & Medium Arts Collective）和藝術與文化網絡（Arts & Culture Network）等。其中，LARC 為現階段利物浦在組織中最具規模及健全的文化夥伴網絡，並影響且甚至制訂了城市的文化議程。另外，以梅西夥伴（Mersey Partnership）為一跨公私部門成立的夥伴關係，其成功地獲得了公部門與私部門的投資，並爭取到大規模的中央政府和歐盟補助。」

10　其實不同的地方應該有不同適用的法規，同樣一套法規的規範將扼殺「文化多樣性」，例如：以國內原住民部落小學與目前政府法規衝突的案例來說，司馬庫斯因為部落居民們堅持私設小學，違反了目前水土保持相關法規，而目前每年要被罰六萬元，劉克襄曾聲援說：「請饒了司馬庫斯的小學吧！」他認為「位於海拔一千五百公尺的司馬庫斯以共生出名，凡部落出生的孩子，從小上學到就讀大學，學雜費和生活費全由部落贊助。只是部落位處偏遠的中海拔山區，過去並未設立小學。部落長老一直期盼在部落設立小學讓孩子從小對家園認同，同時承傳部落文化、維繫家庭生活的親情。他們跟縣府教育局溝通好不容易獲得新光國小司馬庫斯分班的設立。縣府原本也欲主導學校的興建地點，但族人基於部落文化的教育自主，拒絕了這個倡議。為了使學校土地產權歸部落所有，部落的人才捐地興學，不料卻蒙上觸法的危險，司馬庫斯部落因為堅持設小學，違反水土保持，每年要被罰六萬元。」（劉克襄，20141102）

另外，McGuigan（2004）在《重新思考文化政策》（*Rethinking cultural policy*）一書中，以新自由主義的觀點重新思考當今的文化政策，對於如何與目前發展的現狀相互連接，他提出三種文化政策的方向，意即文化政策應該具有以下三個層次，分別為：國家、市場、市民等（McGuigan，2004：33-60）。另外，由於文化治理工作已並非是由政府單一部門綜攬所有管理工作，而是由各種不同的社會部門一起前來參與，所以，Weber（2010）認為在此文化治理概念之下，國家（政府）角色需要調整，應該採取的行動，包括：作為不同文化、宗教及利益之間的仲裁者；作為創作者及觀眾之間、藝術家與機構之間、私營與公益不同部門之間等的協調者，為了要確保創造力社會的發展，故需發展有品質的教育體系及不同行動者的賦權能力。

因此，在此結合上述概念，綜合之前所論述的文化資本、文化四生、文化政策、文化行政、文化指標等概念，提出一套地方文化治理的過程，如圖3-4所示。我們認為文化政策與文化措施計畫，並不一定僅僅侷限在政府部門而已，而是公、私及第三部門等都需要相關的文化政策及其文化計畫，並且三個部門以夥伴關係概念來共同治理地方文化。

由該圖所示，首先，進行當地的地方文化資源之調查盤點及分析工作，需先瞭解當地地方文化特質，以免後來的計畫反而誤導或傷害了地方文化發展。另透過「地方文化四生」的概念，來展開地方文化政策的研析與研訂工作，而文化政策內容層次可分為：市府（政府）、市場、市民等三大部分，不僅擬定相關的文化計畫與措施，展開文化行政工作執

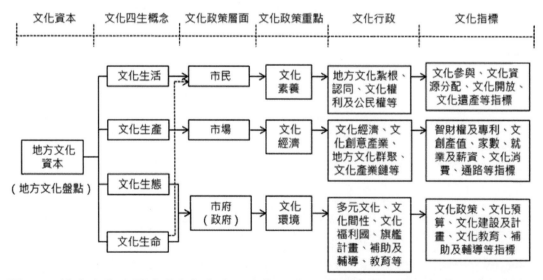

圖3-4　地方文化治理中「文化資本、文化四生、文化政策、文化行政、文化指標」等各層次之關係

（資料來源：本研究自行整理、分析及繪製。）

行，且透過重要的文化指標，來檢視地方文化發展的狀況。

在上述中，有關「地方文化四生」之概念，分別為：

1. 文化生活

「文化生活」與當地民眾的食、衣、住、行等日常生活特色息息相關，因此，其文化政策主要考慮的對象是市民，政策重點為有關地方居民的文化素養方面之相關內容。

2. 文化生產

「文化生產」為有關地方的文化經濟、文化產業、產業群聚、產業鏈分布等。另外，我們參考宣示各國文化治理精神基本主張的《文化多樣性公約》第四條（五）之定義，所謂「文化產業」是指生產和銷售「文化活動、產品與服務」。

而上述所謂「文化活動、產品與服務」，依照該公約同條文（四），則定義為「在特定屬性、用途或目的，展現或傳達出文化表現形式的活動、產品與服務等，無論其是否具商業價值。然而，文化活動也許以自身為目的，或為文化產品與服務的生產。」因此，與地方文化生產有關的主要考量為文化市場方面，而且政策的重點也放在與地方文化經濟方面相關的計畫措施之中。

3. 文化生態

「文化生態」主要分為兩大類，分別為：（1）有關當地居民與自然環境（也就是，人與環境之間）的環境生態特色、（2）有關當地居民與鄰里網絡（也就是，人與人之間）的人文生態特色[11]。

4. 文化生命

「文化生命」為當地民眾所認同的特定地方文化、文化精神、或文化信仰與地方習俗等，「文化生命」對於地方文化發展而言，相當基礎且重要，地方「文化生命」的內涵將成為地方文化動力，以及民眾重要一起持續與傳承下去的地方文化，並逐漸強化發展成為當地的地方性。

另外，由於文化政策層面包括：市府（政府）、市場、市民等範圍，所以，文化政策的實踐行動將涉及地方上的文化政治、文化經濟、文化參與等作用，因此，以下再進一步分別論述在制訂地方文化政策時應考量的重點。

---

11 有關「文化生態」，亦可依照地方發展條件，分為：（1）文化市場生態環境：藝術文化菁英的文化生產生態，像是：創作環境、就業環境、產業鏈分布狀態、文化產品銷售市場環境等（不過，在圖示中，將此放在「市場」政策層面，以求完整性）；（2）文化公民生態環境：一般地方民眾的文化消費生態，像是：藝文活動的參與、文化相關產品購買環境等。

1. 文化政治作用

由於文化治理工作多少都會牽涉文化政治，因此在文化政治的處理上，應該制訂文化權力運作的作用部門、機制、規則與過程，以避免形成單一獨權、或濫權等現象，所以，在地方上組成一些文化公民監督聯盟等非營利組織，來對於地方文化發展進行參與及監督，也是相當重要的工作。

2. 文化經濟作用

從文化經濟的角度，治理的重點主要涉及地方相關文化產品或服務的產業，其生產、交換及消費等過程相關的機制。所以，與文化經濟相關計畫與措施之內容，將至少包括：文化創意產業政策、市場機制、經濟資源的分配（例如：預算編列及使用分配、補助案件等）、市場機會（例如：輔導案、產學合作案）、職業人才培育技術等重點。

3. 文化參與作用

在此方面，由於文化治理概念更強調各種不同族群的公民，和有關文化參與的在地實踐、文化公民權、文化權利等，所以，在文化工作上主要為重視地方及族群其文化的均衡發展，以發展多元文化及跨文化等不同文化族群之間的相互尊重，並形成可以進行對話的社會，例如：注重各地方的社區文化、地方傳統文化、少數族群文化、式微文化及偏鄉文化等，以及鼓勵不同族群及公民參與相關文化政策與計畫、文化活動等，並藉相關的資源、預算編列、第三部門公民團體及相關人才教育的輔導或輔助計畫等，以文化治理概念達到尊重及均衡各種文化發展之目的。

在上述，無論是以地方的文化政治、經濟或民眾參與等作為重點，地方文化治理工作都應加強地方文化公民權的行使及不同文化事務的參與，開放更多溝通與對話機會，所以，在地方上動態的行動將重於不變的計畫，即在地方上「空間」因地制宜；在「時間」上作動態調整，而地方民眾們對於各種文化活動其參與的重要性為：「過程」大於「結果」。

而且治理的品質分為：(1)「質」：不同階級或族群的民眾在各種文化事務上其參與品質的好壞程度；(2)「量」：不同階級或族群的民眾，對各種文化事務參與的分布、普及、普遍程度。民眾們對地方文化事務的參與過程將遠重於最終的結果，且除了強調由下而上、地方參與文化事務的重要性之外，地方發展也沒有所謂的終結，地方發展反而是一連串各種作用者及其作用力，在各種時間演變的過程及歷史中，以不穩定且動態的方式持續進行。

地方及地方性的發展更應該是一個「有機體」的概念，所謂的「有機體」是認為地方

及地方性的發展動力，不僅來自於在地方上整個作用部門及所有民眾，且其參與過程應該由下而上，而且並無完全封閉的空間及時間，所有民眾及作用部門可隨時隨地的加入或退出，並在不同的時空有不同參與者、規則及文化治理方式。

第四章

地方參與式調查規劃理論

　　本章節的內容，主要論述有關專業者進入一個地方進行地方調查分析時，與當地居民產生互動的參與式調查方法及其相關理論。因此，以下章節開始之初，先論述有關一般基地調查的敷地計畫理論，並進一步發展及提出以地方居民為主的參與式敷地計畫理論，並在此基礎架構中，更深入論述有關保存與開發的地方適宜性分析方法。在分析上述概念之後，另再提出地方文化資源盤點的概念及方法，並討論如何運用此方法以及運用於地方調查工作時的重點。

　　另外，由於一個地方的地方文化，是由當地居民在每日日常生活之行動中逐漸形成，因此，在地方環境中居民的行為是非常值得研究分析的重要對象，所以，進一步在章節中論述有關環境行為研究的相關理論及概念等內容，並且更進一步提出了「地方設計」之理論概念，用以補充上述有關敷地計畫、環境行為研究等內容，並讓地方參與式調查理論範疇更加完整。

　　最後，則在章節中論述地方遊戲設計的相關理論，討論在專業調查者進入一個地方時，如何以遊戲概念來進行一些策略性的計畫，讓當地民眾透過遊戲活動的參與，而在過程中自然而然的融入計畫所設定的目的之中，亦可獲得更為深入的地方資訊，甚至可藉此內容進一步再生產出相關的地方文化產業，另外，在此章節中亦分析心理地圖、地方劇本及地寶遊戲的理論、概念及方法，為地方參與式調查的重要工具。

第一節　參與式敷地計畫理論

　　本章節將分析有關在地方上從事正式的規劃工作之前，所需要的地方調查分析之敷地計畫理論。在過去有關敷地計畫之理論及其方法等，大多運用在地方的「硬體」空間環境方面，然而，在此我們將該理論同時運用於「硬體」與「軟體」之地方整體分析，這是因為一個地方發展其實是軟硬體同時並進、相互影響，二者不可能完全區分開來。只是原本運用敷地計畫工作之主要對象是建築及景觀規劃等環境規劃設計專業者而已，所以，才讓敷地計畫的調查工作偏向於空間硬體環境。而本章節在論述強調「參與式設計」的敷地計畫相關概念及程序之後，進一步討論以敷地計畫基礎概念發展而來的地方適宜性分析理論，地方適宜性分析是從地方永續發展的認識論觀點切入，透過較為理性的科學方法論，找到一個地方其需要保存、維護或發展的地方資源以及最適宜的方向。也因此，敷地計畫理論與土地適宜性分析理論，二者相輔相成。最後，再依循敷地計畫及土地適宜性的地方調查及規劃分析，提出「地方設計」理論及其相關概念。

一、「參與式」的敷地計畫（site planning）理論

Lynch, K. 及 Hack, G.（1984）認為「敷地計畫」是一門藝術，範疇包含對基地（site）的分析、對使用者需求的分析、計畫者如何規劃、進入基地的設計、形塑地方地景風貌及其他相關工程與策略的規劃。因此，敷地計畫的作用是將基地的環境與人的關係之間，做出詳細的調查分析，並且找出最佳的環境問題解決方案、適合發展的計畫等，讓自然環境資源與使用者之間有更良好的關係，如同以現代技術操作的中國「風水」[1]文化。

然而，不同尺度規模的基地便有不同層次的基地規劃，從空間的觀點，包括了國土、區域、縣市、鄉鎮、街區、建築、室內等不同範疇的計畫，涉及地方的發展樣貌，像是社區地景、鄉鎮地景、城市地景等（黃世孟，2005：3-10）。不過，敷地計畫的概念並不會只是運用在硬體空間而已，而是針對地方發展的相關事項，都可以使用敷地計畫的概念及程序進行分析及規劃，因為敷地計畫的主要目的，是讓地方能夠找到最適宜的發展及保存的方式，而採取的整體調查分析及規劃之工作。尤其在目前世界各地正朝向追求一個生態、永續的地方發展，更加重了敷地計畫工作的重要性。

而有關敷地計畫的主要範疇為包括與該基地內及基地附近有關的自然環境、地理環境、人文環境等相關資源、條件、問題等狀況。因此，敷地計畫工作的內容至少包括如下：（1）自然環境因素：像是在當地一年四季及每日的日照角度及時數、陰影、降雨量、風向及風速、溫濕度、雲霧、局部地區微氣候狀況等，以及因當地氣候特色形成的自然景觀等（例如：日出、雲海、雪景等）；（2）地理環境因素：為有關地形走向、坡度及坡向、雨水逕流及滲流、地質結構、土壤分布、植栽樹種、植物林相等，或是其他當地重要的特殊地景，像是：特殊山形、瀑布、斷層、山谷、平原、巨石、古木等；（3）人文環境因素：包括當地居民的政治、經濟、社會及文化等特性，像是：有關一般性的當地人口的組成、分布、年齡、性別、教育程度、收入所得、就業狀況、產業特性、族群、信仰、地方風俗及民情、傳統文化及禮俗、鄰里關係、使用者需求、使用者行為特性等，或是某些特殊性的個別人文資源條件，像是：名人、耆老、菁英、或其他特殊人士。

「敷地計畫程序」是一種系統性及目的性、理性化的思考程序，除了將作為專業者進

1　「風水文化」是古代中國的敷地計畫概念，像是：巒頭派風水的「左青龍、右白虎、前朱雀、後玄武」等概念。在主要的建築物為「坐北朝南」的方位並位於基地中間（屬土），東邊的青龍邊（屬木）其山勢要綿延不絕，讓東南方的微風能輕拂至建築物，南邊的朱雀是一條河流，由於南邊（屬火）比較炎熱，當夏季吹南風時，熱風經過河流（朱雀）便可降溫，給建築物一個比較清涼的微風，而位於西邊白虎邊（屬金）的山勢要較為藏臥，當西曬嚴重時，在西邊的小山正好可以稍微遮擋一下炎熱的陽光，當冬天吹起寒冷的北風時，北邊像烏龜般穩定的玄武（屬水）山勢，便能緩合一下迎面而來的冷風，這些傳統風水手法也是古代的敷地計畫概念與技術。

行一個地方其地方性的相關調查分析的工作之外，運用於地方性的調查時，更加強調與當地民眾更緊密的互動過程，如此才能真正看到屬於當地居民觀點的地方性，而不只是專業者自己看到的內容而已[2]。另外，有關一般敷地計畫的基本程序，包括：地方相關資料收集與分析、現場田野調查分析、檢視問題與提出因應對策、提出發展構想及替選方案、進行方案評估、方案執行與檢討等。

　　強調參與式的敷地計畫與一般敷地計畫不同之處，在地方調查分析工作中更加強調當地居民在過程中的參與，因此，在此加入地方居民在各階段中共同的參與，修正後的「參與式敷地計畫」其概念、程序及工作方式，如圖4-1所示之分析。

　　其中，在地方居民方面，參與的階段及重點工作包括：對於地方發展的初步看法及願景、對於未來發展方向的意見、相關田野資料調查所需內容、對地方未來發展的課題及思考如何因應的對策等想法、以及對於地方未來發展或保存相關規劃方案的意見、以及參與「辯護式制度」[3]的地方公共投票等。然而，對於專業者本身而言，是依照此程序及賦權（empowerment）概念來協助專業分析與技術諮詢等，透過目標、調查研析、因應措施、方案提出及評估、執行及檢討等步驟，便可有效的、系統性的找出地方適宜發展的方向及方案，並在執行同時動態的修正原有的地方發展目標及願景。

2　「當地民眾的地方性經常與專業者不同」之案例：台灣各地的「宮廟文化」。在台灣各地大街小巷到處宮廟林立，幾乎已經到了「三步一小宮、五步一大廟」的景象，到現在許多地方的廟會慶典活動，其重要的決策還是以「問神」來決定，例如：廟宇的標誌設計、文宣海報設計等，都還會透過擲筊和求籤獲得神明的允許才決定。就像是國內盛大的大甲媽祖繞境活動，其過程也是如此進行，「每年大甲媽祖遶境進香的日子並不固定，都是在當年的元宵節由鎮瀾宮董事長擲筊決定進香出發的日期與時辰。在整個八天七夜的遶境活動中，依照傳統舉行獻敬禮儀，分別有祈安、上轎、起駕、駐駕、祈福、祝壽、回駕、安座等八個主要的典禮，每一項典禮都按照既定的程序、地點及時間虔誠行禮。」（大甲鎮瀾宮，20150322）。因此，地方性是由當地生活文化所構成，有時候地方居民的看法與專業者不同，但這才是地方性的真實狀況，所以，對於地方性的調查，在過程中更是重視地方居民的緊密參與。

3　「辯護式制度的地方公投」：是由主辦單位（一般以地方政府機關為主，因為比較有公信力）為類似獨立司法單位，舉辦公聽會說明地方議題，並且在地方館舍、活動中心等展出相關資料，地方不同的團體成為不同的小組，而主辦單位則請專業團隊在各分組團體中進行專業協助工作，在一定規定的期間內擴大當地居民參與討論，並將分組討論之成果作成數個替選方案，在公共館舍（像是里民活動中心）中，展覽各組所提相關理念及其方案內容，之後，舉行一個公聽會，邀集所有居民前往聚集在一起，由各組分別簡報及進行居民公共投票，透過投票找出地方發展方案。由於此方式主辦單位僅為類似司法制度之中立單位，而各地方團體需要對於自己所提的方案進行說明及辯護，如此可形成各組自行動員地方居民的支持，達到更多民眾爭相參與的效果，故為「辯護式制度的地方公投」。

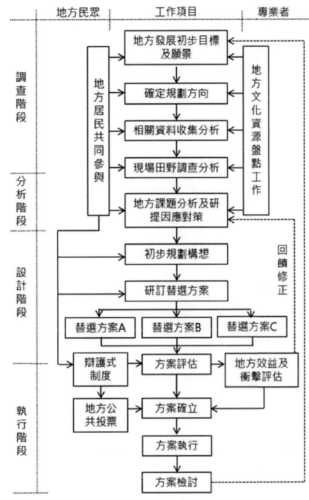

圖4-1　「參與式敷地計畫」程序

（資料來源：本研究自行整理、分析及繪製。）

二、地方適宜性理論分析

　　基地規劃的最終目的是順利的將基地開發利用（何東波，2005：12）。由於提出地方發展計畫時，都會牽涉開發的重要課題，我們要透過何種方法來減少不當開發，瞭解哪些局部區域需要保育，各局部區域其最適合的發展內容、規模大小及使用強度，分析出哪些地點可以彼此串連起來發展整體的地方文化產業鏈，而上述這些內容便是地方適宜性分析的功能。

　　地方發展的重要基礎資源之一為當地的土地資源，而土地的「容許量」便與地方各區

域中使用人數及使用類型的「承載量」有關，也就是，地方上可以容納的發展性質與強度，像是：當地居民住戶、或外來遊客人數、或參與各種活動人次等[4]，都與土地能夠提供的承載量息息相關，超過承載量則會造成地方環境的破壞、服務品質的下降等狀況，甚至引發地方災害現象。

在地方上其土地開發的容許量類型，主要包括：（1）環境容許量：像是生態特徵（土壤、坡度、植被、野生動物、濕地等）、自然災害（洪水、地震、空氣品質等）、環境污染（水質、空氣等）、景觀資源、資源消耗（水的供給、能源等）；（2）設施容許量：主要密集性設施的提供、實質設施（運輸、污水、下水道等系統、學校、遊憩場所、自來水廠等）；（3）經濟容許量：就業情形、一般經濟成長情形、生產力、漁業、林業或其他地方基礎產業等；（4）知覺容許量：態度、價值觀、生活型態、對未來的期望等（侯錦雄，2005：298）。所以，土地容許量所牽涉的範疇不只是土地本身而已，也包括與土地相關的各種事物及人文活動等方面，需要進行相關適宜性的調查及分析。

我們認為地方適宜性分析可配合地方文化資源盤點工作等二者共同進行，地方的適宜性分析工作可將地方文化資源盤點工作中，所調查分析的各種項目，逐項變成各種分析圖及資訊，在完成分析之後，便能同時找到哪些地點合適規劃做何種使用的用途，或是在哪些地點導入哪些適合的活動類型與活動強度，像是在地方文化資源盤點工作時，主要會盤點分析當地的自然環境、地理環境、人文環境等層面的內容，而這些也同時都是適宜性分析的工作範疇。

地方適宜性分析在方法上，是先設定分析項目及條件，將基地整個地區的地圖、鳥瞰圖或平面圖攤開，在地圖上以固定距離方式分割成許多格子，每一個格子表示固定的面積，格子的大小與基地的規模大小以及規劃者想要分析的深入程度等有關，之後，依照事先設定的各個分析項目，進行每一個格子內的分析工作，最後，綜合判斷各個分析項目所呈現的整體狀況，以及在各個格子內其最適宜發展的性質與規模。

適宜性分析的程序為使用許多變項及屬性的設定，以及將因素之間的相互關係進行分析，也將不同分析變項設定各種權重意義進行分析工作，而且如有必要時，亦利用A.H.P. 專家學者德菲法增加分析的客觀性，找出當地各個局部區域其各個發展的適宜性。

4　「因超出承載量而服務品質下滑」案例：宜蘭國際童玩藝術節。宜蘭冬山河童玩節就是在前幾年因為活動期間的遊客高達80 萬人次，使得園區水質、服務品質等大幅下降，產生許多問題。「宜蘭國際童玩藝術節是國內規模最大、存活最久的公辦國際藝術節，但是在2006 年童玩藝術節首度採雙園區，種下敗亡的潛因，在政治界掀起波瀾，童玩節成為藍綠陣營角力的場域。」（陳賡堯，20080429）。因此之後由於選舉之後更換縣長，宜蘭縣政府趁機宣告停辦童玩節，舉辦另一個新的蘭雨節，但是卻造成社會各界對於停辦童玩節的撻伐聲浪不斷。

運用劃分格子狀的適宜性分析工作，可分為以下幾個不同的分析方法（侯錦雄，2005：304）：（1）套圖法：設定基地要分析的項目，每一個項目以一張圖為主，每一個格子將依照適宜程度標註不同深淺的顏色，最後將這些圖疊在一起進行綜合分析；（2）數學組合法：設定權重層級分數，每個一格子的單元值其加成愈高分者將愈不適宜開發，如圖4-2所示；（3）同質區界定法：設定相同性質者同一個代表符號，每一格子與附近格子加總一起，例如：設定為圓圈表示「合適」、四方形表示「中等」、三角形表示「不適宜」等，各個格子進行分析之後，將格子連起來並加總在一起，便成為「可利用因素組合法」或是「群落分析輔助法」；（4）邏輯組合法：設定各個發生狀況及合適性，例如：假設A狀況發生在X單元時則可能有「□」符號的效果、假設B狀況發生在Y單元時會產生「■」符號的效果等諸如此類的邏輯條件，進行分析每一個格子的符號標記與綜合分析。

　　另外，更重要的是，地方適宜性分析法不只適用於土地發展而已，由於在分析法上可以設定各種變項，因此，也可以運用在當地有關「人、文、地、產、景」等各項資源的調查、分析及規劃工作，在進行地方文化資源盤點工作同時配合適宜性分析的套圖法等，透過圖面及表格資訊等，而呈現整體性、系統性、優先順序性的效果，清楚深入調查瞭解在當地可導入的活動及最適宜性的使用項目，包括：可高強度開發、低度發展等，或是應該保存、維護、或復育等工作的各項內容，以及所在地的區位、範圍及面積等。

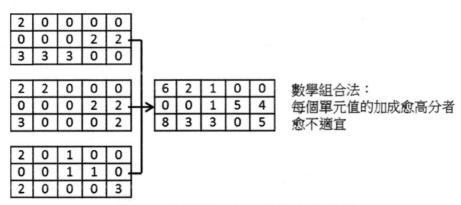

圖4-2　「數學組合法」的適宜性分析

（轉繪自：侯錦雄，2005：304。）

三、地方設計（local design）

　　「地方設計」[5]是為找出「地方性」的「設計」，而該「設計」是具有特定目的性的「策略性計畫」，因此設計本身並不一定是具有實質材料的對象，也是一種地方策略的導入工作。而「地方設計」可分為以下三種設計類型，三種類型並非各自獨立，反而部分領域將會相互重疊[6]，分為：（1）「鄰里設計」（neighborhood design）：居住在同一個鄰里單元內的居民們，參與鄰里單元範圍內的想法為其設計領域，像是：當地居民參與自己鄰里單元整體發展的願景及各種事務[7]，綜合所有參與者的意見整理成為鄰里單元整體發展綱領性、指導性、長遠性等的意見；（2）「社區設計」（community design）：「社區設計」其實應該稱為「共同體設計」，也就是，在社區總體營造「人、文、地、產、景」五個主要領域中，以造「人」為基本核心，透過策略性的設計讓地方居民能由下而上、充分的表達出自己的想法，以及透過議題策略讓居民們彼此更加認識，而能更有向心力的凝聚在一起成為「共同體」的策略性設計，且有別於「鄰里設計」是以一個鄰里單元未來整體發展為核心目標及規劃藍圖，「共同體設計」更強調在同一個地方有多樣不同的團體及聲音，且居民們在

5　「地方設計」也是一種「社區工作」方式，而李易駿（2015）認為「社區工作」的內容，需要有清楚的意義、目標與範圍、專業及實務特性，另外，社區工作的要素包括：社區居民與組織、社區意識、願景、資源、社區工作者、方案與計畫等。社區工作階段主要為：起步階段、評估階段、發展專業服務規劃階段、工作階段、擴大工作階段、永續工作階段、結案階段等。而以社區總體為主的工作，主要可進行社區調查、提升社區意識、動員及組織居民、資源開發與資源動員等，以及社區產業的發展。

6　另一個由「地方設計」衍生的相關概念是「友善設計」（friendly design），「友善社區」（friendly community）是以社區營造出安全、親切、和諧等三項內涵，在此概念下，從人身健康與安全出發，考量不同使用族群的需求，像是：老人、推嬰兒車婦女、行動不便者等，塑造便利性、親切感的空間品質與機能，進而營造和諧並適合所有人居住的友善社區。其中，安全主要為人身健康與安全，並往上提升至親切感，也就是生活的品質及機能，再往上提升為和諧，營造出社會關懷與照顧的社區環境。而友善社區的定位及內涵，主要包括：不同族群之間的相處及互動、欣賞及體諒、熟悉及瞭解、信賴及認同、尊重及包容等，而友善社區檢視的內容則包括：社區網絡（鄰里關係、健康諮詢及醫療、安全生活環境、新移民協助等）、社區場所（騎樓及人行道、學校及通學巷、陸橋及地下道等、建築物、公園及街角空間、公共運輸場所、市場、歷史街區等）、以及各種友善設計原則（照明、監視與求救設備、自然監控力、行人安全、無障礙設施、指示及導覽牌、植栽及美化）等三大項主題及共計十九項指標（台北市政府都市發展局，2009：4-5）。

7　「鄰里設計」概念分析案例：英國 Petersfield。在英國的 Petersfield 地方最近幾年提出一個「Petersfield 的鄰里計畫——我們在 2030 年將會如何」（petersfield's neighborhood plan － how we'll be in 2030）的地方設計規劃案，由當地居民參與提出自己對於當地未來發展的諮詢意見，自己決定該城鎮五年、十年、二十年的社區鄰里發展計畫，規劃單位希望計畫是為了每一位居民的需求，希望每一位居民能將需求及點子表達給規劃單位，包括：對於自然環境、建築、商業設施、鎮內旅遊、交通基礎設施、地方經濟、社區生活、房宅等（The Petersfield Town Council，20150426）。

過程中的參與更重要於對成果的要求[8]；（3）「社會設計」（social design）：「社會設計」也可稱為「社交設計」，強調運用各種「媒介」方式，促成居民間彼此緊密聯繫、表示意見、互動溝通、協調整合等作用，透過各種「媒介」將地方上的人際關係網絡更為熱絡、相互關心及照顧，像是：利用各種社區網站平台、社區粉絲專頁、社區行動通訊軟體等來設定自己專屬的族群[9]。

　　「地方設計」概念上，是以策略性的議題設計為「媒介」，以及以「地方社會資本」來發展「地方文化資本」，就是以發動及強化當地其人與人的人際關係為基礎，來意識化當地的地方性，並凝聚向心力及發展「地方文化資本」。

　　由於前面章節已有更清楚的論述「地方文化資本」概念，在此僅再次舉例，包括：（1）「內化」形式：為當地地方居民其對於自己地方文化的「內化」程度，像是：對於自己地方性的瞭解、自信與認同、地方文化及地方藝術的素養等特質及能力；（2）「客觀化」形式：當地居民對於地方文化所外顯的「客觀化」形式，像是：以地方性發展的各種地方創作、或地方文化產業等各種形式類型的作品、產品或商品等；（3）「制度化」形式：當地居民由於對自己地方的重視而產生的各種制度，也就是重視當地的地方性所形成各種具共識的機制，像是：文化認證（對地方文化或是地方母語等）、獎狀、市民憲章、生活公約、學習證書等，各種被地方認可的正式化（法規、正式制度）及非正式化（居民公認、非正式制度）的證明等。

　　另外，「地方設計」強調一種地方運動的概念，也就是，改變地方不是少數菁英份子

---

[8] 「社區設計」概念分析案例：日本山崎亮先生。在日本的山崎亮先生提出「社區設計」概念，他認為：「社區設計，是指為解決各地社區存在的問題，採取一系列支援行動，靈活利用人與人之間的關係，促使居民自身展開思考，並以此啟動地區的活力。」而且，透過聽取地區居民的意見、舉辦研習會，來經營一個「軟」社區，而不是去改變建築物和公園這類硬體設施。例如：社會資本中既有積極的部分，但有時也可能成為一種障礙。比方有人說：「我們家和他們家從江戶時代起就一直在吵架」，所以會給工作帶來一些麻煩。這時，我們這些「外來人」如果能夠從中作一些調和，有時會發生一些意想不到的趣事（戶矢晃一：20140210）。也就是說，山崎亮先生認為「社區設計」的理念為：「不是打造出只讓一百萬人來訪一次的島嶼，而是規劃出能讓一萬人造訪一百次的島嶼。」以及「幾年前花了 xxx 億稅收建造的 xxx，開幕時大張旗鼓，現在卻又成為了另一座『蚊子館』⋯⋯」，以及「沒有人使用，不論花再多錢，設備、動線、地點再好的空間都是枉然。」等，而社區任何設計應該回歸到「以人為本」，於是他在書中引用在日本 16 個代表性的社區設計案，說明在地方上不論是規模大小或人數多寡，在各種空間、場域的設計，都應該從「人」出發（山崎亮／莊雅琇譯，2015）。

[9] 「社會設計」概念分析案例：手機即時通訊的運用。因應目前手機即時通訊軟體的使用的普遍性，地方上許多年紀大的長輩們也逐漸會使用這些即時通訊功能，而這些通訊軟體發展愈來愈精良，更加具有即時性、同步性、簡易方便性等，因此可在地方上善加利用這些軟體為「社會設計」的社交媒介，來相互關懷、照顧或是支援等強化彼此之間的人際關係，像是：手機的 Line 軟體這幾年在台灣各地的使用率極高，也出現許多「通訊族群」，例如：社區大學、地方發展協會等各種 Line 的手機社團等。

的事務，而是一種地方的全民運動[10]。在全民動員的過程中，以當地居民參與者為主、專業者為輔的地方賦權（empowerment）概念，也就是在過程中的主角是當地每一個居民，而且參與過程更重要於最後產出的成果。然而，如何引起當地居民對自己地方的聚焦及關注，是整個過程在進行時的重要基礎，因此，「地方設計」是透過策略性設計及議題媒介等，促進居民參與者其人與人在地方的相互關係，進而對當地的地方性產生更深入認識、認同與共識，而更進一步關注地方性的保存及發展等。

由於「地方設計」強調「人」的關係為基礎，因此要建立人際關係的對象，主要可分為兩大不同族群[11]，分析如下：

（一）地方內部居民

也就是，以「地方設計」建立地方內部民眾，其人與人之間的鄰里關係。然而，在地居民又可分為：商家及住家等兩大類族群，要建立的關係分析如下：（1）商家本身方面人與人之間的「生產關係」，以地方產業鏈的概念進行思考及規劃，建立及串連有關當地商家與商家之間的關係，例如：跨界合作一起生產相關地方文化產品、以及整合在一起共同發展地方文化觀光的食、衣、住、行等產業鏈；（2）住家本身方面，為當地居民方面其人與人之間的「生活關係」，像是：左右鄰居的人際關係、生活支援、社會倫理等；（3）商家與住家的關係：通常在地方上要對外發展觀光的相關產業，由於會吸引大量遊客等外地人，進入到地方的內部區域，所以，經常會出現商家與住家之間的各種紛爭，因此需要預先充分溝通以及預設各種未來能做好溝通的相關機制等。

---

[10] 「地方全民運動」概念分析案例：韓國首爾。目前韓國首爾部分社區正進行一項社區運動，喚起居民意識來解決社區居住等問題。「在韓國首爾，低層房屋逐漸替換為高層公寓，城市並無有效措施保護低層住宅，私人開發商僅以利潤為優先，社區營造運動才能抵擋開發商追求利潤的作為。韓國戰後的社區營造，包含：自我發起的活動、一種社會運動、規劃方法。當社區營造是一種社會運動，則有利於健康的城市，回應社會的扭曲現象。規劃與社會運動是互相影響的，城市也是在這個互動的過程中建立起來。因此，社區營造便是透過不斷的運動及反覆回饋，透過公開討論及凝視社會共識來不斷演進，營造出健康的城市。最近則出現了一些像是合作托兒所、在地圖書館、福利中心等社區據點，居民參與造成衝突而意見對立，為克服衝突，社區設計開始努力尋找構建居民間關係的方式，建立於居民關係、居民和生活環境、居民和時間、對地方的意識。過程中創造社會的基礎，居民找到自己的價值，並獲得能力來持續關心照顧自己的社區。」（鄭一止，2012）

[11] 「社區關係」的案例分析：新竹縣政府從 2013 年開始振興關西鎮的地方文化特色及文化創意產業，在社區設計的概念之下，在 2014 年提倡「老關西、新關係」概念，以「人與人」的社會關係、公共關係等角度出發，並以藝術及文創為振興地方的媒介，動員地方資源展開在地文化資源盤點及規劃，並引起許多年輕人返鄉工作，在關西老街上承租店面，開啟「關西有機書店」（獨立書店）販賣二手書及地方工藝品等（資料來源：本研究 2014 年現場田野調查記錄及整理分析）。

（二）地方外部民眾

　　有關與地方外部建立關係的對象，可分為：（1）遊客：對當地文化觀光有興趣的社會大眾；（2）顧客：對於當地各種地方文化產品有興趣的消費者（顧客不一定會前來現場，有時候會透過在外地銷售的產品而認識地方，或者是透過網路購物來購買地方文化產品的消費者）；（3）社區夥伴：其他關心當地發展的專業人士、專業團體等，或是與當地社區結盟或互為姊妹社區的國內外夥伴團體、社團法人或財團法人基金會等[12]。同樣的，這三類角色也可能產生重疊或轉變。

　　另外，「地方設計」強調民眾由下而上的參與，而依照不同的民眾參與程度，由深度參與到淺，有以下不同的參與層次，包括：（1）市民公投：由每一個人直接參與過程並一人一票投票決定；（2）夥伴參與：由當地不同的主要團體其每位民眾共同合作深度參與及決定；（3）民眾代表參與：由民眾推派代表前來進行各項意見參與及決定；（4）民眾意見調查：對民眾之意見以問卷進行民意調查，並僅作為參考資訊；（5）民眾想法諮詢：對居民意見進行局部抽樣訪談，且其意見僅作為參考；（6）教育民眾：由專業者或政府等將其想法以各種教育方式，改變民眾原本的想法；（7）宣達：居民僅為被事先告知的對象，並不接受居民意見；（8）強制執行：不管居民的意見如何，政府單位強力進行原訂計畫之工作。

　　「地方設計」是尋找當地居民感興趣的各種議題，作為人與人互動的「媒介」，因此，議題設定將直接影響人際互動關係，而在地方議題設定上，包括以下基本原則，分別為：以地方民眾為主的「公共性」、「共同性」、「共通性」原則。其中，因「公共性」將促使議題具有「正當性」，因議題具有「共同性」將獲得民眾更加「普遍性」的參與，因有「共通性」故其相關議題容易獲得民眾的「共鳴性」。概念如表4-1所示。

表4-1　「地方設計」之議題設定原則分析

議題設定原則	公共性	共同性	共通性
原則的功能	議題取得正當性	議題取得普遍性	議題引起共鳴性
原則的作用	因具社會正義而讓社會各界關懷	因攸關每個人而擴大民眾參與	因感動民眾而化為參與行動
原則的概念	定位及地位	量	質

資料來源：本研究自行整理及分析。

12　「社區夥伴」概念分析案例：台灣好基金會。台灣好基金會近幾年關懷地方文化產業的發展，「在2014年由交通部觀光局和台灣好基金會共同推出『北區國際光點計畫』，3月18日再添新址桃園大溪『源古本舖』，是繼台北中山的『台灣好，店』、汐止『食養山房』，以及木柵『優人神鼓』後，北區第四個結合街區創意生活，展現華人文化內涵的光點計畫。」（林緯平，20150318）。該基金會經常尋覓許多品質佳的地方文化產品，與其合作並且將這些產品行銷推廣進入更大的消費市場。

在此我們需要進一步討論的是，在地方上究竟是否有「完全」不具「個人利益」的「公共性」議題呢？在實務操作的工作中，議題設計上如果完全沒有在地民眾個人利益的「公共性」內容，在目前國內各地出現相當不容易讓更多民眾感到興趣而前來參與之情形。換句話說，從另一個角度來加以分析，所謂的「公共性」議題設計，其實應該是策略性的設計為：「一個集合每一個（或大多數）民眾其個人利益（或相當關心的個人事務）的共同（或共通）的議題」，也就是，所謂的「公共性」議題，是關心到居民們其個人私人所關心的議題對象，如此將更加有助於全民動員，甚至全面普及推動而產生地方全民運動。

不過，如何引發民眾們認為與自己息息相關的「切身」之「議題」？其中，「切身」是一種策略性思考，策略性思考是思考如何將「議題」拉近與民眾之間產生極為重要的關聯性，而「議題」是一種「論述」設計，如何論述議題讓民眾感覺到議題的正當性，例如：存在的問題是極為迫切又不公不義等議題，或是讓地方民眾感到「昨非今是」的論述框架等，成為一種地方運動的議題。

另外，對於專業者而言，總是以居民們對於地方具有共識性，作為民眾參與的目標，或是在理想上由當地居民主動的由下而上參與整個過程，然而，在此進一步討論的是，究竟一個地方是有需要達到共識，或是要達成多少居民及多大的共識才算是成功。我們如果讓一個地方其所有居民完全達成「一個」共識，看起來似乎成功，但是卻要留意我們極有可能會同時失去其他弱勢居民的聲音，換句話說，「一個地方」要完完全全達成只有「一個共識」，是不應該且不可能的事情，因為如此將可能失去更多的多元文化、不同族群間之各種想法及意見，讓地方成為只有一種發展的方式，也可能因此扼殺地方更多發展的可能。反而，認為地方應該擁有更多種不同的聲音，各種沒有永久共識的暫時性共識，不同團體有其各自不同想法且彼此之間相互角力，這些都是重要的部分也是地方活力的來源。地方本身就是動態過程，因民眾參與產生不同想法而一直處於變動中，應該被視為需要且為地方的常態性，因為這有可能也是地方居民們逐漸自覺及朝向公民社會發展的過程。

另外，我們另一個要討論的是，有關在過程中參與人數及參與程度的問題。在實務操作上，總是會出現有居民來不及在各個過程中參與，以及即使主辦單位大力宣導還是僅來部分民眾等狀況。而且，某些居民會說當時並未知道訊息故而並未參與等，或出現頗有微詞、相互爭辯等情形。然而，在此要進一步討論的是，要「完完全全」由當地居民「自覺」及「自決」，一直是一種理論上的理想，是一種專業者想要追求的烏托邦境界。只是在現實社會中，大部分的地方無法完全由內而外、由下而上的讓當地居民自己「自覺」及「自決」，因此，還是需要一些外來的力量，引入外來力量會對於地方產生一些對話或衝擊，

其並不是最好但有時候卻是比較有效的策略，只是會造成地方一些衝擊，專業者在策略上需要加以留意，例如：「仕紳化」（gentrification）的地方發展模式，在全世界各地某些在地方上具有歷史文化氛圍，但是卻一直閒置的空間，因為受到許多菁英階級、知識份子、中產階級的喜愛，而從市中心區轉往這些原被閒置的空間中進駐，促使地方發展開始改變及轉型，原本閒置的房子逐漸有了活動使用的生機，但也帶給地方發展一些問題，像是：房價上揚、文化移轉等問題。因此，巧妙的導入外來力量與策略，對於某些地方似乎是必要的手段，但是同時要評估其負面的風險及事先規劃發生危機時的因應對策[13]。

　　地方性是一個一再變動的動態演進過程，也是一直處於再生產的狀態中延續下來，地方性並無法保持在特定的歷史氛圍之中而完全毫無改變，對於要將地方完全停留在某一個時期其特定的歷史之中，是一種專業者的「鄉愁」。即使將地方空間硬殼原封不動的保存下來，也由於時空環境已經不同，就如同，當今許多被保存下來的古蹟，在當今許多文化觀點、認同內涵等，也與當時實際情況不盡相同。換句話說，專業者需要透過當今的論述及觀點，來取得居民們對此文化遺產的認同，以及策略性的引入合適的再利用計畫，而無法完完全全原封不動、造作復古的回溯到特定歷史之中[14]。不過，如果面對的是地方文化遺產的保存及再利用，由於具有當地文化的象徵性、代表性或珍貴性等遺產價值，其保存修復及再利用方式等，需要與當時被保存的文化核心價值有關，因為「古蹟是以空間形式記錄歷史」，如果在修復或是日後再利用時模糊甚至與當時文化保存價值衝突，便改寫了當時價值而變成一文不值，目前在國內許多古蹟建築改為特色餐廳或情調咖啡館等，可能會因為不當的再利用方式反而喪失當時想要保留下來的文化價值[15]。

---

13 「仕紳化」概念分析案例：九份。九份就是一個明顯的仕紳化結果，「九份原為九戶農家，民生物資集體採買皆分九份，因以得名。後因金礦開採而有小上海及亞洲金都之稱，又因金礦停採而沒落，現已成為台灣最熱門的觀光景點之一，九份的發展分為：1895 年前聚落草創期、1895 至 1918 年帝國主義礦業時期、1971 至今從沉寂至旅遊興盛期，此時期旅遊興起，九份純樸礦業聚落，由於許多鄉土電影以此為拍攝地點，加上電視等宣傳，藝術家的進駐等，逐漸成為旅遊勝地，當地興起大量商店，建築物也陸續改建。」（張瓊文，1994）。九份在地方沒落後，透過藝術家等文化菁英的喜愛及進駐等，重新振興九份當地的地方經濟，不過，目前遊客數量眾多也讓九份逐漸失去了過去山城小鎮的風味。

14 「地方文化地景的動態過程」概念案例分析：台北市古蹟蔡瑞月舞蹈社。蔡瑞月舞蹈社曾經在十多年前指定古蹟前夕發生大火，催生了文化資產保存條例中「暫定古蹟」的法規，被火燒光夷為平地的蔡瑞月舞蹈社被宣示性的完成整個古蹟指定程序，由於文化地景是一再變動的過程，蔡瑞月舞蹈社曾經多次自行違章擴建，因此，在修建時遇到一個重大問題，就是究竟是要回溯到哪一個時期的蔡瑞月舞蹈社，才是代表蔡瑞月舞蹈社古蹟文化的精神，而引發眾多爭議及討論。

15 「古蹟再利用而失去原本文化保存價值」之案例分析：台北市古蹟台北光點。原古蹟「前美國大使官邸」其指定文化資產的理由「具有保存價值」，而對文化資產的說明為「台灣的外國領事館始於清末，當時在台北、淡水、安平及打狗有英國及德國所設之領事館。日治時期，美國在台北敕使街道（即今中山北路）設立一座領事館，這座有如白宮的洋樓一直延用至戰後，為台灣與美國關係之歷史見證物。」（台北市政府文化局，20150614）。可是目前卻以「台北之家」的名義於 2002 年委託台灣電影

第二節　地方文化資源盤點

　　我們在一個地方進行普遍調查及分析有關當地所有各項地方文化資源的基礎工作，稱為「地方文化資源盤點」。因此，本章節以下先論述有關地方文化資源盤點的概念、功能、類型及其目的等，之後，再分析有關地方文化資源盤點的相關操作、方法等工具及案例。

一、地方文化資源盤點概念分析

　　「地方文化資源盤點」將有助於找出地方上的特色資源，而這些地方特色資源，也可以是構成當地其地方性的相關資產，而且在盤點當地的地方資源之後，除瞭解地方性的特色以及地方性是由哪些地方資源所構成之外，也將進一步判斷哪些地方資源是地方資產，以及哪些地方資源應該加以復育、保護、或是應該需要加以強化與發揚等，或是哪些地方資源可轉發展成為被消費的地方文化產業，並因這些地方文化產品進入消費市場，由於廣大的消費民眾的喜愛，進而保存及弘揚了當地的地方特色。

　　因此，事先調查分析構成地方的地方性之相關資源是相當重要的工作，由於地方文化沒有高低階級之分，地方文化只有差異，文化差異特質愈高要再生產為地方文化產業的價值性就愈高。所以，調查者需將自己的喜好觀點摒除在外，以更為客觀及細膩的角度來進入地方進行調查分析工作，而地方文化資源盤點的技術性工具，便可以協助調查者更加有效的、全面性的、系統性的，整體分析構成地方特質的各種資源。

　　對於地方資源的盤點調查工作，可分成：自然環境資源、地理環境資源、人文環境資源等三個層面，或是有鑑於國內對於社區營造的手法，是以「人、文、地、產、景」等五個層面作為分類，因此，上述二者都可以作為地方文化資源盤點的分類方式。不過，既然是地方文化資源的盤點工作，調查的角度及盤點的對象等，就不只是一般在進行敷地計畫

　　文化協會經營管理。目前古蹟的使用規劃：一樓為「光點電影院」（原為大使車庫等，現為83座位輪放電影場地）、「光點生活」（原為大使館前室等，現為以電影、音樂、人文、藝術、設計為主題的文創商品賣店）、「光點咖啡時光」（原為大使館接待室，現為60座位咖啡廳），二樓「多功能藝文廳」（原為大使館客廳，現為70座位之多功能藝文演講、發表、記者會、茶會使用）、「迴廊展覽館」（原為大使館臥室及儲藏室，現為展覽空間）、「光點紅氣球」（原為大使館二樓之臥室，現為50座位、可鳥瞰庭園的露台貴賓室及喝下午茶的場地）等（台北光點，20150614）。目前古蹟再利用的方式完全看不到當時的那一段重要的中美近代史，古蹟為文化遺產屬於公共財，但卻經營為一個西方復古建築符號消費的商業咖啡廳及電影院，但是站在歷史文化遺產保存的角度，由台積電文教基金會民間出資六千萬捐款修繕後，「台北光點」（台北之家）其古蹟再利用方式，卻移轉了原本為何被指定保存的重要文化價值，十分可惜。

工作或田野調查工作而已，而更需要針對構成地方特性的各項地方文化資源，進行各項調查分析工作。

我們之前曾在其他章節對於「地方性」以及構成地方性的文化理論等概念，進行較為詳細的論述分析，在執行地方文化資源盤點工作時，才不至於遺漏地方重要的文化資源。在此再次將構成地方性的地方文化的類型，分為：（1）地方生活方式的總合：居民透過有特色的地方生活在地方實踐與累積出來的生活樣貌，像是：在地方上特殊的飲食、衣飾、居住、交通方式等；（2）地方藝術：具地方特色的視覺藝術、音樂及表演藝術、手工藝等表現；（3）地方價值：當地特有的信仰、風俗、民情、禮俗文化等地方價值觀產生的活動、慶典與其相關物；（4）地方符號：屬於當地特有的象徵符號，地方符號不僅是視覺為主的圖騰、標誌、記號等而已，也包括屬於地方特別的味覺、觸覺、聽覺、嗅覺等象徵對象[16]。

然而，地方文化所實踐的對象，也分成「顯性」形式以及「內隱」形式，其中，外顯出明顯的形式較為容易辨別，通常「顯性」形式是因為與調查者本身的文化具有較強烈的文化差異，或是因為該文化的外顯形式相當強烈等，像是：藝術形式風格等，而因此容易被調查者辨別出其「外顯」的形式。然而，「內隱」的形式相較不容易辨認，可能與調查者本身的文化素質具過於相近，或是該地方文化所展現的形式不夠明顯，但「內隱」形式本身也相當重要，故而需要更加深入仔細的調查分析。

另外，地方文化資源盤點調查時，也需留意在此地方的「集體性」（量），當具有一定相近的集體程度，即使是「內隱」形式，也是當地特有的一種文化形式[17]，另一方面，在許多地方上也不一定要多數的集體性，並不一定要出現特定的集體活動才會出現地方性，反而是在某些地方，少數具有相當「特殊性」（質），也可能是另一種需要進一步盤點分析的文化形式[18]。

---

16 「地方符號系統不只是視覺圖形」概念分析案例：台灣的臭豆腐、或森林浴。像是臭豆腐等地方小吃，就是因為其「獨特」的臭味才對味，失去此特殊的味道便不是臭豆腐，因此嗅覺特殊性也成為構成它的符號。同樣的一個地方觀光風景區中植栽的香味，也是構成此區域的符號，像是：森林浴，除了一大片綠色森林為其符號，森林中樹木的氣味也是相當重要，讓遊客感覺到芬多精的存在。

17 「地方文化的內隱形式」概念分析案例：國內的「排隊文化」及「人情味」特色。對於台北市或是台灣的民眾而言，排隊是一種習以為常、簡單的日常生活活動而已，但是這種內隱的文化，在台北市達到一定的人數數量，對於大陸遊客而言，便成為台北市市民特殊的集體性之行為，成為台北文化的一種有趣現象。另外，像是對於許多外國遊客來說，台灣具有濃厚的「人情味」，「人情味」所外顯的文化形式，並不像藝術創作這麼強烈與獨特，但卻是一種地方集體行為所產生的地方文化特色（資料來源：本研究2015年大陸來台學生訪談調查記錄及整理分析）。

18 地方少數特殊的「質」也將構成地方特性，在地方上某些文化並不需要多數人及集體性，而是少數人及獨特性，也是當地重要的文化特色資源，例如：地方的文化名人、藝術家、文學家等的故居，或是

二、地方文化資源盤點工具

由於文化本身是思想、觀念、意識型態等抽象的價值觀與意義等，不過，由文化所實踐的對象卻是具體的，可以成為被調查的對象，因此我們不容易瞭解抽象的文化本身，但是，卻可以透過被文化所實踐的對象來分析地方文化的內涵及特質。一般而言，由文化實踐所具體呈現的對象類型，包括：（1）物品對象：古董、服飾、藝術品、工藝品、地方小吃等；（2）人與活動對象：當地居民的表演藝術活動、地方傳統節慶活動、文化藝術節、藝術市集、生活形態及風格特色等；（3）空間對象：文化園區、文化觀光地區、古蹟、遺址、街道、建築等文化地景、城鎮空間等（廖世璋，2013：50）。

因此，第一個地方文化資源盤點的工具，是將「人、文、地、產、景」五個層面（或是以「自然資源、地理資源、人文資源」三個層面）與地方生活、地方藝術、地方價值、地方符號等進行交叉列表及調查，並且在調查中詳細載明有關的地點及規模大小（空間）、季節性（時間）、擁有者（或代表人）及其他等事項，並配合上述章節內容所述的「適宜性分析圖」等，以一張圖與一個表等共同進行地方資源的調查分析。以下，以「人、文、地、產、景」層面中的「景」為例，其地方文化資源盤點調查表範例，如表4-2所示。而「人、文、地、產、景」各個不同層面，都需要分別一一列表調查，因此，運用一個地方文化資源盤點表以及一張土地適宜性分析圖，二者便能顯現構成當地特色的地方文化資源，以及各個地方文化資源其所在地、所有質及所有量。

另一個地方文化資源盤點的類型，為依照地方文化產業「發展」的角度分析，由於文

表4-2　地方文化資源盤點調查表（以地方文化形式分析）：「景」

文化類型	調查項目	地點	規模大小（或供給量）	時間（或季節性）	擁有人（或代表人）	其他
景	生活方式					
	地方藝術					
	地方價值					
	地方符號					
註：1. 地點：標示於地圖（或土地適宜性分析圖），以利尋找及規劃（，甚至未來為地方觀光地點）；2. 規模大小或供給量：以平方、人數、人次、或數量等單位進行估算；3. 時間或季節性：標註何時以及月、天、時等單位；4. 擁有人（或代表人）：產權人、擁有人、地方耆老、意見領袖、組織代表等，及其聯絡方式。						
資料來源：本研究自行整理及分析。						

過去某段貴族、皇族的故事等，或是地方英雄、歷史傳奇等。

表4-3　文化產品的最初、中間及產出過程及其產品

項目	最初之原料階段	中間之產製過程	最終之產出產品及銷售	消費活動
物品	原料	產製物	產出品	消費品
人與活動	農耕、採集、挖掘、捕獵等	產製的體驗活動	特別的銷售活動	愉悅的活動
空間	自然地景、農園地景等	產製的場所氛圍	賣店的情境布置	場所氣氛

資料來源：廖世璋，2013：51。

表4-4　地方文化資源盤點表（以地方文化產品製程分析）：「景」

調查項目 文化類型		最初之原料階段	中間之產製過程	最終之產出產品及銷售	消費活動
景	生活方式				
	地方藝術				
	地方價值				
	地方符號				

資料來源：本研究自行整理及分析。

化產業與一般產業不同之處，在於文化產品於生產的過程中，其最初、中間及產出等各個階段，加入巧思都可以轉變成為地方文化產品，其概念及內容如表4-3說明。因此，結合上述地方文化類型，可繪製成表4-4所示內容，成為另一個地方文化資源盤點的調查表[19]。

　　在完成地方的文化資源盤點調查工作，已經獲得地方盤點調查的基礎資料之後，再結合上述章節所述的敷地計畫程序及步驟，對地方發展及保存等課題及因應對策提出分析，之後，因應這些課題與對策而規劃出幾個地方發展不同的替選方案，而在此階段的規劃過程中，以地方整體性及產業鏈的視野進行思考，找出在地方發展及保存中的最關鍵產業（或產品），並以此在地方上串連最多垂直產業鏈（上、中、下游相關產業）及水平產業的發展，如此便形成以此關鍵產業（或產品）來帶動地方連動性發展之最重要產業（或產品），或是找出另一種關鍵產業（或產品），是屬於在當地的產值最高、或產量最大、或最多居民生產的產業（或產品），也是未來當地能擴大發展的潛力產業（或產品）。此外，這些關鍵產業（或產品）在地方上可能具有季節性，也就是，該產業（或產品）的產「質」

---

19 「地方文化資源盤點」概念分析案例：桃園「平鎮麒麟」。桃園平鎮地區由於行政區形狀長的像是「回頭麒麟」，故地方政府導入「麒麟」為地方發展的主題，因此進行其文化資源盤點調查分析工作，內容如表4-5所示。

表4-5　桃園「平鎮麒麟」地方文化資源盤點調查表

項目	原料	製造過程	產出產品	行銷與銷售
人	客家族群	大量移民、開墾	八大庄、客家話、客家文化	客家族群意識與認同
	在地聚落	務農、勞力工作	農、畜為主的地名	地方文化、產業結構
	地方人物	耕讀精神	陳家（陳舉人）、鄧家、葉奕明	陳屋、鄧屋、葉奕明公祠
文	神祇信仰	與先民移台帶來的主神有關，為信仰寄託	寺廟、角頭廟、石爺石母信仰、伯公信仰、義民爺、開漳聖王	節慶、祭典（天穿日、謝平安、伯公祭、伯公食福、客庄12大節慶等）。收「契子」、賽闊雞與神豬。
	廟宇建築	傳統藝術	以麒麟為主的裝飾（昂首麒麟、回首麒麟、麒麟御書、麒麟送子），麒麟腳踩四寶	米蘿伯公等
	客家美食	靠山以山產為主，山耕需要體力	醃漬菜（蘿蔔、福菜、梅乾等）	客家菜、菜包
	傳統技藝	隨歷史脈絡演變	打夜學、布馬舞、客家八音和成團、麒麟獅（劉文珍）、麒麟舞	結合客家歌謠、客家圖像元素
地	地形地貌	依土壤不同	茶園、果園、旱田、相思林	各種在地農特產品
		依地形特色	整個平鎮市區地圖如一隻麒麟祥獸	平鎮為「麒麟鎮」
	天氣氣候	依季節區分	夏雨長於冬雨	
產	稻米	平地，主要經濟作物	礱間、碾米廠、農具生產、秈仙米、糙米等米類作物	稻米產品
	茶	丘陵地，經濟作物	包種茶、茶廠、茶具等生產	茶葉產銷班、金壺茶
	瓦窯廠	民生需要	黑瓦、紅磚瓦	大瓦屋建材、板曆材料
	炭窯	民生需要	煤炭	相思樹為原料（目前已無炭窯產業）
	掃把竹編	民生需要	蘆葦掃把	月桃木為原料（目前已無掃把產業）
景	人文景	聚落發展	大瓦屋、祠堂、老屋	觀光景點
		聚落發展	步道、古道、橋梁	休閒觀光
		廟宇信仰	宮、寺廟、祠	觀光景點
		歷史事件場所	抗日古戰場遺址、抗日壕溝遺址、防空壕、御大典禮紀念碑	休閒觀光
	自然景	河川	月桃溪、老街溪、新街溪、大坑缺溪、南勢溪、東勢溪	生態環境
		老樹	榕樹、樟樹、茄冬樹	休閒觀光
		耕種養殖	魚池、水井、農田、茶田	休閒觀光
	埤塘	農田灌溉蓄水	蓄水池、八角塘、伯公潭等	撈魚腳、放水撈魚、水甲巡田
		風水	因水氣散會漏財，故開鑿坡圳能有借氣蓄氣之用	風水故事
		養殖	鴨母寮等	休閒農場、養殖漁業、養鴨、挖白沙
		洗滌	洗衣窟	歷史遺址
	水圳	農業灌溉	石門大圳	歷史遺址
	文化景	聚落發展	洗衣窟、霸撈魚	（目前已無居民於洗衣窟中洗衣）

資料來源：廖世璋，2014：30-31。

及產「量」會隨著時間有所變化，因此，在地方文化資源盤點調查時，需要展開時間軸，進行一年四季不同產業的發展重點，包括：依照一年四季不同的時間中，對當地調查分析及策略性的規劃出，在每一個不同季節時段在當地的關鍵產業（或產品）、關聯產業（或產品）、產值最高或產量最大的產業（或產品）等[20]。

第三節　環境行為研究

「環境行為研究」（E.B.- study，environment behavior study）是將現場田野的調查計畫，更加鎖定在當地環境的使用者身上，也就是，以當地各種不同的使用者為主，調查及分析其在當地活動的狀況。同樣的，在地方發展上，「人」是所有一切地方特性來源的基礎，地方上所有樣貌、風格等一切都是由「人」及其文化，對於地方的實踐及累積產生的特色，因此，「人」也是田野調查中最重要的研究分析對象，其他調查分析事項都是依著當地使用者連帶而來。本章節開始先討論地方使用者的類型，並進一步分析環境行為研究的目的與方法，之後，進一步強調使用者的行為調查分析層次，主要分成：物理量、生理量、心理量等三種量，在最後則論述分析有關環境行為研究其調查計畫及執行時的重點內容。

一、地方使用者類型分析

環境行為分析就是分析使用者在地方環境中的行為特性，因此，「使用者」（user）便是基本分析的重點之一。以下分析在地方上不同使用者類型的分類方式，如下：

（1）依照活動的公共性程度不同：可分為「集體」的使用者（主要為從事團體活動者）及「個人」的使用者（主要為從事私密活動者），二者不同類型在地方環境中的行為特性及對於環境的需求條件都不盡相同；(2) 依照內、外團體成員區分：可分為「外來者」（或稱「局外人」，outsider）以及「內部者」（或稱「局內人」，insider），廣義的「局外人」為

---

20 「地方文化資源盤點後將地方負面資源轉為正面發展」的案例：雲林古坑鄉樟湖社區發展協會。「樟湖社區發展協會當地因為一種小花蔓澤蘭的植栽，長期一直危害自然環境生態，協會與雲林虎尾科大及工藝師們，在社區會議中多次與當地居民、茶農、在地藍染達人聚會討論，如何將小花蔓澤蘭再利用之構想，在多次討論、溝通後，以『買一條布，救一棵樹』理念組成工作坊，結合小花蔓澤蘭當染材發展系列產品，訓練每位居民藍染技藝，並用柿汁將圖騰繪於產品，包含：貝殼、咖啡、小花蔓澤蘭等產品，加上象徵環境沒有污染才能生存的蜻蜓圖像，讓消費者透過產品瞭解社區特色。」（台灣好基金會，20150613）

並未長期在當地活動但因為某種因素短暫進入的人，像是：觀光客等，而「局內人」則是在當地長期活動的人，包括：居住者及工作者，不過，更狹義準確的定義，「局外人」是不屬於這個共同體（community）的成員，因此，由「局外人」形成的團體為「外團體」，而「局內人」是屬於這個共同體的成員，也就是對當地內部具有歸屬感的人，故其團體為「內團體」，而且「內團體」成員在心理認知上，會一方面在內心區分及對應其他非我的「外團體」，因此在另一方面促使「內團體」的成員們彼此更具有凝聚力；（3）依照活動性質區分：主要分為「商家」與「住家」，因為商家與住家經常在地方發展產生衝突，商家從事製造、服務等商業活動，經常因為吸引大量外來遊客，而與需要寧靜的住家產生衝突，所以，在規劃上需要利用各局部空間、人潮動線、活動時間等加以分離或阻隔，以避免互相衝擊產生地方危機；（4）地方活動時間區分：同樣一個地方，在不同的時段會出現不同的使用者，包括：白天及夜晚、假日及非假日、四季等不同時段，因此不同時間中的使用者特性及其需求狀況，亦不盡相同。

對於使用者的調查分析，包括：運用已經統計過的數據資料、參考相關案例、現場調查等方式，調查工作主要有靜態調查及動態調查，靜態調查為全盤規劃時的參考，動態調查為彌補靜態資料的不足而隨時更新現況，由於目前資訊傳播及網路科技之便，要獲得地方某些調查數據更為容易，因此在清楚區分使用者後，利用這些工具將可獲得更準確的分析及規劃方案[21]。

二、環境行為研究之研究方法

由於文化是日常生活的總合，文化會表現於行為之中，因此我們從居民在地方環境中的使用行為進行研究，便能進一步調查分析出，包括：（1）在微觀方面：地方與使用者的互動過程中，個人本身擁有的地方文化特質；以及（2）在宏觀方面：地方多數居民的集體文化特質。而且，二者都是構成當地地方性之主要來源。

因此，所謂的「環境行為研究」便是主要在分析使用者透過特定活動與環境間之互動關係，所以，使用者、活動、環境三者的特性是分析的主要變項。也就是，使用者是誰、為何活動、與環境的關係等事項。而至地方現場進行田野調查的時間，應該包括：平常、

---

21 「運用網路科技資訊」分析案例：Facebook 社團或大數據分析。目前在 Facebook 社團（或是粉絲專頁）中，都可以進行不同時段、按讚人數等數據的分析，有助於自己瞭解瀏覽對象的狀況，甚至部分瀏覽者會表示意見、問題或心得等，這些都方便自己對於「量」（數字）及「質」（留言）的使用者分析。另外，利用各種網路提供的大量資訊，甚至整合這些「大數據」並從中分析出有助於發展的各種商業模式（車品覺，2014）。

假日及特定時間，且調查者需要保持中立客觀的立場，並對於調查的事物需要進行記錄，以利後續的分析與評估。

　　有關環境行為研究之方法，Zeisel 認為環境行為研究的方法，包括：觀察實質痕跡、觀察環境行為、專題深入訪問、標準化問卷等（關華山譯，1996：105-202）。上述為何會包括「觀察實跡法」，是因為我們至地方從事田野調查工作時，在有限的時間中，並不一定能親眼目睹到使用者正在從事要調查的活動，於是地方現場留下來的一些使用痕跡，透過這些蛛絲馬跡我們可以推估當時在現場的使用情形[22]，或是利用這些線索進一步詢問當地居民。

　　另外，「觀察環境行為」是在現場觀察記錄民眾正在從事要調查的活動及其相關事項，直接記錄即可瞭解其實際使用情形。而環境行為的觀察者可以依照現場狀況選擇有利於觀察的位置，包括：調查者是完全秘密的外來者、大家都認識的公開觀察者、融合在一起（或保持在外圍邊緣）的觀察者等（同上：135）。另外，觀察環境行為的重點，則包括：(1) 是誰：哪些行動者；(2) 正在做什麼：活動的內容重點；(3) 和什麼人：其他重要人物；(4) 以什麼關係：他們彼此之間、人與事物之間等，是視覺、味覺、嗅覺、觸覺、聽覺等關係；(5) 在什麼涵構中：社會文化的涵構，情境或文化為何；(6) 在哪裡：實質環境的設施描述，使用者之間、使用者與環境等的空間關係（同上：144）。

三、環境行為分析的三種量

　　無論是運用上述的資料收集及調查、現場親自觀察、痕跡觀察、問卷或訪談等方式，應該要因應地方個案特性選擇較有利的方法，不過，無論是何種方法，在環境行為研究的

---

22 「實跡觀察法」概念分析案例：以色列耶路撒冷之苦路、台北陽明山。例如：在國外，以色列的耶路撒冷古城中，由新約聖經描述的苦路，據說當時耶穌曾經因為背著自己的十字架又受傷，而曾經扶過一處牆壁，目前這一面牆壁的現場，成為全世界信眾前往時觸摸之處，也出現牆面凹痕（資料來源：本研究 2013 年以色列耶路撒冷苦路現場田野調查記錄及整理分析）。另外，在國內台北陽明山文化大學旁的天華路，可以瞭望大台北的美麗夜景，當調查者想要知道在現場究竟哪一些座位是遊客最多的地點，如果是在白天進行田野調查工作，便無法親眼見到大量遊客在現場觀賞夜景的景色，此時可以仔細去觀察哪些座位地點下方的雜草曾被踩過或寸草不生，配合座位的觀景視野調查因素，便可以進一步推估熱門賞夜景的座位。

調查及記錄上，都應包括以下三個層次的內容[23]：（1）心理量：為「心理認知量」，也就是，使用者自己心理所感覺的狀況，包括：象徵性、安全感、價值觀等過去生活經驗的個人認知狀況，舉例像是：居民對於土石流環境災害的心理狀況、氣候變遷對居民心理的感覺等狀況，由於地方的感覺更多涉及到心理量，因此也更加重要；（2）生理量：為「身體認知量」，是在一定的物理量之下，「身體」感知的狀況，例如：居民在走動時身體感覺到土地的堅實程度、對氣候的體感溫度及濕度、體感風速等，或是與人體各部位尺寸有關的「人體工學」之需求情形[24]；（3）物理量：為「環境構成量」，是以初級資料或次級資料等，調查及收集有關構成環境本身、使用者與環境之間其物理相關的基礎量，便可作為日後判斷的科學數據根據，例如：當地環境的土壤成分及地理結構、交通數據、一年四季的溫濕度、風速及風向等基本數據。而上述三者，共同構成使用者對於地方環境的看法[25]。

23

環境行為分析的三種量案例分析：希臘衛城及土耳其之卡巴多奇亞之凱馬克立地下城市案例。希臘衛城雅典娜神殿之初步分析三種量為：（1）物理量：岩石材質、體積作用系統的結構應力行為、山丘地形等；（2）生理量：身體感受到炎熱的陽光、乾燥的氣候、粗糙的列柱、高大的神殿屋頂、接近人尺寸的人形雕刻、上下高低坡與石頭階梯等；（3）心理量：神聖的殿堂、歷史遺址特色、神秘的傳說等希臘神話的象徵空間特質（資料來源：本研究2014年希臘雅典衛城博物館現場田野調查記錄及整理分析）。另外，針對土耳其卡巴多奇亞凱馬克立之地下城市三種量的分析為：（1）物理量：喀斯特土壤地質及地形；（2）生理量：地下城市擁擠、黑暗、曲折、上下層岩洞等空間此度，以及潮濕、空氣不流通等有異味的味道等；（3）心理量：一種地下的神秘、穿梭古今、靈異等奇特色彩的環境氛圍（資料來源：本研究2014年土耳其凱馬克立地下城市現場田野調查記錄與整理分析）。

24 「人體工學」概念分析案例：成人與兒童。「人體工學」是強調一切設計都需要考量且符合使用者身體各部位尺寸及構造等，例如：一般成人對於椅子的高度在45公分、桌子高度在70公分、門的把手高度在100公分上下等，這是椅子的高度與成人的小腿長度有關、桌子與成人坐在椅子上時上半身的高度及雙手使用的位置有關、門把與成人站立時手肘的高度有關，不過，如果使用者是兒童，上述這些高度尺寸便無法適用，然而，兒童又分為嬰兒、幼兒、孩童等，其身高尺寸完全不同，故在人體工學設計上需要符合不同年齡的使用行為。

25 「物理量、生理量、心理量」概念分析案例：地方上的「聲音」。在任何環境中即使是到處會出現的「聲音」，對於使用者的影響也包括此三種層面：（1）在「物理量」方面，建築的音環境工程稱為「db」，是由音波、音頻、震幅大小等構成，可以量測到科學的基本數據；（2）在「生理量」方面，由於人體耳朵僅可聽到一定的音頻範圍，而且對於聲音的敏銳度不同，因此由「物理量」進行修正，真正讓使用者感覺到的噪音為「dbA」；（3）在「心理量」方面，雖然「生理量」修正人體耳朵可聽到及喜歡的範圍，然而聽到的聲音究竟是吵人的「噪音」還是悅耳的「音樂」，卻與使用者本身的文化及習癖有關，像是：喜歡美國好萊塢的電影音樂，就可能認為印度寶萊塢的音樂是噪音，或是喜歡搖滾音樂的使用者也可能會認為古典歌劇是噪音，反之亦是如此，對於音樂的心理喜好決定其為聲音

四、地方行為研究調查計畫

有關一般環境行為研究的操作過程，主要如下：（1）過程前，事先擬定一個環境行為調查計畫，包括：環境調查的目的、要獲得的內容、調查方法、調查工具、調查時間及人力計畫等，舉例：如果是問卷調查則為其有效樣本、問卷設計、信度及效度等規劃，如果是訪談調查則為訪談對象名單、訪談內容及時間等；（2）進行中，加以正確、客觀的調查與記錄等，也需要記錄當時事件相關的人事時地物等日誌資訊，尤其是實跡觀察法，更需要仔細在現場找出有利分析的相關線索並加以詳實記錄；（3）調查後，對所有個別的記錄加以深入分析，以調查與記錄到的「現象」證據，分別分析探究造成此「現象」的所有「起因」（造成因素），並再作出綜合性的整合分析，結合許多記錄資料加以研判，並且進一步作為日後規劃或改善時的重要依據[26]。

在調查進行中，留意調查者自己要採取的是旁觀者或是參與其中，哪一種比較有利於調查工作，並留意不同類型使用者的活動空間、時間及路徑，也就是不同使用者在不同時間及地方上移動的「點、線、面」位置，調查地方上各種「公共性及私密性」、「集體性及個人性」、「動態及靜態」等活動類型，並且找出使用者的「行為模式」。所謂的「行為模式」，是分析在當地經常出現的活動及其現象特性，以及調查、記錄與分析其固定出現的時間及空間、移動方式及軌跡等，並進一步分析探討為何會經常性出現的各種因素。另外，不是經常性出現但是卻具有強烈地方特色的活動也是記錄的重點之一，因為部分不常出現的地方活動，有可能卻是當地具特質的活動。

另外，關聯這些行為模式的行為背景，是值得分析的重要對象之一，分析哪些行為是由於哪些背景因素而產生，將有助於更深入理解行為現象本身其背後的意義，對無論是調查分析或未來規劃工作都值得參考。而我們除了分析使用者其行為模式的背景之外，不同使用者對於各種行為的選擇因素，也是分析的重點之一，也就是，分析使用者其行為背後選擇的因素。

或噪音。

[26] 「地方行為研究調查後之因素分析」案例：上海的外灘。位於上海黃埔江的外灘一直是上海市中心重要地區，沿著黃埔江沿岸更是大量當地民眾及世界各國觀光客夜間經常前往之處，在現場環境行為調查後，其現況的使用現象及其因素分析如下：（1）部分廣場與步道之舖面過於光滑：表示該區域為人潮聚集或通過眾多之處；（2）部分沿著水岸的欄杆地點遺留許多垃圾：表示該地點可能停留觀賞夜景的人數過多等因素；（3）欄杆把手磨損：可能此處使用者較多，也可能此處是較為危險之處；（4）人潮經常聚集地點：可能是河岸景觀視野較佳之處；（5）建築立面夜間較光亮處：可能是較重要的建築物；（6）夜間較明亮或有燈光設計之街道：應該是當地夜間想要被看見的重要街道，或許多夜間主要商店設置於此等（資料來源：本研究2014年上海外灘現場田野調查記錄及整理分析）。

在某些時候由於現場缺少物件作為記憶的線索，所以，在訪談或是問卷調查時不容易引發使用者較深入的想法或心得等內容，因此，在研訂調查計畫時，事先尋找一些屬於當地集體記憶的物件對象，作為現場調查時引起使用者回想的線索。另外，在某些時候會出現使用者因事件或物件的年代久遠、或其他個人因素等，使用者本身的記憶過於片段、瑣碎、不全等，此時，準備部分重要物件對象，並且將使用者分成不同小組，以分組「集體」方式進行，透過不同使用者對於物件對象的交叉回想，在不同使用者一點一滴的回饋記憶中，彼此相互堆疊出我們想要調查獲得的相關內容，也是一種現場調查的重要方法。

第四節　地方遊戲設計理論

當我們進入一個陌生的地方進行調查分析時，對於當地居民而言，由於我們可能屬於「外來者」而不是「內部者」，因此，如何有效的進入地方與社區居民產生互動，就需要設計一個「地方參與計畫」，而此計畫需要包括地方調查目的及內容、要從哪一些居民獲得哪一些相關資訊，以及資訊的準確性檢測等。

為了要有效的與居民融合成為一體，而不會調查團隊產生排斥與不信任感，以及同時獲得調查團隊想要的相關資訊，於是，在地方參與計畫中規劃各種不同的「遊戲設計」類型，讓居民在遊戲過程中相互和樂融融，又能透露出地方訊息，並且增加地方共同體的向心力、凝聚力。所以，突顯出「遊戲設計」在地方參與過程的重要性及功能。

有關規劃「遊戲設計」的遊戲類型，主要的概念有二：（1）因「地」制宜：由於每一個地方的地方性不同，像是 A. 有關當地人文條件方面：人文歷史、風土民情、文化素養、教育程度等不同；或是 B. 有關自然環境與地理條件方面：環境中可利用的資源及限制、地方環境特色、地方規模大小等不同，因此，遊戲需要配合地方條件而因地制宜進行設計；（2）因「目的」制宜：地方參與計畫本身的目的及要調查內容將因為每一個計畫不同，而在設計遊戲時也需要不同的考量，例如：地方的歷史記憶、地方故事、地方空間感覺結構、場所及地點感、或對於地方特定人事物之認知狀態調查等，將因為計畫目的及想要獲得到的內容資訊而設計相關遊戲。因此，以下分析幾個不同類型的「地方參與式遊戲」，包括：「心理地圖」、「地方劇本」、「地方尋寶（地寶）遊戲」等，而所謂的「地方參與式遊戲」，為調查者在進行地方調查或規劃工作時，由民眾透過遊戲參與在過程中自然而然的顯露相關地方資訊或表示規劃設計意見之方式。

一、心理地圖

Kevin Lynch（1960）曾經在《城市意象》（*The Image of the City*）一書中，認為運用居民的心象圖來分析居民在當地的城市經驗，並提出構成一個地方意象的五個元素為：通道、地標、區域、節點、邊緣等要素。而透過民眾們自己親自繪出地方環境有關的內心知覺以及過去的經驗等圖像，為「心理地圖」（mental map），「心理地圖」與一般正常的地圖不同之處，在於內心呈現的地方經驗影響他對於當地的看法[27]。

「心理地圖」涉及環境心理學的研究領域，也是屬於一種空間圖像的詮釋學，且在空間組合之間涉及結構語意學的研究領域，其研究領域分析如下：（1）環境心理學：在心理地圖中呈現繪圖者對於地方環境的心理認知狀況，地方的心理認知狀況又主要是由個人在地方上過去從事的活動、事件、歷史、記憶等經驗，所形成的自我意義與價值等內涵；（2）圖像詮釋學：由居民所繪出的地圖中，包含許多的象徵符號、記號、圖案、關鍵字等，透過這些圖像進行詮釋解析個人的內在經驗，例如：在當地象徵有關通道、地標、區域、節點、邊緣等場所的位置、範圍與相互關係等，以及每一個圖像及文字等被個人所認知的價值與意義等內容；（3）結構語義學：除了地圖中的每一個圖像等，都具有可進一步分析的價值與意義之外，圖像與圖像之間所建構出來的整個地圖本身，也透露出每個人對於地方的意義結構特性，例如：當地所有被認知的通道、地標、區域、節點、邊緣等場所，所共同建構出來顯現的地方結構方式、整體結構內容的價值與意義為何。

「心理地圖」的用途，主要幫助我們能獲得當地內部居民對於地方的經驗及認知，也就是有助於我們對於整個「地方性」的調查及分析，可以從居民所繪出的地圖中瞭解居民的特殊地方事件、集體記憶場所、地點感、地方意識、地方的感覺結構、地方象徵性、地方中有意義與價值的空間或事物等，有助於我們進行地方文化資源盤點工作中，有關當地居民對於地方的認知內容，並且可再整理成構成整體地方意象的通道、地標、區域、節點、邊緣等地方結構的元素為何。

有關「心理地圖」的操作過程其內容分析如下[28]：

---

[27] 「心理認知圖像之基礎原理」案例：50 圓硬幣。心理認知圖像其原理簡單來說，受測者其所繪出的圖像將反應出他對此主題的內心認知看法，例如：請受測者繪出一個圓圈，該圓圈是自己內心認為的新台幣五十元硬幣的大小，當受測者繪出圓圈之後，再拿出五十元硬幣做比較，如此，便會出現繪出比實際硬幣明顯較小的受測者，可能對於金錢本身較不重視，或自己的經濟狀況條件相當良好。另外，當受測者繪出的圓圈明顯大於實際硬幣大小者，則反之。我們的過去經驗及內心認知將會影響自己對於事物記憶的特定狀況。

（1）在合適的場地及一定的時間中進行：由於需要繪圖，居民又是繪圖的「素人」，因此需要特定可以靜下來的環境，像是：地方工作站、活動中心、國小教室、廟宇內部等場所。

（2）在一個人或是集體繪圖中進行：一個人單獨繪圖的優點，在於可以一面畫圖時一面詢問這些點的經驗，也就是居民繪圖及訪談工作同時進行，可以更深入瞭解居民的內心認知，缺點是一個一個居民進行需要的時間較長，另一個為居民集體進行地圖繪製，優點除了節省時間之外，由於過去居民並不擅長畫圖，所以有時候需要一些提供記憶的「線

28 「心理地圖」概念示範案例：內容如圖 4-3 所示。

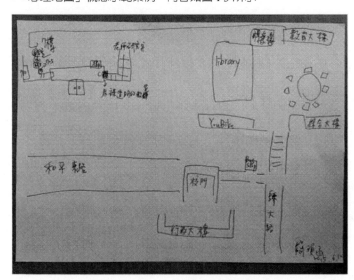

「師大」心理認知地圖：學員A

1.通道：由於主要繪製大門口以及和平東路、師大路等，可見主要專心於上下學的穿越，可能主要是以騎乘腳踏車為主，並不是住在學校內部。
2.地標：主要在於自己上課及學習有關的建築而已，像是教育大樓、綜合大樓、圖書館等，以及校園大門。
3.節點：校門口為主，師大路以及和平東路的穿越。
4.區域：以學校為主，與自己修課動線有關的領域，學校是一個學習活動的領域。
5.邊緣：學習動線及區域以外都是邊緣，可見A學生是以上課為主，對於學校的細部不熟，學習以外的區域都是邊緣。

「師大」心理認知地圖：學員B

1.通道：繪出細膩的動線周遭細節，可見B學生以步行為主，且其動線曲折及從校內往外看而不像A是從校外往內，可見B為校園的漫遊者，且不喜歡走中間羅馬廣場（校園傳說從中間穿越課業會被二一）。另對「日光大道」樹木畫得相當突出，還有運動場等，B同學說他家在學校旁，且從小經常與父母一起來散步及運動。
2.地標：「誠正勤樸」上課大樓。
3.節點：戶外的開放空間節點。
4.區域：是B學生與家人「生活活動」及自己學習的區域，細膩、近距離且有活動的記憶。
5.邊緣：校園以外的師大商圈為空白，可見商圈不是B學生的領域。

圖 4-3 「師大」心理認知地圖分析案例（A、B、C、D 學員）

索」，所以集體操作的好處，居民可以在你一句、我一句中逐漸堆疊出地方記憶，但是需要留意相互干擾的情形，並且也要讓居民們在繪畫地圖後，能進一步發言說出他對自己所繪地圖內容的解說。

（3）進行「心理地圖」個別分析：針對居民對於地方在地圖上的各種記號、圖案等標示或文字說明等進行分析，瞭解居民對於當地的經驗以及找出有意義的地點、場所、路徑、區域等，並且進一步分析構成這些重點的經驗事件為何，像是：特定的地方歷史、傳奇、地方廟會節慶、地方風俗、民情、或故事等地方事件，或是個人在過去各種具有意義

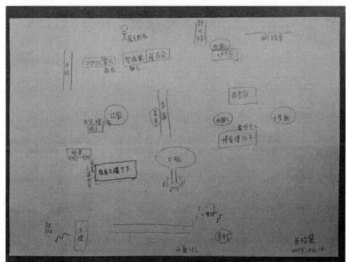

「師大」心理認知地圖：學員C

1.通道：因繪出跳躍式的地點，通道對C不是固定不變，但他不是漫遊者，卻是跟著活動對於校園產生局部場所的記憶，另動線校內以步行、校外以腳踏車為主，屬於通動的學生。
2.地標：以上課學習的建築為主。
3.節點：以他各種校園不同的活動為主，像是：相約的地點、同學集體活動的地點，或是與同學相約去永康街逛街的側門等。
4.區域：C的活動領域與個人活動有關，見到他去買早餐、午餐、上課、同學聚會的領域，及永康街吃美食逛街「遊客」的領域。
5.邊緣：對於師大夜市區域及附近住宅不熟。

「師大」心理認知地圖：學員D

1.通道：D對整體空間架構皆能交代，可見在師大已多年，通道主要在師大不同街廓的道路及上課動線，可見活動重點在於學習。
2.地標：與上課及論文有關大樓。
3.節點：師大路及和平東路口。
4.區域：分成數個不同功能的活動區域，其中兩個主要是學習的區域，一個是去串門子的宿舍區、一個是偶爾經過整齊的住宅巷弄。
5.邊緣：由幾個街廓切分出不同邊緣，主要以和平東路及師大路切割，另每個活動區域都有自己的邊緣，像去宿舍卻對美術系感到陌生，另師大路原本是D的邊緣，但最近變化很多的店家，因此對師大路邊緣，正移轉變化中。

圖4-3　「師大」心理認知地圖分析案例（A、B、C、D學員）（續）

（資料來源：本研究自行調查記錄與整理分析。）

的活動事件等，記錄及分析讓地圖產生價值與意義的重要內容。

（4）進行「心理地圖」整體分析：在分析個別地圖的內容之後，可進一步整理出所有受測試群眾們，對於當地整體的特殊場所、地點、路徑、區域等「集體性」的重要心理認知，或是 Kevin Lynch 所提出構成整體地方意象的通道、地標、區域、節點、邊緣等五個地方結構元素之特定對象及其整體所認知的價值與意義等內容。

（5）進行「心理地圖」展覽活動：也可以完成上述的各項分析之後，策劃成為一個地方展覽活動，讓居民們彼此之間分享自己對於地方的認知看法，更加互相瞭解及增加地方共同體的凝聚力，也能透過展覽活動本身，讓居民更進一步回應這些地圖文本，自己進一步的想法與意見，再一次進行民眾參與，或許亦能更加激盪出對於地方保存及發展的某些共識。另外，這個地方居民「心理地圖」展，也有助於遊客等外來者（局外人）對於當地的瞭解，有助於推廣當地的文化，亦可透過地方故事推動地方保存及相關的文化產業。

「心理地圖」在操作上的問題，在於並不是所有居民都合適繪圖，某些居民本身不擅長繪圖或記錄，例如：年邁老人等，然而當地的地方耆老卻是從事地方調查的重要對象，因此「心理地圖」只是地方調查其中一項重要的理論及工具，剛開始時需要一個有全盤思考的地方調查計畫，針對某些類型的居民應該採取哪一些更為合適的方式。而在另一方面，「心理地圖」的優點在於可找到與「空間」環境有關的心理「線索」，換句話說，與地方「空間」較無關係的其他重要事項，需要以其他方式進行輔助。

「心理地圖」在理論上的問題，是在於「心理地圖」過於強調視覺為主導的地方經驗，對於其他感官所認知到的地方特徵，往往相較於視覺經驗不容易顯現或受到忽略，例如：鳥語花香等聽覺及嗅覺經驗、或微風等觸感經驗等，然而這些也是構成地方性的重要特質。另外，在理論上「心理地圖」已經事先假設受測者本身是具有繪畫能力及自我表達的能力，但是在經驗上卻並不是每一個居民都具有這些能力，有時候當居民自己要畫出來時，反而同時因為繪圖而受限原本自己想要表達的原意。此外，受測試者也會受到最近的日常生活經驗影響，例如：對於剛發生的地方事件之記憶較為深刻，在心理認知上比較強烈但不一定比較重要，反而比較重要的事件卻在有限的繪畫時間中暫時被遺忘。而「心理地圖」在最後彙整所有民眾所繪的地圖時，如果僅以 Lynch 所提出的通道、地標、區域、節點、邊緣等五個結構性的元素，對於部分居民表達的內容往往過於粗略不清，因為居民對於地方特殊記憶的故事情節，往往跨越 Lynch 以視覺導向的分類，而是需要以「地方故事」的「文本分析」方式，來串連及分析各空間中完整的劇情。

二、地方劇本

「地方劇本」是屬於個人在地方上精彩的生命史，透過居民素人的說故事方式，一方面個別瞭解在地方上每個人的故事，一方面也整體瞭解在地方上特定的族群文化及地方特質等，「地方劇本」是由居民們自己寫出屬於自己的生命史、民俗誌，並進行分享以及之後可加以改編，甚至親自參與演出活動等。因此，「地方劇本」屬於在地方上個人微觀的、質化的調查方式，以及在調查之後可利用這些故事轉作為劇本，並可一部分運用在合適的地方文化產業。

「地方劇本」的主要功能，分析如下：

（1）對外來調查者：將有助於地方文化資源盤點工作，在居民分享自己在地方上的生命故事時，便可以調查到地方上一些不為人知的許多生活片段，有助於瞭解及分析出更底層、深入的地方文化資產，而許多個人故事交互重疊提及的地方，也可能是居民們過去生活經驗中累積出來的集體記憶之重要場域、事件與活動等。

（2）對社區內部成員：「地方劇本」為具有個人生命史及過去經驗重整的心理治療效果，對於整個地方共同體而言，將因為彼此相互分享自己及關懷他人的生命故事，彼此更加認識而產生更為相互凝聚的效果，對劇本本身而言，因為地方故事改編為劇本，從劇本生產出許多地方文化產業，像是：舞台劇、戲劇、微電影劇本等，藉以讓外人更加認識地方，而有助於地方發展。

另外，發展「地方劇本」將有助於提升當地居民的藝術文化素養，如下分析：（1）故事的表達、故事劇本：為有關文學、繪畫藝術等領域；（2）表演活動：為有關音樂及表演藝術等素養；（3）舞台布景道具製作：為有關視覺藝術、工藝、空間設計等素養；（4）戲服製作：為有關服裝、飾品及時尚生活藝術等；（5）宣傳活動：有關視覺傳達、商業設計等領域；（6）衍生的紀念品設計及製作：相關地方手工藝、地方文化產品等素養的提升。

以下再進一步論述有關「地方劇本」的進行方式，分析如下[29]：

---

[29] 「地方劇本」概念分析案例：辣媽媽劇團。孫華瑛成立了辣媽媽劇團，過去她與一般上班族一樣過著朝九晚五的工作，之後逐漸將「劇場」用在許多社區及不同族群之中，檢視自我意識、婦女教育、社會參與等作法，她說：「經過 2001-2002 年和美濃愛鄉協進會合作進行新移民姊妹劇場、2003-2004 年在鳳山中崙社福中心和新移民姊妹上劇場課、2005-2006 年三民鄉原住民婦女永續發展協會的部落女性劇場、2006 年嘉義縣阿里山鄉十字社區劇場，再到屏東縣崁頂鄉的北勢社區劇場和今年在內門鄉進行溝坪社區劇場，我開始帶著應用戲劇和綜合性藝術的方法四處流動，同時也是角色轉換的階段，我從一個機構的社福（工）員轉換成劇團的團長。」（孫華瑛，20080523）。另外，再從許多社區發展中反思：「誰」在社區進行「社區劇場」？並且從她個人的美術學院式的創作跨界到「集體」劇場實踐，以及透過個人故事對於地方再現了集體意識，也讓「角色轉換」成為劇場裡獲得一種新的語言，依照她的經驗，台灣許多社區村民要從觀眾變成在公開場合說故事的人，對於鄉村務農女性來說是一

（1）專業者先依照該地方的特色，以及社區成員的屬性等，選擇及設定居民能夠操作的議題，作為地方生活日記的主題（作為題目），議題需要居民能平易近人、能有熱烈回應的主題，更重要的是能夠透過此「媒介」引發居民對於自己生命歷程的回顧，也就是此「媒介」需要具有對自己生命的重要性、普遍性、可發揮性，例如：居民對象屬於一群「年紀較大、女性」等性質，「我的一生中最重要的三件衣服」的繪畫或文字書寫，可能可以引發共鳴，居民對象如果是「年紀較大、男性」則「我的一生中最重要的三個行李（包包）」主題，會比衣服來得更有共鳴，如果對象是「年紀較輕、男女皆有」的特性，則「我的一生中最重要的三隻筆」會更有共鳴。

（2）居民針對上述設定的議題，回憶及整理自己一生之中，當年的精彩故事，並且將其書寫或是繪畫出來，成為自己生命故事的文本。

（3）每一個居民將已經寫出或是畫出的文本，以說故事的方式，自己和其他成員們一起彼此分享，成員們相互給予說故事者有力的鼓勵、讚賞或安慰等支持，讓成員彼此之間更加相互認識，讓整個共同體更具有向心力，透過抒發及整理，居民成員個人也能獲得記憶重整及心理治療的效果。

（4）專業者進一步將這些屬於居民自己的生命經驗，匯集成冊並成為地方生命史的故事集，並且統籌及策劃在地方（博物館）上進行展出，例如：以「三件衣服」、「三個行李」或「三隻筆」為主題的「地方故事特展」等，並將這些有濃厚個人「素人」故事色彩的原創性的文本，發展出其他周邊紀念商品。

（5）改編為劇本，將這些生命故事改編為劇本，整理成可以演出的劇本。

（6）運用劇本進行排練、服裝、道具、舞台背景等設計及製作。

（7）進行公演，在當地或是至外地巡迴公開演出活動。

（8）除了整理成表演的劇本之外，也可以繪製成為地方繪本（故事書）、或吸引文化觀光的微電影的劇本、或是地方手工藝、地方戲曲及音樂等，也就是，以地方故事為腳本，發展各種視覺藝術、音樂及表演藝術、工藝及飾品等地方文化產品[30]。

大挑戰，她認為：「『問題意識』的發現和思考，更需要不斷的在日常生活中練習，而『社區劇場』可以是一個集體練習的途徑，也是另類藝術實踐的過程，更是邁向社會實踐的一種方法吧！」（同上）。

[30]「因地方劇本而發展出地方文化產業」的案例分析：加拿大魁北克的蒙特婁小鎮之太陽劇團（太陽馬戲團）、以及中國大陸桂林之印象劉三姐。太陽劇團（太陽馬戲團）經常將地方故事與特技藝術相互結合演出，起源於「80 年代加拿大魁北克近郊小鎮聖保羅灣（Baie-Saint-Paul），一群在街頭遊蕩表演高蹺、雜耍、跳舞、噴火和音樂的藝術家，為『聖保羅灣高蹺手』（Les Echassiers de Baie-Saint-Paul）街頭劇團。當時表演者包括後來太陽劇團創立者 Guy Laliberte。後來接著成立『高腳俱樂部』（Le Club des talons hauts），1982 年籌畫數天的文化活動（La Fete foraine de Baie-Saint-Paul），讓來自各地街頭表演者交流，為城鎮帶來歡樂，劇團開始有一瘋狂夢想：創建魁北克馬戲團、並巡迴全世界。從草

　　「地方劇本」在操作上，可能會面對居民從來沒有認真回想過去自己在生命里程當中，所發生的一些故事，因此需要更多的時間進行思考及沉澱，能安靜下來放輕鬆的場地，以及塑造能彼此分享心事的氛圍，專業者有效的帶動是必要的工作。另外，也可能面對一些居民，對於自己潛在內心的個人世界，要在其他成員面前公開，如果成員彼此之間沒有一定的相互認識，在操作上要獲得深入的生命故事將有其一定的困難度，尤其是在國內許多地方的民風保守，許多個人的精彩故事擔心說出來會受到不同成員異樣的眼光，這也是在操作上需要加以因應的重要課題，而事先的分享氣氛的醞釀、成員之間感情的培養相當重要，都直接攸關故事文本的精彩程度。另一方面，專業者事先安排居民作為暗樁，在該團體中有份量的居民能先拋磚引玉說出自己的精彩故事，也是另一種因應的對策。

　　「地方劇本」理論適用於地方調查的問題，在於許多外來移民者的精彩人生故事，可能與調查者所想要的地方對象沒有直接關係，反而是發生在其他地方的故事，例如：國民政府撤退來台時的移民故事、或是東南亞新移民者（外籍配偶等）的生命故事，可能更精彩的故事地點在於當時的原鄉，然而調查者本身是不能限制居民一定只能說出發生在當地的故事，因此「地方劇本」在作為地方文化資源盤點的工具時，將會因為所調查到的故事其發生的地點卻不在自己要調查的地方，而受到一定的限制。如果發生如此現象，可將本地當作主體，而在其他地方的故事成為本主體的上下脈絡來進行交代，或是直接以「在當地中最重要的三件事情」為「媒介」來引發居民對於當地故事的發想。

創1984年僅有73人工作，如今在全球擁有5,000名員工，其中1,200名表演者。在蒙特婁的國際總部就有將近2,000名員工。劇團的員工和藝術家囊括50個國籍、使用25種不同的語言。自1984年以來已巡迴全球超過200個城市，超過9,100萬名觀眾欣賞。」（太陽劇團，20150614）。來自加拿大魁北克的蒙特婁發跡的太陽劇團，造就全鎮經濟，鎮上許多民眾在劇團工作或是從事支援劇團所需要的相關產業，目前全世界遊客也因為太陽劇團而前往當地觀光旅行。另一個為中國大陸的桂林案例，「桂林山水甲天下」因景色山秀水麗而吸引大量觀光人潮，不過，目前桂林山水不僅能以視覺來體驗，也是融入大型表演活動，取材於桂林當地生活故事的印象劉三姐山水劇場吸引大量文化觀光產值，幾乎是遊客到桂林當地夜晚必去欣賞的表演，該劇碼山水實景劇場為「歷經5年5個月、67位中外藝術家、109次修改演出方案、600多名人員演出，在方圓兩公里的漓江水域，十二座背景山峰，廣袤無際的天穹，構成全世界最大的山水劇場。劉三姐是壯族傳說中的歌仙，在印象劉三姐中，你能看到一串印象，這些印象來源於山水和人民的生活，她是從這片土地裡走出來的『劉三姐』。」（印象劉三姐官網桂林市廣維文華旅遊文化產業有限公司，20150614）。該山水劇場不僅提升桂林城市在全世界的知名度，同時也帶動當地整體文化經濟之發展。不過，在印象劉三姐活動演出的現場，觀眾的水準值得思考，例如：觀眾進場時插隊、佔位、吵雜等現象十分嚴重，或是觀眾進出場之管理、演出開始的預備暖場、觀眾現場拍照及其他現場秩序維護等劇場行政尚待加強，也因為缺少解說而一部分觀眾在現場直接表示完全看不懂表演（資料來源：本研究2014年桂林印象劉三姐現場田野調查記錄與整理分析）。

「地方劇本」[31] 可用於發覺地方故事，並在居民參與者進行個人故事的挖掘過程中，產生過去經驗治療的效果，並透過分享讓居民彼此更深入的相互瞭解，而更加凝聚在一起，形成更有向心力的共同體。另外，「地方劇本」由於具有原創性故事價值，能再生產出各種地方文化產品，包括：小說、故事繪本、表演及視覺藝術、工藝、衣服飾品等，甚至地方特色小吃、微電影或電視、地方文化觀光等不同的產值圈。「地方劇本」由於是居民心理認知的「真實性」，多少出現許多與事實不盡相符的程度，但由於是屬於故事性質，故能減少對於歷史考證及真實性的要求，不過，既然是屬於地方的故事，需要有一定程度的真實價值，完全虛構將有可能產生負面效果，因此不宜為商品而故事，因為過於商業氣息，而是因具有故事價值才有機會再生產成商品，故事原創的精彩性是重點，不是一開始尋找地方故事時就已經開始思考如何產業化、商品化。

三、地寶遊戲

「地寶遊戲」是一種「地方尋寶遊戲」的參與式活動，是一種透過遊戲方式進行地方文化資源寶藏的調查或體驗的概念，也是一種地方文化調查、或地方文化體驗學習的操作型工具。「地寶遊戲」的工具，可分為兩種功能：（1）為「地方分析」的工具，具有地方文化資源盤點調查的功能；（2）為「地方成品」的地方文化推廣產品，具有地方文化教育、文化產業等功能。「地寶遊戲」遊戲的呈現方式是以藏寶、線索、地圖、探索方式等構成[32]。

「地寶遊戲」以地方文化為主，事先為透過初步的地方文化資源盤點之後，將遊戲中需要設定的人物角色、寶物、遊戲進行方式、遊戲處罰及獎勵規則等等，遊戲中的所有一切都與地方文化或民俗等相互結合。

---

31 「以地方劇本整合地方故事」概念分析案例：中國大陸溫州雁蕩山。中國溫州的雁蕩山群山環抱且地形奇異，其雄偉多變的群山中，夜景時，以一首打油詩：「牛眠靈峰靜，情侶月下戀，牧童偷偷看，婆婆羞轉臉。」每一句都藏著至少一座山峰，四句正好位於東西南北，而這數座高大的山峰群，藉著打油詩的故事劇本，表達了整個雁蕩山風景區的夜景，也是整個夜景的線索，意思是「當夜幕降臨時，靈峰變得靜悄悄了，只有一對情侶在朗月下親熱相戀，一個調皮的小牧童卻在偷偷看這對戀人的談情說愛，這時在尋找孫子的老婆婆忽然撞見他們，不好意思地把頭轉了過去，一幕幕景像在最美的瞬間定格了。」（溫州市雁蕩山風景旅遊管理委員會，2015）。在現場整個風景區的夜景，直接透過一首親切的打油詩，融合描寫四周險峻的山林剪影，成為有趣的地方文學，也提升了文化觀光旅遊的品質，賦予民眾更深刻的地方記憶（資料來源：本研究1991年中國大陸溫州雁蕩山現場田野調查記錄與整理分析）。

32 「遊戲設計」也可分為「套裝」遊戲以及「單元」遊戲等兩大類，在地方參與工作時事先設定特定目標，再展開各個步驟以遊戲的心情及方式達成原本目標（鄭晃二及陳亮全，1999）。

　　另外，因為「地寶遊戲」是所有地方探索遊戲的通稱，因此包括具有實體材質的「紙上遊戲」或是以行動裝置及行動載具、手機 APP 等有關的軟體遊戲（或可稱「線上遊戲」），另一種類型為「地上型」遊戲[33]。

　　「地上型」遊戲分成兩大類：（1）一種是「抽象型」遊戲，是找一個公共空間直接畫在地上，例如：一般各種形狀的跳格子遊戲；（2）另一種為「實境型」遊戲，是將遊戲角色、遊戲方式、遊戲的前進路徑等，與地方各個設定的地點，相互融合在一起，也就是說，參與者是以遊戲的角色到地方上所設定的各個景點，以遊戲方式進行實際的地方文化探索及體驗。

　　一般遊戲設計的基本要素，將包括：各種角色（像是：人物故事背景、整個遊戲的故事背景等設定）、角色基本配備、設定闖關及障礙（像是：每一關的環境情境不同）、設定關卡（像是：每一關最後的關主、魔王等）、挑戰升級（像是：闖關難度的升級、角色功能的升級等）、闖關輔助工具（像是：寶劍、飛行器、或能量罐等）、寶物（像是：獎品、戰利品等），而地方遊戲也應該包括這些項目的設計。

　　另外，「地寶遊戲」能與當地的地方文化、風俗民情等地方文化特性相互結合，結合的項目包括一般遊戲的項目，包括：遊戲角色、遊戲進行方式、特殊處罰及獎勵（例如：機會及命運）、得分計算（包括：在過程及最後贏家的分數計算方式）、突發例外（例如：幸運重生、突發危機等狀況的設定）等皆可融合在地方遊戲當中。

　　而作為「地方分析」調查效果的「地寶遊戲」其進行方式，分析如下：（1）先進行初步的地方調查：瞭解初步的地方文化及其他特殊性內容，發現許多問題，並整理出想要進一步獲得的問題；（2）進行遊戲類型的方向：由於需要讓居民們更加熱心的參與，於是選擇容易讓居民們熱絡的遊戲方式，在遊戲中巧妙的安排設計一些問題，這些問題是調查者想要知道的內容，而讓參與者在遊戲中自然的回答；（3）設定遊戲方式：由於屬於地方分析型的遊戲，盡可能以初步調查的結果，運用當地的風土民情等地方文化，融入自己的遊戲當中，像是之前所述的遊戲角色與歷史故事角色的結合，或是其他遊戲進行方式與地方故事的相互融合等，包括上述所分析的各種角色、進行過程及計分、獎品及處罰等設定；（4）設計遊戲參與者需要回答的關卡：在某些格子中，設計一些關卡點而讓居民參與者需

---

[33]「地寶遊戲」的另一種類型，是寫成劇本方式並拍攝成為電影，像是：電影國家寶藏便是一場美國歷史的推理劇，透過尋寶冒險的過程「片中劇情如同一場美國歷史之旅，像是：美國獨立宣言簽署地點、開始日光節約時間、華爾街為何叫華爾街、百老匯舊名等，電影透過原創劇本前往美國歷史文化的名勝景點來拍攝，例如：華盛頓特區的林肯紀念堂、傑佛遜紀念國會圖書館、國家建國檔案資料館、費城富蘭克林學院以及獨立會堂、紐約三一教堂……等等。」（迪士尼電影動畫王國官網，20150614）。帶動了各地對於當地歷史推理的故事題材，並讓觀眾對於相關歷史事件及發生地點留下深刻的印象。

要回應調查者預先想要調查的問題，例如：機會與命運、或是抽籤等關卡點；（5）先找當地居民進行前測：已經初步完成所有遊戲，在正式推出之前先進行前測工作，並且針對回饋意見進行修正，更重要的是居民參與者是否能在遊戲過程中，熱烈參與並自然而然的說出調查者想要獲得的內容；（6）正式進行遊戲及回應內容的分析：整理及分析透過遊戲過程中，居民所回饋的意見，某些意見如需更進一步瞭解，需動態調整再轉為詢問遊戲者的問題，以「調查者設定問題、遊戲者回饋、調查者修正、調查者再提出問題」之過程，並且一再循環進行重複之工作。

另外，有關「地方成品」推廣效果的「實境型」的「地寶遊戲」[34]，在地方的操作進行方式，分析如下：（1）事先盤點及分析地方文化資源：先進行地方文化資源的盤點工作，並且找出「人、文、地、產、景」中，地方的風土民情及特殊的地方文化，而能設計為「地寶遊戲」發展文化體驗等的相關資源；（2）找出地方關卡地點：透過事先的地方文化資源盤點，增加更多遊戲路徑會經過的地點及可體驗的內容；（3）找出及評估數個地方遊戲的路徑方案：以地方歷史、傳奇、神話、名人等，以不同的「故事」進行地方規劃串連上述各個被篩選出來的地點，規劃數個故事的路徑方案將有助於評估出一條最重要的地方體驗路徑，或是擁有幾個不同主題的故事體驗路徑；（4）遊戲角色、方式及規則等設定：將地方風土民情等地方特殊文化加以融入在遊戲內容之中，包括如上述所分析的故事角色名稱、遊戲過程及規則、獎勵及處罰方式、得分及計分方式等與地方文化之間相互融合，透過遊戲體驗地方文化；（5）前測：正式推出前先找某些外來遊客進行前測工作，並進行回饋及修正遊戲內容；（6）正式推出：並且規劃各種交通工具、遊戲體驗時間及所需的相關輔助工具等。

---

34 國內北、中、南、東各地歷史老街，其古蹟修復及完成後的再利用方式幾乎都十分相似，換句話說，古蹟修繕的工法及街道上販賣的產品都非常相像。只是，令人感到弔詭及遺憾的是，各地老街是基於當地不同的歷史發展脈絡，才被各自指定為各個歷史老街，但是現況結果卻是各地老街其街道景觀樣貌卻十分相似，探究其部分原因，是各地歷史老街並未突顯出自己的歷史性、故事性，且老街的地方故事價值並未反映在老街之中，因此造成一般民眾有感覺十分雷同。因此，我們應該更加突顯地方故事以及在老街的再利用方式，以免讓老街失去自己的獨特性，例如：在頭城老街，便曾經嘗試運用頭城詩社的詩詞來串接老街成為文學地景，並且設計一些通關密語及圖騰來趣味化老街的體驗，另外，在桃園的虎頭山風景區，因為風景區上方有重要的孔廟，故在虎年完成當山步道時，趁機將中國書法中出現的各種「虎」字字體，以「臥虎」的概念，藏在步道各個角落，成為尋覓虎字及發現文化的探索之旅（桃園市政府風景區管理處，20150614）。

第五章

博物館地方理論

在上述各章節已論述地方性理論及其分析方法等內容。然而，在一個地方相當需要能夠有一個屬於在地的文化核心，來帶領整個地方一起發展屬於自己的地方特性，而這個重要角色及任務便與地方博物館的目標息息相關，也就是，地方博物館應該成為一個地方的「地方性」其地方調查、研究、保存、教育、發揚、傳承等重要的核心。

因此，在以下內容，先從科學哲學角度分析博物館，認知博物館是一個「地方知識集合場」，再論述過去一般傳統的現代博物館（museum）其範型（paradigm）特徵及範型移轉（paradigm shift）（Kuhn，1996），並再論析另一個「後博物館」（post-museum）範型及其特徵等，之後，說明在此博物館範型之中，博物館與地方性之相關理論，以及博物館的地方作用。

第一節　博物館範型的科學哲學分析

地方博物館是一個地方保存、教育及發揚、傳承等工作的重要單位，也就是說：「地方博物館是一個地方知識的集合場」；且「地方博物館是地方知識的生產、消費及交換的場所」。然而，上述所言的「地方博物館」類型主要包含兩種類型：第一種類型為地方以具有館舍的博物館為核心，來帶動地方知識發展的地方博物館；第二種類型為「整個地方」就是「一個地方博物館」。

以下，我們先提出博物館為一種地方知識集合場域之概念，並以此概念從本體論、認識論及方法論等科學哲學之觀點，加以深入探討分析。

一、博物館的本體論分析

從本體論的角度來分析，我們需要認知到：（1）地方博物館是否能真實存在於地方的真實世界（reality world）之中？或是只是有別於地方真實的一種人工造作的真實性？（2）地方博物館對於地方知識的追求，能否獲得地方完全真實的真理、或是僅能接近於地方知識的真理而已？（3）我們的地方博物館應該採取的本體論基礎為何？

實在論（realism）認為外在的客體世界是獨立在人的意識之外而存在，然而，唯名論（nominalism）卻認為外在事物無法獨立於人之外而單獨存在，因為外在世界的存在和人的思想及心靈有關，而觀念論（idealism）並不否定客體世界的存在，但認為外在事物無法獨立於人的思考而存在，因為人所意識到的部分必定經過人類內在思想、意志和行為的作

用（黃光國，2001：19-20）。因此，所謂的博物館及地方性也是如此，博物館與地方性所涵蓋的內容，並無法獨立於人之外而存在，地方博物館不可能存在於「自然」而是存在於「人」自身所見的「真實世界」，也就是一種人造的「自然」世界之中，而這一個人造的自然世界就是由各種所謂的「地方知識」及其脈絡系統等，所共同建構而成。

　　由於博物館是地方知識的集合場，因此我們是透過地方博物館及其收藏及展示的知識內容去瞭解有關地方的真實世界，由於這些地方知識勾勒出地方性及其特質，將不同於自然界由原子、分子等量子所建構的物理世界，而是屬於一個由心智狀態所建構的知識世界，所以，我們必須承認地方博物館及其知識是存在於「人」所見的「真實世界」，因此，對於地方博物館來說，地方所有民眾本身對於地方知識的生產、消費及交換的共同參與，便變得十分重要。

　　更何況，我們只能收集、研究、保存及發揚、傳承接近於地方知識的「真實性」，並無法認定我們所獲得的地方知識是唯一真理，因此，在地方上擁有更多種的觀點、不同角度的論述、對於地方知識的各種說法等，變得更為重要。

　　另外，我們對於地方知識的獲得，除了以正面的角度進行驗證之外，也可對於原有地方知識的反思及批判，舉出反例來重新檢驗，這也是後實證主義所使用的「批判實在論」（critical realism）之論點。而在另一種「歷史實在論」（historical realism）的觀點中，則認為地方由社會、政治、文化、經濟等在一段時間中，形成一種「虛擬的實在」（virtural reality），因而需要透過各種對話來加以辯證，尤其是面對地方的歷史知識，更是需要各種觀點來彼此對話辯證，才能更具接近於過去歷史發展的真實性。另外，另一種結構及後結構主義則認為地方知識是一種「間接的實在」，地方知識是經由個人感官所經驗到的「實在」而不是真實的實在，因此，地方知識內容只是一種對於地方的詮釋而已，對於地方知識的研究重點則在於透過各種臨床實驗的個案，分析出事物背後的地方結構，因此，地方知識透過論述所形成「建構的實在」，是被各種論述系統所建構出來的知識體系[1]。

二、博物館的認識論分析

　　在此，我們要討論的是地方博物館對於地方知識的研究應該採取何種認識論定位，包

1　我們再從「絕對主義」及「相對主義」等不同角度來加以分析，實證主義（及後實證主義者）偏向絕對論，以研究與客觀事實「對立」的基本態度，來獲得最客觀的知識，批判論、詮釋學及結構論者偏向相對論，以研究與客觀事實「互動」的角度來獲取知識，並且否定通案而是強調個案（或單一命題）的個別適用性，認為研究所得的知識與客觀世界是共同存在，研究所得到的知識是相對互動而成。

括：（1）認（知）識地方博物館所提供的地方知識是知識決定論或知識供給論？（2）認（知）識對於地方知識的研究是獨立系統或互動系統？（3）地方的認（知）識是透過什麼樣的方式來加以獲取？（4）我們認為地方博物館在地方知識發展過程應該採取的認（知）識論的立場為何？（5）應透過什麼樣的方式才能取得「正確」的認識地方博物館對於地方知識的研究內容？

　　一般而言，要獲得地方知識可以切入研究的角度，包括：實證（後實證）主義、結構（後結構）主義、詮釋學、批判理論等不同方式，或者以微觀或是宏觀的觀點進行研究，或是認知地方知識究竟是一種外在客觀知識或是內在認知成分來進行研究，或是透過知識是一種個人實踐的行為還是地方整體結構系統而加以研究，或從當代觀點重新認知過去歷史之角度切入等方式。

　　然而無論上述各種不同的認知觀點，地方知識是一種社會關係的運作過程及結果，是一種互動系統而非獨立系統，而且，地方知識是一種「文本」（text），需要從地方的知識脈絡（context）中加以獲得，或者換個方式說，地方知識作為一種主體，是地方世界客體的濃縮，地方知識主體需要納入地方環境客體的相關條件，來加以閱讀。

　　另外，對於研究者而言，獲得地方知識是一種科學的態度，但是對於大多數的社會大眾而言，並不需要所謂的「理性」及「科學」，而是活生生的生活「經驗」，因此，地方知識只是一種知識「供給論」而非知識「決定論」，知識論述系統的說法僅能提供生活上參考，是由社會大眾在自己的日常活動被加以選擇使用及確認。也就是，地方知識對於較多數的社會大眾而言，並不是一種嚴謹的認識及科學實驗，而是透過自己的感官進行「知識經驗」。因此，一方面如同上述本體論所論述分析，地方知識的科學研究並無法獲得完全的真實性，在另一方面，似乎更強調在生產、消費及交換時，一般社會大眾們對於當地的地方知識「經驗」之過程及其結果[2]。

2　因此，對於地方知識更是強調所謂的「體驗學習」，以視覺、嗅覺、味覺、觸覺、聽覺等「五感」進行地方知識的蒐藏、研究、教育展示、推廣等。目前在台灣各地許多地方的社區營造便是經常使用「體驗學習地方知識」的概念，發展地方文化觀光，也就是，透過五感來體驗由地方知識所轉換出來的各種遊憩對象。舉例分析：千里步道籌畫中心。他們在 2012 年挑選五個特色農漁村，讓旅人背著環保餐具以及自備盥洗包，展開眼、耳、鼻、舌、心的五感體驗。中心開始是由於「一群年輕人因為在台灣各地『找路』的緣故，以雙腳重新走訪了生養我們的土地，串連起山線、海線、屯線三千公里的主幹線，也藉由找路、串路、走路的過程，認識了沿線所經的農漁村社區與人文風情。2011 年，他們以種樹公益小旅行的方式，結合農漁村樸實生活體驗，推動了『到農漁村住一晚』的活動。讓旅人不只是路過，還能住下來，進而透過動手作，從種樹、尋找土地公的樹苗、探索食材從土地到餐桌等過程，進而和社區生活在一起。2012 年最自然又樂活的農漁村小旅行，計有：客家農庄；屏東萬巒五溝水之傳統聚落文化與自然湧泉生態、笠山腳下黃蝶谷；高雄美濃九芎林與揚葉共下飛在美濃得化不開、漁鹽滿滿；嘉義布袋之曬鹽文化和漁村幸福原味、尋找失落的沙洲；雲林四湖三條崙之蚵與蒜頭的絕配所在、搭牛車下海；彰化縣芳苑之熱鬧天然泥質潮間帶生養萬物等。」（周聖心等，

三、博物館的方法論分析

對於地方知識的方法論而言，我們要關注的是：（1）形成地方知識的方法及其過程是否準確？我們要採取哪些研究方法讓地方原始的資料能被推導出知識？又如何盡量在過程中每一個步驟都堅實無誤及完整？（2）研究過程中我們要採取的是歸納或演繹法、設證法或類比法等或是其他？（3）這些研究方法可否獲得確切的地方知識（推論或結論）？

目前對於地方知識研究的主要方法，主要採取：量化數據分析以及質化資料分析等二者為主，另在知識的推論過程以演繹法、歸納法等交互運用，如同上述所言，在不同的研究法中則包括：實證（後）主義、結構主義、詮釋學及批判理論等不同的類型。

另外，對於地方知識的研究方法可放在以下幾個不同的焦點，分別為：描述性或是系統性的重點、概念取向的抽象理論、實踐取向的經驗描述等類型。然而，對於大多數的一般社會大眾來說，對地方知識的生產、消費及交換等過程的參與性、認同度、喜好狀況等，會比推導過程的精確無誤等要求，相較來得更為重要。因此，對於一般民眾而言，地方知識的生產也可能出現較不精準的詮釋過程及結果，甚至是一種「創造性論述」[3]。

第二節　博物館範型特徵及範型移轉

以下分析過去歷史中博物館於各階段發展出來的範型，並架構在此發展脈絡之下，本章節再進一步分析一般傳統的「現代博物館」與「後博物館」不同範型之間其特徵的相同與相異之處。

一、「博物館」範型的發展脈絡分析

「博物館」範型歷經幾次移轉才成為今日所見的範型，其起源及各階段的演變歷程為：

20120123）。

3　「創造性論述」概念之案例分析：台灣客家圓樓。「創造性論述」是在社會大眾的生活經驗中被集體生產出來，但不代表其所生產出來的是毫無問題的「知識」，例如：在台灣各地便曾出現許多地方知識是「創造性論述」，而且此現象還並不只是發生在一般社會大眾身上而已，在台灣就連政府、專家、學者等人士本身也出現問題，例如：客家圓樓，在台灣客家歷史文化的發展過程中，並沒有出現圓樓的空間形式，但是在政府單位及專家們對於台灣客家地方知識的不精準性之下，花費大筆預算興建客家圓樓來代表台灣客家，不僅錯誤引用更是誤導後代。目前已經開幕的苗栗客家圓樓也被各界批評非台灣本土建築，而台灣的客家建築是合院式的「伙房屋」（彭健禮，20141026）。

（1）博物館「museum」起源於希臘神話「繆斯（Muses）祭祀之地」：依照牛津大辭典所載明「museum」起源於希臘文「mouseion」，「mouseion」之原意是「祭祀希臘神話中繆斯女神的殿堂」，在神話當中繆斯女神共有九位，而且分別執掌：有關史詩、音樂、愛情、詩歌、辯說術、歷史、戲劇、舞蹈、天文等，是一座獻給謬斯女神的殿堂（喬治·艾里斯·博寇／張譽騰譯，2000：39）。所以，博物館起源於獻給希臘美麗、文化女神之地。

（2）第一座博物館為「學院」範型：在紀元前290年托勒密一世為紀念繆斯女神，在埃及地中海的亞歷山卓城中建造了「亞力山卓博物館」（The Mouseion of Alexandria）為第一座博物館，是一座獻給謬斯女神的學院，學院包括一座蒐藏博物館各領域藏品的圖書館、天文觀測台、其他相關研究及教育的設備等（同上），因此，此博物館的範型主要是一座屬於研究場所，兼具圖書館、實驗室及學者研究室的場所。

（3）「私人陳列室」的博物館範型：在希臘之後，可以看到像是羅馬也出現在許多寺院中，大教堂及修道院等蒐集了自然的標本及宗教的聖物等，在歐洲的17、18世紀期間也相當流行許多貴族、富豪等私人對於藝術及自然珍奇的蒐藏，這些收藏的空間被稱為「小型陳列室」（cabinets），由於展品的特殊性、稀有性等，或是帶給觀眾刺激性，逐漸強調物件的娛樂價值，成為一種嘉年華、蠟像館等形形色色的展示，招攬尋求娛樂的遊客，此種強調物件娛樂價值的方式，對於藝術性質的博物館是一種嘗試，一座藝術博物館的收藏與展示之基本原則，就是藉由獨特的藝術品，製造觀賞者情緒上的反應，而在歐洲許多藝術博物館的前身便是這些貴族收藏藝術品之處（同上）。

（4）「具有公共場所意義」的博物館範型：之前的博物館範型都不是提供一般民眾可以自由進出的場地，真正具有「公共場所」概念的博物館，是法國貝桑松的聖文生修道院勃瓦梭院長博物館，1694年勃瓦梭院長過世後，將個人蒐藏留給修道院，但是條件是需開放一般民眾可以入內參觀，將博物館向社會大眾開放，但在當時民眾還是要特別提出申請才能入內。另外，法國皇室政府在1750年也開放盧森堡畫廊供大眾參觀，但真正屬於大眾的博物館是羅浮宮（同上：40）。

（4）「具有現代特性」的博物館範型：1763年牛津大學「艾希莫林博物館」（The Museum of Ashmolean），是西歐地區第一個自稱為博物館的機構（同上：41），為第一座具有對外公眾開放及「現代博物館」範型意義的博物館。

（5）「社會教育功能」的博物館範型：直到1850年後，博物館才逐漸開始以教育為目的，有關人類學及藝術等以「系統化」處理，在19世紀下半葉才開始產生。1781年維也納藝術博物館開始以「學派」及「年代」先後來展示其畫作，但當時此手法並不多見，直到1880年巴黎克魯尼博物館以「系統化」處理蒐藏品後才逐漸普遍（同上：40-41）。

　　（6）「國家政治意義」的博物館範型：1793 年在法國大革命之後，設立的「共和博物館」（The Museum of the Republic），為由政府機構設置的博物館，為當今羅浮宮的前身，是與當時法王路易十六及法國共和時期等戰爭及社會發展有關，羅浮宮原本收藏歷代君王的收藏品，並在共和時期將文物的產權變更為公有，再加上法國在全世界各地殖民之下，搜刮相當豐富的戰利品，博物館成為向社會大眾展現國力的重要場地。

　　發展至此，博物館發展成為幾個世界強國到各地收集寶物的特徵，並同時在博物館內部以現代官僚組織方式進行分工、經營管理工作，並開放給社會大眾入內參觀等特性，而逐漸發展出如同我們今日所見到之一般傳統的「現代博物館」範型，在此之後博物館便不侷限在這些少數強權，全世界各地逐漸大量設置如同此傳統的「現代博物館」範型的各種博物館。

　　在傳統的「現代博物館」範型向全世界各地擴大並成熟發展之後，在法國又興起一場「生態博物館」（eco- museum）理念的範型。

　　Georges Henri Riviere 及 Nancy J. Fuller（1985）提出「生態博物館」概念為「一個反映地方族群本身的觀念與形象的工具；是一面鏡子，讓地方族群用來提供遊客更認識自己，並爭取值得重視的認同；是時間的表現與空間的詮釋；是一個地方文化遺產的保存中心；是一個實驗室用來研究地方族群與環境的關係；展現及教育培養對此地方文化的尊嚴與藝術表現，由於各地方族群文化具有無限的多樣性，因此生態博物館的組成元素隨著標本而異，生態博物館也具有實驗室、保存中心與學校等三位一體之功能，不是自我封閉的機制，它既接受也給予，不是一種靜態的而是動態的演化性定義。」（鄭秀嫻譯，1996：3）

　　另外，因應「生態博物館」的演進，「生態博物館學」也逐漸改變，Francois Hubert（1985）也認為「生態博物館學的發展，是由二種不同的面向配合而來，一是希微賀所主張的生態學、地域人種學觀念；二是人民要求自治的慾望。這二種的合流引領生態博物館學系統的發展，整個系統包括了博物館的時間演進、空間組合、田野實驗室、和當地路線結合的社區等，由使用者、行政人員、科學顧問等三組來管理及相互學習，朝向發展社區共同目的邁進。」（陳音音譯，1996：20-21）

　　因此，張譽騰（1996）曾整理分析「生態博物館」在法國的起源過程，他認為法國生態博物館共歷經三代的發展（張譽騰，2004：34-67），並認為生態博物館的理念為：從上而下的威權轉變成下而上的草根型態；由傳統的建築內部而外部變成由地方外部而內部；放棄大理論或大論述；營運基礎由物為主變成以人為主；由過去懷舊導向變成改變現在或創造未來的導向等（張譽騰，1996：9-10）。

　　在「生態博物館」的發展脈絡之下，Hooper-Greenhill（2000）更直接提出「後博物館」

（post-museum）範型的概念，「後博物館」是從過去一般傳統的現代博物館轉型而發展出更多元的型態，而且「現代博物館過去（及現在）是宛如以建築體來被想像，博物館在未來或許是以一個過程或一個經驗來被想像。」（Hooper-Greenhill，2000：152）。Hooper-Greenhill 也進一步說明，後博物館論述了博物館其主體性的移轉，從傳統博物館的機構式經營、精英式知識的生產與展示、學術研究為主、封閉的建築館等，下放至地方參與及關懷、多元文化發展、地方文化主體、跨出建築物的界線藩籬和地方連結發展等概念，以及在地實踐的寶貴經驗（同上：152-153）。

　　然而，在我們面對博物館從神廟的起源、研究機構、現代博物館、後博物館等範型特徵及其移轉演變過程，目前無論是上述的哪些博物館範型，都是劃地自限設置一個博物館，我們推廣一個博物館與地方生活更為融合在一起，也就是，並不是劃上一個博物館園區，當走入園區界線內部才是充滿文化的博物館，走出界線外部後便不是博物館而只是普通的生活方式，反而是由民眾在自己居住的地方產生「博物館的生活方式」（life way of museum），新的博物館範型並不侷限在於一個特定建築空間或活動過程，而是一種在地方的生活態度，透過不同民眾有著自己不同的「博物館的想像」（museum imagination）[4]，而有各種自己的博物館生活方式，因此，是一種走向社會全面運動的博物館範型，為「博物館社會運動」（social movement of museum）[5] 範型。

4　張婉真（2005）曾經認為：「原本安德烈‧馬爾侯（André Malraux）在 1947 年出版的《無牆博物館》（*Museum without Walls*）一書，其中『無牆博物館』一詞是來自於英文的譯名，但是翻譯成『Museum without Walls』與其法文有些出入，原名『Le Musée imaginaire』按字面當譯為『想像中的博物館』，這個馬爾侯偏好的用語，其實並不意味任何單一的博物館，而是指依一個時代的感性，可匯集的所有藝術品的總合，亦即無關現實裡的博物館，而是抽象的造型藝術之匯集。」（張婉真，2005：11-12）。然而本研究在此所提的「博物館的想像」（museum imagination）概念，是去呼應了馬爾侯提出的博物館之心理認知及想像，而不是一棟房子，且更加強調對於博物館的想像並不只適用在少數的博物館專業者本身而已，而是在文化公民社會的理念中，每一個社會大眾在日常生活中都可以對博物館提出各種想像，並參與在自己所想像出來的博物館之中，且每一個人都可以允許別人的不同，以及一起生活在由各種想像的博物館，所共同建構出來的地方場域之中。

5　「博物館社會運動」概念分析案例：台南市土溝村美術館。由土溝農村文化營造協會以社區營造概念，目前也正在進行類似上述「博物館社會運動」的概念，將土溝村發展成為「生活在博物館的博物館」，其協會的官網中將土溝村定位為：「村是美術館，美術館是村！」以及「對不起，慕名而來土溝的朋友們，如果你找不到土溝農村美術館的那個『館』，對不起，因為事實上並沒有一『棟』美術館。十年來，我們整治了土溝農村的閒置髒亂空間，思考農村新生活美學的概念，以農村居民生活環境為中心，再擴展關懷農田生產，一步一腳印，我們不被公部門的補助案框死，而隨時在尋找農村新生活的可能性。土溝農村美術館是由這樣的概念產生，他不是一座館，而是一整個農村，他不是一個風景區，而是一個活生生的社區，他不是一個遊樂園，而是一個生產的農園。所以，朋友到了土溝，就是到了土溝農村美術館，展品隨著四季而換，村民都是解說服務志工，農田是畫布，農產品是藝術品，農民就是藝術家。這樣的觀念也許有人也無法理解，來到土溝直問在哪裡？館在哪裡？館在土溝人的生活裡。」（台南市土溝農村文化營造協會，20150617）。不過，在農村現場因為進入許多外來藝術家、設計師或其他藝文工作者等，也產生外來者與當地內部居民之間不同生活方式、地方認同等衝

二、現代博物館與後博物館的範型特徵分析

　　以下我們進一步比較過去傳統的現代博物館至後博物館二者範型之間的移轉，而這種範型移轉的現象，就如同 Georges Henri Riviere 及 Nancy J. Fuller（1985）所言，博物館的角色及範型已經逐漸移轉，他們認為：「博物館提供一個架構，用以測試文化機構如何民主化的過程」以及「在文化轉變過程中建立一個類似媒介者的角色。」（鄭秀嫻譯，1996：4），因此有了「新博物館學」（The New Museology）（Vergo，1989）的文化運動。

　　面對博物館範型的變遷，Hooper-Greenhill（2000）以「後博物館」概念來加以說明，其認為後博物館是以傳統的現代博物館為基礎，在今日轉化發展出符合各地不同型態的多樣化博物館類型，而且後博物館呈現出多元、片段、群眾喧嘩的知識架構，鼓勵合作、協調、多元價值並存，更加重視人與人之間以及文物與人之間的關係，並且在過去現代傳統的博物館主要以展覽為主的活動，在後博物館已經不是最主要或是全部的活動，而博物館本身擁有各種多樣的活動（Hooper-Greenhill，2000：152-153）。因此，在後博物館範型的概念之下，博物館的發展比過去時期的範型，擁有了更多因應在地特色以及更多變化的各種可能性，而不是單一標準型態的範型概念。

　　由於過去一般傳統的現代博物館與後博物館二者範型的立論基礎相當不同，故在以下透過比較論述分析來進一步釐清二者其在科學哲學內涵的差異性，內容如表 5-1 所示。

表 5-1　「現代博物館」與「後博物館」範型其科學哲學之比較分析

範型	本體論	認識論	方法論
現代博物館	博物館存在的本質具有核心性；博物館世界與所在地的地方現實生活世界分離而單獨存在；以博物館建築物區隔地方大部分非知識場域。	博物館知識來自於「物」；唯有透過專業者及專業研究，博物館的知識才能產生出來；知識是由專業者認可才具有真正的價值；知識展示為呈現專業者認為的現實世界之精華。	由機構式的組織分工進行研究；由各種不同專業領域的專業者進行分工及研究；由專業者提出知識份子菁英的科學研究法。
後博物館	沒有核心性；沒有一個能脫離地方群眾而獨立存在的建築；博物館是由地方群體生活共同產生；博物館是生活、生活在博物館。	博物館的知識來自於「人」；知識是來自於地方生活經驗及居民的自覺，及其產生的集體價值；博物館知識是一面鏡子，提供不同族群文化的市民們自我反思及身分認同。	知識從各種實踐的過程獲得；重視個案本身的地方經驗；實踐過程比結果更為重要；獨特的個別經驗重於套裝標準；無一定標準及制式的方法。

資料來源：廖世璋，2014：38。

突，居民與藝術工作者對於土溝村「地方性的想像」有所不同並產生落差。

三、後博物館範型的地方性

後博物館範型強調的是在一個地方知識集合場之基礎下，因地制宜並在各地展現多元不同的博物館型態，而各式各樣的博物館類型如雨後春筍、百花齊放般的在各地不斷的發展之現象，同時在全世界宣告了，博物館作為一種知識的大敘事、單一敘事時代的終結。

後博物館範型並沒有取代現代博物館，而是架構在現代博物館的原有特性之上，更加強調因地制宜，而所謂的「地」就是「地方性」，包括：地方居民、地方文化、地方器物、地方地景空間樣貌等特性。另外，在設立方面，與現代博物館各館擁有自己的設立宗旨有所不同，後博物館設立的宗旨並不應該只是針對自己的館舍內部而已，而是包括地方整體，進一步來說，設立宗旨就是保存、發揚及傳承等一個地方自己特有的「地方性」[6]。

因此，過去一般傳統的現代博物館，主要是以：官僚組織、專家系統、中央核心、功能分工、門禁森嚴等特徵存在及運作。有別於此，後博物館主要為：「地方性、在地實踐、個別經驗、文化運動、多元非單一核心、去精英化、民主化、下而上、非主流、地方整體發展、界線模糊化等。並且，它並沒有一個單一標準、既定的博物館發展框架或是制式的分類可以套用，是在地方上實踐過程中自己依照地方特質，發展出符合當時、當地等各種地方現實條件下，在特定時空脈絡中的博物館方案，是動態的博物館概念，也因為動態概念而保有並強調每一個個案因地制宜、在地實踐、即時反思修正的個別經驗，以及在實踐過程中對當地社會的相互關聯與影響，因此產生更多元不同的博物館面貌（廖世

6　「後博物館的地方性」概念之案例分析：台北寶藏巖聚落。位於台北公館的寶藏巖的文化價值歷經了：都市邊緣化發展（光復初期遷入逐漸形成違建聚落）、去價值化發展（因興闢公園進行違建拆遷）、價值化發展（認定為文化資產進行保存及發生抗爭運動）、再價值化發展（以「共生」概念及寶藏家園、藝術家駐村、國際青年會所等三大主題營運），實踐了「後博物館」的範型（廖世璋，2014：35-71）。不過，未來其地方性是否會被移轉還是受到各界的質疑與挑戰。另外，有關寶藏巖聚落其博物館相關內容與其他博物館範型之比較分析，如表 5-2 所示。

表 5-2　寶藏巖聚落與博物館範型之比較分析

類型	重點	研究	典藏	教育推廣	展示（物件）	展覽（活動）	導覽人員	參觀區域
現代博物館	物的重要性	館內主題	館內主題相關物件	一般博物館教育	展品	常設展及特展（館內精品）	專人或志工	室內展示空間
後博物館	人與物的關係	地方歷史	社區集體記憶的物件	地方多元文化、地方印象	社區生活用品	地方生活用品及社區地方文化節慶	社區居民	地區實地參觀
寶藏巖歷史聚落	人與物、人與人的關係	聚落歷史	集體自力造屋的歷史建築與物件	對不同多元文化的尊重、包容與關懷	都市發展邊緣的移民文化及藝術	歷史建築群、邊緣地景、住戶生活品、藝術展覽活動	文化基金會、文化村協會	整體歷史聚落地區

資料來源：廖世璋，2014：63。

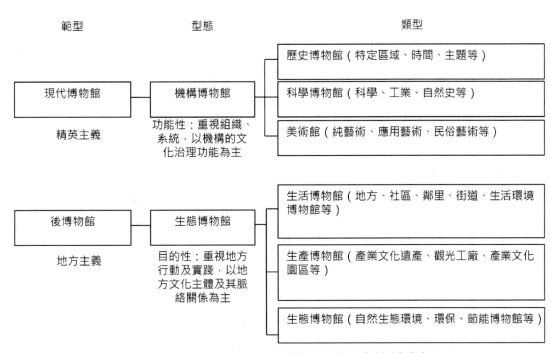

圖5-1　現代博物館與後博物館範型之比較分析

（資料來源：廖世璋，2014：39。）

璋，2014：38）。也因此，在後博物館範型之中，出現許多不同於過去傳統的現代博物館的類型，如圖5-1所示。

　　另外，後博物館與一般傳統的現代博物館在許多博物館基礎工作及定義上具有一些差異之處，包括：博物館的「物件」（object），現代博物館為具有一定程度價值的任何物質對象，而後博物館除此之外更加重視「地方性」，也就是與地方特性相關的對象，都可能成為博物館的物件，所以，物件對象的類型更為寬廣；形式更為多樣化及複雜。另外，現代博物館收藏的「標本」，為在特定分類範疇中具有一定代表性或範例的對象，後博物館更強調「活標本」，為正在活動的對象或正在被使用中的對象。而在博物館的「文物」中，現代博物館中的文物是花費心思被創造的人工物件；或是被篩選出來的天然物件，「物件」變成「文物」是因為在其中多了「文化」，因此在後博物館中地方文化所實踐的各種物件對象，都可能成為地方文物。

　　而在另一方面，過去傳統的現代博物館中其博物館類型，可分成跨越不同範疇的綜合館及主題館（包括：美術館、歷史館、科學館），後博物館也可以有同樣的分類方式，不過，在主題館中與現代博物館的發展內容有些不同之處，分析如下：

（1）後博物館概念的美術館：後博物館的藝術偏向於民間（民俗）藝術、地方（社區）藝術、部落藝術、生活應用藝術或特定主題藝術，也就是，除了少數菁英藝術家創作者之外，更強調當地素人居民及集體創作的藝術活動、過程記錄與多樣化的產出形式。

（2）後博物館範型的歷史博物館：強調當地居民的集體記憶、歷史文化認同、集體一起生產歷史的過程與結果，地方的物件宛如線索用以紀念、緬懷或勾勒當時的歷史記憶，也更重視地方、集體及個別經驗。

（3）後博物館範型的科學館：重視地方的微型氣候、土壤地質等地方自然環境特質，或是民間自己非主流特別的科學原理、知識及技術等，強調地方自己獨特的科學內涵部分。

後博物館範型讓博物館具有更加多變、因地制宜的可能性，後博物館範型不僅沒有取代過去一般傳統的現代博物館，而且也相互烘托各自的重要性，讓博物館的領域更廣、更加貼近常民生活且形式更為活潑、多元。

第三節　後博物館範型的地方作用

由上述章節內容之分析，後博物館範型相關的地方博物館，在各種博物館的活動過程中，強調地方參與的重要性將大於最後所要獲得的結果，我們以下再依照一般傳統的現代博物館範型中，主要的典藏、研究、展示（教育）、推廣等四大工作及功能，進一步加以深入分析有關現代博物館與後博物館之間的差異性，並更清楚瞭解後博物館的範型特徵，如下分析。

一、博物館「典藏」方式之比較分析

如表 5-3 所示，為有關一般傳統的現代博物館與後博物館之比較，其中，主要的收藏者來自於當地的地方居民，並不是館內專業者依照博物館的宗旨及主題範圍搜尋有關的「精品」物件，反而是地方重要的生活物件[7]。而且這些藏品背後擁有的知識屬於地方居民

7　「後博物館之生活物件類型」概念之案例分析：每一個家戶的「傳家之寶」及桃園「眷村故事館」。在各個家戶中長輩過去時光的記憶物件十分珍貴，尤其是家戶自己的「傳家之寶」，是延續家庭生命精神的象徵符號，同樣的擁有很高的價值與意義，其他像是一般生活、眷村生活、客家生活、原住民生活等，其實也都是透過屬於自己的生活用品，組合而成為自己具有特色的生活氛圍。另外，目前位於桃園市的眷村故事館也是以蒐藏及展示眷村的生活物件的案例，該館在「民國 70 年代的兩層樓建築

自己或集體擁有，物件的典藏也在居民自己的家戶之中，在後博物館概念下，典藏的是當地居民的地方活動（像是民俗、慶典、風土民情活動等）、地方活動所使用的器物及用品、地方活動的空間地景等，甚至當地居民也是被典藏的重要對象，像是地方耆老、文化人士等。

表5-3　傳統的「現代博物館」與「後博物館」範型其「典藏」概念之比較分析

範型	蒐藏物件對象	蒐藏者	物件蒐藏方式	收藏空間	收藏方式
現代博物館	館內主題相關物件	館內專業者	收購、贈與、借用等	博物館內儲藏室	倉庫堆放
後博物館	地方居民及地方活動、器物、用品、場域等	一般地方民眾	家戶自己擁有	當地各個家戶	正在使用中或放在居室

資料來源：本研究自行整理及分析。

二、博物館「研究」方式之比較分析

有關傳統的現代博物館與後博物館對於研究方式之比較，如表5-4所示。在過去一般傳統的現代博物館中，地方居民經常成為「被知識採集的對象」，並且透過外來的、所謂的專家觀點重新論述、賦予意義，經常容易失去原汁原味，反而增加了各種不屬於當地、甚至扭曲原意的現象[8]。

地方居民一起探尋自己的地方故事等，是一種地方知識的集體生產過程，無論研究最終結果是否足夠深入及精準，其過程將集體促成地方內部的凝聚力、對於地方文化的認同感等作用，以及形成地方知識的集體生產與集體再現。

為原本前陸光三村自治會辦公、開會的地方，目前透過當地民間團體『桃籽園文化協會』積極的規劃及陸光三村居民熱心的參與，把荒廢的空間改造為桃園第一個設立在社區中的『眷村博物館』，也是龜山當地最有『家庭味』的眷村故事館。在館內收集眷村田調的文史資料，透過紀錄片及聲音箱方式，讓大家體會眷村生活的真實面，也以『故事箱』方式讓每個人及每個家庭的寶貝故事，都有一處屬於自己的故事展示空間，故事館也幫忙住在眷村的伯伯、阿姨們之生命故事找到溫暖的家。」（桃園市政府文化局，20150619）

8　「地方居民經常成為被知識採集的對象且透過外來專家重新論述而產生的扭曲文化的現象」之概念之案例分析：蘭嶼達悟族的文化。根據當地土生土長、著名的太平洋文學作家夏曼藍波安的說法，蘭嶼地區目前許多我們知道的地名及故事都是漢人外來的觀點，例如：蘭嶼當地的鋼盔岩等，達悟族本身並不會崇尚戰爭，而且蘭嶼過去原住民歷史中並沒有「鋼盔」，而當地原住民對於此地為「螞蟻搬上去的大石頭」，反而顯示出達悟族人與大自然環境的融合以及樂觀知命的幽默感，然而會有此「鋼盔岩」地名的產生，是因為國民政府戰後撤退來台及戒嚴時期，外來人對於地方原有文化不尊重，而使用自己的戰爭觀點，將大岩石形狀視為一頂鋼盔而命名，且誤用至今（資料來源：本研究田野調查記錄及整理分析）。

表5-4　傳統的「現代博物館」與「後博物館」範型其「研究」概念之比較分析

範型	研究對象	研究者	研究空間	研究方式	研究方法	研究意義
現代博物館	館內文物知識	館內專業者	博物館內研究室	專業者詮釋他人的知識	科學理性、實驗性	獲取學術性的知識內容
後博物館	地方知識、地方歷史、集體記憶、地方生活等	一般地方民眾	地方公共空間、民眾自家居住空間	自我詮釋自己的地方知識	生活感性、經驗性	一起對地方知識展開集體實踐、產生地方知識認同

資料來源：本研究自行整理及分析。

三、博物館「展示」（教育）方式之比較分析

　　另在展示教育方面中，現代博物館與後博物館的比較分析，如表 5-5 所示。後博物館的展示空間並不侷限在封閉的館內展示廳中，而是包括地方整體的空間地景風貌。過去現代博物館經常推出的常設展及主題特展等展覽活動，在後博物館變得更為豐富及多元性，後博物館的常設展就如同地方目前一直存在的生活方式、地方活動及其所使用的各種器物、場所等，而地方特展就像是地方廟會、節慶、特殊節日的地方活動等等，在地方上一年四季不同時段發生的地方特色活動及其參與的居民、使用的器物及地景風貌等，在地方展示或導覽的動線部分將與居民在地方上的移動路徑重疊，展示物件本身具有正在使用的真實性。

　　後博物館的展示特色產生一個「活」博物館，而非一般現代博物館中，物件已經脫離當地而被去時間及空間脈絡化，並且現代博物館經常以冰冷物件配上消失重製、重新敘述的影像畫面或旁白，甚至是遠離地方真實、奇怪互動的科技裝置，地方導覽反而讓參觀者更加身歷其境並透過真實體驗獲得地方知識。

表5-5　傳統的「現代博物館」與「後博物館」範型其「展示」概念之比較分析

範型	展示的物件對象	策展及布展者	展示空間	展覽活動規劃	展品的真實性	展品的詮釋	導覽人員
現代博物館	館藏物件	館內專業者	博物館內為主	一般的常設展及主題特展	去脈絡化及透過策展論述再脈絡化	外來的專家研究者	專人或志工
後博物館	人及其相關活動、器物、建築、場域等生態系統	一般地方民眾	現地、棲地、整個地方全區	常設展：地方居民及其活動、風土民情、生活空間、生活器物等，特展：地方節慶、廟會等	原地脈絡化	當地的地方知識擁有者	當地居民

資料來源：本研究自行整理及分析。

四、博物館「推廣」方式之比較分析

如表5-6所示，為現代博物館與後博物館在推廣方面的比較分析。現代博物館以推廣館內主掌事項為主，而後博物館卻是地方及其地方性。因此，後博物館在推廣的媒介上更加靈活、或複雜，地方動員一起參與地方推廣，吸引對博物館有興趣的社會大眾，化身遊客一起進入地方體驗其特有的地方特性。

透過後博物館範型產生的地方博物館，運用屬於原本在地的地方性，產生一方面「對內」居民「深化」地方文化及凝聚力；以及另一方面「對外」社會大眾「活化」地方文化及產業，形成一種「雙重」推廣的功效。

表5-6　傳統的「現代博物館」與「後博物館」範型其「推廣」概念之比較分析

範型	主要推廣活動	推廣者	推廣媒介	推廣方式	推廣重點	推廣組織
現代博物館	展覽活動	館內專業者	各種媒體	特展活動事件	一般博物館的知識教育內涵	博物館志工團體（志工團）
後博物館	地方各種特色活動	所有地方民眾	各種媒體、當地居民	地方文化觀光	地方性、地方認同、地方印象等	地方發展協會（地方俱樂部）

資料來源：本研究自行整理及分析。

如同上述，由後博物館範型所設立的各種多元類型及其活潑、豐富的各種文化活動，都比現代博物館更加多元及有趣，不過，後博物館還是需要以博物館的理念出發進行規劃與經營，因為並非舉辦所有大小活動都稱為後博物館概念的活動，例如：無論是大型正式的地方博覽會，或是各種節慶慶典、藝術市集、環保市集、農夫市集等，畢竟以博物館概念的經營計畫與在地方上舉辦各種活動有相當不同之處，地方博覽會、節慶或市集活動與博物館經營之間的相同處，包括：（1）二者皆以展示物件為主；（2）二者皆設置部分說明牌或其他說明裝置；（3）兩者皆設置可容納及服務大量人潮，指導及提供觀眾舒適與安全的環境；（4）兩者皆在展示期間注重其物件的維護與安全（喬治・艾里斯・博寇／張譽騰譯，2000：42）。除此之外，兩者也特別規劃安排整體參觀物件的位置及動線，以及二者皆重視觀眾且精心設計在整個活動過程的體驗方式。

然而，地方博覽會等與博物館活動其相異之處，則包括：（1）博覽會並不是常設機構；（2）博覽會的主要目的不是在教育而是娛樂及宣傳；（3）博覽會以展示為基礎而不是收藏；（4）博覽會結合了許多活動、贊助者，且展示方式只是一時一地（同上）。

　　除了上述，博物館的展覽與博覽會二者之間的差異，則還包括：（1）活動主辦者：前者主要以活動為導向，在舉辦完成之後下一次又是另一個新的活動，即使有一個幕後組織，也將因為完成後解散，但是博物館卻是一個長期經營的單位機構，所以，對於活動帶來的地方貢獻、價值、意義及責任等皆不盡相當；（2）物件對象概念：前者展示的物件主要為產品、商品，而後者為作品、教育物品等；（3）活動的參與者：前者主要是為了吸引買家，後者主要吸引一般社會大眾；（4）活動目的，前者主要計算買賣的成交量、交易金額及產值，後者為知識教育的狀況；（5）活動工作的範圍：前者主要以展示為主，後者則還包括收藏、研究物件等重要工作；（6）參與體驗的方式：前者主要以驚喜、刺激等表面化的展示方式為主，後者更強調參與者對於特定知識更進一步的深化學習，或是對於參與者文化素養的提升[9]。

9　「地方博覽會」與「博物館主題特展」在政府舉辦時應該加以定位與釐清辦理的目的性，例如：以 2010 年台北國際花卉博覽會所發生的爭議問題為例，花費一百多億元新台幣興建各種大型建築物及活動的台北國際花卉博覽會，在當時產生各種爭議事件讓社會各界廣為撻伐、批評聲浪不斷，其存在一個根本的原因，就是因為博覽會的「定位」不清，才會衍生各種問題並被質疑辦理的目的以及浪費公帑，如果當時是以「博覽會」為定位，則要驗收辦理成效的是國內花卉的成交量、產值及後續的國際訂單等，而且要吸引的是國際間各個「買家」前來，而並不會是一般社會大眾等遊客為主要對象。而如果是以博物館「主題特展」之「定位」來舉辦此活動，就更應該在整體活動行銷宣傳、現場的展示解說系統、導覽工作等方面，強化對於展覽本身的展示、詮釋、解說等教育推廣有關各種花草植物的相關知識。也由於「定位」不清產生辦理的目的性不足，進而被推論為基於特定政治目的而花費人民大量金錢，反而得到負面效果。另外，目前在花博公園內留下了許多大型建築物，在過去世界各地的經驗中，許多大型博覽會在舉辦完成之後，將可能促成後續正式產生博物館，如果當時政府是以博物館的理念進行規劃，今日留下來的便是博物館空間，而不是難以使用的閒置大樓，如此，也顯示了當時並未規劃出一套完整的長期經營計畫。

實務篇 ──────

第六章

博物館在地經營

在上述章節討論博物館的範型理論、博物館的地方理論，以及範型作用等比較分析之後，以下分析有關博物館經營技術相關的理論及概念。因此，在以下將從台灣過去博物館政策發展歷程、形成蚊子館問題現象等討論與分析，之後，再論述有關地方博物館的在地經營計畫，及更重要的是如何透過地方博物館將當地的地方性向外展現給社會各界，因此在最後分析地方策展相關概念及技術理論，而這些概念及經營技術是從過去一般傳統的現代博物館範型為基礎，並強化與地方緊密連結發展而來。

第一節　國內博物館範型及政策歷程與問題分析

一、國內博物館範型、移轉及其相關政策之分析

分析國內博物館的範型發展及其移轉歷程，以及與當時重大政策的關係，主要可以分成：（一）「殖民文化的展示場」（日治時期）、（二）「國家文化機器」（1945 年至 1973 年）、（三）「地方文化建設櫥窗」（1974 年至 1993 年）、（四）「地方文化生活中心」（1994 年至 2001 年）、（五）「文創產業的地方據點」（2002 年至 2014 年）、（六）「法規正式化身分」（2015 年之後）等範型發展歷程，以下分別進一步分析論述。

（一）「殖民文化展示場」範型：博物館成為展現日本母國對台殖民地再造工程的重要展示場（日治時期）

台灣的博物館發展正式由政府主導開始於日本殖民時期，1894 年馬關條約割讓台灣給日本，1895 年日本人在台舉行始政典禮並選擇台北市為殖民地統治中心，1898 年台灣總督府殖產局成立台南商品陳列館，1899 年台灣總督府殖產局成立台北商品陳列館，這些陳列館主要以眾多商品為主，1902 年台灣總督府在台南成立台南博物館，成為台灣優先完成行政組織章程、具有官僚系統專業分工的公共博物館。1908 年在台北由台灣總督府殖產局附屬博物館，收集及展示台灣各地的動植物之標本等，展現日本政府殖民統治台灣的能力，而且「其成立是為了慶祝縱貫鐵路南北全線通車的通車活動，透過展覽大力宣傳臺灣的建設，而且不只為了交通建設工程，也是要讓台灣人紀念前總督兒玉源太郎與民政長官後藤新平，選擇拆除大天后宮原址所興建而成，該館在 1913 年動工且 1915 年竣工，原台灣總督府民政部殖產局附屬博物館遷至兒玉總督暨後藤民政長官紀念館，並正式

更名為台灣總督府民政部殖產局附屬紀念博物館[1]。」（台灣博物館，20150727）

該館與日本人統治能力及展現殖民成果有關，「日本殖民當局一開始顯然只是為了建造一座殖民統治的紀念空間，看不出特別要以博物館作為這座建築物的專屬使用目的，更沒有要以自然史作為這個博物館的定位。」（同上）。在當時日人建造的這些博物館，重要的目的是宣揚台灣作為日本的殖民地，其殖民母國對台統治建設偉大成果的展示場。

另外，除了在1920年日本正式設置台北市役所及台北市協議會，在1935年（昭和10年）日本統治臺灣40週年時，傾全台之力舉辦「始政四十周年記念台灣博覽會」（簡稱「台灣博覽會」），更擴大向世界及日本母國當地民眾展現對於台灣這塊殖民地其殖民統治建設的豐功偉業。

（二）「國家文化機器」範型：博物館成為一種政治對抗及意識型態的國家機器（1945年至1973年）

1945年台灣接管計畫綱要中包括教育文化，1949年實施《台灣戒嚴令》，在二二八事件（1947年）後，進入白色恐怖時期，1953年蔣介石總統發表《民生主義育樂兩篇補述》，1955年成立國立歷史博物館，當時陳列及教育的歷史主要是大中國史以及具有濃厚中華民族意識型態的內容，透過藝文展示教育社會大眾有關中華民族的源流，並在同年蔣介石提出「戰鬥文藝」的作戰口號，「文藝」在當時成為軍事及政治作戰的工具，博物館是用以宣揚國威及建構國族意識型態的國家機器。

在1964年台北外雙溪正式成立國立故宮博物院，其蒐藏的物件來自於在當時動盪的年代下軍事武力發展的結果[2]，而物件所承載的是一種不同於台灣本土且離根及去地方脈

1　「台灣總督府民政部殖產局附屬記念博物館」之後為「台灣總督府博物館」，到了1945年由台灣行政長官公署進行接收之後，改名「台灣行政長官公署台灣省博物館」，又在1949年因為改隸屬於台灣省政府教育廳，故又更名為「台灣省立博物館」，在1997年又改隸為台灣省政府文化處，單是在1999年因精省又改隸文建會（文化部），並且更名為目前稱呼的名稱：「國立台灣博物館」（台灣博物館，20150727）。

2　故宮的遷移過程，主要如下：1924年溥儀離開紫禁城後政府成立清室善後委員會，點查清宮物品，於十月十日成立故宮博物院，並公開展覽，1928年北伐成功國民政府接收故宮博物院，1933年故宮文物暫遷上海，中央博物院籌備處成立，1936年中央博物院籌備處成立理事會，1937年故宮博物院與中央博物院籌備處文物分批西遷長沙、漢口、寶雞，1938年西遷文物再向後方疏散，1939年四川成立辦事處，1940年中央博物院籌備處遷四川南溪李莊，1945年日本投降，接收故宮博物院北平院本部及南京分院，1946年故宮博物院與中央博物院籌備處開始復員，毛公鼎及司母戊鼎由中央博物院籌備處保存，1948年故宮博物院與中央博物院籌備處選擇文物精品運台，1949年故宮博物院運台文物總數為231,910件；中央博物院籌備處運台文物總數為11,729件，行政院設國立中央博物圖書院館聯合管理處於台中霧峰北溝，1951年聯合管理處開始清點遷台文物並至1954年清點完畢，1955年國立中央博物圖書院館聯合管理處改組為國立故宮中央博物院聯合管理處，1957年北溝陳列室正式開放，1965年台北外雙溪博物院新館建造完成並公布「國立故宮博物院管理委員會臨時組織規程」，

絡化的中原帝王文化，這些文物被重新置入另一個新的地方，一方面除了壓迫了本土文化的社會地位，另一方面，博物館也成為一種國族認同的政治空間，博物館內各朝代的帝王文物被用來象徵中華文化唯一傳承的道統，同時反映在政治的正統性上，並且用以對抗後來中國大陸摧毀中華傳統文化的文化大革命（廖世璋，2002：160-184）。

　　1966 年中國大陸發動文化大革命，同時間台灣訂定每年國父誕辰紀念日為中華文化復興節，並成立中華文化復興運動推行委員會及訂定《中華文化復興方案》，1966 年同時也在教育部成立文化局，主管圖書、廣電、電影與藝文等工作，通過中華文化復興運動推行綱要分成五項對大陸作戰及十項文化推行要項，並在 1973 年被裁撤，將其原本業務分屬不同政府單位。

（三）「地方文化建設櫥窗」範型：博物館成為政府對地方文化管理及文化建設成果的櫥窗（1974 年至 1993 年）

　　在 1977 年蔣經國宣布推動國家現代化發展的《十二項建設》，其中第十一項為設置文化建設和文化政策推行之專管機關、第十二項為文化建設，除規劃於北中南各地區設置大型科技類博物館（包括：1981 年成立國立自然科學博物館籌備處、1986 年成立國立科學工藝博物館籌備處、1990 年成立國立臺灣史前文化博物館籌備處、1991 年成立國立海洋生物博物館籌備處等），並於同年 12 月行政院院會中指示籌建每一縣市一所文化中心，包括：圖書館、博物館及音樂廳，以及台灣省政府也同年規劃台灣省立美術館及台灣省立歷史博物館，朝向各地方文化建設工作。

　　1978 年行政院通過《教育部建立縣市文化中心計畫大綱》及《加強文化及育樂活動方案》等，各地開始設置文化中心，並由 1981 年成立主管全國文化事務的文建會，主導各地文化中心的策劃、推動等有關文化行政工作（另由教育部負責興建、設備、組織編制員額等有關一般行政工作）。

　　1983 年在行政院核定《縣市文化中心工作要領》中明訂博物館應兼顧建立歷史共識與發展地方特色功能，應依地方特性確定發展主題使各具特色，博物館應設有經常性與特別展覽室，必須經常舉辦各項地方性展覽，包括：有關當地的地理、歷史、人物、物產、經濟、文化、古蹟、行政等，以啓發民眾愛鄉之情操，並應洽相關機關（如故宮等）作不定期的文物巡迴展覽，因此，在 1985 年文建會成立各地文化中心訪視小組，並在 1987 年擴充《加強文化建設方案》第一項為建立縣市文化中心為地方特色，提出《建立文化中心

1967 年第一期館舍擴建完工及建「天下為公」牌樓及華表，1985 年至善園完工，1991 年設置國立故宮博物院指導委員會（國立故宮博物院，20150608）。

特色計畫》，且隔年1988年台灣省立美術館正式成立。另，文建會也在1989年研訂《文化建設中長程發展方案（1990-1993年）》以及成立全國藝文資訊系統，進行各地博物館及文化中心等社會大眾對於藝術文化活動的參與人次、參與率或其他使用狀況等調查。

固然在1987年解除《台灣戒嚴令》及報禁等，在1990年召開第一次全國文化會議時，李登輝總統開場致詞主要是「以中華文化的民族大義完成統一，以及以中華文化促進世界大同」，而在會議閉幕時郝柏村致詞也是「建設台灣為三民主義的文化大國」，各地文化建設與國家發展息息相關，同年1990年文建會開始補助各縣市文化基金，而行政院也在同時核定《國家建設四大方案》，其中之一為《文化建設方案》，1991年通過《文化藝術獎助條例》，1992年文建會提出「文化大國」的構想及相關執行計畫。

由於此時期的文化及藝術是屬於「社會教育」的重點，而且各地博物館以及具有博物館功能的文化中心、社教館等，都是配合國家政策由上而下的方式，進行地方文化建設，而政府單位藉由藝術與文化設施及活動等，更深入一般社會大眾的日常生活，進一步穩定了當時的社會秩序，這些文化館所也成為政府在地方文化建設與經營管理成果的展示櫥窗，一起朝向主流政策「文化大國」的目標邁進。

（四）「地方文化生活中心」範型：博物館成為一種地方文化生活的發展計畫（1994年至2001年）

在1994年國家文化藝術基金會三讀通過，行政院以「為建設現代化的國家而努力」並提出《十二項建設計畫》，其中計畫之三為「充實省（市）、縣（市）、鄉鎮及社區文化軟硬體設施」，因此，文建會配合此《十二項建設計畫》在內部提出自己的《十二項建設計畫》，主要可分成：（1）建立附屬設施（包括：文化資產保存中心、藝術村、傳統藝術中心、民族音樂中心等）；（2）強化縣市層級之文化藝術發展計畫（包括：文化中心擴展計畫等）；（3）社區文化發展計畫（包括：充實鄉鎮展演設施、美化地方傳統建築空間、主體展示館之設立及文物館藏之充實，以及從地方傳統空間、文化藝術主題館、人物紀念館、產業及族群文物館、學校、廟宇、社區既有展演設施等切入，與社區組織及工作結合，配合相關活動轉化為總體營造運動）等三大類。在其中，強調發展社區文化，其硬體為充實鄉鎮展演設施，而軟體為推動社區總體營造計畫。

在1994年中已逐漸將文化政策轉向於地方生活與社區營造工作，在1995年之後持續執行上一年度所提的《十二項建設計畫》計畫工作，並於1996年推動《輔導縣市辦理小型國際文化藝術活動計畫》等，且在1997年辦理全國總體營造博覽會及第二屆全國文化會議。

此時，文化行政組織及工作更加走向地方，1998 年台北市成立第一個地方縣市的文化局，在此之後，台灣各縣市也紛紛成立地方文化局。另，同年 1998 年台灣省政府原住民事務委員會推動「一鄉一特色」政策，開始規劃興建各地的原住民族文化（物）館，成為目前許多原住民蚊子館的來源之一。

到了 2000 年中央政府政黨輪替，行政院延續之前的社區總體營造工作，注重地方生活的文化活力，提出《新故鄉社區營造計畫》，並強調博物館在社區營造及地方生活的重要性。

（五）「文創產業的地方據點」範型：博物館成為地方文化創意產業的發展重心（2002 年至 2014 年）

2002 年第三屆全國文化會議，文建會同時提出 2002 年至 2007 年《地方文化館（第一期計畫）》，此計畫是《挑戰 2008 國家發展重點計畫》之《新故鄉社區營造計畫》中《充實地方文化館》之計畫，建立鄉鎮層級的文化據點，促進社會大眾認識鄉、鎮、市、區豐富的文化資源，達到城鄉文化交流及文化觀光旅遊的發展，並帶動全面性文化休閒旅遊為目的，計畫目標為：延續社區總體營造計畫、刺激國內觀光旅遊產業、發展地方文化休閒遊憩產業（文建會，2002）[3]。在此計畫中，地方文化館成為地方營造、地方文化產業、地

3　當時文建會提出的《地方文化館計畫》選點原則及優先次序，其中透露出當時被文建會認定的地方文化館之數量，當時文建會已輔導之各縣市特色館、主題館及鄉鎮展演設施計有 134 處，為本案既有之輔導點，包括：各縣市文化局（中心）特色館 17 處、1996 至 2001 年度《輔導縣市主題展示館之設立及文物館藏充實計畫》27 主題館、1995 至 2000 年度《充實鄉鎮展演設施計畫》及 2001 年度《社區藝文發展計畫》92 處展演設施。各輔導點繼續由各縣市文化局（中心）輔導鄉（鎮、市、區）公所及地方藝文團體、文教基金會、文史工作室成立地方藝文協會，以共同合作經營方式，開放民眾參觀或提供地方藝文團體進駐、排練、教學、研習及演出之用，結合民間力量達到永續經營，並規劃鄉鎮市區一至二日文化觀光之旅，同時結合民宿、鄉土美食、生態地景、特色產業、文化產品等，促進國內旅遊、增加地方文化產業收入及提升就業機會。除上述既有的文化館之外，文建會針對其他新增的輔導點採以整修利用公有閒置建築物及民間場地為主，包括：（1）整修利用公有閒置建築物設置展示館：在基層鄉鎮市區，輔導設置產業館、地方特色館、鄉賢館、地方歷史館、文化主題館、奇珍收藏館、自然生態館、寺廟藝術館、生活工藝館、未來理想館、表演廳等等，以及每一個生活區（大約一個警察分局轄區），原則上只輔導設置一個表演館（亦可就高中或國中等學校禮堂加以改善，但是改善後必須提供社區使用）；（2）輔導民間設置文化館：以登記立案之財團法人文教基金會或社團法人文化（藝術）協（學）會營運的館所為主，並由各縣市文化局（中心）輔導縣市民間文化館成立縣市層級社團法人地方文化館協會，輔導整體行銷、文宣、企劃、營運管理、人才培訓。而且其選點輔導的優先順序，除了以整建現有及閒置建築物為優先之外，強調地方文化館應該具有創意及特色，包括：結合民眾參與，提供意見，激發創意，具有產業、人文、鄉賢、地方歷史、文化主題、奇珍、自然生態、寺廟藝術、生活工藝、未來理想、特殊表演等特色；以及能整合各部會已投入資源，能發揮整體效益者，像是：該館所在之鄉鎮市區已先進行社區總體營造者、能結合其他部會的專案計畫且具相輔相成效果者、能結合其他地方文化館及相關資源形成帶狀文化旅遊觀光路線者；以及具有永續經營的能力，包括：營運組織及專職人力、地方聯合性文化藝術協會的參與、財務計畫（含預算編

方文化觀光等被賦予更多的功能，地方文化館跨越建築物外牆並走向社區，與附近地區之地方生活及生產等整體發展相互連結，並期待博物館能帶領地方或是與地方共同成長。

2004 年文建會宣示「文化公民權」[4]強調各地藝術及文化的全民參與。2008 年至 2013 年《地方文化館（第二期計畫）》以《磐石行動計畫》為主，更是加強輔導地方文化據點成為文化建設樞紐，以建造整個地方文化生活圈，建構文化經濟發展平台及發展地方文化育成中心（文建會，2007）。

在此時期，2002 年提出的《挑戰 2008 國家發展重點計畫》中有另一項影響國內各地博物館、文物館、文化中心等重大發展的是《文化創意產業發展（第一期）計畫》（2003 至 2007 年）[5]，將藝術文化視為經濟產業發展的概念之下，直接影響各地博物館的經營方式，並在 2009 年提出《文化創意產業發展（第二期）修正計畫》（2008 至 2013 年）[6]，尤其，在草擬數年之後於 2010 年通過的《文化創意產業發展法》[7]，在該法中與博物館較為

列）、委託民間經營的可行性，以及能結合民宿、鄉土美食、生態地景、特色產業、文化產品等。可見得文化政策已經逐漸從中央主管逐漸回到地方為主體。（文化部，20150729）

4　有關《文化公民權運動宣言》，其內容為：「一、我們認為，今天的台灣人民，不能只滿足於基本人權、政治參與權和經濟平等權的訴求，應該進一步提升為對文化公民權的新主張。二、我們呼籲，中央和地方政府有責任提供足夠的文化藝術資源，滿足各地公民共享文化的權利。三、我們呼籲，全體公民對於文化藝術活動、資源、資產與發展，應共同承擔起參與支持、維護與推動的責任。四、我們認為，每一個公民在文化藝術與審美資質的提升，乃是建立文化公民權的基本條件。五、我們主張，國家社會共同體的認同，應從傳統的血緣、地域與族群指標，轉化提升為對文化藝術與審美活動的共識和認知。六、我們最終的理想，乃在於建立一個基於文化與審美認知的公民共同體社會。」（文化部，20040720）

5　2002 年行政院《挑戰 2008：國家發展重點計畫》中提出《文化創意產業發展（第一期）計畫》（2003 至 2007 年），並在同年 10 月成立經濟部文化創意產業推動小組，對內結合經濟部、文建會、教育部、新聞局、內政部等，並負責跨部會整合與文創相關單位的聯繫窗口、研修法規、人才培育、國際交流及技術輔導，2003 年將文化創意產業發展諮詢委員會改為文化創意產業發展指導委員會，並認為文化創意產業的產業面價值，包括：就業人數多或參與人數多、產值大或關聯效益高、原創性高或創新性高、附加價值高等（陳昭義，2006：20-24）。

6　在行政院文化部《文化創意產業發展（第二期）修正計畫》（2008 至 2013 年）之中，「文建會彙整各部會所提文創旗艦計畫，研擬《創意臺灣──文化創意產業發展方案》，以『環境整備』及『旗艦計畫』作為二大主軸。由經濟部、新聞局及文建會推動相關專案計畫。另文建會也將由原先僅負責主管之藝文產業，轉換為文化創意產業總體政策整合及協調單位。在此計畫內容含『環境整備』之『產業研發及輔導』、『多元資金挹注』、『人才培育及媒合機制』、『市場流通及開拓』、『產業集聚效應』及『工藝產業旗艦計畫』為各項執行策略。」（文化部，20091001）

7　《文化創意產業發展法》於 2010 年 2 月 3 日制定公布（總統華總一義字第 09900022451 號令），2010 年 8 月 27 日發布（行政院院臺文字第 0990048425 號令），自同年 8 月 30 日施行，計分 4 章（總則、協助及獎補助機制、租稅優惠、附則），全文為 30 條。在該法中，總共明訂文化創意產業共計 15 項及其他，其明訂的 15 項產業領域類別，包括：視覺藝術產業、音樂及表演藝術產業、文化資產應用及展演設施產業、工藝產業、電影產業、廣播電視產業、出版產業、廣告產業、產品設計產業、視覺傳達設計產業、設計品牌時尚產業、建築設計產業、數位內容產業、創意生活產業、流行音樂及文化內容產業、其他經中央主管機關指定之產業。

直接相關的是「文化資產應用及展演設施產業」及「創意生活產業」等，但是間接相關的是在博物館內生產或販售其他所有相關的文創產業，原本以非營利定義而設置的博物館，也朝向營利方式思考。政府主導的文化創意產業政策計畫，直接影響全國各地的博物館，需要自己發展各種所謂的「文創紀念品」，並且過去在各地經營上大部分處於虧損狀態的博物館，在此時期更被賦予要自負盈虧或能有盈餘之要求，此風氣除了因為整個環境將文化藝術朝向產業經濟方式思考之外，在國內「故宮」的商品化發展個案[8]，也帶動政府及各地博物館經營者的大力仿效，故宮從中國大陸輾轉來台之後，歷經以中華文物來生產國族認同等重要功能，在此時期，帶頭轉向商品化發展，並且影響了全國各地大小不同的博物館，各地博物館無論自己的性質、定位、館藏豐富度等是否適用，都紛紛投入向故宮學習，也產生不少問題。

2002 年「華山文化創意產業園區」正式成為國內推動文化創意產業的特別用地[9]，在

---

8 有關故宮博物院其文物走向商品化的重要發展歷程，整理主要如下：2001 年規劃「故宮新世紀」建設計畫，勾勒 21 世紀發展藍圖，正館一樓大廳重新布置以觀眾與展覽為主軸，另「國立故宮博物院文物藝術發展基金收支管理及運用辦法」完成立法，2003 年故宮南部院奉核設立於嘉義縣太保市，2003 年評選出故宮南院為美國 Antoine Predock 建築師，2005 年「故宮形象廣告」舉辦記者會及動線工程後第一階段展覽布展，另故宮南部院區動土典禮，2006 年「故宮形象廣告」榮獲美國博物館協會「繆斯獎」金牌獎，2007 年「國寶總動員」3D 動畫影片於 4 月首映，與義大利設計精品 ALESSI 品牌合作推出「The Chin Family ──清宮系列」，推出「當 young people 遇上故宮～故宮週末夜」，完成故宮和員工消費合作社簽訂「院區出版品、文物複製品及餐點等業務委託經營契約書」契約條文增補變更，增訂消合社盈餘必須提撥 10% 作為經營權利金繳交國庫，公益金由 10% 提升為 20%，舉辦「流行音樂與傳統書法的邂逅」講座暨周杰倫「蘭亭序」MV 首映，國安局同意將衛勤學校（原國防管理學校用地）撥給故宮建置「文化創意產業育成中心」，2010 年參加「第 5 屆西部文化產業博覽會──臺灣文創精品館」，修正發布「國立故宮博物院珍貴動產衍生品管理及收費規定」，並修正名稱為「國立故宮博物院珍貴動產衍生（文化創意）產品管理及收費規定」，參加「2010 臺灣國際文化創意產業博覽會」，參加「第 5 屆北京國際文化創意產業博覽會──臺北文創精品館」，舉辦「『Magic 經典──國寶 100 總動員』衍生文創商品設計競賽」、「兩岸博物館共同提升智慧財產權法務工作論壇」、「文創成果展暨跨界論壇」、「故宮文創產業發展研習營成果展」，2011 年開辦第 3 屆「國立故宮博物院文創產業發展研習營」、數位故宮第 2 期展覽「動漫故宮」，參加「2011 臺北國際禮品暨文具展覽會」、「臺灣國際文化創意產業博覽會」，2012 年開辦「大故宮計畫」公聽會、「第四屆文創產業發展研習營」，參加「2012 年上海台灣名品博覽會」、「2012 年深圳文化產業交易會」、「2012 年天津台灣名品博覽會」、「南京文化創意園區故宮歷朝文物數位大展」、「2012 年台灣國際文化創意產業博覽會」，故宮南部旅館及文化體驗設施 BOT 案政策公告上網，2013 年開辦「第五屆文創產業發展研習營」、「故宮潮當國寶遇上設計」文創特展，參加「2013 年深圳國際文化產業博覽會」、「2013 年廈門文化產業博覽交易會」、「2013 年臺灣國際文化創意產業博覽會」、「2013 北京臺灣名品博覽會」，文化部函復本院為文化創意產業發展法第 21 條第 5 項之「中央目的事業主管機關」可自行訂定授權相關辦法，2014 年發布實施「國立故宮博物院藏品圖像授權及出版授權利用辦法」，開辦「90 周年院慶暨南院開幕文物特展開發衍生文創商品廠商說明會」，參觀票價調整推出「會動的門票」，參加「台北國際禮品暨文具展」、「中國（義烏）文化產品交易博覽會」、「深圳文化產業交易會」，南院園區 BOT 案正式招商公告（國立故宮博物院，20150608）。

9 有關「華山文化創意產業園區」之發展歷程，整理主要如下：「1997 年金枝演社進入廢棄的華山園區演出，被指侵佔國產，藝文界群起聲援，成為一個藝文展演空間，1999 年起，公賣局將舊酒廠委託

國內各地也興起一股產業文化遺產再利用為文創園區的熱潮。另一方面，此時期經濟部為了輔導傳統製造業轉型，在 2003 年發布《工廠兼觀光服務作業要點》，任何具有觀光、歷史文化、教育價值的傳統產業工廠，都可以申請變更工廠用途變成「觀光工廠」，展示其產業的文化來吸引觀光。於是，無論是具有文化資產價值的產業文化遺產，或是在台灣原本為傳統製造業的業者們，也都運用「產業文化」來轉型為文創園區或是觀光工廠，發展地方文化創意及文化觀光產業，成為另類具有展示及體驗性質的場所。

　　2012 年文化部正式成立之後，進一步修正《地方文化館（第二期修正計畫）》（2008年至 2015 年），計畫的主要目的分別為：「在於彰顯地方文化特色找回民間活力，以藝術、人文生活創意學習為定位，在各地既有的文化基礎上，輔導活化既有地方文化據點，藉由在居民的共同參與，透過社區營造推動，將既有地方文化資源轉化建構為以人本、充滿社會關懷的社區、群聚，並整合相關資源，串連不同類型的文化據點策略聯盟，將零星館舍文化據點，統合為全面性地方文化版圖，形塑成社區文化生活圈，促進鄉村文化觀光的發達，進而提供在地就業機會，帶動地方文化與經濟發展。」（文化部，20130522）

　　在此地方文化館第二期的計畫目的之下，除了持續之前博物館與地方生活整體相互連結的功能之外，更強調在各地方的博物館能成為文創據點，統整地方發展文化生活圈、文化觀光，提供居民就業機會及增加在地經濟產值，博物館是多方位、全面性的發展當地文化創意產業之重要據點。

（六）「法規正式化身分」範型：博物館因《博物館法》進入法制化體系（2015 年之後）

　　2015 年 6 月 15 日立法院正式三讀通過《博物館法》，國內正式進入博物館法制的時期[10]，例如：各級博物館將受分級之輔導、認證及評鑑等規範，該法將促進國內博物館事業的正常化及正當化等「制度化」的發展。

　　省文化處代管，省文化處再委託中華民國藝文環境改造協會經營，台北酒廠正式更名為華山藝文特區，提供給藝文界、非營利團體及個人的創作場域，2002 年起文建會計畫運用閒置酒廠進行再利用，同時解決華山長期藝術表演權與公民使用權的爭議，整併調整為創意文化園區，作為推動文化創意產業之特別用地，2005 年底結合舊廠區及公園區的華山創意文化園區開放至今，2007 年以促進民間參與模式，由台灣文創發展股份有限公司依約取得園區經營管理權利。」（文化部，20150731）

10 有關《博物館法》的立法過程，重點整理如下：在 1983 年，行政院頒布《文化建設方案》同時，即曾要求教育部議立博物館法，未獲具體成果。1988 年教育部指示國立自然科學博物館研擬草案，1991 年博物館法草案研擬完成，但因為行政院組織法修正案遲遲未過而同時未審，1998 年陳癸淼立委在立法院針對博物館法提案審議，可惜未能通過，接著又有林濁水、陳學聖、朱惠良、劉光華等立委陸續提出不同版本，均功敗垂成，期間當時的文建會數次召開協商、諮詢或工作小組會議討論博物館法，但都未能進入立法程序（張譽騰，2014：1）。

　　在《博物館法》的內容主要分為：「(1) 有關博物館的立法目的、博物館的定義、業務及類別等；(2) 博物館的功能及營運：典藏品之典藏管理、研究展示及教育、成立博物館合作組織、推動博物館典藏創意加值及跨越應用推廣之專業法人、公立博物館得設置基金等；(3) 博物館之輔助、認證及評鑑：主管機關對博物館之補助、公立博物館採購規定、免司法扣押保護、土地使用變更、博物館認證及評鑑度等。」(行政院，20150801)

　　而《博物館法》立法主辦機關文化部認為「《博物館法》不僅為博物館取得正式身分，不必再委身於基金會之下去登記，公立博物館可開創價值活用，私立博物館可獲得國家助力，有法源來進行博物館合作組織，以促進各個館際之間其資源的相互支援及整合，及博物館可成立專業法人，賦予博物館在公共性、公益性與專業功能性的定義，活絡博物館產業為目標，一方面鬆綁法規（包括：人員聘用、經費運用、博物館商店、圖文授權、土地地目等），一方面採取多元輔導方式，透過專業榮譽認證、評鑑機制，建立體系完整，促進博物館的文化傳承與公共服務水準，一方面博物館法明訂主管機關及目的事業主管機關，得對公私立博物館提供專業諮詢、相關技術協助及經費補助，成立博物館合作組織，以館際合作整合有效資源，公立博物館授權商品、商店行銷，成立專業法人推動博物館典藏創意加值及跨域應用推廣。」(文化部，2014：2-3)

　　另外，該法將「鼓勵公、私立博物館向主管機關登記納入輔導、獎勵，並以鼓勵登記代替處罰，在公布施行前已經設立的各種類型之博物館，得不用申請登記，且文化部等主管機關應進行普查，將一些具有潛力及未經設立登記的博物館，列冊追蹤輔導及協助辦理設立登記，而中央主管機關應依博物館設立目的、規模、典藏、研究、展示及文化教育功能等要件，訂分級輔導辦法。另外，未辦理登記或最近 1 年內曾因違反文化部博物館事業推展補助作業要點規定的博物館，不得獎勵或補助。」(周美惠，20150615)

　　國內各地博物館因為《博物館法》的通過，而進入一個被法規正式管理的系統，也將因為政府部門設定的一些「共同」標準及條件，產生各種博物館的分級，並直接影響投入多少資源來進行輔導，無論如何，博物館因為法制化被收編進入正式管理體系，博物館也被法規賦予正式化的名稱、地位與角色。

二、國內目前博物館發展的問題分析

　　在台灣許多博物館都變成很少人使用的閒置空間「蚊子館」，除了博物館經營上面臨一般性問題，包括：收入、捐款及補助等經費不足、人事組織並不健全完整、人員過少及專業不夠、館藏不豐富及展品吸引力不足，以及部分博物館位於郊區等區位不佳、可及性

低等問題之外，還包括以下國內博物館政策出現的問題：

1. 先建博物館空間卻沒有館藏文物之問題

一個博物館是因為館藏物件對象豐富，豐富到寫一本書、錄製影片或製作網站等，都不足以充分介紹物件本身的精彩程度，於是需要有一個博物館空間，來推放、安置這些藏品，以及深化研究、詮釋及展示各種物件的內涵，於是才正式出現一個博物館建築。

可是在台灣各地的博物館以物件本身出發，先設立博物館籌備處並展開物件調查、研究等，以及規劃博物館如何長期經營等工作、人員、經費等計畫，以上述這些步驟完成的博物館實在少數，而且都以政府公家設立的博物館為主。

分析在台灣不是以收藏物件的豐富程度出發，而是以建築空間出發，先有建築空間再來想如何變成博物館的方式，主要有以下幾個不同的管道：

（1）在舊建築方面：為透過古蹟指定或歷史建築登錄之建築物，也就是，依照文化資產保存法規定被搶救下來的許多古蹟或歷史建築，在完成古蹟指定或歷史建築登錄程序之後，不可能只指定而不管理維護，便需要進一步進行建築物調查、測繪、研究及規劃等工作，以及建築物本身整修工程，一旦完成建築工程，不可能花費龐大公帑整修而不使用它，於是要開始思考古蹟如何再利用等展開經營工作，於是產生「公辦公營」（政府自己經營）、「公辦民營」等經營方式（廖世璋，2009：25-46）。不過，這些先有建築空間再來思考如何再利用的方式，卻造成物件收藏不足且研究不夠深入、展覽內容空洞且無法產生魅力吸引大眾前來、展示方式大多為大圖輸出海報張貼等，開館後相關活動參與人數乏善可陳等問題。

（2）在新建築方面：國內出現許多基於政治的需求所生產建造的新博物館建築，由於國內的中央及各地方許多政客在面對不同族群，例如：客家、原住民、外省人等，基於政治考量或為了展現對特定族群的關心而興建的各種文物館等，或是針對某些政治事件議題，例如：二二八事件、八二三事件等政治事件等而興建的紀念館，或是將博物館作為政府文化建設的櫥窗而興建的文化館，例如：各種市政建設館、環保主題館、節能減碳館[11]等，這些館所生產的目的性皆由於政治因素，故而生產重點在於如何有大型建築展現在社會大眾面前，而重點並不在於物件收藏及展覽的豐富度及可看性等，因此，一旦開館也容易淪為參觀人數稀少的閒置空間。

---

11 國內矛盾的是，政府為了標榜對於環境保護及生態的建設成果，於是耗費大量能源及建材，興建沒有吸引力、乏人問津的成果館或展示館等，反而因此造成不環保又浪費公帑的情形。

2. 博物館原屬於非營利但在國內卻要變成營利事業之問題

國內在 2002 年《挑戰 2008：國家重點發展計畫》中開始《文創產業第一期（2003 至 2008 年）發展計畫》（陳昭義，2006：24），如火如荼發展文化創意產業政策及相關重大計畫工作，並且在 2010 年 8 月 30 日發布《文化創意產業發展法》正式全面施行（文化部，2010）。加上台北故宮博物院巧妙的將文物變成文創產品[12]，使得各地博物館出現一些假象，受到國內文創產業主流趨勢以及故宮成功的以文物發展各種文創產品案例之影響，沿襲故宮模式發展各式各樣的紀念品及許多「文創小物」（例如：紙、卡、筆、文具、飾品等，或是手作物、手工藝等）。而且，無論是各地政府機構公開徵求委託民間團體進駐經營（公辦民營）或是民間自己設立的博物館等，大多會發展許多上述這些紀念品及一些文創小物，並且要經營單位自負盈虧甚至還希望能有所盈餘。

在國內目前看似合理的狀況，其實整體博物館政策出現重大的基本問題，我們回到基礎原點來整理分析「博物館」的定義，也就是何謂「博物館」。

在 1946 年國際博物館協會（ICOM）曾提出「博物館」是：「所有將其藝術的、工藝的、科學的、歷史的、人類學的典藏品公開給社會大眾的機構，包括了動物園與植物園，但是圖書館例外，除非它留有永久的展示場。」；或是在 1973 年國際博物館協會又定義為：「博物館是永不追求營利，為社會發展服務，向大眾開放的永久機構，為研究及教育與欣賞之目的，對於人類的活動及其見證物有典藏、維護、研究、傳播及展覽。」這些博物館的國際性組織對於「博物館」的定義為：「非營利」的公共教育學習場所。另外，在國際間對於博物館的定義中，像是在 1960 年國際博物館會議將博物館定義為：「一棟永久建築，為公眾利益經營，用種種方法以達成保存、研究和提升精神價值的目標，特別是為公眾娛樂和教育而展示具有文化價值的物件或標本。」（Raymond S. August ／ 張譽騰譯，1988：4）。或是在 1962 年美國的博物館協會對博物館的定義為：「一個非營利的永久機構，主要並非為了舉行特展而存在，係對公眾開放，為公眾利益經營，並為公眾教育和娛樂目的而保護、保存、研究、闡釋、裝置和展示有教育與文化價值的物件或標本（包括：藝

---

12 台北《故宮》博物院發展文創產品經驗之案例分析：台北故宮博物院「擁有世界級、67 萬餘件的書畫、器物、圖書文獻等精緻華夏文物，配合《愛台十二項建設》之〈智慧台灣計畫〉，以豐厚典藏打造故宮成為台灣文創旗艦及全球文創產業應用重鎮。故宮並參考國外幾個重要的大型博物館之作法，思考自身的營運策略，例如：軟硬體基礎建設、數位典藏、數位博物館加值應用計畫等轉化推廣形式更達到經濟效益，在經營管理，運用企業管理和行銷等觀念，進行營運和組織變革，吸引世界各地愛好者前往參觀，讓台灣打響國際知名品牌。故宮從博物館教育、典藏、研究、保存、展示、休閒娛樂功能出發，整合故宮及其周邊資源，運用於產品研發、生活美學，以『故宮創意美學』做為振興台灣文化創意產業發展版圖的『新思路』，同時也成為讓台灣文化創意產業邁向國際舞台的一條『新絲路』。」（國立故宮博物院，2015）

術、科學、歷史和技術的資料）」（同上）。或是在1978年美國博物館協會於「博物館評鑑專業準則」中定義為：「一個有組織而為永久性的非營利機構，主要為教育或美學的目的而存在，配置有專業職員，它擁有並利用實體的物件，負責照護並定期對外開放。」（同上）。

上述這些博物館的國際性組織或是世界各主要國家對於「博物館」的定義，皆為：「博物館」是一個「非營利、永久機構、公眾開放、教育與學習」場所，然而，在國內當今的博物館發展卻與博物館存在的基本定義與價值，產生衝突。無論是上述一般傳統的現代博物館或是其他後博物館，博物館扮演特定知識的集合場，商品化的結果將失去原本博物館存在的文化價值與社會功能，博物館數量眾多、規模過小、缺乏館藏、遊客稀少之下，又要賦予文化創意產業的商品化任務，扭曲了博物館存在的目的與經營方向，因此國內博物館政策有修正的必要性。

3. 對各博物館其定位、功能、任務及其他權利義務等尚待清楚釐清之問題

有關國內對於博物館的定義，在實務工作方面除了如上述營利與非營利之間政策不清楚之外，在台灣各地是無論規模大小、重要性、專業程度等，都可以變成博物館，尤其在一般傳統的現代博物館範型發展之後，再增加以「後博物館」概念設置更多元、各式各樣的博物館類型，博物館便成為一種被廣為普遍運用（或套用）的詞彙，如此不僅容易產生混淆，且不利博物館本身的發展，例如：在經費、人力等資源或是自己的規模過小等各種條件不足之下，勉強成立為博物館之後，社會大眾以博物館的標準前往參觀時，發現這些標榜為博物館的館所，其豐富度、規模大小或其他專業水準等有待加強，博物館反而成為一種濫用的名詞，目前在台灣便是有許多條件不夠的館所，設置為博物館之後變成很少觀眾前往的閒置空間（蚊子館）。另外，由於國內大力推動「文創」的現象，出現一些商業空間也使用「博物館」一詞，使得博物館商品化成為一種符號空間，失去博物館原本的意義、角色及功能[13]。

因此，國內政府機關對於博物館應該完成一套完整的法規系統，以及提出相關的配套措施，有助於博物館事業的正式化、正常化發展。所以，在2015年6月15日三讀通過的《博物館法》第三條中，正式將博物館定義為「本法所稱博物館，指從事蒐藏、保存、修復、維護、研究人類活動、自然環境之物質及非物質證物，以展示、教育推廣或其他方

---

13 以博物館命名的建築物，並不只有使用在很多定位不清楚的博物館本身而已，博物館在國內文化創意產業的潮流下，目前變成一種被消費的文化符號。例如：在台北市大直地區出現精品豪宅，名為「瓏山林博物館」，便是房地產預售屋使用博物館名稱進行銷售的問題，期間還甚至發生許多交易糾紛問題（馮牧群、周承諺，20110825）。或是，在台中市科博館前於2014年某建設公司也推出名為「鄉林美術館」的華貴豪宅（黃繡鳳，2014）。

式定常性開放供民眾利用之非營利常設機構。」以及在其立法總說明中，補充說明「博物館之定義，係參照國際博物館協會所訂定章程，以確保博物館之服務品質及專業性。符合本項定義者，名稱未必為博物館，依其實際辦理情形，類別區分為：（一）為徵集、保存人類歷史之物質證據、人類學或人種環境、自然生態及人類學或遺物與遺址之機構。（二）藝術、科技之典藏及展覽之機構。（三）擁有動、植物等收藏及展覽之機構。（四）科學、天文資料收藏及展覽之機構。（五）文獻、檔案維護及修護之機構或展覽廳。」（文化部，20150701）。不過，分析此分類主要是以過去一般傳統的現代博物館類型為分類依據，可能會不一定完全適用於目前更多元發展的「後博物館」類別，因此應該可加入「（六）其他經主管機關認定之博物館。」等說明，將更加具有前瞻性。

　　另外，在《博物館法》條文中，對於各種博物館分級定位、輔導、各項權利、義務、資金與籌募、人員及組織、其他責任等，也都有進一步釐清、分級或進行相關規定，例如：在第七條明訂「中央主管機關應依據博物館設立目的、規模、典藏、研究、展示及文化教育功能等要件，訂定分級輔導辦法。主管機關及目的事業主管機關，除本法另有規定外，應對依第五條設立登記之公、私立博物館，提供專業諮詢、相關技術協助、人才培育規劃及經費補助，以維護博物館典藏品質、健全典藏管理制度、提升博物館之研究與策展能量、擴大教育範圍。」（同上）。將國內整個博物館事業進行各種分級管理及輔導等工作，將有助於國內博物館建立一套明確的發展系統。不過，僅以一套「設立目的、規模、典藏、研究、展示及文化教育功能等要件」標準進行分級，是否適用國內所有性質相差很大的各種博物館，或是是否反而因為過於僵硬的分級制度而阻礙了博物館的蓬勃發展，都是在執行工作中有可能會遇到的一些問題。

第二節　地方博物館經營計畫

　　有關地方博物館的經營計畫分為：正式對外開幕前需要事先完成的各項博物館經營工作，為「開館計畫」；另一個為博物館短、中、長期不同階段需要事先規劃的「經營計畫」，促使博物館長期穩定的營運，以減少淪為蚊子館等問題。

一、地方博物館的「開館計畫」

　　地方博物館作為地方發展重要的核心，因此在正式以整體地方概念討論博物館的地方

工作之前，先分析地方博物館本身在開館時，至少要完成的重要工作內容，如果日後擴大為後博物館範型下的文化園區、地區、社區等區域範圍的博物館，將以下列為基礎並增加更多因地制宜的內容。

1. 經營管理方面

地方博物館的行政經營管理重點，包括如下：（1）場地開放對象：年齡限制、特殊條件等，但是由於博物館是公共教育的場所，對參觀者並不會有太多限制，而是針對某些特殊人士增加更多服務設施或專人協助；（2）開放時間及方式：平日與假日一般開放時間，某些空間的特定開放時間，或是設定哪些場地空間開放給哪些特定人士租借使用；（3）門票：研訂有關成人或小孩、當地人或外地人、特定條件人士（年長者等）、個人票及團體票等門票價格；（4）餐廳及紀念品：博物館提供的餐飲方式、餐飲產品等服務，以及博物館相關周邊紀念品設計、製造及販賣[14]；（5）場地的出租方式：各種空間的場地使用、出租及收費方式等；（6）行政管理組織及人力：包括博物館運作所需要的相關正式人員、兼職人員及志工等，或是場內及場外各種場地的工作人員等；（7）日常管理維護工作：清潔管理工作、安全保全工作等。

2. 博物館教育方面

有關博物館的教育工作十分重要，因為博物館是知識集合的場所，如何將集中的知識讓社會大眾有效學習是重要的任務，目前在博物館經常運用的教育活動之類型，至少包括：（1）常設展及主題特展：在館內長期展出的展覽，以及特定主題、議題的展覽活動等；（2）展示及詮釋：展示系統及展示方式，配合展示的導覽系統及導覽方式等，以及對於展示物件的詮釋及解說牌設置等；（3）其他教育活動：像是演講、研討會、工作坊等活動等。

3. 博物館的行銷推廣方面

在國內目前有太多蚊子館的博物館問題下，行銷工作顯得更加重要，但是行銷只是博物館的包裝，更重要的是博物館本身的館藏展覽的內涵，內容如無豐富性，行銷將只是一種噱頭而已，行銷過頭有時反而會不利博物館的形象，分析博物館的行銷推廣，主要包括：（1）相關出版品：書籍、印刷品、電子報等；（2）博物館相關主題活動：除展覽以外

---

14 國內許多早已出現原屬於博物館本身、博物館的常設展、博物館的特展等，所衍生的博物館「紀念商品」，卻在國內近幾年文化創意產業的大力推動之下，變成國內重要的「文創商品」，可是前來博物館的民眾主要是因為展覽而來，並不是「紀念商品」，關鍵的問題是，如果館藏物件不豐富，展覽內容只是大圖輸出等缺乏吸引力，開發一堆博物館商品也無助參觀人數及收入，因此，關鍵在於館藏及展覽本身的吸引力，當參觀者對展覽有所感動、對博物館有所認同，才會更進一步收集購買相關紀念商品。

的工作坊、演講、讀書會等；（3）地方文化活動：社區導覽、社區巡禮、地方藝術節慶場地使用等；（4）社群經營：附近地區居民的互動活動、志工的經營計畫等，特定主題喜愛人士的經營，或與附近重要單位及設施聯合推廣等；（5）顧客管理：各項不同觀眾對象的服務等；（6）其他博物館的公共服務活動。

4. 藏品管理方面

館藏對於博物館的豐富性及營運都相當重要，因此有關地方博物館的相關工作，包括：（1）物件收藏：收藏的對象與博物館設立宗旨、收藏的範圍、研究及展示主題等關係，收藏物件數量的豐富程度及代表性等；（2）收藏空間及設備：恆溫恆濕設備，典藏空間的規模及位置等；（3）藏品清潔：被收藏物件本身的清潔及整理維護等；（4）編目工作：藏品的清點、登記、編號等；（5）藏品的使用：館內展覽等使用方式、對外出借方式等。

5. 藏品的研究方面

對於藏品的研究工作，將包括：（1）研究相關空間：因應不同研究功能需求的研究場地；（2）研究相關設備地、專門機具、專業設備等所需相關設備；（3）藏品研究的呈現：研究成果報告、研究的運用計畫等。

6. 建築及設備管理方面

有關博物館相關建築及設備的管理維護工作，主要包括：（1）建築物的安全維護工作：博物館建築物本身的日常修繕、重大修建及平日維護等工作；（2）建築物的安全管理：建築物的防火、消防、防震、防盜等工作；（3）設備的維管工作：博物館內相關設備的維護及管理，尤其是對外的展覽其展示物件本身的安全及維護等；（4）建築物及設備的衛生維護及管理工作：建築物的給水及排水、衛生設備的清潔維護及管理等。

7. 人事及會計管理方面

其他有關博物館行政中的人事及會計等經營管理，主要為：（1）人事組織：整體及各部門的組織架構、人事安排、工作分配、人員調配及調度等；（2）人事管理：工作時間、工作方式等；（3）預算計畫：年度的預算編列、預算使用、募款及各項資金的來源計畫等；（4）經費執行：經費的核銷方式、程序、表單設計等、以及作帳、查帳及申報工作等。

在地方博物館的開館計畫中，一開館博物館便成為地方公共空間、社會教育場所，然而，博物館與社會大眾主要的接觸點為「展覽」，一般社會大眾至博物館主要是前往觀賞主題特展或常設展等展覽活動，同時順便拍照或購買其他紀念商品，所以，突顯出展覽活

動在博物館對外開放時的重要性，因此，無論是古蹟或歷史建築再利用、新建的地方博館等，在開館時會同時設計一個開館活動，通常此開幕式將與常設展同時出現，開幕式活動設計與博物館本身的歷史或文化脈絡有關，以博物館開幕式活動趁機行銷博物館給社會大眾。

二、地方博物館的「經營計畫」

　　無論大小規模各個博物館應規劃整個經營期間的經營重點大綱，以及提出每一年的經營計畫，博物館的經營計畫內容思考方向，將包括：對內及對外方面、或以前置作業（籌備）、正式對外、結束檢討等期間，有關其人、事、時、地、物等相關對象進行整體規劃，所以，在博物館經營計畫所需規劃的內容項目，除了包括上述在開館時所需要的各項工作計畫，諸如：日常經營管理、博物館教育、博物館的行銷推廣、藏品管理、藏品研究、建築及設備管理、人事及會計管理、及財務計畫等之外，同時我們基於目前國內各種類型的博物館，都需要自負盈虧的政策考量等因素下，更加突顯博物館整體以及各年度的經營計畫的重要性。

　　分析博物館的經營計畫，除了包含上述各項內容之外，也特別強調以下這些內容，更是需要同時置入整體及每年期的計畫之中。另外，博物館可以尋找相關領域的專家學者，成立博物館的營運督導委員會，針對營運方針提出建言以供館方參考，以及按照經營計畫檢視每一季或每半年所執行的工作。

1. 博物館展覽計畫

　　博物館與社會大眾最主要的接觸點為「展覽」，所以，展覽對於一個博物館相當重要，但由於一個展覽需要相關策展、布展、行銷宣傳之籌備工作及工作時間等因素，再加上博物館本身的人力、物力有限等現有之條件，因此，除了博物館內已經存在的常設展之外，要辦理主題特展時，除非是屬於人力、物力、資源或展覽空間等較為優渥的大型博物館，或是只將展覽空間承租給外面單位其他舉辦展覽的狀況，才會在同一年之中出現數量較多的主題特展活動，因此，一般非大型的博物館可能在一年內只推出兩個自己主辦的主題特展，因為如同上述所分析，一個展覽要從開始進行規劃、前期籌備、正式布展及行銷推廣等各階段工作，需要一定夠長的時間以及更多相關資源才能順利完成。

　　因此，我們需要在博物館整個經營期間，事先規劃短中長期、以及每一年期不同的展覽主題計畫，才能有助於事先進行構思及籌備，包括：展覽主題的吸引力、可行性等，或

展覽所需要的物件來自於何處（物件是屬於館藏、捐贈、購置、借展、交換等方式獲得等）、時間的搭配（社會環境的議題、館際交流及合作的期程等）、所需要的經費（物件本身、運輸、保險、布置裝潢、行銷宣傳、開幕活動等費用）、文物的研究及詮釋內容（是否要先完成研究及詮釋工作，或相關特殊裝置或設備等）、展示計畫、行銷策略計畫、媒體宣傳計畫、財務計畫等。

2. 行銷宣傳計畫

行銷推廣工作是目前博物館在營運工作上相對重要但卻較弱的一環，在此提出一個博物館最基礎及重要的行銷概念：「鎮展之寶」[15]，博物館的展覽需要在內部依照特展的規模大小規劃一個或數個「鎮展之寶」，作為整個展覽論述中最具象徵性的對象，並以此規劃展覽空間與動線等，也同時透過「鎮展之寶」對外部鎖定主要的目標市場觀眾對象，策劃此主力市場觀眾吸引他們非來不可的原因，並以此原因作為重要的行銷策略，以及整個對外宣傳的主要軸線及視覺風格。而在所有博物館的各種活動中，尤其是主題特展更是需要思考行銷策略，將特展策略性的設計成為新聞事件，讓媒體能持續大量報導，成為透過新聞事件的置入性行銷方式來吸引目標觀眾群前來觀看展覽。

博物館的行銷工作，不僅能增加參觀的觀眾數量，也因為增加知名度及形象，也有利於招募志工或是對外爭取補助經費、募款等相關資源。另外，由於目前博物館走向社群化的經營方式，社群的行銷方式也更為重要，包括：對地方居民的文化認同行銷、網路社群行銷、博物館俱樂部社群的行銷、透過文創產品議題對特定喜好社群的行銷等。

3. 獲利模式計畫

博物館不只是成本考量、收入及支出計畫等相關的財務計畫而已，由於國內目前博物館需要自負盈虧，甚至能有所盈餘，因此，需要策略性的規劃相關的獲利模式，並將盈餘能轉為與本館有關的社會公益使用，也就是「博物館的社會企業」概念[16]。

---

15 「鎮館之寶」（或「鎮展之寶」）概念之案例分析：黃金博物館。位於新北市金瓜石的黃金博物館，便是在館舍的常設展中，展示一塊220公斤的999純金大金磚（黃金博物館，20150621）。而且展示櫃上利用電子版即時顯示目前黃金換算的金額，並且流傳只要你能用一隻手抓住即可將這塊黃金帶回去的趣聞，現場讓許多遊客都紛紛欲試，增加不少前往的遊客量。

16 為何博物館是社會企業？ Ford, Katharine（2012）認為「博物館是社會企業的最佳例子，其收入來源及會計工作，都像是非營利的組織。像是：博物館執行政府的專案，收益從館內的禮品店、咖啡、教育課程、圖像授權、會員收費、設備器材、場租及募款等。博物館同時知道要如何節省開銷，或志工招募或協同合作等，博物館創造的社會資本及社會教育功能是經濟、社會及環境永續的縮影。許多博物館為達成永續經營，便積極與在地供應鏈合作並研發環保經營策略，以符合其道德文化之核心價值。博物館傳遞人們的價值並結合經濟、社會、教育及文化等，發展多元類型產品及社會品牌企業的最佳範型。博物館的商業經營模式正好具備了創新、多元及穩定經營之特點，以確保財務永久持續及實踐其社會責任。博物館的商業模式建立在永續經營之上，是社會企業的成功範型。事實上，博物館

　　一般後博物館的獲利模式將會因地制宜，不過以下分析博物館可以獲利的來源，經營單位需要將這些獲利方式進行試算，並且建立符合自己館所的模式，而不是抄襲及複製別人的成功模式，因為博物館的特質不同，別人成功之處並不是適用於每一個博物館對象。

　　（1）門票策略：對本地人或特定條件人士其門票的優惠，以展現親和力或其他目的，或是與其他單位合作推出的聯票、對觀光客收取較高門票等策略[17]。不過，在台灣各地博物館的門票收入，大多不是主要的收入，尤其門票收入一拉高之後就會大幅降低前來參觀的人數。

　　（2）對外教育訓練：博物館某些特殊專長，對其他單位的工作坊教學等，並收取學習費用，或是對外像各單位進行的專題演講等。

　　（3）DIY現場活動：在博物館內現場製作與博物館有關的相關手作物，一方面提供體驗學習，增加博物館參觀的趣味性，一方面增加博物館的收入。

　　（4）空間借用：將某些空間對外給民眾或單位加以租用，例如：博物館園區或建築外觀作為電影、電視、電子及平面媒體的廣告等租用拍攝的場地，或是民眾個人拍攝婚紗的地方等，以及博物館內部像是：展覽室、演講廳、教室、賣店、餐廳等空間的租用。

　　（5）圖像授權：將博物館內珍藏的物件對象，研訂辦法進行對外授權使用的方式，授權的方式包括：一定範圍的使用對象、使用時間、販售金額等，另需要同時審查對方的設計圖樣，以確保圖像授權出去的產品品質。除一般時期對外授權之外，圖像所授權製造的產品，也可結合開館或是展覽活動時一起推出。

　　（6）紀念品販售：設計生產製造與博物館主題有關；「食、衣、住、行」各方面的相關周邊商品，尤其是主題特展時期的相關周邊紀念商品。

　　（7）餐飲服務：博物館餐廳內相關的主題餐飲，具有特殊設計的相關特色飲食，或是因為空間限制販賣簡易飲料及餐點，也是重要的收入來源之一。

4. 地方經營計畫

　　博物館與地方的關係是需要長期經營，因此需要思考及策劃博物館與地方之間的經營計畫，博物館與地方之間的關係，可分為：與附近「商家」之公共關係，以及與附近「住

早已經是社會企業的先驅者。」（Ford, K.，20120206）

17　有關對觀光客運用票價策略之案例分析：印度泰姬瑪哈陵。世界文化遺產泰姬瑪哈陵也是一個博物館園區，由於當地人的國民所得不同於外國各地遊客，以及全世界各地大量的觀光客都慕名而來，因此，當地管理單位運用對外國觀光客收取較為昂貴的門票，藉此龐大收入賺取外匯，外國觀光客要進入泰姬瑪哈陵需要支付750元盧比（約新台幣650元）之高額票價，然而，當地居民只要20元盧比（約新台幣17元）就可以進入園區，外國觀光客與印度當地居民的票價居然相差了730元（約新台幣633元）之多（資料來源：本研究2004年印度泰姬瑪哈陵現場田野調查記錄及整理分析）。

家」之公共關係等兩大類型，其中：(1) 與附近「商家」的互動關係計畫，可以包括：與地方商家聯名共同推出屬於地方的大型博物館活動、藝文活動、「博物市集」(像是：地方手工藝、家居用品、二手書籍或家具、特色老店等)、地方聯合行銷 (像是：主題特展搭配地方文化觀光等)、聯合促銷 (像是：聯合票卷等) 有關與當地產業聯結方面的相關計畫；(2) 與地方「住家」互動關係，列舉可包括：地方社區生活營造計畫、志工培訓計畫、居民地方導覽計畫、地方學校的教育推廣、社區民眾來博物館借用空間之計畫、附近民眾的博物館使用計畫等活動，博物館並且規劃設計各種地方生產、或地方生活等針對不同族群的不同議題及活動等，來促成博物館與當地各種民眾互相互動及參與之地方經營計畫[18]。

第三節　後博物館的地方經營模式

　　有別於過去一般現代地方博物館範型之經營計畫，「後博物館」範型的地方博物館經營，是以整體地方文化發展，像是：地方傳統的歷史文化、宗教信仰文化、民俗及禮俗文化等，以及現代創新的藝術節慶文化、市集文化、地方產品文化等，以地方文化本身、地方產業經濟、或地區空間等地方整體發展的視野，重新來整體性、系統性的思考，規劃在地的博物館面對地方整體發展時應扮演的重要角色、工作及任務。

　　也就是，在「後博物館」範型中，地方博物館應與地方發展整體共生及共融，在此概

---

18 「地方博物館的經營計畫」案例分析：以色列貝亞倫博物館 (Allon Centre Museum) 及基諾薩 (Ginosar) 集體農場的共生計畫。當地基諾薩集體農場於 1937 年由猶太復國社會主義的一群年輕人成立，剛開始是如同軍營的聚落組織以及軍人的生活方式，逐漸轉變成為社會主義的集體生活方式，目前吸引全世界各國人士前往居住，當地居民表示，要前往當地居住的民眾，事先需要經由面試同意，因此每一個想要前來的人都需要具備特定專長，在農場中先居住數個月之後，再由全體居民一起投票決定是否可以繼續居住下來，由於採取社會主義，在此的營收都是採共有財產，居民們一起分工進行工作，彼此之間分享所整體獲得的各種資源，包括：住屋等。在農場上，也設置了一個貝亞倫博物館，館內展示當地的發展歷史及文化、藝術等，也是居民的集會所及教育訓練場地。在博物館內，展示一艘沈入海底 2000 年的古漁船，在 1986 年被發現的「加利利漁船」(博物館及農場位於加利利海旁)，加利利海在新約聖經中記載是耶穌多次顯現神蹟之處。而觀光產業是當地最主要的收入來源之一，除了博物館賣店中販賣當地各種工藝、紀念品、特色服飾等，居民也扮演了 2000 年前的漁夫，以船舶承載觀光客出海體驗當時耶穌時期渡海的故事及各種民俗活動，是一個博物館作為地方文化核心，且集體共生的重要案例 (資料來源：本研究 2013 年以色列貝亞倫博物館現場田野調查記錄及整理分析)。

念下，我們加以思考博物館應扮演的地方功能及作用，因此，我們在以下分別進一步進行論述，包括：先從「後博物館」範型分析博物館的地方功能與作用；再以「產值圈」概念分析地方博物館在地方整體發展文化產業的功能；之後，進一步討論如何以地方整體發展視野來思考博物館的地方經營模式，因此，提出了包括：「名利雙收」、「觸媒」、「社會企業」及「地方共生」等概念及其經營之模式，而這些經營模式可採：公有公營、公有委託私營、私有自營、私有委託私營等方式經營（廖世璋，2009：31-33）。如下分析內容。

一、「後博物館」範型中博物館的地方功能與作用

在「後博物館」的範型理念之下，更加強調了當地博物館與整體地方之間緊密的連結性，因此，在此範型中博物館的功能及作用，已經與過去一般傳統的現代博物館產生出極大的差異，以下進一步分析討論「後博物館」範型的地方博物館對於當地的功能與作用[19]。

1. 地方知識中心

博物館是地方知識的集合中心，地方博物館將地方知識以及地方知識所指涉的相關物件等聚集到博物館內，能更加有效的保存、發揚及延續在地方上重要的相關知識，例如：地方的生活文化特殊的傳統、信仰、習俗、技藝、風土、民情、價值、圖騰或符號等等，以及地方過去歷史源流及目前發展相關之政治、經濟、教育、社會等現況，以及地方其他重要的文化特色等[20]。

---

19 「後博物館範型的博物館在地作用」概念之案例分析：日本百年草。百年草（Hyakunensou）位於日本愛知縣足助町（Asuke），當地處於極為偏遠的山區，由於年輕人紛紛移民至都市，在廣大的山區中居住者大多以老人為主，因為山區的腹地過大、交通不便，如果每一位老人在自家獨處會出現救難不易，進而相當危險，因此，百年草的管理單位會自己派車子，去各個山頭接送住在山中有活動能力的老人，一起集中前往此處從事一些工作及活動。百年草成為一個結合地方社會福利與觀光產業的重要會所，當地的老人們以分組方式，分工負責觀光客的地方餐點（火腿及麵包）及場地整理，一方面解決山中弱勢老人照顧的問題，讓這些老人聚在一起工作時，彼此歡樂相互交談，減少一個人在家中的孤獨感，也一方面支援了地方觀光產業所需要的人力。另外，在百年草園區中設置一個「工人館」，展示及述說有關在當地、日本各地以及世界各國等不同「工人」的各種工作方式、工具、衣著、家庭及目前遇到的勞工問題等，也展示了世界各地工人在工作後的日常生活形態等，「工人館」內主要展示及發掘在各地不同勞動者的弱勢關懷。在當地，許多遊客並不一定是因為風景優美而來，也因為百年草園區的特殊性而吸引大量遊客前往當地觀光（資料來源：本研究2001年日本愛知縣足助町現場田野調查記錄及整理分析）。

20 博物館作為「地方知識中心」概念之案例分析：蘭陽博物館。位於宜蘭的蘭陽博物館，其博物館的定位為「宜蘭是一座博物館，蘭博是認識這座博物館的窗口」，因此目標在典藏、研究、展示、推廣、傳承等整個宜蘭地區的地方文化，而能成為宜蘭文化立縣的基石，讓縣民快樂學習、休閒及浸淫在地文化的場域，且蘭陽博物館也推動由地方博物館結盟而成的民間組織宜蘭縣博物館家族協會（蘭陽博

2. 地方文史中心

由於地方博物館是地方知識中心，因此，博物館工作應該需要收集及整理附近範圍區域的地方文史工作，成為地方重要的文化及歷史等重要地方知識的研究、典藏、展示教育與推廣之文史中心，例如：地方的口述歷史、地方相關證據、標本、樣本、物件、影音及書面資料等等[21]。

3. 教育訓練中心

地方博物館運用自己的場地及在地相關資源，作為教育當地附近地區民眾以及參觀者等學習相關地方知識的場所，例如：在地方生活中相關於食、衣、住、行等常民生活所需的相關知識，或是地方傳統文化、風俗及禮儀文化、地方歷史、自然環境教育等，或是地方居民從事生產活動所需要相關的地方技藝、職能等技術訓練[22]。

4. 地方文化產業推廣中心

地方經濟是地方發展重要資源之一，地方博物館可以成為地方特產的展售平台，發展社會企業，一方面對於當地居民進行教育訓練，一方面進行地方特產的品質管理，又一方面成為地方文化特產的重要行銷中心，由於地方居民都是「素人」，要成功的自創品牌的難度很高，可以在博物館發展一個地方品牌，協助居民的地方文化特產「化零為整」，進行地方共同行銷與販售，有豐富的地方產品類型，也有「地方自有品牌」的產品概念，共同行銷地方產品也是在行銷地方，消費者透過地方特產可以體驗與打開地方品牌知名度與地方品牌形象[23]。

物館，20150621）。

[21] 博物館作為「地方教育中心」之案例分析：雲林故事館。該館最初原為「虎尾郡郡守官邸」作為居住之用，光復後為虎尾區、雲林縣等行政長官宿舍，如今做為文史工作室，為雲林第一座歷史建築再利用的案例，在2006年雲林國際偶戲節同時開館使用至今，委託社團法人雲林縣雲林故事人協會經營（雲林故事館，20150621）。館舍將雲林地區的地方文史轉換以故事方式進行宣傳，也以影像、繪本及劇場等方式來說故事，也導覽雲林地區的地方文史，以走讀方式體驗當地的地方故事。

[22] 博物館作為「地方技藝教育訓練中心」之案例分析：新北市三峽區三角湧文化協進會。三角湧文化協進會近幾年大力的推動之下，將「藍染」與「三峽」二者劃上等號，建立「三峽藍染」地方品牌，協會剛開始在1994年成立三角湧文史工作室，之後展開一連串的地方活動，1996年正式成立三角湧文化協進會，從尋找失落的三峽染開始，在2001年成立三峽染工坊，邀集「馬藍葉」原料、織染、服裝設計等專家給予指導，並在2002年開始舉辦第一屆藍染節而打出名號（三角湧文化協進會，20150621），教育訓練當地許多單親等弱勢婦女學習藍染技藝，因此整個三峽老街及附近地區都出現許多藍染店，創作及販售藍染相關製品，一起打響「三峽藍染」地方品牌名號。另外，館舍現場設有染工坊提供遊客親身體驗藍染，成為有趣的地方特色活動體驗。

[23] 博物館作為「地方文化產業推廣中心」之案例分析：台東鐵花村。位於台東的鐵花村是以博物館園區作為地方品牌，進而推廣當地各個藝術創作者及設計師。目前位於台東市的鐵花村，就發展出類似的概念，以「無牌」概念結合原住民的作品來經營一個共同「有牌」的品牌，其「無牌」品牌的故事說明「"無"（WU）台語，其實就是想表達有的意思。在一個貨櫃大小的空間裡，展出"無"的空間藝

5. 地方文化活動中心

由於地方博物館融入地方居民的日常生活，進入博物館如同進入家裡客廳的感覺，可及性及親切感的氛圍等，將地方博物館塑造成為一個居民經常出入、在地方上重要的文化活動中心，例如：引導地方文化活動、舉辦各種讀書會或地方表演會，地方博物館成為地方文化中心，所以，除了平日的展示活動之外，也扮演表演活動中心，在特定節日像是中國過年等等，因為涉及地方文化，故也應該是地方居民們歡喜、熱鬧進出的場所，透過各種文化活動成為地方人氣的場所[24]。

6. 地方觀光中心

目前全世界許多地方博物館都成為外來旅客到地方觀光旅遊的第一站，因為地方博物館能夠將地方知識聚在一起展示等，透過博物館的展示及地方居民的導覽等，對於地方發展能夠在短暫的時間中一目了然，綜覽地方過去到現在的整體發展，以及瞭解當地相當特別、非看不可的事物等，在參觀博物館及對於地方的介紹之後，便可帶著剛剛介紹的重點，親自前往地方探索，地方博物館成為有趣的觀光景點[25]。

7. 地方文化永續中心

在地方上的博物館是一個收集、保存及發揚地方文化、物件等相關地方知識的場所，消失中的地方文化在日後也可能需要透過博物館來加以恢復，式微的地方文化傳統也需要依賴一個場地來讓民眾們教育學習，以持續發揚地方特有文化，所以，博物館在當地成為

術。我們到底 "無" 甚麼？或是我們 "WU" 甚麼？在『無牌故事』裡我們分享作品及藝術工作者的故事，將視角集中在最初的文化創意，共同的生活習慣或是信仰，加入族群、個人的創意後，產生新的風貌與價值，少了產業的複雜性、關聯的產值或是效益，重新探討源起的故事性及內涵。」（鐵花村，20150621）。

[24] 博物館作為「地方活動中心」之案例分析：二結庄生活文化館。位於宜蘭的二結庄生活文化館的成立「開始於二結王公廟的改建。1986 年廟方基於廟體年代久遠及信徒日眾等考量而有改建之議，然而王公廟迄今已迄兩百餘載，承載了二結居民的生活歷史及共同的集體記憶，社區居民為保有這些共同的生活文化空間，於 1993 年以平移方式保留原舊廟體，再另建新廟。1995 年社區成立大二結文教促進會，不斷凝聚社區意識並舉辦各種社區活動。1997 年『千人移廟』活動為社區總體營造的精神做了最佳的詮釋，更見證了二結人共同的凝聚力。移廟後的舊廟便作為社區居民的公共空間，二結庄生活文化館的概念在此成形，生活館以營造『社區的埕』為目標，同時由於舊廟改建開啓了大二結的社區營造運動，有關社區營造的相關資料與各國的社造經驗，也將成為生活文化館的主要典藏。」（財團法人大二結文化家金會，20150621）。目前該基金會以「促進社區祥和推動社區公益」為目標，相當有趣基金會甚至還辦理「王公杯社區籃球錦標賽」活動，與社區居民「打成」一片（同上）。

[25] 博物館作為「地方觀光中心」之案例分析：不老部落。位於宜蘭山區的不老部落，是由來自台北的泰雅女婿潘今晟發起，以族人一起回歸傳統部落生活，來喚醒泰雅文化與自然和平共生，回到泰雅的原住民生活方式，像是狩獵及放養等，以釀製小米酒來找回原有的飲食文化，以泰雅織布尋回傳統的美，用地方材料一磚一瓦重建夢想家園，在食衣住行方面都回到原有的泰雅文化特色之上，也因此運用原民文化來吸引國內外遊客前來參訪，以文化旅遊方式開放對於泰雅文化有興趣的遊客，能在短時間內瞭解泰雅族不老部落的傳統生活（鄭微宣，2011：30-39）。

地方重要的文化延續、永續相傳的中心[26]。

8. 地方認同中心

地方活動結合地方文化在推動的過程中，更重要的是凝聚地方居民對於地方文化產生的文化認同之過程，而所凝聚及推廣的地方文化，並不是以地方主流及非主流的區分，而是注意跨文化及多元文化的對話及共同的發展，過程往往比結果更為重要，喚起地方居民對於當地文化產生強烈的向心性與認同感，懷著這種心情與意識，展開地方實踐行動，並能逐漸生產出具有自己地方特色的地方性[27]。

二、「博物館產值圈」概念的地方經營模式

我們將地方博物館放在地方發展角度進行思考，將發現地方上的博物館具有將整個地方向下紮根及向上提升的雙重功能，分析如下：(1) 在向下紮根方面：以博物館作為地方發展的重心，對於當地整體地方文化資源進行盤點、保存、發揚、教育及傳承等，讓當地文化更具自明性、特殊性、珍貴性等，並促成地方居民對於當地產生文化認同、向心力等，博物館成為一個地方文化凝聚居民的重要工作，以及地方特產的教育、學習等培訓的場地；(2) 在向上提升方面，將地方博物館作為地方對外發展的重要場所，運用博物館本身的專業能力、資源及特定的場所，能發展屬於自己的地方品牌、對外宣傳地方歷史及文化、對外提供遊客參觀及地方導覽、發展地方文化觀光、生產各種地方文化產品等工作，博物館成為整個地方對外連結的重要場所。

---

26 博物館作為「地方文化永續中心」之案例分析：桃米生態村。位於南投埔里的桃米生態村，在 921 大地震之後展開復育行動，新故鄉基金會帶領民眾一起修復環境生態，體驗社區生態之美，也因此發展出觀光產業，像是：預約導覽、民宿、特色餐飲等產業，透過環境保育成效還能發展地方旅遊，在2001 年試營運並在隔年交給社區發展協會經營桃米生態村，目前結合生態保育及生態旅遊的產業，提供了當地五分之一的就業人口（廖家展，2011：197）。

27 博物館作為「地方認同中心」之案例分析：新竹市眷村博物館。位於新竹市的新竹市眷村博物館便是為了「眷村」族群的地方認同所設立的博物館，由於附近地區眷村陸續的改建，居民紛紛搬離四散，在當時「起初將原環保局舊建築（前為新竹市調站）設為眷村博物館使用，保存新竹市特有的眷村文化，2002 年正式開館，在新竹市擎天自強協會歷任理事長與會員大力提供與蒐集，以及眷村朋友們將各種饒富意義的眷村文物主動捐贈之外，並親身投入口述記憶的傳承工作，才使得博物館有今天這番規模與氣象。」（新竹市政府文化局，20150621）。另外，目前「全館為三層樓建物，一樓規劃為眷村歷史背景區，並展出新竹神秘部隊『黑蝙蝠中隊文史資料特展』；二樓則規劃為眷村生活情境區，以造景的手法保留眷村即將消逝的獨特生活容貌；三樓則每季規劃眷村文化相關特展。眷村博物館除了扮演眷村社區交流平台之外，更從歷史與生活的方向保存與研究眷村文物，推廣台灣多元族群文化。」（文化部，20150622）。因此，眷村博物館主要的功能在於喚起眷村在台灣這一段歷史的集體記憶與文化認同。

因此，地方博物館對於地方整體的文化產業發展，具有以下的產值圈：

1. 原創產值圈

博物館本身能收集當地的地方歷史、史蹟、起源、傳奇、典故、民俗、禮俗、或地方風情等，並且這些地方素材能轉為「故事」及「劇本」，運用於博物館內部活動或是直接用於地方現場，這些內容無論是忠於原作或是將其改編等，內容的原始價值都是來自於與其他地方不同，只屬於當地的地方性之重要特質，而這些地方性卻能再生產轉為各種原創的能量。

2. 核心產值圈

將這些地方原創的地方性，轉為各項地方文化產品的生產創作以及創造產值，也就是，以上述這些地方「故事」及「劇本」為基底，製作出許多以地方特色產品，策略性方式包括：（1）完全復古：完完全全再現地方傳統中各項藝術文化物件對象，「復古就是創新」以原汁原味呈現而不增加或改變；（2）加入現在因素：將原有的地方內容加以策略性轉變為在當今文化市場可被消費的物件，像是：加入過去歷史情節成為原創文學作品，將原本的地方傳統歌曲轉為原創音樂，將祭拜儀式轉為地方表演藝術及舞蹈，將故事中出現的人物或其他象徵物變成地方工藝（例如：地方陶藝、金工、木工、漆器等），將地方民俗的服飾轉化成為原創時裝、飾品等，或是大量複製生產各項具有地方魅力的當地特產、地方紀念品等在各種食、衣、住、行各方面具有地方特色相關地方文化產品。

3. 衍生產值圈

以博物館發展地方文化觀光的核心，吸引觀光客前來地方旅行、進行地方特色餐飲消費、或前往當地特色民宿居住等，由博物館整合及串連當地各個地方文化產業鏈，吸引遊客至博物館以及更重要是當地，實地進行各項地方文化產品的消費活動。

另外，地方產業與一般企業型產業的差別，在於地方產業可以在各個產業鏈中加入「現場」的元素，轉為可以販賣的產品，例如：從原料、構思、設計、製作等產業過程都可以加入在現場觀眾自己採收、設計或製作等，因此，地方觀光因為親身體驗及在地學習而更具魅力。

4. 外部產值圈

在外部產值圈並不是都是產值利益，而是博物館因為在地方扮演重要的角色，在地方內部能發揮當地民眾的地方文化認同、向心力及凝聚力等功能，而對外部產生有關形塑地方品牌、建立地方形象、打開地方知名度等無形的產值與效益。

三、「名利雙收」概念的地方經營模式

　　地方博物館由於具有重要豐富的文物館藏、或博物館過去是名人居住過的故居、或是特定主題歷史的見證場地、或是博物館本身具有較為專業人力及各種資源等，在大部分的地方上當地博物館都有一定程度的名氣，而這些名氣可以用來提升整體地方的發展。此外，另一方面再依照博物館原本的根本定義，博物館應該主要是長期存在以社會教育為主的非營利性質機構，因此，博物館不宜與附近居民爭利，博物館與地方應該是相輔相成一起成長。所以，我們認為應該以博物館的「名」來帶動地方發展的「利」，這就是「名利雙收」概念的博物館與地方共生共融的經營模式。

　　「名利雙收」的地方經營模式，為博物館與地方互補、相成、共融進而整體發展的概念，以博物館為對地方內部居民教育訓練，以及對地方文化之收集、保存及發揚等，然而在面對外部遊客時，博物館可以作為提供地方展覽、地方導覽、地方觀光資訊等場所。博物館「名利雙收」的地方經營模式[28]，主要分成兩大類型，分別如下論述。

（一）博物館館舍本身的名利合作模式

　　當博物館變成地方發展的核心時，除了博物館展覽提供觀眾地方歷史、文化等整體綜合的資訊，博物館可以成為地方現場導覽的遊客中心，以博物館場所來組織及訓練當地居民成為導覽人員，除了對於博物館內進行導覽之外，更是將遊客帶入社區現場進行解說，因此，博物館提供居民的工作機會。

　　另外，博物館內的紀念品所需要的原料、材料可以向當地購買，可以訓練及聘用居民

---

[28] 「名利雙收」概念的地方經營模式之案例分析：日本伊勢神宮。位於日本三重縣的伊勢神宮是日本神道教最高信仰中心，而「神道信仰的基礎即在於自然和人是通過神而連接在一起的這種自覺意識。在如此而誕生的眾多神社之中，最具核心地位的神社是伊勢神宮。日本國建立之時，其核心人物是皇室，其經濟核心是日本人的主食稻米，其精神核心是神宮。神宮所祭之神是天照大神，日本神話中說，天照大神既是皇室的祖先神，同時也是給我們帶來稻米的偉大之神。神宮內除了內宮及外宮之外，另有神宮徵古館、神宮農業館、神宮美術館、神宮文庫四所文化設施。」（伊勢神宮，20150622）。因此，由於神宮的「名」吸引無數個日本國內遊客前往參拜旅遊，伊勢神宮帶動附近地區的食衣住行等相關地方產業的「利」，伊勢神宮一直都是三重縣伊勢市的觀光中心，然而，與神宮隔著一條河流對岸附近地區居民提供日本傳統文化特色產業，更加豐富到伊勢神宮旅遊的多元性及趣味性，神宮與地方民眾的共生共融，形成三重縣伊勢市「名利雙收」的地方發展模式（資料來源：本研究2001年伊勢神宮現場田野調查記錄及整理分析）。

製作生產，提供居民就業機會，而且在博物館內餐點及飲料等食物，所使用的原料也可向當地採購，料理烹調可找當地居民，甚至是用餐時所需要的餐具，也可以找當地陶藝或其他工匠（木工、金工等）設計、生產及製造，變成可另選購帶走的紀念品。還有，博物館的維修及日常管理清潔工作，也可以找當地居民以「點工叫料」方式處理，也就是需要多少材料、人員、工時等，在現場清點之後直接找當地居民工作，既快速、經濟又具有生態環保理念[29]，且由於找當地人一起參與博物館的工作，也有助於當地人對博物館更加的認同與關懷。

（二）博物館與整體地方產業名利合作模式

　　另一個「名利雙收」博物館與地方結合發展的概念，其層次及規模更廣，不只是如上述內容以「博物館本身」為基礎，去構思館內各項經營工作如何讓地方一起參與，而更廣的「名利雙收」概念是以「整體地方發展」為藍圖，博物館是一個地方整體發展的重要核心，更加將地方展示、地方收藏、地方研究、地方推廣等都由居民一起完成，尤其是地方文化產業有關的事物。

　　由博物館培訓地方居民相關地方特色產品，當博物館參觀導覽時，直接帶參觀者到「地方現場」進行實地文物的導覽解說，帶領至當地民眾的手工藝、服飾或其他地方藝術工作室實際參觀及親身製作，直接到民眾所開設的地方商店購買紀念品，到當地民眾自己經營的餐廳享用地方特色小吃等，博物館不僅不需要與民爭利，也避免博物館自己花費大量經費研發新的地方產品或是博物館紀念品，因乏人問津而造成投入大量成本卻無法回收的窘境。而且，更進一步，能透過地方博物館來一起繁榮地方發展[30]。

---

[29] 「點工叫料」之所以具有符合環保生態的概念，是因為大幅減少材料從外地配送所需要的能源、車子的空氣污染等「碳足跡」的排放。以老人食堂案例分析：「老人食堂企圖建立永久的『自力照顧系統』，於921地震後，提供服務社區，擁有一處永遠性建築，以進行在地化、永續經營的工作。對在地接受服務的獨居老人或社區居民而言，一棟永久性建築意味著長達20年來的社區照顧與陪伴服務，不再是外來的、臨時的，受制於資源有無的『活動』。本次工程採取『點工叫料』等方式進行，也省下約一百多萬經費，這些在地人物向世人証明，草根社區工作，並不受制於資源，更重要的是夢想與勇氣。」（聯合勸募，20150302）

[30]  「博物館與整體地方產業名利合作模式」案例分析：義大利米蘭大教堂及巴勒斯坦耶律哥城：米蘭代表義大利的流行時尚之都，其地標建築之一是重要的文化遺產主教大教堂，其為典型的哥德式建築，教堂因代表米蘭故稱米蘭大教堂，吸引全世界觀光客慕名前往當地，但是對於大部分都不是信徒的觀光客而言，教堂可能產生過於嚴肅的氛圍，因此旁邊的大型市集艾曼紐迴廊就扮演互補的重要角色，讓遊客除了欣賞莊嚴肅穆的教堂之外，許多代表米蘭的精品店、紀念品店、特色餐飲店等就在這裡開店，遊客

此「名利雙收」概念為由博物館「名氣」帶動整體地方「利益」。大量遊客會因為博物館的名氣而來到地方當地，而當地民眾所開設的各種地方文化產業，又會豐富及提升整個觀光旅遊的品質及水準，因此民眾因為博物館而獲利，而另一方面也因為更多地方產業加入，讓博物館的參觀活動變得更加好玩了，吸引更多的民眾前來地方博物館，博物館也因為帶動地方的利益讓居民更加支持與認同，於是良性循環愈來愈扮演地方重要的核心地位，也減少國內出現大量「蚊子館」的現象，以及讓地方擁有一筆公共基金可以自主營運，減少政府公帑支出，形成一種「社區自主營造」的模式。

另外，如果可以將整個區域型文化遺產以「博物館地區」加以命名，借用博物館來加以命名將有助於外界社會大眾對當地更強烈的文化印象，另外，也會因此命名而潛移默化，逐漸影響在博物館地區內部居民的生活態度，居民們自己生活在博物館內，在生活中不知不覺愈來愈將博物館概念給日常生活化，也就是，將博物館概念逐漸實踐在自己的日常生活活動以及自己居住的地方環境之中，因此，能策略性誘導及提升地方居民們的文化素養，之後，整個地方將全面性的出現「博物館全民生活運動」，且由於當地整體愈來愈形塑出具有博物館特色的地方性，更加進一步因為當地所產生的博物館文化差異特質，而能對內發展文化認同及文化傳承，對外發展地方文化產業、文化觀光等經濟效益[31]。

可遊歷在迴廊內體驗一些神奇故事以及豐富、有趣的購物活動，米蘭大教堂加上迴廊市集，二者結合為「名利雙收」的地方發展模式（資料來源：本研究 2013 年義大利米蘭大教堂現場田野調查記錄及整理分析）。另一個案例是位於巴勒斯坦的耶律哥城（Jerico），根據當地人對外的行銷，傳說是目前發現「全世界最古老的城市」，聖經記載當地為棕樹城，當地人立著解說牌說，早一萬年之前便已有古人在此定居並且形成城市，目前以遺址博物館園區的方式對外進行現地展示，園區內實地保存及展示在當時的街道、店鋪、住家等文化遺址，以及以展示板說明當時生活情形、文化層分析、考古挖掘的過程等，部分內容並與聖經的記載相互穿插，現場整個園區如同一個小山丘，十分乾燥及炎熱，而在緊鄰園區旁開設一家充滿地方風格的大型紀念品店，展售約旦河西岸附近居民所製作的特色料理及冷飲、工藝、紀念品、傳統服裝及飾品等，並設置一處上面寫著「全世界最古老城市」的綠洲風格水池，以及用各國文字寫著「世界和平」的立牌，提供各國遊客拍照紀念，當地一方面以「全世界最古老城市」的博物館園區之「名」，吸引全世界遊客前往，另一方面，並提供地方各種就業機會及產值營收之「利」，合為「名利雙收」的經營模式（資料來源：本研究 2013 年巴勒斯坦耶律哥城現場田野調查記錄及整理分析）。

31 本研究相當建議應該將龜山島整個島規劃設置為「島嶼博物館」（或是澎湖群島等離島）。站在宜蘭整體文化發展的博物館策略中，應該指定整個「龜山島」為國內第一個「島嶼博物館」，如此，除將造成世界各國矚目，並能藉此推升宜蘭（尤其是頭城地區）的文化素養、文化創意產業、文化觀光、城市發展。龜山島重要的景觀，包括：硫磺地質、海中螃蟹等稀有自然地質及生物棲息地等。另外，「龜山八景」為龜山島在清代以龜山朝日、龜島磺煙、龜岩纜壁、龜卵觀奇、神龜擺尾、神龜戴帽、眼鏡洞鐘乳石奇觀、海底溫泉湧上流等八大奇景名聞遐邇（東北角暨宜蘭海岸國家風景區，20150303）。然而，在上述八景中，大部分都是搭船直接在島外向龜山島觀看，而非登島，因此發展

四、「觸媒」概念的地方經營模式

我們將博物館放置於整體地方發展來思考博物館的地方策略計畫，將有助於博物館對於整體地方發展的重要貢獻，再進一步，我們更鎖定在「地方文化產業」方面進行思考分析，博物館便可以此地方文化產業議題來策略性的發動及帶動地方整體產業經濟的發展，以及創造更多地方居民在地就業之機會，也就是，以博物館為核心以及產業鏈系統規劃的概念，來構思如何串連地方各項相關的產業、產值、就業等地方整體發展。

進一步來說，也就是我們需要以地方產業鏈的角度，去思考及規劃出地方博物館究竟應該發展何種地方文化產業，才能串連最多的相關產業（或產值最高的各項產業），如此，便是以博物館發展地方文化產業作為地方整體產業發展的「觸媒」模式。

在此「觸媒」概念模式之作法，最初需要事先做好地方文化資源盤點工作，像是盤點當地擁有的各項地方自然資源、地理資源、人文資源等特色與條件，在盤點地方文化資源並分析地方不同的各個區域（空間軸）、季節（時間軸）等，調查瞭解地方擁有哪些文化特色資源之後，再將這些地方資源，納入此地方文化產業在生產過程的「產業鏈」中加以

為「島嶼博物館」有助於環境生態。此外，以博物館作為城市發展的策略，將具有以下功效：(1) 讓宜蘭的未來發展邁向新的視野，再創宜蘭城的文化奇蹟；(2) 規劃整個龜山島是一座島嶼博物館，將一個島嶼改變新的認識態度，有助於宜蘭縣在國際間之城市文化形象以及城市的文化行銷；(3) 能持續冬山河及國際童玩節之後，更擴大打響宜蘭縣在國際城市間知名度；(4) 島嶼博物館具體實踐環保行動，能以環保帶動地方產業、創造就業、凝聚廣大民眾的地方認同、文化認同；(5) 甚至可展開指定世界文化遺產的行動。另外，發展龜山島為「島嶼博物館」的效益層級圈，包括：博物館機能圈、地方文化創意產值圈、地方行銷及地方認同圈等。概念如圖6-1 所示。

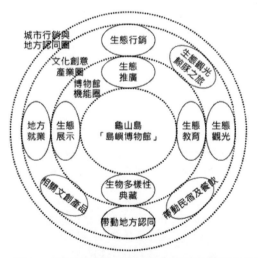

圖6-1　龜山島發展為島嶼博物館的效益層級圈分析

（資料來源：本研究自行整理、分析及繪製。）

分析、分配以及相互串連，並且找出「關鍵產業」，此「關鍵產業」就是在自己生產同時
會一併帶動當地多數相關產業（或相關的高產值產業）的共同發展。因此，「觸媒」概念
的地方經營模式，為：「以博物館為核心，以文化資源盤點為基礎，以地方文化產業為議
題，以產業鏈為系統思考，以關鍵性產業來帶動及串接，並在當地形成地方『觸媒』效
益。」

　　以上為「內部生產端」的角度分析地方「觸媒」效益模式，但是我們再從另一個角
度「外部消費端」來加以分析，像是從遊客、觀光客的角度等進行思考，藉由地方文化觀
光策略來帶動地方產業發展，也是另一個可以去思考的「觸媒」方向。在此外部角度的方
向中，其作法為最初從事地方文化資源盤點調查分析之後，規劃幾個地方文化觀光的路線
方案，這些地方路線將以視覺、嗅覺、味覺、聽覺、觸覺等五感體驗，來串連出地方各個
相關文化資源特色產業，像是：地方文史工作室、各種地方工藝工坊、農場、果園、咖啡
廳、餐廳等，一方面讓遊客對於地方有更豐富、多元的體驗學習、地方經驗等，一方面也
能串連更多地方產業，讓地方居民愈來愈認同博物館、凝聚地方向心力、增加收入及地方
就業。

　　以「觸媒」概念發展地方產業，是基於當地的人力、物力等資源條件有限，我們並無
法全面性的改造整個地區，且如果是由特定單位團體進行地方全面改造工程，也造成過於
由上而下的過程，地方居民會認為這是地方政府主管機關本來應該要做的事情，因此更加
漠不關心，而且政府所從事的工作也不容易獲得民心。運用地方「觸媒」概念，是事先進
行盤點地方文化資源之後，策略性的規劃出地方文化產業發展重點，並由這些策略性的發
展，串連地方居民並共同參與，一方面不需要興建大而不當的各項地方設施，一方面又讓
地方具有社群活力，並藉由重點式的地方文化產業發展，外部延伸持續發展出各項的地方
產值圈[32]。

---

32 博物館為「觸媒概念的地方經營模式」案例分析：西班牙畢爾包古根漢美術館。在透過設置博物館
　　成為整體城市再生的「觸媒」效應中，最著名案例之一是位於西班牙畢爾包的古根漢美術館。由於
　　「1980 年代末期，畢爾包因為鐵礦業的營運大不如前，供需狀況出現巨大落差，因鐵礦挖掘所製造的
　　環境污染更是散落在城市的每一處，加上激進的獨立分子意圖爭取國際關注，恐怖行動時有所聞。直
　　到一個全新的城市復甦計畫的誕生，才逐漸建立起新的秩序。由法蘭克·蓋瑞（Frank Gehry）建造的
　　古根漢分館，讓這座名不見經傳的城市，頓時在世界地圖上明亮了起來，這座美術館更被美國重量級
　　建築師菲力普·強生（Philip Johnson）喻為『20 世紀最重要的建築』。而在古根漢改造運動中，最成
　　功的就是『BILBAO RIA 2000』沿著河岸連結新舊畢爾包城區的步道，不但提升都市生活品質，更讓
　　人看清被人遺忘已久的河流。」（翁基峰，2003）。原本破舊且充滿社會問題的畢爾包地區，以城市規
　　劃及發展策略的角度，設置古根漢美術館並藉由文化設施來帶動地方朝向藝術文化方向的都市更新，
　　產生整體都市發展的「觸媒」效應。

五、「社會企業」（social enterprise）概念的地方經營模式

依照博物館的基本定義，博物館應該是一個「非營利」機構，但是在台灣目前主要發展所謂的文化創意產業政策之下，也要求各地的博物館都要能自付盈虧，甚至有能力出現盈餘，所以，博物館在現階段需要導入一些不失自己文化本位的商業獲利模式。如果博物館因發展商業而有所盈餘，這些盈餘便應該「專款專用」將盈餘回饋給地方使用，也就是，「博物館社會企業化」之發展概念，而「博物館社會企業」之發展過程，是「取於地方且用於地方」。

因此，以「博物館社會企業」之經營模式，博物館因為發展地方文化產業而有所盈餘時，並不是將盈餘分配給自己的理監事或組織內部成員作為紅利或獎勵之用，而是將這些來自於地方生產所獲得到的盈餘作為各種地方發展之用，尤其是作為博物館內相關人員的教育訓練、博物館設備、建築維護及其他博物館本身的相關用途，或是將盈餘作為整體地方發展藝術教育、提升居民文化素養之用，或是直接將盈餘作為地方文化產業發展之專款，將盈餘作為地方文化產業發展相關的文化資源調查及研究、文化產業的研發、居民（素人）地方手工藝之設計、製作等技術的教育培訓工作，或用來支援地方更加式微的各種民俗文化、慶典、鄉土傳統的調查、保存、延續、發揚等經費，甚至用於地方的弱勢居民的關懷與照顧工作，像是：解決有關數位落差、隔代教養、托嬰或老人照顧、單親家庭就業等地方目前存在的社會問題。

地方文化產業能作為盈餘的來源，包括：博物館的門票、販售地方文化產品、地方文化觀光（像是：所有食衣住行所需的相關產品等費用）、導覽產業（像是：租借專車、腳踏車、地方特色交通工具、步行等導覽費用）、內部場地租用（像是：展覽、藝文活動、會議、宴會等費用）、外部場地租用（像是：拍片、婚紗、廣告等費用）、教育訓練費用（像是：地方講座、委託員工訓練、地方文化產品技術課程等費用）、遊客的 DIY 體驗、地方文化產品代製、地方特色音樂或表演活動產業（包括：現場表演或各地巡迴表演活動等費用）等，而各種收入結合社會企業概念，其操作方式如圖 6-2 所示之分析，操作過程分為以下幾個階段之內容（廖世璋，2011：377-381）：

1. 首先最好能夠找到地方文化產業經理人的協助

地方上需要一個文化產業發展的經理人（或是團隊），將盤點後的部分地方文化資源能巧妙的轉為地方產業，而此人最好結合地方協會的理事長、執行長，或合作社的社長，當地的村長、里長等自己人，由於對於當地熟悉，在動員上比較有力，因此，這些人最好

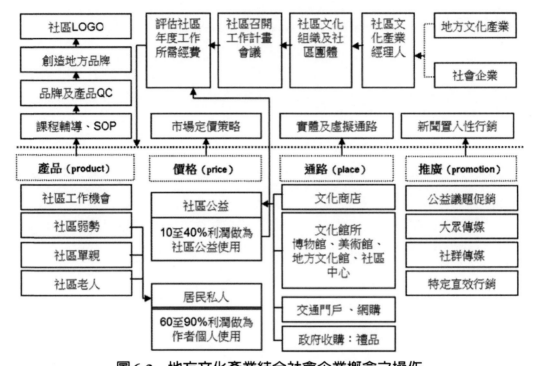

圖6-2　地方文化產業結合社會企業概念之操作

(資料來源：廖世璋，2011：377。)

是在地方生根甚久之人，但是由於地方文化產業經理人所需的相關專業，例如：地方文化資源盤點調查及分析、規劃地方品牌、地方產品、地方文化行銷、或文化觀光等，並不是一般社會大眾所擁有的專業領域，因此，也可以聘請地方文化產業經理人（或團隊）來進行專業協助。

2.「辯護式的社區計畫」與地方公共投票

　　由地方社區組織召開年度的居民會員會議，讓民眾共同參與及研訂下一個年度地方發展所需要的相關計畫以及所需經費，相關的計畫內容由居民們自己提案及說明，計畫方案內容至少包括以下重點：(1) 地方效益、貢獻度及必要性；(2) 地方的急迫性；(3) 全案所需經費及相關資源等。

　　另外，由政府相關機構（鄉鎮區公所等）或是具有地方公信力的單位主辦「辯護式的社區計畫」及其相關活動，在此「辯護式的社區計畫」制度中，政府或具有公信力的單位並不實際參與各種方案的實質內容，也不進行各種計畫方案的干預，其角色類似司法中立單位，僅站在公正客觀的立場，做好整套遊戲規則、相關制度以及宣傳的工作，並邀集地方所有團體及民眾等共同參與活動，並如同第一階段上述所說，聘請文化產業經理人及其

他專業者們，各自組成團隊協助地方上不同的團體，例如：文化產業規劃、地方品牌、文化行銷、文化觀光、空間規劃、經營計畫、財務試算等，依照不同團體其個案專業的需求內容而定。

在專業團隊協助之下，各個團體製作出屬於該團體的計畫方案，在各不同團體擁有自己的計畫方案之後，集合各種替選方案在地方公共場所中公開展覽一段時間，讓居民們能充分瞭解、溝通與思考，之後，通知民眾在特定的時間中召開公聽說明會，並由不同團體的提案者正式提出簡報說明，其他居民提出問題，提案者回應所提意見，為自己的提案進行辯護，之後，由所有居民針對各種方案進行投票。

而計算投票結果，將依照不同方案其票數之高低，排列優先執行順序，以及估算每一個個案所需執行費用，同時分析這些費用其經費來源的各種管道，例如：政府補助、民間贊助、使用前一次的地方文化產業盈餘等，由於方案依序累計所需使用的費用，因此，一方面要透過各種管道尋找資金，一方面排序比較後面的方案只能放棄，或是列入下次重新提案。

地方民眾所公投想要執行的計畫，不只可採用「固定式」的目標，也就是，分析一定資金、人力及資源等，而固定在一年內可以執行總件數及其費用，也可以採取「浮動式」的計畫目標，也就是，依照民眾所公投的優先順序，票數愈多者愈是優先執行，當資金及相關資源到位時繼續執行下一個計畫。浮動式的計畫目標其好處為比較有執行的彈性，能夠依照實際情形調整自己的目標，但是比較適用於在操作上已經較為成熟的地方組織，因為固定式的計畫目標較為明確，浮動式的計畫目標在操作上比較複雜，需要地方成員彼此之間更高的信任度、凝聚力、配合度等。

無論是採取「固定式」或是「浮動式」的地方計畫目標，由於資金不足，因此，需要事先計算出不足的資金缺口，而此資金缺口一部分正好需要以地方文化產業的營收來加以填補，於是，地方組織如同公司企業，有了成員要一起獲利達成的盈餘目標。如此，在一方面，民眾一起進行地方文化產業的工作，以營收執行自己所提案及公投決定的地方發展計畫，在另一方面，也因此強化了地方共同體的歸屬感、向心力及凝聚力。

這種「地方化產業」結合「社會企業」的「辯護式制度」，便是：地方願景如同企業目標，地方團體（地方共同體）如同企業組織，民眾如同企業員工，而民眾們為一起提案並公投出來的地方發展計畫，展開具體行動。

3. 地方文化產品的生產

從地方發展的角度來看，地方本身就是「品牌」，而各種地方特色產物就是「產品」。地方產品應具備地方特色，由於在地生產，因此可以訓練地方居民生產擁有一技之長，並

且能促進地方就業、繁榮地方發展。也由於在地生產，因此可以在地方上，將整套生產過程訂定一套訓練地方民眾的「標準作業程序」（S.O.P.，standard operation procedure），將地方手工藝或其他特產等，例如：地方特色餐飲、料理、各種飾品、油畫、雕刻、金工、陶藝、木竹工等等，以「標準化程序」進行短時間快速、量化的生產，而且在整個生產過程中進行「品質管理」（Q.C.，quality control）確保一定程度的品質。而這些地方文化產品也將共同形塑出特定地方氛圍、文化風格特色的地方品牌及地方形象。

4. 地方文化產品價格的訂定

地方文化產品的定價計畫，主要運用地方文化產品本身的「文化價值」大於「商品價格」的定價原則。另外，將售出價格其 60% 至 90% 的盈餘，設計分配回給負責該項產品設計、生產或製造的居民，讓居民因為地方文化產品而有所收入，因為擁有經濟收入而更能增加投入地方文化產業工作的意願與機會。另外，將其餘盈餘的 10% 至 40% 等，作為投入地方計畫，也就是，作為上述「辯護式制度」中由居民提案及公投決定的各項地方發展計畫所需要公共經費。

5. 地方通路的選擇

因這種地方文化產業的發展模式具有重要的地方公益性質，所以，相關產品除了可以在自己的實體店鋪或虛體網路中進行販賣之外，許多具有地方濃厚藝術色彩、文化價值等的藝術品、手工藝、飾品、出版物及其他產品等，也可與地方博物館結合，進行收藏或是放置於博物館賣店中，或是放置於其他地方活動中心、車站、機場等公共場所中，或是地方合作的特色餐廳、民宿、咖啡廳、地方書店等通路。也因為具有地方公益性質及地方故事等特色，可進一步洽談成為中央或是各地方政府相關機構的年節贈品，或是致贈給各地外賓的禮物。

6. 地方文化產品的推廣活動

同樣的因為具地方公益性質，加上都是由居民自己完成，充滿地方色彩及故事性，所以，可運用地方故事加以報導及推廣，透過故事行銷本身的產品以及地方，進而打開產品及地方的知名度與形象，也可運用地方故事結合「社群媒體」像是 Facebook、Line 等媒體，由喜歡地方故事或產品的各種族群成員，在自己的媒體上進行大量傳閱或是轉載等，進而協助地方文化產品及整個地方的行銷宣傳工作。

六、「地方共生」概念的地方經營模式

　　以地方整體發展視野的地方博物館經營，是「後博物館」範型的重要概念之一，因此，地方館舍的經營內容與地方之間相互連結、一起成長極為重要，反映在博物館本身的經營方面，除了一般傳統的現代博物館的研究、典藏、教育、推廣等機能與地方密切連結之外，以下進一步分析博物館在各空間中，可以與地方共同發展的經營模式，甚至這些經營模式也能部分解決國內目前許多博物館乏人使用淪為蚊子館的問題：

　　（1）博物館地面層空間（含地面一樓、地下一樓及戶外空間）：屬於較為開放性、親近性、公共性的空間性質。因此，可規劃為能群聚、減少隔間、集體活動或較不怕吵鬧的使用方式，例如：服務台、地方紀念品販賣部、獨立書店、手作物櫥窗、展櫃等，然而，博物館的戶外廣場空間等，可以作為地方聚會的公共空間，像是：藝術市集、農夫市集、二手用品市集、地方大型公共活動等使用，或是戶外空間屬於比較私密性的庭園，則可以成為民眾遊憩、休息、野餐、親子等活動使用。另，一樓（含地下一樓）部分因便利性，故可規劃為展覽空間。

　　（2）館舍中間層（二樓及二樓以上空間）：屬於專題性、單獨性、可隔間等空間性質。因此，可以規劃為展場、常設展區、特展區等具有目的性、主題性特質的空間使用方式，觀光客因為具有特定目的性之故，因而比較有意願上樓來參觀。

　　（3）館舍中間樓層以上（較高樓層空間）：由於高度更高，所以，可規劃地方民眾開會、聚會的場地，或是平日地方居民的地方文化產品、手工藝製作教學的教育訓練場地，或是其他像是居民的讀書會、工作坊使用等，或是對外出租作為地方論壇、研習營等使用空間，或是一般地方社區團體交流拜會、或團體觀光客來品嚐地方特色餐飲用餐的場地，因具有特定使用目的因此一定會有人使用，尤其團體參訪時，可以在會議結束同時於同一個場地聚會，也可至頂層戶外鳥瞰整個地方的樣貌。

　　（4）館舍最高樓層：一般都作為辦公室行政空間使用像是會議室及辦公室等，或是研究室、儲藏室、倉庫等，屬於對內及有關博物館行政、研究及支援服務等相關空間。

　　上述為有關地方博物館初步的「空間」規劃原則，而在「時間」規劃方面，當外面遊客或團體前來博物館參訪時，剛開始第一站便是先到地方博物館地面層一樓內部觀賞，之後，先到博物館的常設展展區、特定主題展的展區等，由居民導覽人員先整體的介紹地方從過去歷史至今的發展，由於館內提供相關文物及各種展示設備，參觀者可以快速、整體的瞭解整個地區的空間軸、時間軸發展狀況，也能比較系統性的獲得重點式的地方知識。

　　然後，可以往上至會議空間聚集，一起與當地居民進行意見交換、論壇等活動，或甚

至可在現場體驗地方特色料理，之後，如果是白天午餐便可在用餐後下午直接前往當地現場參觀，而如果是晚餐則先回民宿休息並在隔天白天進行現場參觀活動。上述的體驗方式，就是讓遊客們先透過博物館內部陳設的常設展或特展等，先對於地方相關自然環境、地理條件或是歷史人文等等，有一定的全面性、系統性的瞭解之後，再次至地方現場進行實際體驗及深入瞭解，雖然在地方現場上並不會像博物館內的展覽會較有系統的介紹當地文化等，但是地方現場卻是一個「活」的博物館展示，親臨現場再進行導覽將更加具有真實性、臨場感、生動性的體驗。也因此，博物館內部的展覽與地方現場真實的展覽等二者，彼此產生互相互補之效果，一方面遊客們在地方博物館內部的展覽中先接觸到被整理濃縮過的地方整體文化，一方面遊客們在瞭解地方全貌之後再到地方實況體驗，更加深了對於地方文化的深刻體驗。

　　另外，由於要到地方現場進行導覽，所以，也在另一方面增加許多地方導覽人員的工作機會[33]，也由於至地方現場導覽時遊客能直接購買當地相關的地方產品，而帶動整體地方產業的發展，而且在博物館內部本身不用自行花費大量成本、人力或資源等，來自行開發及銷售許多風險高、又被認為與民爭利、具有爭議性的地方文化產品，反而是將博物館的紀念品賣店及地方特色產品等，直接開設及放置在地方現場居民自己的場地中，同時也因為具有地方臨場感反而更加有助於產品的銷售情形。而且，在地方現場帶參觀者導覽地方手工藝匠師、藝術家等的工作室，一方面有助於促進當地原有匠師、藝師等的工作機會及實際收入，在另一方面，也會形成鼓勵新生加入地方匠藝實際在工作室中進行實作訓練的機會，讓許多地方文化透過在現場的作品、產品等創作而被加以傳承延續。

　　因此，以整體地方發展視野所經營的地方博物館，將成為地方文化觀光及導覽的重要核心場域，地方博物館的功能也會成為當地各種地方故事的收集、研究與展示的場地，地方博物館並成為地方文化、地方文化產業等教育訓練之地，地方博物館也成為建立地方品

---

33 「地方導覽提供地當工作機會」之案例分析：紐約布位於魯克林大橋附近的腳踏車出租店及導覽曼哈頓當地的古蹟、名勝、中央公園等城市旅遊案例。在紐約市的南岸等地點，曾設置腳踏車出租及導覽之旅，並且有定時、收費的人員導覽，導覽人員陪同一起騎腳踏車，同時導覽講解附近地區的歷史文化遺產以及在地方上發生的故事，增加遊客對於紐約市歷史文化的深刻體驗（Bike and Roll New York City，20150722），也增加了當地居民的就業機會與產值。此外，收費方式分為：以時計費或以天計費，並於特定時間由人員進行腳踏車的導覽旅行（或只是出租腳踏車由自己自由行），紐約市地鐵雖然發達，但是由於位於地下而搭乘地鐵無法一窺城市全貌，因此受到觀光客的歡迎，也因為導覽相關產業而增進當地更多就業機會及產值（資料來源：本研究2010年紐約南岸現場田野調查記錄及整理分析）。

牌、地方形象，以及從事地方行銷的重要場所，地方博物館將促進地方整體發展並與地方共生。

第四節　地方策展計畫

在論述分析有關後博物館範型概念，以及博物館以地方整體發展的視野，提出博物館與地方共同發展之地方經營模式之後，以下將再縮小範圍及更具體的論述地方博物館中的地方策展理論以及操作技術等，因為，博物館與社會大眾主要的接觸點在於「展覽」，換句話說，「展覽」活動是博物館的重要任務，博物館中一般文物的典藏及研究工作，都是要轉換為「展覽」活動，以進行知識的教育推廣等工作，可見「展覽」在博物館工作中的重要性，尤其，我們以博物館作為教育推廣整個「地方知識」的重要場所之概念，更是突顯出「展覽」對於地方文化發展的貢獻，而且「展覽」活動本身也可以衍生出多地方文化產品的創作生產與銷售，像是與文物相關紀念品、地方手工藝品等，也可能進一步與地方文化觀光結合。

因此，在以下有關地方策展的理論與技術分析內容，主要包括：有關地方展示主題之分析，結合一般傳統的現代博物館之類型，有關地方展覽的主題也可以分成：（1）科學館（自然史）之展覽方面：地方自然環境、或地方特有的科學原理等展示主題；（2）歷史館之展覽方面：地方歷史展示主題；（3）美術館展覽方面：地方美術相關之展示主題等。以及，架構在上述這些展示主題之下，更進一步的有關地方博物館其展覽活動與展示計畫之操作概念與技術內容，主要包括：（1）策展論述之重點；（2）布展策略之運用；（3）相關的展示技術內容等。

一、地方博物館之展覽主題分析

一般地方博物館的展覽分成兩大基礎類型，分別為：（1）常設展：以介紹地方歷史發展為主，包括：政治、經濟、社會、文化藝術、地方環境等相關範疇在過去各階段歷史發生的事件，或是當地的自然氣候、環境地理等，屬於一般地方相關特色的歷史回顧及整體發展的介紹等內容，因此，比較不會更動展覽內容與展示的物件；（2）特展：為針對特定主題或事件的展覽活動，由於是特定議題的展覽，因此比較會更換展覽，特展活動有助於博物館給人感到活力，也有助於參觀者重複前來參觀，加強對於博物館的文化認同。不

過，由於大部分的地方博物館其規模都較小，在人力及物力等有限之前提下，上述兩者類型比較無法清楚的區分。

　　然而，無論是常設展或是特展，一個展覽成功的關鍵基礎，在於展出物件內容本身的豐富程度，只是大部分的地方博物館可能無法像大型博物館一樣，自己擁有豐富的典藏物件，也沒有龐大資金來源、專業人力等條件來進行文物的收集、研究考證、展示工作等。基於如此，這些地方小型的博物館在舉辦展覽活動時，更是需要清楚的知道辦理展覽的目標、目的性等，才能讓展覽更加聚焦及更有意義。

　　地方展覽主題的設定與地方特色有關，因此，地方文化資源盤點的基礎工作便相當重要，從地方盤點之中找出地方的特色主題，像是：有地方特色的民間信仰、生命禮俗展等。不過，某些地方可以從所收集的物件類型的同質性為主，從同質性來設定展覽的主題，像是：照片展、書信展等，透過物件說出地方文化故事。另外，某些地方出現的社會議題，也是可以形成展覽的主題，透過展覽對外向社會大眾各界宣傳所設定的議題，突顯地方議題的訴求而獲得社會大眾的關懷與重視，來進一步改善此議題。

　　地方展覽的展示方式，也可初步分成：（1）主題展示方式：以特定的地方「主題」，收集其相關物件，並以該次展覽的主題進行空間及動線的規劃，以及以此主題作為詮釋物件的主要方向及內容，例如：地方服飾展便是以服飾為主題；（2）生態展示方式：將物件以生態棲地的方式進行展示，也就是，以某一重要的物件為核心主角，再將各種與主角有關的其他物件，共同陳設在一起，如同一種彼此具有相互關係的物件系統，所形成的生態系、生態鏈、生態環境等展示的方式，也可能形塑出一個整體的情境展示方式，例如：書房、客廳、街道廣場、村莊聚落、動植物生態棲息地等各種大小不同程度的空間環境；（3）地方議題方式：也就是，以「地方事件」為議題，透過展覽來突顯及討論此地方的特定議題，例如：地方弱勢、居住正義、環境污染等，並展示相關報導、研究等，以產生社會大眾討論的話題之展示方式。

　　除此之外，地方展覽的主題類型及所關心的重點，也與一般傳統的現代博物館有所差別。因此，以下參考一般傳統的現代博物館而將地方展覽主題分類為：地方自然環境、地方歷史、地方美術等主題類型，進行分析及討論。

（一）地方自然環境

　　展覽主題及方向以地方自然環境資源及其特色為主，或是少部分地方可能過去擁有特定的科學發明、或地方科學原理等，但由於畢竟是少數地區，因此以下以地方自然環境資源為主。

在一開始需要先在當地進行地方文化資源盤點之工作，找出當地的自然環境、氣候（局部地區的微氣候）、地理條件等地方特色，以及收集具有代表性、珍貴性的樣本、標本等進行收集、典藏、研究、詮釋及展示等工作。

另外，也針對這些自然環境及地方居民間，從過去到現在不同期間其互動有關之內容及其相關物件，展開田野調查、訪問與收集等，之後並且研究及整理亦能成為展示的重要內容，在地方自然環境的展示主題中，除了詮釋說明地方局部的自然、氣候、地質等環境特性因素，也包括自然環境與當地人之間的互動方式及關係等。然而，展示方式除了在博物館內收集具有代表性或稀有性之相關物件外，更重要的是，能夠直接在當地進行實地的現地展示，讓參觀者親臨地方現場並更具臨場感與真實性，因此可在地方現場以生態展示、棲地展示等方式，展現物件主體與其自然環境客體之間的重要關係。

（二）地方歷史

在地方歷史展覽方面，事先盤點在當地過去歷史發展過程的「時間軸」中，各階段發生的各個重要的「地方事件」，也就是，地方歷史是由一連串「地方事件」堆疊而成，另外，由各種「地方事件」堆疊而成的「時間軸」中，其事件在地方上所座落的位置，便是地方歷史展示的「空間軸」及地點，而此「空間軸」不僅可規劃為博物館內部展覽以及地方現地展示的導覽解說路線及內容，也可以發展成為地方文化觀光的重要場所。

進一步分析，對於地方歷史展示來說，地方的歷史事件是對當時地方重要發展，或是地方居民看似平凡的日常生活等不同層面，但卻具有特色性、影響性、衝擊性、代表性等活動事件，而這些歷史事件目前還可能留在現場或是已經被做成照片、影像材料等物件，雖然看似平淡的地方生活點滴，卻因為能拼湊、組合以及說出當時的地方故事，因此平凡的「地方生活用品」便可能是要被收集與展示的「文物」。此概念，也就是說「物件」本身不具任何價值與意義，「物件」是透過地方「文化」才能成為「文物」，「文物」就是「文化」的「物件」（對象）。

在地方歷史展示中，在各個歷史階段中的各種物件，其類型將包括地方相關的「人、事、時、地、物」等重要事件，也就是說，並不一定固定在哪一種類型之上，或甚至許多物件類型可能會混合在一起才會具有文化價值與歷史意義，所以，事先對於地方歷史發展事件進行盤點分析及整理是相當重要的工作，之後，便可依照歷史事件為基礎，挑選具有該歷史事件之重要性、代表性或是能還原歷史的相關物件，可能包括：各種物品、書面紙張、影像、聲音、圖畫、信件、字條等等，或是其他各種稀有的器物、材料及各種承載事件的對象等。

　　然而，進一步來說，用來展示及研究的物件對象不盡相同，用來展示的物件，主要以完整性、可看性、事件的代表性等為原則；用來研究為主的物件，主要以稀有性、具研究價值等為原則。所以，展示用的物件以展示效果佳為主，而研究工作所用的物件則以地方文化的深入度為主。

　　另外，地方歷史展示方式一樣分為博物館內的展示及現地展示，有時候在現地展示會運用演出的方式，讓歷史不再只是過去式，並讓地方歷史活靈活現的重現在現實世界當中[34]。

（三）地方美術

　　地方美術的展覽主題一樣也可以依照「人、事、時、地、物」等方式進行策劃：(1)「人」：某一位或某幾位特定的藝術生產者、某一種特定人物、某一類特定的社會階級之創作等，尤其在後博物館概念中，對「人」的關聯性將會更加重要；(2)「事」：某一個地方事件中相關的藝術物件，例如：地方某位神明的廟會、藝術節、地方的生日、或地方某件事件主題的相關藝術等；(3)「時」：地方某一個時間點或某一個時期的地方藝術；(4)「物」：地方某種分類、主題、或工具、材料、表現形式等，其藝術相關創作等。

　　無論如何，地方美術的展覽內容，除了與一般美術展覽一樣，展示創作者要在所創作的對象上想表達的想法，更重要的是創作者對於地方的創作，或是創作者與地方生活、地方學習、對地方的看法等地方關係，其地方美術的展示重點概念，如圖6-3所示。因此在展覽同時將創作者、作品與地方等三者之間的互動內容轉成故事文本，並作為日後布展時設置各種解說系統（包括：解說牌、導覽人員、語音導覽系統等），詮釋作品的切入點及動人的故事內容[35]。

---

[34] 中國古典園林的代表作為蘇州網師園案例，網師園晚上在古蹟庭園內，由穿著當時生活的古裝及配件的公子、娘子及僕人等演員，演出過去在網師園中的各種生活點滴，以及詮釋男女之間的愛情故事，讓網師園突然間活起來了，不再只是一座碩大、冰冷的歷史庭園，而是活靈活現、有生命的生活空間（資料來源：本研究1991年蘇州網師園現場田野調查記錄及分析）。

[35] 「地方美術其創作者、作品與地方三者的互動關係」之案例分析：新竹縣蕭如松藝術園區。蕭如松藝術園區為紀念蕭如松老師而在其故居設置之藝術園區，園區中展示蕭老師各時期的藝術作品，不僅從畫作中展示蕭老師過去在此的苦讀生活、嚴格教學（一絲不苟的教學作風及規定上課前要打掃教室的「蕭氏美術課」，讓所有受教過的學子印象深刻。）、畫風（不斷自修苦學揣摩印象、立體、野獸等藝術作品，並融合傳統東方書法的線條與筆觸，創出獨樹一格的繪畫風格）、獲獎（先後多次參加省展、台陽展、青雲展、全省教職員美展均獲得極高的榮譽，並得到省展免審查的認定。）等，更是在藝術園區中傳遞蕭老師對於新竹縣地方的關懷，使用每一張他對於新竹的寫生、畫作等，敘述當時在地的生活故事（蕭如松藝術園區，20121116）。「而蕭如松故居不但是蕭氏過去儲放個人物品之私人空間，同時也孕育其藝術生命的重要溫床。宏觀地說：蕭如松故居這個空間，視為儲存著大量屬於竹縣人記憶的共同空間。」（同上）。藝術園區展現的不僅僅是藝術作品，而是用一張又一張的圖畫，拼湊

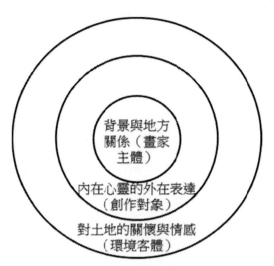

背景與地方
關係（畫家
主體）

內在心靈的外在表達
（創作對象）

對土地的關懷與情感
（環境客體）

圖6-3　地方美術展覽重點概念層次

　　另外，由於地方美術展覽活動比一般傳統的現代博物館更加重視：當地人、以及當地人與土地的互動關係。因此，以下進一步再將地方美術展覽的藝術生產者方面，分為：「達人」及「素人」等二者。

　　在地的「達人」指的是具有正式專業身分或專職創作者、專業者，像是：畫家、工藝家、匠師等視覺藝術或是工藝有關的專業創作者，另外，如果是表演藝術及音樂的「達人」，由於表演藝術及音樂屬於「演出活動」，因此，較無法用博物館物件的靜態展示，反而是透過記錄片影像、或聲音記錄等「物件」加以展示，因此其原本的「藝術」展示也可以說比較像是「歷史」展示，大部分會採取時間軸的「藝術史」方式進行布展。

　　另一種「素人」，主要是一般在地居民，沒有經過學院派藝術洗禮的當地人。尤其在後博物館範型的概念中，「素人」居民的創作理念、過程、方式等將比一般傳統現代的博物館更加受到重視，由於「素人」是當地未受過正規藝術教育且不是專職創作的一般民眾，因此，地方居民的藝術創作題材更希望能與當地的日常生活有密切的關係，而居民所使用的表現技法是彩繪、沙畫、油漆塗鴉等等各種方式，但更重要的是表現的技法能與當地的傳統有關，如此更能顯現出自己的地方獨特性，表現的對象不再僅是一般畫作而是包括當地的公共空間，像是：建築的牆面壁畫、大地彩繪、稻田裝置藝術等可能性，也就是，可視為：地方是一個大型畫室，居民是畫家，大地是畫布。

出當時藝術家對於地方土地的情感，也因為如此，使得不一定要看得懂繪畫內容、畫風或表現技法的一般社會大眾，都能透過畫作及解說而十分感動（資料來源：本研究2013年新竹縣蕭如松藝術園區現場田野調查記錄及整理分析。

因此，地方居民的美術展覽有可能是一位或幾位居民的個展或是聯展，或是可以號召所有居民集體創作，舉辦一場「村民聯展」，透過藝術的策略來動員地方共同體的凝聚力。無論如何，在地方美術展覽的特色方面，突顯有別於學院派及藝術史的主流風格；以及具有強烈的個人色彩或地方風格等二者，將構成地方美術展覽自己特有的另類特色及趣味性。36

而地方「素人」的音樂及表演藝術活動，經常與地方傳統民俗信仰、地方風俗、或是嗜好有關，因此，地方民俗或廟會等演出活動有關的道具、衣服、器物、建築等物件，同樣的可以展示物件本身呈現的藝術風格、物件的起源與脈絡、活動與地方社會之互動內容等。

地方美術的展示方式，除了在一般博物館內部展覽之外，更重要的是地方現地展示，也就是地方「藝術地景」的展示方式。因此，後博物館概念的地方藝術展示，分為：藝術家（達人）及民眾（素人）的館內展示及地方現地展示等四種類型，也可以同一時間中混用，可增加展覽活動的活潑性、在地的生動性等效果。

另外，我們也可運用藝術的策略來引導地方，在「藝術介入地方」的方式，主要分為：「先藝術後社區」；「先社區後藝術」等二者，其概念如表6-1所示，如下分析：(1)「先藝術後社區」：主要為重視地方居民的藝術教育，由藝術家在當地駐村或是直接由當地藝術家主導，以專家自己的藝術素養對當地居民進行藝術教育培育，以自己的專業藝術為帶動地方居民藝術文化素養之策略，讓藝術普及化，主要適用於剛開始運用藝術介入地方之地區，由於先有藝術教育後有全民藝術，故為「先藝術後社區」；(2)「先社區後藝術」：以藝術作為產生地方凝聚力的策略，藝術活動是一種地方動員的媒介，重視民眾在藝術活動的參與過程，集體創作的力量主要是作為一種社區凝聚的力量，也因為如此，以「先社區後藝術」的方式進行時，要民眾一起參與的藝術主題，其設定上將十分的重要，題材的

---

36 「地方美術」展覽概念之案例分析：台灣各地現的「彩繪村」。由於推行文化創意產業，最近幾年在台灣各地農村紛紛興起一股「彩繪村」的熱潮，雖然透過當地素人居民在公共空間的集體彩繪，讓農村因藝術而有了新的活力，但是，這些彩繪在自己農村的題材卻是來自非自己的地方特色，而是外來的主題，造成各地農村自己的地方特色及文化的主體性，反而因為引入外來主題在空間彩繪而更加混亂，此外，也引發智慧財產權的爭議，陳靜宜認為「台灣各地村落興起彩繪村，以招徠觀光客拍照、打卡，人潮帶來商機。但彩繪圖案多半是直接移植國外卡通人物造型，有來自日本的波妞、海賊王；或是美國的冰雪奇緣、神偷奶爸。民宿也好作希臘、古堡風。讓人開始反思未獲得授權的彩繪有抄襲之慮，涉及著作權或商標權；更重要的是，高喊文創軟實力的台灣，沒有自己的文化靈魂嗎？」（陳靜宜，20150419）。國內農村如此現象，許多不當創意往往還是地方文化的殺手，例如：新港南崙村及北崙村的海賊王、龍貓、頑皮豹、憤怒鳥、藍色小精靈等；基隆中正公園的龍貓；台南善化胡家里彩繪村的電影小小兵、Line馬來貘、航空公司的威熊、龍貓、美人魚、小丸子；台南下營小熊維尼等，這些「彩繪村」不只發生智慧財產權的問題，更是因為引入外來不當的彩繪主題反而失去自己的地方特色，也讓自己的地方變成十足商業化的「迪士尼村莊」，值得深思反省。

設定應與想要進一步引導居民有關地方關懷之特定目的有關，例如：目前在地方已經逐漸式微的傳統文化，想要藉由藝術活動策略重新點燃火花，以便受到各界的重視及重新認知，像是：在地方上重要的傳統、傳奇、傳人、民俗、風情等，或是其他非藝術領域但可以作為藝術主題的地方生態（如各種動植物）、新移民（如外籍勞工、外配家庭）、社區衛生（如偏鄉醫療、弱勢照顧）、城鄉差距（如隔代教養、數位落差）等，透過藝術策略讓各界看到地方的問題。

表6-1　「藝術介入地方」的概念類型及分析

類型	先藝術後社區	先社區後藝術
主導對象	藝術工作者（專家）	地方居民（住家）
主題取材	特定藝術教育主題	地方生活中的特色主題
創作形式	藝術化形式	生活化形式
創作觀點	學院理念：居民個人內在的思想、情感等，透過媒介對外的表現	生活理念：居民個人透過一般日常生活對當地的想法
美學形式	精緻藝術	普羅藝術
使用材料	使用專業素材（需至美術社購買的材料）	各種隨手可得的材料（一般文具店即可購得的材料），或地方大量、便宜、特有的材料
活動重點	注重藝術教育成果及發表	注重藝術參與過程
功能目的	提升當地藝術文化素養	提升居民對地方的認同及共同體的凝聚力

資料來源：本研究自行整理分析。

　　綜合上述分析，無論是自然環境、歷史或是美術等主題，地方博物館的展示就是要讓社會大眾更加清楚認識當地的「地方性」。

　　由於地方博物館本身的人力、資金、物力、規模、專業等條件已經相較於大型館舍而有所不足，因此，在設計博物館展示主題時，更是需要策略性的思考，才能在現有的條件之下吸引大眾前來，分析地方策略性思考的方向，將會包括：（1）地方深化：展覽如何能喚起集體的地方記憶，並形成地方認同的話題；（2）文化差異：展覽能否彰顯出地方魅力並成為話題，吸引社會大眾對於地方文化想要一探究竟；（3）生存議題：對於地方目前面臨的各種重大的社會問題，像是：環境生態發展、工廠污染、社區衛生、兒童福利、弱勢人口、居住正義、隔代教養、社會階級不平等、性別、或其他地方問題等，具有地方生存相關目的的策略性議題，藉由突顯這些地方問題受到社會大眾的關注，吸引更多外面資源前來援助，共同解決地方問題[37]；（4）地方文化產業：針對地方的文化特產進行行銷推

---

[37] 社區議題展覽案例分析：美國安納考斯提亞鄰里博物館（Anacostia Community Museum）。1967 年開

廣的展覽，藉以發展地方文化經濟，不過，需要區分地方農特產品的農夫市集等銷售會活動，與博物館特展的差別，農夫市集類似相關活動並不等於地方博物館的地方文化產業特展活動。

　　另外，目前在國內有許多地方是以地方活動吸引大眾前來，除了地方傳統廟會及新興藝術節活動之外，分析在地方戶外展覽活動方面的類型，主要計有：地方博覽會、地方市集、地方特賣會、嘉年華會等，而在地方特產展覽活動的類型，則包括：農業（蔬果、花卉、園藝等）、漁獵、養殖、牧業等、工業產品（農特產加工品、手工藝、地方工藝、地方產品等）[38]。

　　然而，地方展覽會與博物館內的展覽活動卻有極大差別，分析二者不同之處為：（1）觀眾不同：博物館的常設展或是主題特展，其主要觀眾對象是一般社會大眾，而地方展覽會的主要對象則鎖定在買家，是要吸引買家們前來購買地方特產；（2）目的不同：博物館內的展覽活動是介紹地方文化知識及非營利為主，而地方展覽會主要訴求特產的銷售及營利為主；（3）館藏不同：地方博物館會有自己的館藏，但是地方展覽會不需要有特定館藏物件，展示物品都是參展商家自行提供；（4）研究不同：博物館展覽是地方物件進行深入研究之後，再詮釋並對外公開展覽，而大部分的地方展覽會並沒有做過太深入的研究；（5）展示方式不同：博物館的展覽都有精心設計的解說，讓民眾瞭解物件中隱藏的地方文化，而地方展售會的物件只是陳列，像是櫥窗一樣，物品的陳列擺設後，並未詳加解說隱藏的知識內涵；（6）物件的認知不同：博物館展覽的物件是代表相關地方知識的展品，而地方展覽會的物件主要是地方產品（或商品）。

館的安納考斯提亞鄰里博物館是由 S. Dillon Ripley 所構想用來宣傳此非洲裔社區，第一任館長為 John Kinard，在開館後所精心策劃的一系列展覽活動，主要鎖定在非洲的美國歷史、社區議題、地方歷史及社區藝術等，包括：「老鼠：人帶來的痛苦」（The Rat: Man's Invited Affliction）、「洛頓教養院：時間之外」（Lorton Reformatory: Beyond Time）、「在阿納卡斯蒂亞故事」（The Anacostia Story）等，透過社區議題的相關展覽，成功的喚起美國及全世界各界對於此社區的關懷，另外，博物館也承擔起社區凝聚的責任，與學校的教學之間作出強而有力的聯繫，將許多失學的兒童與成人整合起來，建立了一個在社區中發揮更大力量的博物館，並成為非裔美國人博物館運動的主要力量（Anacostia Community Museum，20150808）。

38 地方農特產品展覽會案例分析：新竹縣「13好市集」。「13好市集」中的「13」是源自於新竹縣的13個鄉鎮，自2014年5月開始竹北市新瓦屋每週星期六下午，展出各種有機蔬果、麵包、及純手工醬料等，建立「直接向農民買」的銷售通路，市集中設立5位區經理，負責尋找各特色小農，很多小農本身就是村里長，且是社區規劃師，在尋覓特色小農時，更可以結合當地的特色農產。又例如：北埔南外社區的陳紹忠在現場展示幾十盆植物，但是目的卻不只是銷售這些盆栽，他自己在社區裡經營自然農場，設置水草生態池，來市集是希望與遊客互動，讓他們理解自然農場的特色，進而安排生態旅遊，而有助於推動自己的社區（王仕琦，20150524）。

二、地方博物館之展覽規劃

　　無論在地方上所舉辦的常設展或是特展，在整個博物館的展覽活動工作主要分成五個階段，分別是：地方研究、物件收集及編列清冊、展覽規劃與展示設計，以及執行現場施工工作，與活動進行中、完成活動後的檢討與改善工作等[39]。

　　在面對同一個地方，由於不同功能及任務的博物館將依照其設置之不同目的，而對於地方研究與物件的詮釋重點將會有所不同，不同類型的博物館其展覽活動在詮釋內容之不同重點，分析如下：（1）歷史向度的展覽：主要展示物件及其相關社會事件，社會事件是物件在當時對社會影響的各種重要內容，或是物件本身象徵（或代表）當時發生的某社會重要事件；（2）科學向度的展覽：展出物件及其科學原理，以及物件的原理對當時社會在生活或生產的影響情形；（3）美術向度的展覽：以物件本身的藝術史典範或流派、美學、技法以及畫家個人心靈對於畫作的詮釋為主，而更重要的是創作者以及所創作的物件等，與地方之間的關係等重點。

　　另外，地方博物館其收藏及展示、研究、推廣等工作，更加注重地方性。以下進一步分析一個地方博物館在籌設各項展覽活動時，其地方研究、物件收集及編列清冊、展覽規劃與展示設計等三者之重點內容。

（一）地方研究

　　地方研究也就是進行地方文化資源盤點工作，包括：（1）地方歷史本身的研究工作、（2）歷史相關物件的研究工作。其中，在地方歷史的研究工作，如同一般地方歷史文獻資料的考證、分析等工作，例如：有關「自然環境」的地方環境氣候狀態、氣候變遷等；或是有關「地理條件」方面之土壤地形、地質、地貌的狀態及變遷；或是有關「人文」方面之地方文化、社會、經濟等狀態及演變，以及族群的源流、遷移、派別、姓氏等等，可參考我們在其他章節較多篇幅所論述分析的地方文化資源盤點調查工作之重點及內容。

　　另外，我們透過對於地方的文化資源盤點調查，可以進一步分成兩大方向：（1）尋找各階段的地方發展事件作為尋找其相關物件的線索，也就是「以事追物」之概念；（2）以遺留下來的物件為線索，來進一步尋找其相關的重要內容，也就是「以物追事」的概念。

39　在此看似主要以「歷史」文物展覽的角度來區分各個工作階段，這是因為大部分的地方博物館所展覽的主要內容大多可以地方歷史發展為基礎去進行布展，而另外一個原因是不只是地方博物館，而是所有不同類型的博物館也都可稱為「歷史」博物館，因為其展覽本身皆可能會運用「時間」（歷史）進行系統性的介紹，或是以時間發展序列對展區進行分類規劃等方式。

另外，也可以直接時間軸（地方歷史）為基礎來進行盤點調查及研究整理工作，因為除了能依照時間軸排序的系統性方式找尋各階段相關的重要物件，或是將尋獲的物件以時間軸進行系統性的排列工作等，都能日後展覽時以時間排序較為系統性的作為各種分區規劃、詮釋、解說及導覽的重要內容。

（二）物件收集及編列物件清冊

對於各階段地方歷史發展中，影響當時社會重要程度的相關物件，將進行收集以及物件線索的登錄工作，分析如下：（1）物件收集：收集工作為向他人收購、捐贈、交換、借展等方式；（2）物件線索登錄：物件已經進入（或目前在他人手中而尚無法進入）自己博物館的典藏庫房，進行的物件相關重點的登錄及編目工作。編目則是依照館藏研究與展覽需求等，給予物件本身一組編號，功能類似身分證，編號是各種分類的代碼，而分類的方式則以博物館的物件年代、地點、取得方式、領域範圍、材質、尺寸、重要特徵或特點、或其他特色等，依照博物館自己的典藏需求來進行分類及代碼的編碼。

在地方物件收集研究的工作重點，將物件收集成為一個清冊，並且在研究報告前面加上所有收集到的物件之目錄，或是在清冊後面加上所有物件的清單。無論如何，分析在製作清冊時需要登錄的內容，至少將要包括：一組編號、目前物件放置何處（出處）、產權歸屬（是館內已經收藏，或是需要進一步收購、辦理捐贈、交換、借展等）、尺寸、材質、照片（上、左、右、底等各面）、物件的重要內容重點、其他應注意事項。

另外，在清冊的編排順序，可依照地方發展的時間軸線、地方區域軸線、主題軸線（議題軸線）等進行排序，或是已經初步對於未來展覽的子題有大致規劃時，便以子題為分類來編錄物件清冊。

（三）展覽規劃與展示設計

展覽規劃工作包括一個展覽的展區規劃、展示設計、展示工程等與展覽直接有關的工作，以及展覽活動行銷、包裝、宣傳、資金籌措、展品的搬運及保險、展品及場地管理等各種與展覽間接有關的工作。

分析從「展覽規劃」（主要為全區的規劃工作）到「展示設計」（主要為各種細部設計工作），至少將歷經以下：「策展論述」、「布展策略」、「展示技術」等三個重要的層次。而且在開始工作時即需要將三個階段的工作做整體思考與規劃。

從概念上分析此三者：（1）「策展論述」：是對於地方知識瞭解的「門」，也就是，進入瞭解地方知識的重要「入口」的論述，有關於對於地方知識瞭解的切入點、立場、看法

等觀點；（2）「布展策略」：是對於地方知識瞭解的「道」，也就是，最有效的方式去瞭解地方知識的「方法」；（3）「展示技術」：是實現地方知識的「果」，也就是呈現具體知識的「成果」（「結果」）等。此三個歷程共同完成地方知識對外展現。有關其概念重點如表6-2所示，以下再分別分析論述。

表6-2　地方知識展覽之「策展論述、布展策略、展示技術」三個層次概念

工作層次	策展論述	布展策略	展示技術
知識切入點	知識生產	知識消費	知識交換
概念	門（入口）	道（方法）	果（結果）
知識處理重點	知識形構、知識主體性與他者、知識的真實性	知識市場、知識系統化、背景知識	知識閱讀、知識體驗、知識獲得

資料來源：本研究自行整理及分析。

1. 策展論述

　　地方知識是透過論述而形成，也就是，知識是一種被提出以及被認知予理解的對象，所以，我們在規劃一個展覽活動時需要先以一段文字加以描述，有關本次展覽的命題、重點、目標、使命、要達成的效果等內部思考，以及對外運用修飾的文筆進行一段重要的展覽論述，勾勒本次展覽的企圖，也包括展覽的主題名稱及文案等都與展覽論述有極為密切的關係。

　　另外，由於策展論述是「一種對於地方知識的形構過程」，也就是，社會大眾將經由這個論述切入，在展覽中發現這個被論述形構的對象及內容，所以，將關聯於策展者對於地方知識的切入點、以及地方知識的分類系統等等，因此，在策展時一開始的策展論述將顯得格外重要。

　　在此策展論述層次的思考重點，至少需要留意本次展覽所切入的知識觀點為何？像是：策展者所切入的觀點是否真實無誤，或是要帶著哪一種知識的切入點來進行策展是對於展覽的目的及效益最有幫助？另外，注意地方知識的主體性以及主體以外的他者等為何？像是：地方知識究竟是誰的知識？又是誰在詮釋此地方知識？地方知識的詮釋者與知識主體之間的關係？以及二者是否具有文化差異或不同階級意識等？而且也應該進一步覺察到地方知識在當地的真實性，以及在透過展覽重新論述形構的再現過程之中，是否因為受到某些政治因素或是意識型態等影響而偏離地方真實性。另外，有關此次展覽的知識與目前當今社會發展之間的關係、意義及價值為何等等，這些都是我們在進行展覽的整體規

劃及策展論述時需要注意之處。

2. 布展策略

不同於「策展論述」主要在「知識端」,「布展策略」思考除了延續策展論述的精神而形成具體計畫之外,在「布展策略」為何以「策略」角度思考,是因為在此階段引入更多「市場端」的思考。意即我們為何需要進行布展的策略性思考,這是因為之前的策展論述工作,主要是從地方知識的生產及再現過程中出發,為避免曲高和寡,布展策略是從閱聽人觀眾的角度出發。

策略性思考是基於我們需要考量如何吸引更多社會大眾前來,以符合舉辦展覽活動擴大推廣地方知識的重要目的,以及前來參觀展覽的觀眾們其自身的知識背景是否可以吸收展覽中所呈現的知識內容,除此之外,也為了因應在國內大力推動文化創意產業等政策之下,十分重視各地博物館其參觀人數以及產值效益,故而需要再從市場及行銷等角度進行思考,以增加整個展覽活動吸引所鎖定目標觀眾族群前來參觀的魅力。

因此,我們需要研究分析本次展覽的目標市場對象,包括:主力市場、次主力市場的對象是誰?以及這些消費市場的消費者(閱聽人)行為特性,以便提升參觀展覽的人次,以達到博物館知識推廣的教育效益,以及進一步藉由展覽活動來帶動周邊文化產業或地方觀光等,增加文化經濟的經濟產值。

所以,我們在布展的策略運用上其概念分成兩大主要對象:(1)觀眾:「展覽作為一種知識載體」的概念,因此,在布展的策略運用上如何讓參觀者能透過各種豐富、多元的閱讀或體驗方式等,而更加吸收展覽中所想要呈現的地方知識;(2)消費者:「展覽作為一種文化產品」之概念,主要運用各種經濟市場相關的文化行銷、包裝等策略,加強本次展覽的知識形構、知識內容、知識分類、知識系統等,而這些知識的各種外顯形式,便是各種以視覺、嗅覺、味覺、觸覺、聽覺等設計出來的各種參觀與互動方式,甚至藉由市場的角度再一次修飾展覽所詮釋的知識內容。

另外,在布展的策略運用上(尤其是主題特展),我們經常將展覽活動策略性的設計出許多媒體感興趣並會大肆報導宣傳的議題,透過新聞事件的置入性行銷來打開展覽的知名度,因為一般博物館展覽除非是收取門票的超級大展,大部分都是缺乏廣告宣傳的經費,尤其是地方上各種資源較為欠缺的展覽,因此,以新聞議題的概念進行策劃是一種作法。另外,在展覽行銷策略上可以運用另一個「鎮展之寶」概念進行思考,也就是,吸引觀眾願意前來觀看展覽的重要文物,並以此「鎮展之寶」進行對外媒體的行銷宣傳重點。

整體布展工作本身如同一本書的目錄,以各種子題以及展示物件為基礎,展開一個具

系統性、豐富性、趣味性的展覽內容，布展的規劃工作先將展覽區分出主題及子題等方式思考，如以空間軸、時間軸、人物軸、事件軸、議題軸、物件軸等進行思考，策劃工作包括：規劃並區分各個子題內容、子題空間的分區規劃、安排故事軸線、規劃參觀動線、全區及分區的色彩計畫、物件展示方式、體驗學習計畫等。

另外，從入口處開始規劃前後順序，像是一開始進入展區時的綜覽介紹、策劃此展覽的目的論述及整個展覽的重點、在中間設計幾個展示高潮、最後要民眾帶回去與日常生活有關的知識、訊息、印象等，設計讓民眾從展覽活動中所獲得的知識與現實生活之間連結的關係。

3. 展示技術

「展示技術」是將抽象及文字的「策展論述」（地方知識如何被生產形構的工作）以及展開知識系統的「布展策略」（地方知識如何被目標預定的參觀者、消費者等加以消費的策略性思考）等具體化並與社會大眾面對面的工作。

也可以說，「展示技術」是知識「生產端」與「消費端」之間具體落實的「互動端」。意即「展示技術」的工作是將上述從「知識生產」角度出發的整體論述，以及從「知識消費」角度出發的布展計畫等二者，具體化成為民眾可見的展示對象時所需要的各項技術。

所以，展示的技術上要處理的是要準確無誤的具體呈現上述概念及如何安排「知識交換」。「知識交換」是讓原本嚴肅的知識，透過各種媒介具體呈現、並與觀眾進行「互動」的過程，從文字學習透過各種展示技術巧妙的安排及設計，成為「體驗」知識。因此，博物館的展覽是一場知識體驗、知識交換的過程，而展示的技術是一場將知識透過視覺、嗅覺、味覺、聽覺、觸覺等感官具體化可被體驗及交換的設計。

另外，為何要強調「知識交換」之概念，這是因為面對目前博物館策展理念不再強調由上對下的威權教育、填鴨式的教育方式，而是著重在觀眾其自發性的體驗學習，加上目前展示設計上都希望展品能與觀眾展開彼此互動，也使用大量互動科技裝置，因而目前在展示的技術工作上更加著重在互動及交換的設計。

最後，結合上述的「策展論述」、「布展策略」、「展示技術」三者概念，可以綜合整理為表6-3所示內容，一起配合一張規劃展示分區及參觀動線的平面圖，運用此圖及表即能一目了然，在辦理展覽活動時有系統的清晰顯現整個展覽活動的配置計畫。運用圖表讓一個展覽活動可系統性的展示知識，而系統性的知識如同一本書籍的目錄，具有主題、分區及層次性，以便讓參觀者能清晰的有效吸收展覽想要傳遞的相關知識。

表6-3 結合策展論述、布展策略、展示技術等概念的展區規劃重點分析

項目	內容重點
策展論述	整體展覽的知識觀點、要對外傳遞的主要訊息、目的等文案
分區名稱	各分區或展覽子題之命名
分區重點	相關主題或子題分區相關知識的展示重點說明
分區空間	分區的位置、樓層數、面積、高度等數據，以及特殊空間條件
環境色系	全區及分區等各展區空間整體的環境色系規劃，各展區中主標題、次標題、文字等標準字之字體、字級、顏色、位置的規劃及運用方式等
展示方式	描述主題展示或生態展示方式等展區的展示方式
體驗設計	視覺、聽覺、嗅覺、味覺、觸覺等類型，以及知識體驗方式
展示形式	相關展板、展櫃、影像、聲音或其他互動裝置等
照明方式	輔助照明光源所需條件、演色性、照射方式、照度要求、光源位置、數量、電線等
物件描述	所需物件的編號、出處來源、尺寸、材質及照片等
特殊條件	特殊需求條件的加註，包括：電力、電信、給排水、防火要求、安全措施、與觀眾之關係（像是成年等）及其他等
預定效益	回應整體展覽的功能及目的
其他	其他特別應加註事項

第七章

文化產業的地方創新計畫

以文化產業計畫作為地方發展的重要策略，需要思考包括：地方公共效益、個人利益等兩大部分，而不是完全發展個人或個別組織的最大獲利而已，因此在規劃上是以地區全盤的整體性、公共性、系統式、地方連動性、階層性等共同思考，以及更重要的是地方民眾們能集體參與整個計畫的發展過程，因此，以下分別以具「整合性」的地方社區總體營造概念進行論述，也就是，結合「社會創新、社會企業、地方文化產業」的社區總體營造，以增加地方朝向自主性營造的機會，之後，進一步提出以地方「農業」思考的地方文化產業計畫，包括社區協力農業、地方故事合作社、工作假期等計畫及操作方式，最後，分析地方文化產業的「藝文」創新方案計畫，包括：素人藝術村計畫、地方環境劇場計畫、地方文化觀光發展計畫等。

第一節　整合型概念的地方社區總體營造

社區總體營造在國內已經推展多年，在各地社區也可以看到許多亮眼的成果，目前在國內社會發展的轉型過程中，有許多人有強烈的意願想返回家鄉工作，且面對下一個社區營造階段，在地方上各個社區需要進一步發展出自主營造模式，以促使社區能獨立自主永續經營，以及當今在全世界各地出現許多有別於過去的社會創新等作法，因此，在國內的地方發展上，應該走向：「一個以『地方文化產業』為中間媒介，對外在地方上以『社會創新』策略進行發展，對內在組織團體以『社會企業』概念」進行經營，作出概念整合以及重視個案地方實踐經驗的社區（及社群）營造工作。

一、社會創新、社會企業、地方文化產業、社區總體營造比較分析

「社會創新、社會企業、地方文化產業、社區總體營造」結合發展的概念，主要是因為四者具有相輔相成之作用，有關四者概念之基本定義，分別為：(1) 社會創新（social innovation）：以社會問題出發，盤點社會問題，為了解決社會問題，形成各種有別於傳統的計畫方案，也因為計畫方案並沒有固定的計畫模式，方案的形成將因地制宜，以創新方案解決地方問題的公益性質作法：(2) 社會企業（social enterprise）：是以商業方式經營，但是將企業盈餘用於社會公益，而不是股東；(3) 文化產業（local cultural industries）：地方文化產業是「原料」、創意是「策略」、產業是「經濟」，眾多的地方文化產品是地方文化的各種外顯形式，因此需事先盤點及分析地方文化資源，將地方差異特色一部分轉生產

為文化產業，創造地方文化經濟[1]、居民地方就業，以地方文化產業發展地方商業模式，部分盈餘回饋地方文化產業發展，促使地方文化因產品讓民眾在日常生活中消費而能繼續延續在地方不至於消失殆盡[2]；（4）社區營造（community empowerment）[3]：主要以「人、文、地、產、景」等不同範疇的總體營造方式，重視在地方上不同社會階級居民其文化參與權利，以及與文化公民權相關的軟、硬體等措施，藉由各種總體營造方式提升社區居民的文化素養，塑造整體有地方特色的社區環境，因此社區環境也以文化生活圈概念進行規劃。

　　在上述不同的概念中卻具有某些共通性，分析為：（1）地方文化資源的盤點調查，以及找出地方發展的特色與問題；（2）朝向地方公民社會發展的特質；（3）重視地方實踐精神；（4）具有地方公益性質；（5）並不限於固定模式，而是依照個案條件而異；（6）最重要的是無論是哪一個概念及作法，其目的都是著重在地方經營。因此，可將這些概念進行結合成為地方自主營運的整合性作法。

二、地方的「社會創新」概念

　　Stanford Graduate School of Business（2015）曾經定義社會創新，認為社會創新是以新的方式提出更有效及永續的方案，以解決社會問題，創造的價值主要是社會而不是在於個

---

[1]　在地方上的文化活動並不等於文化創意產業，「像是一些藝術展演的補助：文化部補助雲門舞集在國家音樂廳演出、台北市政府補助在府前廣場放一千隻紙熊貓、華山園區辦展覽辦活動等，文創產業還是一種產業，產業必須有利可圖，才能自己站起來存活發展，拿不到政府補助就難以存續的，只能叫做『文化活動』，不是『文創產業』。」（漢寶德，2014）

[2]　在地方發展文化產業是地方文化整合性的發展方式，應該將「地方庶民文化、宗教文化、農業文化及博物館文化等共同進行實踐」（黃光男，2011）。

[3]　「社區」是家庭以外最小的社會單位也是地方美好生活的基礎（經典雜誌，2014），「社區總體營造」從1994 年文建會政策開始，在台灣展開一場最基層、最普及、最溫和，但影響卻難以估計的社會運動，而社區營造的類型也可以分成：營造空間、福祉經營、創發產業、深耕文史等四個類型（曾旭正，2013）。另外，在台灣社區營造的歷程，可分成幾個重要階段，包括：1993-1995 年地方文化與社區營造初期；1996-2000 年間地方發展與社區產業發展的互動關係；2002-2007 年間新故鄉社造計畫與政府資源整合之間的現象；以及2002-2007 年間有關地方文化館與社區博物館的興起；另2004-2008年間出現「六星健康社區」對社造價值的昇華；2009 年因八八風災在災區重建與在地重生運動；2008-2013 年間的「磐石生活圈」要回歸地方生活體驗的理念（方瓊瑤，2013）。不過，台灣的社區營造現況產生許多的問題，柯一青（2014）曾論述台灣社區發展的移轉與問題，其認為「20 世紀末台灣社會空間的改變與社區意識的興起，在缺乏彈性的國家文化官僚與多元展現的社會群體發展之下產生，從『生命共同體』到『心靈改革』；文化產業與地方社會重建的歷史困境；地方底層非正式實踐的環保運動等現象，以及社區營造實踐技術的許多問題，像是：參與體制的異化；地方過於從事古董蒐集的文史調查；具社會矛盾的社會動員；脫節地域生活的活動；文化廉價與商品化等問題。」

人。而 Murray 等人則認為社會創新並沒有固定的界線，範圍包含所有部門，包括：公共部門、非營利部門、或私人部門等，以各種創新的手法達成自己的目的，以創新的想法（產品、服務或模式），能同時滿足社會需求、創造新的社會關係或合作方式，以創新行動讓社會更好及提升社會的能力（capacity）（Murray, Caulier-Grice, Mulgan，2010：3）。

除此之外，社會創新卻並沒有固定的、明確的定義，而是在於思考創新的途徑及轉變的模式，以適應社會的環境下產生新的社會創新設計，以變革的社會形式或創新技術進行社會實踐，並解決社會問題，因此社會創新是在特定的時間、地點及文化中產生，並對社會及政治層面產生影響，產生的過程依賴於當時社會脈絡特性（Brackertz，20111205）[4]。

Moulaert 等人就以在都市社區治理中的社會創新議題，以市民社會及地方治理有關的議題，以「ALMOLIN」（「地方創新的替代模型」，alternative models for local innovation）向度分析社會創新，以社會、經濟等相關理論與地方治理技術等討論社會創新，認為社會創新在市民社會中是政府及治理的混合形式；在市民社會鄰里中公共領域將關乎多元治理的願景；在社會制度主義中將產生複數願景並相互影響作用；在社會經濟的治理關係中創新並同時滿足人的需求等（Moulaert, Martinelli, Swyngedouw, Gonzalez，2005：1981）。其提出在具有社會包容力及資源等環境背景中，社會經濟倡議與組織機構動力──治理、社會創新願景、文化及認同的營造等相互作用（同上：1982），而且在社會創新中，創新的產品（內容）需滿足人類本身需求；創新的過程來自於社會關係的變動（尤其是治理方面的改變）；賦權（empowerment）將提升成員參與及增加社會政治的能力與各種資源之運用（同上：1969-1990）。另外，社會創新過程中因為以賦權方式進行，所有參與者能夠在參與整個過程中學習自主成長，這些成員因為逐漸成熟也會進一步影響整個工作的運作方式（Barraud and Guerrero，2002：42-48）。

我們認為社會創新是屬於一種動態型、操作型、演化型的定義，將因地制宜、因個案特性不同而有所差異。雖然社會創新概念在世界各地社會中逐漸擴大各種倡議與地方實踐，但是並無固定明確的定義，不過，我們認為社會創新並不是一個靜態的理論定義，而應該是一種動態演化之定義，是強調由真實行動在個案的實踐中產生的操作型定義。

無論如何，社會創新是解決各種社會問題且具公益性質的各種前瞻性、實驗性的創新作法，換句話說，並不固定於哪一種定義及工作模式，而是針對地方問題進而設計的各種

4　社會創新並沒有固定的「新」模式，像是在台灣中南部目前結婚喜宴還存在著路邊的「辦桌文化」，過去被認為是一種不衛生、落伍、端不上檯面的便宜菜餚，可是目前在逐漸被淘汰的現象下，又出現一股本土鄉村的「台客風」，於是遵循「古法」不用「新」的改變，也可能造成「創新」。雲林縣政府文化局便是有鑑於此，將雲林的「總鋪師」人物等收集用以延續「辦桌文化」（劉銓芝等，2014）。

解決方式，不僅是工作方式並不固定在同一種類型，其工作組織的組成方式也會因應要解決的問題而生，也因此，無論是社會創新的工作成功案例、工作組織、工作方式等都需要因地制宜，而且無法完全抄襲其他個案[5]。

　　社會創新可以分成含有經濟創新的營利型的社會創新，以及完全非營利型的社會創新模式等兩大類，但是非營利的社會創新因為並無財務收入，將會影響其長期經營，故社會創新的營利模式還是重要關鍵議題之一，也因此，對於社會創新的基礎工作需要先從地方文化資源盤點工作開始進行，並將地方特色資源轉為地方文化產業的發展，將地方文化產業的盈餘作為組織成員個人以及地方公共、公益事務或文化產業本身教育訓練或推廣等運用。

　　另外，我們可以進一步整理並將社會創新與地方發展系統相互連結，包括：（1）社會創新的地方社會系統：以創新思維及方案計畫來強化地方社會倫理關係，或強化地方人際關係網絡，形成具有向心力及認同感的地方共同體；（2）地方經濟的社會創新系統：屬於地方社會中的市場創新方式，以地方產業鏈系統的角度思考社會創新作法，以地方文化產業（產品）規劃及生產、行銷等計畫方案，讓地方經濟有更好的發展、民眾有更多的就業機會及收入等，而讓偏鄉地區的年輕人願意返鄉、原家鄉居民因為更好的收入而改善生活品質，整體減少當地經濟條件、教育或衛生等社會問題；（3）地方政治的社會創新系統：包括中央與地方關係、對於當地的地方治理方式、地方政府與地方派系等的創新思維與計畫作法。

三、地方的「社會企業」概念

　　社會企業從歐洲第三部門演化而來，1993 年美國哈佛大學推出社會企業課程之後許多大學也紛紛跟進開設各種課程，並培育社會企業家及支持社會企業計畫，社會企業是社會目標的經濟活動，由於政府及私人捐助的機會愈來愈困難之下，發展營利性企業以

5　社會創新並無固定模式，反而在當時具有一些實驗性又能解決社會問題的方案，可能成為社會創新的計畫，例如：美國紐約市的 High Line 計畫，在當時便是一個「空間」類型的社會創新計畫，「High Line 是從一個廢棄的鐵道逐漸更新成為當今紐約市必遊玩的新景點。十五年來該計畫結合各種非營利組織成員、社區成員、政府官員、設計師及支持者等，一起合作打造出一條空中的公共開放空間。早在 1934 年，由於西城火車工程從第十大道沿線打通興建高空貨車使用的火車鐵道，作為沿線各建築與港口之間的貨運輸送使用，但是卻在產業逐漸外移下跟著沒落，成為閒置空間，一直到 1999 年 High Line 是由大衛及哈蒙德等結合附近居民，提出主張保存及再利用為公共開放空間，並在 2002 至 2003 年間開始規劃 High Line 保存及再利用綱要計畫，並導入一個開放競爭的思考，2004 年在居民參與過程中選擇出設計團隊，開始進行開放空間工程，並在 2009 年逐步開放各個路段，成為空間花園，觀光旅遊的新景點，以及居民聚集重要的公共場所。」（Friends of the High Line，2015）

從事非營利組織的成立使命及社會公益,在1991年義大利通過「社會合作社」(social co-operatives)來滿足公共服務,1996年研究人員以「EMES」計畫而串連15個歐洲國家,2002年英國政府提出「社會企業聯盟」(Social Enterprise Coalition)組織,以提升非營利組織人員的知識素養及擴大在全國各地推動社會企業,及修訂法規推動「社群利益公司」(Community Interest Company),儘管社會企業的定義模糊,但朝向兩個定義發展:以社會公益目標、透過商業貿易達成永續發展(Defourny and Nyssens,2006:3-5)。

然而上述歐盟「EMES」對於社會企業之定義也是在於社會與經濟之間,朝向四個方式:(1)一個商品(或服務)生產及銷售的持續性行動,社會企業不像是一般非營利組織不做宣傳活動及資金運作(只接受捐贈),而是直接參與商品生產或提供人們服務;(2)高度自主性,社會企業組織成員不受政府或商業利益團等各方影響,提出自主性的計畫,擁有自己的立場及行動;(3)承擔高度經濟風險,組織的財務取決於工作人員的努力;(4)工作人員需有最低工資薪水,一般非營利組織可聘用志工或以其他資源支付報酬,但是社會企業供需有最低以上工資;(5)一個明確的宗旨,服務特定人群及朝向造福社會,推動在地方層級社會責任的觀念;(6)由領導者帶領一群公民影響集體動力發展,有明確的目標隨著時間移往此方向前進,從倡議到整個社區集體推動;(7)具有決策權力的人並不是在於擁有多少資本股份,一般決策是以「一會員一選票」(one member, one vote)的方式,此外,擁有資本利益是重要的,但是決策者會分享這些所獲得的利益;(8)重視參與性質,各種成員在過程中的參與往往是社會企業的重要特徵,在許多案例中,有一個目標是透過在地方的經濟活動推動民主;(9)像股份有限公司一樣,可以分配盈餘利潤,像是在一些國家的合作社也可分發利潤(Defourny,2001:16-18)。

因此,社會企業作為合作社與非營利組織的橋樑,有關社會企業位於非營利部門及合作社中間的交叉位置之概念,如圖7-1所示(Defourny,2001:22)。也就是,以社會企業的經營方式串連非營利的地方公共事業與地方合作社營利工作之間的概念。[6]

6　地方「社會企業」概念的案例分析:日本千葉縣柏市高柳。高柳地方居民共同成立一個「多世代交流中心」組織,是一個以「扶養別人的小孩」(住在同一個社區,鄰居的小孩)的場地,並以一個地方「大家族」概念經營,讓小孩與老人一起活動及交流,由附近小學及10個志願者組織串連起來,另外,新搬來社區的年輕人也是居民交流認識的重點之一,並與東京大學合作,由居民提出計畫,區公所給予大力支持及支援,收入主要來源是課程、販賣部內販售的地方小工藝、餐飲等,以及週末市集、野外遠足交誼活動(人數70至600人規模),盈餘最大比重是賣店(70%),目前面對的挑戰是後繼者的問題(資料來源:本研究2015年日本千葉縣柏市高柳現場田野調查記錄及整理分析)。

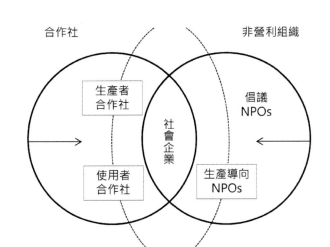

圖7-1　社會企業在合作社及非營利部門的交叉點

（改繪自：Defourny，2001：22。）

　　因此，社會企業概念提供一個思考方向，就是如何與在地文化產業發展相互結合，形成一個地方的各種獲利模式，社會企業概念與地方文化產業概念也不謀而合，相互結合共同致力於地方發展。

四、社區總體營造「整合型」概念及「ABC 地方行動法則」

　　我們將上述的社會創新及社會企業等概念與地方文化產業結合，作為社區總體營造的發展基礎，將能協助社區轉型[7]，有助於地方社區找到自己自主營運的方向。整合其三者之概念，可以繪製成圖7-2 所示之內容。

7　在社區轉型方面，有時候運用地方的「危機」是一股相當重要的力量，因為地方危機將能讓更多的居民同時意識到必須改變，而更積極參與整個過程，例如：位於宜蘭的白米社區就是將原本的危機作為社區發展的轉機，「由於當地的形狀近似米甕故舊名為『白米甕』。但在現實中一輛輛砂石車、油罐車從旁呼嘯而過，揚起一片粉塵。道路兩側，台泥工廠像一隻巨獸，不斷冒著白煙，附近錯落幾間礦石加工廠，還有零星破敗的廢棄廠房。白米社區的宿命就是因為蘊藏豐富的天然資源，註定被開發利用。從日治時期日本人利用當地人稱『石米仔』的白色礦石做成水泥。除水泥，礦石又可製成肥料等產品，因此礦石加工廠和台灣肥料公司、中油油庫等紛紛進駐。最後，北迴鐵路再從山腰上劃過，白米地區的居民與家門口的山川從此隔絕。然而其重生從木屐做起，居民一起1998 年成立木屐館，原利用台肥舊員工宿舍改建，2004 年加蓋二、三樓以容納與日俱增的遊客。白米社區強調居民的參與和共同創造。文建會自1994 年開始推動社區總體營造計畫，白米社區也展開了『人、文、地、景、產』的資源調查，發掘出傳統的木屐產業。日治時期白米地區就是十分重要的木屐生產地，而目前木屐館本身也提供了大約30 個工作機會。白米社區如今以木屐作為社區招牌，但在此之前的社造過程其實曾歷經百轉千迴。」（居芮筠，201302）

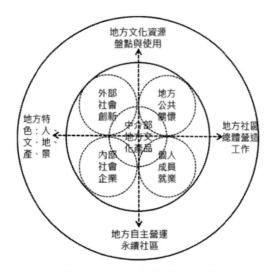

圖7-2　社會創新、社會企業、地方文化產業之「整合型」地方總體營造概念

（資料來源：本研究自行整理、分析及繪製。）

也就是，以地方文化產業（產品）為中介策略，地方組織以社會企業商業方式經營非營利組織之概念，對外部地方進行各種文化資源盤點以及創新運用，發展地方文化產業（產品）對內串連地方成員，以賦權方式在地方文化產業（產品）的生產過程中逐漸成熟，達到彼此能相互扶持與照顧，團體凝聚向心力及認同感進而成為更團結的地方共同體，對外進行地方文化資源盤點同時瞭解地方社會發展問題，將這些問題一一列出之後，並以各種地方文化產業（產品）為中介，提出文化產業（產品）的生產方案，透過生產方案的計畫同時解決地方問題，以及評析地方文化產業（產品）各方案的獲利模式，以及增加組織本身的盈餘，再將盈餘轉為預定要完成的社會公益目的，在地方上逐漸完成各項方案計畫，長期而言，逐漸落實及達成組織內部成員個人文化公民身分以及外部地方成為公民社會的最終目標[8]。

8　「社會創新、社會企業、地方文化產業之『整合型』概念地方營造」案例分析：瑞士馬特洪峰。我們對於馬特洪峰的刻板印象，經常來自於在好萊塢電影片頭中看到的那一座山。然而，著名的馬特洪峰屬於阿爾卑斯山脈，位於瑞士、義大利邊界，在瑞士瓦萊州小鎮策馬特，當地組織為了保持馬特洪峰永續經營，以「環境永續保護」訴求作為地方發展主軸，且民眾能遵守規範彼此約束，其「整合型」社區營造的概念及作法，分析如下：（1）社會創新：訂定規範嚴格禁止會排放廢氣的汽車進入小鎮，以達到環境保護目的；（2）地方文化產業：藉此大量登山客需要搭乘小鎮自己的電動車或纜車，並發展出有特色的高山觀光產業，像是：古蹟民宿、特色餐點、歷史古董、登山設備及衣服、各種紀念品等；（3）

　　另外，架構在此地方社區總體營造的整合型概念之下，地方行動應著重個案差異性質而能因地制宜，提出有效改善及地方文化產業（產品）生產對策等，不過，以下提出一個基礎的「ABC 行動原則」，其也是一個螺旋循環的地方實踐的過程，「ABC 地方行動法則」分別為：態度（attitude）、行為（behavior）和創造（creativity）。其中：(1)「態度」為認知、目標、策略等想法；(2)「行為」為方法、技術及工具等產生的活動；(3)「創造」為結果、成品及成果等產出物。

　　也就是，以上述社會創新、社會企業及地方文化產業等三者概念整合的前提下，在過程中的地方行動將依循此「ABC」法則進行地方參與活動，透過地方文化資源盤點調查分析，找出地方課題以及各項因應對策，結合各種因應對策規劃數個替選方案，進行方案分析、評估等，最後決定方案並進行執行工作，之後，對於執行工作的檢討及修正，本次方案的修正以及結合再次盤點地方文化資源及問題，再次分析課題及擬定因應對策、規劃數個替選方案、方案評估及決定、質性與檢討等循環工作，再循環的過程中以「ABC」的方式進行反思及修正，意即「態度」（A）影響「行為」（B）、「行為」（B）影響「創造」（C），而「創造」（C）的執行時同時修正影響「態度」（A）等一再循環過程中進行檢討與執行，最後完成原訂計畫方案要達到的行動目標。

第二節　地方文化產業的農業創新方案計畫

　　在台灣豐富的天然地理環境使得過去台灣農業一直舉世聞名，因此我們能以此為重要特色，並以整體地方發展的系統性思考，有關農業發展成為各種地方文化產業（產品）的生產計畫。進一步說，運用以農業作為地方再發展之策略，並且在當地再現農業生活及農業地景。另外，以農業作為地方發展的策略計畫，將在不同地區產生各種重要功能，包括：(1) 在都市地區的「都市農村化」概念，將有助於建立都市生態環境、降溫及改善都市氣候、增進都市綠色地景、社會大眾抒解壓力、社區或小農生活的經濟收入等[9]；以及

社會企業：禁止私人汽車進入，進而產生特色電動車的駕駛及其關聯的相關工作，創造居民就業機會及各種產值（也包括無法從山下帶過多食物上山而需要在當地購買等）（資料來源：本研究 2013 年瑞士策馬特現場田野調查記錄及整理分析）。

9 「都市農村化」概念之案例：日本東京人力資源公司（PASONA 團隊）：「與自然共生」為概念的「都市型農園」大樓，「在日本東京車站的繁雜街頭旁一棟九層商辦大樓是『都市農業』。大樓外圍與眾不同，辦公室陽台、大樓外壁種植 200 多種植物，讓人感受大自然氣息及減少二氧化碳、降低冷氣負擔，一樓大廳中央是種植水稻的水田。一年有三次收成，各種景觀植物和蔬菜，不過在三年前福島核災後，東京各地限電，水稻田休耕，成為生態池。一樓只有大型水稻田栽種計畫，二樓會議規劃各種

（2）在農村地區的「農村藝術化」概念，意即透過藝術文化的策略計畫，轉變原鄉村農業的生產方式及產品形式，除加入藝術文化使農業成為地方特色產業及增進小農收入之外，也逐漸發展成為地方文化特色，並依此地方文化資源再生產出其他效應，促使農村能透過文化產業策略進而再造[10]。

一、「社區協力農業」（C.S.A.，community supported agriculture）計畫

「社區協力農業」是一種社區協力模式，也是一種地方社區公平交易的理念，由於國內外大量使用機器進行農產品生產，由於為利潤而生產，不僅造成地方土地及生態環境的大肆破壞（像是：使用過量的除草劑及農藥）及食品安全問題，在現有一層層的收購機制之下，地方上的小農們更加成為被通路廠商剝削的弱勢，因此，社區小農組織起來一起與會員協力，直接面對小農且計畫性的收購當地農產品，為達到社區公平交易、糧食正義等精神，如以下進一步分析[11]：

（1）主要參與者分析：小農、地方文化產業經理人（地方社團、組織或公司之專業者）、非營利組織及其會員（社會大眾）等三方面組成。

植物工廠。這些植物都成為員工餐廳的原物料，工作時能與自然共生。定期依當令季節調整植物；並以需要的物種及穩定供應為優先考量，是公司主要的作法。此外，規劃鄉村間土地以定期3個月、低價方式讓農民招標種植，除提供就業，更讓都市與農村間的人們互動交流，使這棟都市型的農園大樓，添加了更多的意義和可能性。」（張良伊，20140317）

10　「農村藝術化」概念之案例：屏東縣國際彩稻藝術節。「屏東縣在2015年首度舉辦屏東縣國際彩稻藝術節，與LINE合作彩稻田。彩稻節由農業成為主角，讓農民來行銷屏東、行銷臺灣。彩稻田全部收割後約可收成4,500公斤白米，將在LINE MART買賣市集公益販售，扣除成本後全數捐助屏東縣社會救助金專戶，幫助清寒學子完成學業。在活動期間，LINE授權萬丹鄉井仔頭社區發展協會製作LINE FRIENDS紅豆餅，44天熱銷超過10萬個，一個紅豆餅會提撥新台幣8元作公益金，公益金總額已達85萬6,352元，將運用在萬丹、新園地區獨居老人送餐服務，讓長輩可以吃到熱騰騰的晚飯。目前服務35位，七月起會逐漸增加服務的個案數，最多將服務90位長輩。公益金預計可支應至明年2月，服務人次將達1萬5,000人次。」（屏東縣政府，20151013）

11　「社區協力農業」相關案例：宜蘭縣穀東俱樂部。位於宜蘭在2004年由賴青松先生成立的穀東俱樂部其經營方式，為「由穀東們提出種田的資金，委託代耕的農民耕作，等到收成之後，穀東們再平均分享收成的稻米。穀東由逛市場的『買米人』，變成看天吃飯的『種米人』，雖然面對四季風流水轉，颱風暴雨的危機，伴隨土地脈動，感受耕種者的心情起落，需要更多一分的耐心與體貼，但是當收到那來自土地，一包包沉甸甸，自己用心思澆灌與陪伴的『自己種的米』，口中的那份安心跟貼心，就會發現一切都是值得的！賴青松認為俱樂部的真正價值在於傳達一種生活理念，一種重視環境保護的生活態度。而成為一個『委託種植』的穀東，也就意味著成為這個集體農場的場主之一，根據家庭食用的稻米數量，決定每一年需要負擔的農場經營成本。所支付的每一分錢，都將花在這個農場上，從租地、付押金、基礎肥料、插秧、除草、追肥、收割、倉儲、運送到休耕期間的管理，乃至於田間管理員的薪資，都必須由所有種米的穀東來共同分攤。」（青松米，20151011）

（2）主要運作模式分析：是協助小農的會員合作生產方式，由地方組織盤點及洽商有意願加入的小農名單及土地規模、產量等清單，規劃單位並計算每一單位的產量，比較現在市場該農產品種類的售價作為參考，並估算本計畫各單位的年產量與售價，分析可供食用的用餐數或人數等份量計算，對外進行公開徵求認購人士（或通知原先的會員），地方組織能夠進行品質管理並協助小農的平時日常管理維護，例如：因人手不足在平時協助收成工作、或颱風天的緊急處理等，並協助將農產品以最合適的方式寄送至認購會員使用之處所。「社區協力農業」計畫可以依照組織本身或農夫們的條件進行方案規劃，例如：標榜生產履歷，或是除了生鮮農產品的快速寄送之外，亦可比照超市整理包裝成已經清洗、切菜及調配完成的半成品材料封袋等。認養計畫的成本計算方式，包括：一年的種子等材料、所有工資、工具、土地、組織運作等費用。

（3）生鮮時效分析：農產品由產地直送更增加其生鮮程度，且因為運送產地距離近或能選擇環保的運送方式等，減少運送車輛的二氧化碳排放及油污等污染，也因減少過度包裝保有食物原色且減少垃圾等，在平常時間能即時管理。不過，由於是認購全年計畫，在全年中是否遇到風災等較無法預測，因此對於會員產生風險，而彼此的互信機制成為計畫是否能談成的重點之一。

（4）對地方發展功能分析：保障小農收入而照顧弱勢老農，保障消費者的飲食安全，有助於農村再造發展，地方組織有固定收入作為地方公益運作使用，增加社區能在地方自主營運的機會。

另外，蔡培慧、台灣農村陣線、香港社區夥伴等（2015）整理有關社區協力農業的類型[12]，分為：A.「生產型」：以生產者為中心，發起固定認購的會員制，以定期分享聚會回饋會員；B.「社群支持型」：以消費者的具體需求出發，支持或主動組織附近生產者來提供安心食材；C.「食農教育型」：以農場為基地，依作物耕作週期，固定舉辦親子援農、農事體驗；D.「農會及產銷合作型」：以在地生產組合方式，推動在地特色品種、建立地方品牌；E.「原民部落型」：支持部落轉型無毒種植、發展加工，創造在地經濟；F.「共同購買型」：社區、企業、家庭集結力量，透過契作、共同採購以支持友善生產者；G.「市集及生產聚落型」：以農夫市集為中心，打造生產聚落與綠色消費的支持系統。

---

12 國內社區協力農業的不同類型及相關案例（蔡培慧等人，2015）為：（1）「生產型」：穀東俱樂部、有田有米等案例；（2）「社群支持型」：輝要有機菜園、千甲聚落 CSA 計畫、台東聖母醫院等案例；（3）「食農教育型」：沐香農場、狸和禾小穀倉等；（4）「農會及產銷合作型」：美濃白玉蘿蔔股東會、台東縣成功鎮農會等；（5）「原民部落型」：桃源香梅米如呼工作坊等；（6）「共同購買型」：主婦聯盟生活消費合作社等；（7）「市集及生產聚落型」：合樸農學市集等案例。

二、「地方文化產品故事合作社」計畫

在古典經濟學角度分析，各地的農產品生產是一種「蛛網理論」，也就是，當季的產品銷售量及價格影響農民栽種意願及數量，於是當某農產獲利極高時，農民將拼命往此農產進行栽種，然而農作物需要生長時間，當成熟時至場販賣時卻因為供給量過大而賤賣，又因賤賣再次影響農民的種植方式，當下一次又因為供給量少而提升價格，因此周而復始，農民處在波動的風險當中影響生計。

不同於「社區協力農業」之作法，在此處的方式並不是一般農產品的認購計畫[13]而已。其實，農產品（含其他農漁養殖等）不只是「農作物」而已，而是一種「符號」及賦予意義的象徵對象，如此以文化進行加值而提升價值，因此農產品本身成為一種象徵儀式的代表對象，就如同過去玫瑰花象徵愛情、康乃馨象徵親情等，或是蘋果象徵西方、香蕉象徵台灣本土等，同樣的除了農業以外其他的養殖漁牧業等亦是如此，也就是，農產品本身不只是食物而是一種具有象徵意義的地方符號[14]。

另外，地方文化產品與市面上一般產品不同，並不是只有最終收成的農作物才是產品，而是過程中都可以融入設計來提升價值，甚至過程本身的活動都是另外一種地方產品，像是：稻田收割的體驗之旅等。

因此，將可組成「地方故事合作社」，一起進行「地方產品的故事文本合作生產計畫」，以下進一步分析：

（1）主要參與者分析：農夫（或漁牧養殖者）、地方文化產業經理人、非營利組織、會員（社會大眾）等。

（2）主要運作模式分析：編織一個故事為基礎腳本，形成一個地方文化產品的故事參與計畫，與「社區協力農業」一樣由會員認購，但是在社區協力農業中是以「數量」為主，在此計畫中主要是以「質」為主，因此，農產品對象需要賦予一個重要的象徵意義。以故事為劇本，設定一套認購方式（費用、時間、數量、配送地址及其他設計等），在農

---

[13] 「農產品的認購計畫」之相關案例：在台中梨山的福壽山農場。由國軍退除役官兵設置的福壽山農場，本身多年來一直有蘋果樹的「果樹認養」，在每一年3月中公告認養，在8至9月份也提供現場採果認養（國軍退除役官兵輔導委員會，20141220），不過，農場只是將果樹視為農作物，遊客親自採收方式視為觀光果園的體驗規劃而已。

[14] 「地方故事文本合作生產計畫」之案例分析：浙江西湖數種食物的故事。西湖由於經歷各代文人雅士對當地的創作，文學與故事使得西湖更美，當地原本的「農漁產品」也因為故事文本顯得特別美味，產生許多文化價值，像是：蘇東坡的「東坡肉」（原料是豬肉）、張翰鱸「叔嫂傳珍」（西湖醋魚）等，甚至一些簡單的茶點都與唐伯虎點秋香的故事牽連，農漁原料因故事文本而不一樣，變成地方特色料理（資料來源：本研究1991年浙江西湖現場田野調查記錄與整理分析）。

園現場設置即時攝影裝置，讓選購的會員與其一起完成故事的對象能進行分享，可隨時直接上網點選收看自己的故事符號對象，當象徵對象成熟後，或是依照會員指定的特殊時間，由農場主人採收、包裝、並寄送至會員指定的地址[15]。然而，如果農場面積過大可採「分期分區」方式，第一期先行試辦，在檢討及修正之後，逐步擴展至可掌握的規模。另外，說出故事並將每單位權利及義務、選購方式等明確訂定後，可直接將整個計畫貼上「群眾募資」平台，達到行銷宣傳及徵求會員之目的。

　　（3）對地方發展功能分析：不僅是針對原有的地方農產品，尤其是有滯銷問題的農作物，能進行產品差異化及區隔市場，走出一條藍海市場的行銷策略，也因為透過文化及創新思維的加值而提高原有農作物的產值，更重要的是，將原有平凡的、在傳統市場及超級市場販賣的生鮮蔬果等，轉變成為具有豐富象徵意義的符號對象，不僅改善地方農民的收入，更因農民們的參與而在過程中將藝術文化擴及到地方日常生活之中，刺激當地藝術文化素養的發展。不僅如此，也可以針對地方的「暗點」轉變為「特點」來加以思考，並再次轉為「亮點」策略，還可能放入文化產業市場成為「賣點」。例如：某弱勢居民（或弱勢族群）協助其銷售滯銷的農產品，甚至因為地方動人的故事產生加值[16]。

三、地方「工作假期」（working holiday）計畫

　　許多地方由於地處偏鄉故而大多呈現人口外流嚴重情形，因此，在地方上可能空出一

---

15 「地方故事文本合作生產計畫」之相關作法：「愛情玫瑰」生產計畫。如以下操作方式：（1）事先進行地方文化資源盤點後發現地方有一項資源特色（「光」，亮點）或是需要解決的地方課題（「影」，「暗點」，將「暗點」視為特色並變成「亮點」），與愛情有關的特色資源，像是：在群眾的集體記憶中已經產生的象徵符號，例如：玫瑰花等，或是自行以故事發想設計地方花卉為一種象徵符號；（2）計畫整個運作的固定成本及變動成本，並換算為「愛的花田」單位（並依此可作為「限量版」的行銷策略）；（3）策劃故事及產品行銷計畫，計畫內容以此資源為特色產品及計畫，並加入動人的故事情節，計畫中明訂人事時地物等事項，包括：特殊的人親自寫下事先保密的卡片及話語，由農家在西洋情人節、白色情人節、中國情人節、認識紀念日、結婚紀念日、或有意義的紀念日等事先預定的特殊日子，作為一種兩人約定、祝福、紀念，或是在交往過程感情的培養；（4）在活動進行過程中，會員可以直接上網看到自己的具有象徵意義的育苗正在被農場主人照顧，也達到在都市緊張工作時可以放鬆及充滿希望的療癒效果；（5）在預定的時間，農家採收後進行特殊設計的包裝，農作物變成具有象徵意義的符號禮物，寄送給對方，並同時設計一個接收時的儀式（像是情歌表演等）。原有的農作物生產概念，透過創新設計過程變成一種符號生產與消費過程的地方文化產業計畫，運用文化提升地方農作的價值。

16 「因地方動人故事的加值行銷」之相關案例：商業週刊曾經報導水蜜桃阿嬤造成話題（成章瑜，20070613），在楊力州導演拍攝的紀錄片之下，真實呈現水蜜桃阿嬤在高山生活、獨自賣水果以養育四個小孩的無奈與艱辛，此事件在當時造成極大的迴響及認購，甚至讓台灣的整個水蜜桃市場都同時受到各界的矚目。之後，也出現過山藥滯銷等事件，同樣的受到社會大眾的關懷與認購。

些房間，加上地方資源有限需要外力協助，便可思考以地方住宿假期「以工代租」方式，吸引想要到當地觀光旅遊的人士，尤其是背包客或學生身分人士等，前往當地協助地方工作並作為假期活動，為「工作假期」[17]。

在此所言之「工作假期」並不完全以營利為主，並不是外國「打工度假」概念，不是金錢交換，反而是一種社會交換的方式，因此對於前來當地的工作者需要對地方發展有些熱心與關懷，並且在地方住宿上較為陽春，在飲食方面的食物將與當地居民相同，主要是服務地方多於休閒度假的概念，是到地方工作像是在度假的方式。

由於「工作假期」不一定會募得在所需時間內、地點及相關條件完全符合的對象，因此，主辦者需有一定程度的公共關係、人脈關係等，較能號召更多具備所需專長的人前往當地服務，或是將徵求期間配合寒暑假時間及拉長公告徵求時間等，或是有計畫性的分階段完成地方相關事務及設施，不一定適用緊急的危機處理或是過於冷門的專業需求。

（1）主要參與者分析：農場或園區管理人員、地方文化產業經理人、背包客或一般社會大眾等。

（2）主要運作模式分析：A. 事先地方文化資源盤點調查，找出發展課題以及因應對策，盤點所需相關資源與因應對策，研析因應對策中是否合乎工作假期對外徵求人才進駐的項目，包括：硬體空間的蓋房子或建築修繕、步道及車道整備、環境整理、生態復育、景觀工程、植栽種植或修剪等工作，或是軟體活動有關的社會服務及社區照顧（老人便當、弱勢扶持等），或社區教育（課後輔導、幼兒教育、終身學習教育、藝術文化素養課程等）；B. 設計一套工作與假期之間如何計算及交換的規則，可以設計同一期使用，在同一個工作假期中前面天數為工作期、後面為度假期等，或是以「累積點數換假期」的方式進行，由同一個組織計算及累進之後，在其他假期中使用等方式進行；C. 對外公開徵求

---

[17] 「工作假期」之相關案例分析：社團法人台灣環境資訊協會。國內近年來開始興起工作假期，其中社團法人台灣環境資訊協會舉辦過許多活動案例，該協會將工作假期分為：「山林生態工作假期、文化保留工作假期等兩種類型，近年舉辦的活動，包括：2015 年台東比西里岸冬季及秋季工作假期（環境保育、居民福祉、志工服務、自在玩樂）、2015 年台東比西里岸秋季工作假期（移除火龍果支架，讓園能轉而成為部落民族植物-白茅的新基地。）、2015 年自然谷『森林守衛者×走入社區』工作假期（雙手體驗山居生活，雙腳感受大地脈動，守護環境信託）、2015 年陽明山美軍眷舍群國際工作假期（老屋維護，守護台灣重要歷史文物活化老屋）、2015 年來去部落做農青（協助台東阿美族部落農耕）、2014 年自然谷『走入社區×行動支持』生態工作假期（帶動社區走向生態農村）、2014 年『杉原 x 都蘭 x 比西里岸 雲遊山海』工作假期（至刺桐、都蘭、比西里岸等部落，和日本、香港等志工學習體驗潮間帶採集、敲樹皮製作、植物染、野菜採集，瞭解海岸線不當開發、海洋生態系及漁業資源崩潰、廢棄物汙染等議題，一起淨灘與監測海洋廢棄物、外來種植物移除等環境保育）、2013 及 2014 年太魯閣保育工作假期（環境守護太魯閣）、2014 年比西里岸生態工作假期（在田邊以天然植物搭建休憩涼台及火箭爐廚房）、2013 年比西里岸山海工作假期（阿美族部落生態環境教育）、2012 年陽明山生態工作假期（陽明山國家公園溼地移除外來種）等。」（社團法人台灣環境資訊協會，20151016）

及面試，如果在某一些地方自己本身沒有具體想法，也可由應徵者自行提案交付審查，另外，工作假期需要配合寒暑假或連假期間，或與許多公司合作一起推動計畫；D. 工作假期結束時，可以設計慰勞活動，像是：具有地方特色的獎狀、證明等，並且設計後續持續聯繫感情的方式，像是：網頁、Facebook 粉絲專頁會員、即時通訊軟體群組等。

（3）對地方發展功能分析：工作假期方式類似「以物易物」的概念，地方可以依照自己需求進行徵才，不僅是與地方發展基礎設施有關，地方的生活、生產、生態等各項所需，甚至是藝術家到地方駐村創作等，皆可成為工作假期徵求人才的項目。對於每日生活或工作在都市水泥叢林中的人而言，在工作之餘喜歡到戶外、鄉間、原野、森林等綠色生態環境度假，這正是各地偏遠鄉村地區可以吸引對方的特色，加上對地方服務是有意義的工作，因此，將吸引認同這些理念的人前往當地。如此進一步來說，具吸引人的地方特色、被認同的工作理念、以及可以勝任的工作計畫等是工作假期重要的基本條件。

四、「都市菜園」（urban vegetable garden）及「可食地景」（edible landscaping）計畫

「都市菜園」顧名思義在都市中心區的公園綠地、庭園、空地、牆面、陽台、屋頂等有空間的地方規劃菜園[18]，而「可食地景」就是將原本這些公園綠地等空間中種植的觀葉、觀花、觀果等植栽種類，改種植可以食用的各種根莖類、花果類、綠葉類等蔬菜及水果等植栽[19]。在「都市菜園計畫」計畫概念下甚至可以進一步衍生發展出「都市農場計畫」

---

18 「都市菜園」之國內相關案例：錦安里社區菜園。在台北市金華及永康街之錦安里一帶，社區活動中心屋頂、公園停車場旁國有地及廢棄老屋等，地方志工共同參與建造出各種社區農園。「一年前，金華公園旁老屋拆除後，陳沅蓀情商里長把一半空間留下來，因規定公有地不能種吃的，所以改種不像菜的香草。傳統公園綠地中民眾只能觀賞，錦安里社區菜園形形色色的香草植物，全部開放動手摸動手摘，里民主動輪班澆水、拔草、修剪、照顧，菜園一切都是共享，透過菜園居民產生了感情連結。活動中心原會積水頂樓也改造屋頂農園，里內公巷建物斑剝的壁面，由居民和小學生協力彩繪，過去被丟垃圾的陰暗空間，成為可食植栽園地，特殊景緻甚至成為婚紗照景點。」（張翠芬，20150208a）

19 「可食地景」之國外相關案例：西雅圖及溫哥華等北美西岸城市案例。許多國家都在都市中興建農園，其中，在西雅圖其「政府部門以社區夥伴關係的營造方式，對於整個地區展開長期的賦權參與，在當地有一個地方民眾的總動員計畫，且以社區服務中心和街區議會方式來連結地方力量，另提供社區媒合基金方式來營造地方各個計畫，在社區操作包括：社區園圃計畫、社區鄰居感謝日的社區節慶等工作。」（Diers/ 黃光廷、黃舒楣譯，2009）。另外，在西雅圖有一個「P-Patch 社區園圃計畫」，其發展「為自 1973 年以來迄今已有完善法令，為避免建商開發壓力，政府配套調整土地分區使用，串聯市民、非政府組織、公部門三方，打造可讓居民拈花惹草的鄰里公園。同時，西雅圖在社區劃設『公有菜園』，一起耕種收成交給食物銀行作公共使用（張翠芬，20150208b）。另外，在西雅圖的 International District 當地公園，由於附近居住大量中國人，又中國人的栽植文化是喜歡種植一些可以吃的植物，於是利用公園變成菜園，並且由民間組織收購蔬果後並烹飪為便當，提供流浪漢及弱勢

(urban farm program)[20]。

（1）主要參與者分析：市民（社會大眾）、非營利或地方社區組織、地方文化產業經理人等。

（2）主要運作模式分析：A. 首先盤點地方上可提供作為都市菜園或可食地景的空間，包括：地面層及地上層（像是建築物的牆面、陽台、圍牆、屋頂層等）、公有地及私有地、永久使用或暫時使用等[21]，以及是否需要在空地上搭建「生態房子」等涼亭或倉庫等設施[22]；B. 規劃都市菜園的計畫，包括：承租戶條件、單位規模大小、租金及相關費用、承租期間、管理者及管理方式、及其他權利及義務等，並對外公告招募市民；C. 審查資格及執行計畫管理；D. 協助蔬果加工製作及販售菜園蔬果，像是：蔬果加工製作成地方文化特色產品、都市農夫市集，亦可配合「社區協力農業」方式進行認購計畫，或是配合「地方文化產品故事合作生產」計畫共同進行[23]。

（3）對地方發展功能分析：由於都市農園及可食地景本身，形成不僅只是可以觀賞的綠地景觀，同時也可以食用，也因為許多可以食用的植物本身由於會開花、結果等，故將引來許多昆蟲、鳥類等，逐漸都市中形成一個小的生態系，而擴大為降溫、淨化空氣、節

排列領用，解決許多社會問題（資料來源：本研究2004年西雅圖中國城現場田野調查記錄及整理分析）。而另一個案例：加拿大溫哥華，「在市區中的公園及公共用地等地隨處可見菜園，開放公園綠地認養耕作種菜，這些社區花（菜）園成為溫哥華朝『最綠的城市』邁進的標誌，目前超過100個社區花園分布在市府、公園及教堂等私人土地上，全面推動社區花園有兩個理念，一是希望建立城市自給自足、糧食自主的糧食系統，另一方面是希望照顧弱勢，公有土地生產的蔬果免費提供給遊民採收。溫哥華市府建置完整的網站，鼓勵民眾『加入你家附近的社區花園』，有詳細的條件規範，民眾須填寫申請書，詳述建造社區花園的計畫、構思、如何和社區互動及預算，市府會在每年秋季審查及核准新的案件。」（張翠芬，20150208b）

20 「都市農場」相關案例：美國麻州薩默維爾市。在「都市農園」之外，進一步發展的是「都市農場」，在「美國麻州薩默維爾市立法都市農人販售產品，在都市中可畜養6隻母雞及兩窩蜂巢，也成立第一座都市農場，商業用途的家產蔬果之雞農跟蜂農需申請許可證，並繳納第一年50美金，其餘每年25美金的基本費用。」（林立恩，20140505）

21 像是在「新加坡由於地小人稠不適合發展農業，農產品高度倚賴國外進口，任何一塊可耕種空間更是彌足珍貴，於是在都市中開始出現『垂直農場』（vertical farm）及『臨時農場』（pop up farm）。」（Admin，20140715）

22 關於「生態房子」概念，「聯合國環境規劃署（United Nations Environment Programme，UNEP）及聯合國人類居區規劃署（United Nations Human Settlements Programme，UN-HABITAT）為了因應未來都市擴張問題，自2013年起推展為期3年的『生態房子計畫』（Eco-housing Project），生態房子指的是考量房子的整體生命週期，以永續發展的思維進行設計。」（Phototouring，20151014）

23 許多城市中的都市農業逐漸成為都市食物的重要來源，以古巴扎巴特市為例。「都市農業已經是當前重要的一道食物保障，目前有140位農民在從事都市農業。都市農業運動起於永續環境的農業概念，目前已有30萬農民在州立農場、合作社或私人農場從事生產。根據官方數字近10年間都市和都市近郊的農業生產超過1,500萬噸無化學肥料食品，包括：蔬菜、新鮮香草植物、水果和稻米。」（鄭佳宜編譯，20080530）

能等都市生態效益。另外，亦可將這些都市農園中所生產的各項蔬果成立「食物銀行」，以「社區食物銀行」門市方式集中販售，將部分盈餘捐贈社會公益使用，或是作為餐點材料，成為都市中弱勢族群的重要食物來源之一。另外，如果在都市中大量種植可食植物、規劃闢建可食地景，也會形成地方另一種特色地景，甚至因此發展地方觀光旅遊文化產業[24]。

五、「農夫文化產品」計畫

「農夫文化產品」計畫就是以農夫所生產的相關食材、周邊商品等加入地方文化之思考，創造更加多元豐富的農業商品，除了一般農產品、農產加工品等進行各種行銷策略之外，像是：屬於該農夫自己的個性化農產品、產品品質提升、包裝及廣告策略等運用，也能將「農夫」視為「藝術家」、「農耕」視為「創作」、「農產品」視為「作品」等概念，重新思考農夫的角色與定位，而產生更多創新的作法。

在農夫所生產的食材中，目前基本的作法就是「食物身分證」，「食物身分證」是食物的履歷制度，主要分為：規範之內容以及追溯之系統等工作。「規範」是制訂一套食材的標準，除了一般食材的規定之外，由於我們推動的不只是一般食材，因此應進一步規定像是：有機、無毒、生鮮、環保等相關內容。「追溯」系統為建立一套食材配送過程的 SOP流程，在各階段本身應該記錄的項目，以及上下階段的時間等，在食材出現問題時能進一步緊急下架並清查出問題發生點，以釐清責任歸屬等[25]。

在農夫生產的食材加工方面，則是將農家過去蔬菜、水果等過剩的食材進行加工的一般作業方式，加入農夫自己的個性化作法，包括：加工過程的古法或秘方而形成個性化商品、農夫個人的故事、以及特殊的包裝等，將食材加工製品視為一種地方文化產品，以增

---

[24] 「可食地景」吸引地方觀光之案例：陶德莫登（Todmorden）。「英格蘭北部的陶德莫登，近幾年在一群志工帶領下，到處種蔬菜、水果、藥草，包括鐵道沿路、運河，甚至警察局、公墓，讓城鎮沿路都有可以吃的植物，營造可食風景，發展為以食物為中心的社區，並且吸引來自各地的『蔬菜遊客』慕名而至，成為鄉鎮特色。利用空地種植物，志工將廢置土地變為菜園，改變社區中人們看待食物的方式。不以取代農業生產為目的，民眾意識到作物生產的過程，在鼓勵的氣氛下，支持在地農產品，反而讓地區的農產品變成品牌。」（Green Inside，20151013）

[25] 「食物身分證」在國內的處理方式，在臺灣的農產品產銷履歷制度，是良好農業規範實施及驗證，加上履歷追溯體系等。「為因應農產品安全事件及落實永續農業精神，國際上強調的農產品管制制度，主要有『良好農業規範』（good agriculture practice，簡稱 GAP）的驗證，及建立『履歷追溯體系』（traceability，食品產銷所有流程可追溯、追蹤制度）兩種作法，前者在降低生產過程及產品風險（包括：食品安全、農業環境永續、從業人員健康等風險），後者除賦予產銷流程中所有參與者明確責任，一旦發生食安事件，快速釐清責任並及時從市場移除問題產品，降低對消費者的危害。」（台灣農產品安全追溯資訊網，20151016）

加其文化特性與產品價值[26]。

在農夫周邊創作品方面，以農村現有材料進行設計，在農忙之餘進行製作，發展成為一種農夫手工藝之方式，例如：使用稻草材料編織的各種手工藝品、木材或竹製工藝品，或當地特產的材料等，最好是原本農業使用的材料，像是將稻苗種在盆子中變成「稻子盆栽」，或是剩下的「垃圾」變「黃金」，像是：休耕期間種植波斯菊等形成花海地景風情[27]，將原本的「暗點」轉變為「亮點」等，或是其他剩下來原本無用的材料轉變成地方文化產業的各種材料等。

（1）主要參與者分析：消費者（社會大眾）、地方組織及農民、地方文化產業經理人（或合作社經理人等）等。

（2）主要運作模式分析：A. 事先進行地方文化資源盤點，調查在不同季節時間剩下的農作物材料等；B. 針對這些材料類型進行不同的創新設計計畫，將原有素材朝向農產品再製（農業方式）、農產品加工或手工藝（製造業方式）、或農業觀光（服務業方式）等方向進行策劃。

（3）對地方發展功能分析：透過農業（農夫）本身的材料及技術、或自己的故事、地方文化等，再次提升農業（農夫）的產業價值，然而所提升的價值並不只是有生產履歷的「精緻農業」產品，而是「文化農業」概念的「農夫文化產品」計畫。因此，對於整體農村會逐漸產生出屬於自己當地的地方文化特色，而不是現在各地農村到處所見的觀光民宿[28]。

---

26 在農夫生產的食材加工方面，像是：248 農學市集以「無毒、安全、友善、永續、發展、幸福」概念經營（248 農學市集，20151016），在其門市中經常出現農產品的發酵、壓榨、煙燻、醃製等加工製品，但是其格調、品質、風格等都加入無印良品的概念，使得加工品成為類似「工藝」的作品，提升加工品的印象與產值，而且248 農學市集的農夫們也將加工製品當成「學問」一般，在網路上書寫自己的加工製造過程，像是：花生油等。

27 像是在高雄美濃地區，因為農地休耕期間種植花草植栽，並在正式耕種前將這些花草變成了花肥，不過，效果卻非常的好，在農曆春節期間造成極大轟動，後來改以「美濃彩繪大地」及「花海爭豔」等文化活動，成為高雄春節旅遊景點，並發展觀光套裝行程：「遊客來美濃區除欣賞田園美景，認識傳統文化，消費農特產品，享用在地美食，還可體驗一日遊的農作體驗樂趣。行程分三種路線，涵蓋橙蜜香果園採果、參觀油蔥酥及板條工廠並實際參與製作，及美濃唯一僅存的菸葉收購場和藍衫店，和其他名勝景點及社區參訪。」（高雄市美濃區公所，20151011）。或是，台東太麻里也是將過去視為「農作物」的金針花，改變視為「觀花植物」，發展成為「金針花季」，以觀光方式吸引遊客，增加農村產值（台東縣太麻里鄉公所，20151011）。

28 另外，由於地方發展「農夫文化產品計畫」也可以視整個地方是一個「大教室」的概念來經營地方發展，將「整個地方成為一個教室」的案例分析，像是：新北市萬里國中及金山國小等。該國中及國小近幾年曾實施「社區有教室」，也就是具體落實「學校社區化」、「社區學校化」的發展理念，因為在強調終身學習的今日，學校與社區的關係已經從各自封閉的獨立個體，轉化為合作互助的伙伴關係，透過社區資源將教學場域由學校擴展至社區，讓課程及教學與豐富的社區資源相結合，並營造社區永續發展（余安邦，2002）。

第三節　地方文化產業的藝文創新方案計畫

　　「地方文化產業的藝文創新方案計畫」之概念，就是以發展「地方藝術文化」策略為媒介，並且結合「社會創新」、「社會企業」等概念的「地方展演藝術文化事業」發展計畫[29]。在以下分別分析及論述一些在地方發展的藝文展演活動之方案計畫，主要包括：藝術「展演」計畫中的「展」：「素人藝術村」計畫；「演」：「環境劇場」計畫；以及以地方藝術文化再生產為地方觀光的「地方文化觀光」發展計畫。其內容分析如下：

一、「素人藝術村」（naive art village）計畫[30]

　　「素人藝術」（naive art）[31] 是並非藝術學院正式訓練出來的「非主流藝術」（outsider art）

---

[29] 「地方藝術文化產業、社會創新、社會企業」三者結合的國內相關案例，例如：國家文化藝術基金會便曾經在 2014 年公開《藝文社會企業創新育成扶植計畫》徵件計畫。當時期徵件計畫是「倡議台灣『藝文社會企業』廣徵創新思維的藝文社企提案，透過育成專案挹注資源與經驗，推動『藝文社會企業』與『社會創新』持續擾動並活絡藝文生態，促使政府、藝文、企業與社會共創多方價值。計畫目標為透過輔導育成以文化藝術為核心營運內容且具潛力，以『藝文社會企業』模式發展創新方法與永續經營之組織，達成實踐社會創業或社會創新目標，推廣藝文社會企業精神與風氣。徵件標的以文化藝術領域為內容兼具永續經營潛力，及文化、社會與產業影響力之『藝文社會企業模式』或『社會創新營運計畫』等表演、視覺、文化旅遊及其他領域之微型文化事業。營運內容涵蓋但不限於：表演／視覺團體經營、文化旅遊／文化體驗、藝術節／展會規劃、藝文場地／空間經營、藝術經紀、藝術人才培育、文化記錄保存、文化出版與傳播、微型／在地文化產業、社區文化網絡經營、傳統藝術傳承、藝術參與／教育、國際文化交流、文化資產管理及應用、文化顧問、協助文化就業與創業等範疇。」（國家文化藝術基金會，20150318）

[30] 「素人藝術產業」之相關案例：中國大陸深圳市大芬油畫村。位於深圳市龍崗區的大芬油畫村「其核心區域面積約 0.4 平方公里，有 60 多家較大規模的油畫經營公司，1,200 多家畫廊、工作室及畫框、畫布、顏料等繪畫材料門店，村內產業從業人員 8,000 人，周邊地區超過 20,000 人。形成以油畫為主附帶書畫、刺繡、雕塑藝術品及其他工藝品經營，上下游產業鏈條較為完善的文化產業基地，是全球重要的商品油畫集散地。油畫村內的藝術產品國內外市場各佔約 50%，國外以歐美為主，2014 年產值達 41.5 億元人民幣。大芬油畫村是知名的文化品牌，被譽為『中國油畫第一村』，2004 年以來被授予『國家文化產業示範基地』、『文化（美術）產業示範基地』、『廣東省版權興業示範基地』、『廣東人文歷史類最美（鄉村）旅遊示範點』等稱號。2010 年，油畫村再生故事作為深圳案例，在上海世博會『城市最佳實踐區』進行展示。為推動油畫村發展打破南北片區隔離現狀，2012 年起進行產業基地綜合發展規劃，重新規劃發展藍圖，同時通過推出美術作品版權保護、美術工作者積分入戶等舉措，進一步淨化和規範行業環境，保障美術作者權益，激發創作激情提升整個產業創造力。」（大芬油畫村，20151014）。另外，目前該地方也實施大芬油畫村人才公租房續租申請、龍崗區大芬油畫村人才公共租賃住房管理實施方案、及辦理 2015CUMULUS 全球創意設計學院創意大芬設計競賽系列活動（同上）。

[31] 「素人藝術家」相關案例。在台灣過去著名的「素人藝術家」：洪通先生。在台灣約 60 年代期間最知名的素人藝術家之一就是洪通先生，洪通先生「台南縣南鯤鯓人，自幼失學，不識字，五十歲時開始對繪畫產生興趣，在 60 年代極其拮据的物質條件下，瘋狂投入繪畫創作，是台灣傳奇性的素人畫家。畫作於 1973 年展出時，經媒體大幅報導，造成轟動。造型樸拙簡單的圖像，經由他看似不按牌

或「民俗藝術」（folk art）。有別於「國際藝術村」是以「國際」的「少數」之「著名藝術家」其「集中」在一個「建築物」進行「駐村」創作之方式，「素人藝術村」是以「當地」的「多數」之「素人居民們」其「分散」在一個「自己的地方」（村落、城鎮、社區等）進行「居住」創作之方式。

「素人藝術村」計畫，就是以地方居民素人們為主角，發展藝術文化中各種主題或類型的「視覺藝術」為主軸，形成地方整體的集體性風貌，而成為地方文化特色。也就是，村落中的市民美術不僅是一種提升文化素養的藝術教育而已，而是可以因為市民本身的素人特質而創作出許多具有個人特質、動人的作品，集合這些大量的各具特色創作便會再生產形成地方的藝術特質，發展成為地方文化特色產業。

而居民們可以發揮的「視覺藝術」類型，就跟一般學院派的媒材一樣，村民為藝術家故而在自己內心心靈的想法以及對外表達方式及技法，由於都有自己獨特、有別於學院派的藝術美學等訓練之方式，而成為自己獨樹一格的風格，而這些「視覺藝術」的煤材類型，也包括：美術繪畫（油畫、水彩、水墨等）、雕（竹雕、木雕、石雕等）及塑（泥塑、陶塑等）、版畫（木版、絹版等）、其他手工藝（編織、剪紙、織染等）等類型。

「素人藝術村」的計畫，意即策略性的發展當地居民個人的獨特創作，並集合各個素人而形成地方集體的風格特質，並以此集體性的風格特質進一步再發展成為整個地方的文化特色，再透過地方特色進而帶動地方其他生產及生活方面的整體發展計畫。

（1）主要參與者分析：當地居民、社區組織（或文化企業組織）、藝術家、地方文化產業經理人等。

（2）主要運作模式分析：A. 事先進行地方文化資源盤點，調查：當地居民的生命故事、人文思想、地方風俗、傳奇等作為創作的文本，以及地方居民的藝術創作比較可能的表現技術類型，像是：上述的美術繪畫、雕塑、版畫及其他手工藝等特色資源，以及素人的人數、時間、居住地、職業等；B. 分析及完成「素人藝術村」的藝術培育計畫，邀集相關領域的藝術家進行集體教學及創作，由於需要一定時間，可能需要藝術家住在當地村莊，同時帶領群眾集體完成一定程度的創作；C. 村落的公共空間置入藝術創作，將在村落中許多公共空間，像是：廟埕、廣場、公園綠地、街道、畸零隙地、圍牆、駁坎等，進行素人風格自己的創作（並非抄襲國外作品），讓整個地方主題藝術氛圍更加強烈，形成

理、實具內在秩序的描畫疊構，織綴出一幅幅色彩繽紛、神妙奇異、夢幻狂想的心像世界。」（雄獅美術，20151019）。他說：「這個畫圖啊，並不是要每一點都畫出來，只要能讓大家知道這個人就行了，何必畫的太像呢？畫圖本來就是要讓大家自由去想像的。譬如說太陽是水煉成的，月亮是水波煉成的。……我一個人在家畫畫時，有時覺得無聊就唱唱歌，人家不瞭解，就以為我是『瘋子』。我的畫有人說是亂畫，也有人說畫的不像，我認為畫的太像就不像畫了。」（同上）

在地方上到處可見具有各種藝術創作的藝術村地景風貌；D. 對外推出各界媒體報導重讓社會大眾眾所皆知時，由地方的藝術主題特色發展相關周邊商品，像是：具有地方藝術風格的房屋小模型、地方特色染料、特色餐飲之餐具及食材等、主題特色服飾、飾品等，甚至是藝術特色的風格民宿。

　　（3）對地方發展功能分析：以地方素人藝術村概念進行的地方發展計畫，對當地居民而言，透過藝術教育的培養能提升整個地方的藝術文化素養，也因此擴及至居民的日常生活等其他生活領域，由於素人們的創作而促使整個地方產生有別於其他地區之獨特性的地方藝術風格，並以地方藝術產業鏈的產業系統發展思考，帶動其相關的地方文化產業（產品）的所有產值，並且鼓勵年輕人能返鄉從事創作，也能解決目前國內偏鄉之人口外移等發展困境。而且，由於結合社會企業概念經營，將可投入資金從事素人藝術再進一步教育之培訓工作，以及從事其他地方公益事業，而有助於逐步朝向地方自主營運的可能性。

二、村民的「環境劇場」（environmental theater）發展計畫

　　國內各地有許多的專業表演廳處於蚊子館的空蕩蕩虧損狀態，一方面其專業演出的內容不容易吸引一般社會大眾購票前往觀賞，又一方面所表演節目內容及表演者都與當地脫離毫無關係也無法吸引附近居民前往觀賞，文化設施建築物又經常與當地地方風格脫離無關甚至產生過於突兀的現象，在地方上無法因為興建造價昂貴的表演廳而帶來地方發展的利益，反而一方面耗費龐大公帑增加財政收支負擔、又一方面在建築物年代逐漸老舊之下，妨礙地方整體都市的觀瞻，反而成為地方發展的負擔。

　　「環境劇場」之定義，為各種藝術文化演出活動並不一定要在所謂專業的室內演藝廳空間中進行，而是在任何場所中都可以依照環境的現狀來進行演出。意即，更加重視的是演出活動文本內容其本身的主題、故事性、表演方式、演出人員、道具及布景等與地方之間的關係，並且將表演內容融合於當地環境脈絡之中。

　　在國內有很多地方演出方式更適合在大自然的環境中進行，可是過去一直被政府單位忽略，各地政府首長似乎比較喜歡興建造成地方財政負擔又無助於地方藝術文化發展的建築物，像是：原住民的歌舞原本就是在大山大海中演出，失去大山大海的環境背景，原住民的表演就相形失色、單調與式微，或是客家山歌也是客家人在山中墾荒於工作之餘其男女對唱等演出方式，而這些都是在大自然的環境當中演出，透過與地方有關的主題、具地

方特色的歌曲及表演方式等共同詮釋地方文化[32]。

　　另外，站在文化資產活化再利用的角度，「活古蹟」是目前全世界各地活化地方文化資產的重要趨勢，透過在具有歷史文化氛圍的古蹟空間中表演將更有味道，透過演出的方式讓社會大眾瞭解當時的地方文化，不僅將冰冷的古蹟空間活生生的再現當時的生活樣貌，也進一步發展成為地方文化產業，對地方產生文化經濟效應。

　　由於「環境劇場」主要是因地制宜，依照當地具有地方意義且又能夠演出的場所為「地方舞台」，因此將依照此舞台狀況條件以及地方故事的主題及劇碼內容配合場地進行設計，進一步說，地方故事主題為演出主題、地方故事內容為演出劇本、地方居民為演員、演出的服飾由當地居民完成、演出道具為當地設計製作、演出背景為當地山水環境或古蹟文化遺址等方式進行。

　　（1）主要參與者分析：地方居民、專業表演者、地方表演藝術總監（總指導）及其團隊、其他專業者（燈光、音響、道具及布景製作等）、地方文化產業經理人等。

　　（2）主要「商業」運作模式分析：分析一般劇場表演的獲利模式，劇場表演的財務特性是：A.「先期投入及固定成本高」，先期成本包括：演員排練時的薪資、道具及布景費用、劇本費用、舞台製作費、排練場地費用、燈光及音響費用、導演及其他工作人員費用等，因此在初期將出現資金缺口等問題需要事先提出因應策略；B.「變動成本低」，在正式演出時由於道具、布景、演出人員及演出方式等在籌備期已大致完成，可以在每一場表演中持續使用，因此，在演出時需給付場地租借費用、演員及工作人員薪資、燈光音響租借費等，依照演出場次計算的費用。所以，在劇場財務狀況特性之下，進一步解決的因應措施，是：A. 先期資金缺口：找政府補助或民間企業贊助，以彌補資金過於不足之問題；B. 帶狀演出：由於變動成本低，因此只要演出場次或票房跨越「演出門檻」，即可回收先期投入成本，之後由於變動成本低而增加獲利程度。

　　因此，進一步分析「帶狀演出」的主要獲利模式：A. 估算先期投入成本：劇本、演員及所有人員在排練實習薪資、道具、服裝、布景、燈光及音響、舞台、場地租金等，以及其他所有硬體及軟體設備，總共需要的固定成本等或先期投入成本金額；B. 試算變動成

---

32 台灣合適在大山大水中演出的藝術：位於太魯閣地區的原住民藝術。太魯閣是台灣揚名於世界的觀光勝地，可惜一直未發展大型夜間環境藝術表演，讓觀光客到了晚上便鎖在深山之中，度過漫漫長夜，而政府卻願意花費龐大預算興建專業表演廳，在日後淪為蚊子館，也並未照顧到原住民的就業。由於在部落中，第二代原住民在家鄉找不到工作，需要至都市與漢人做相對弱勢的工作競爭，一方面在家鄉部落之中，第一代原住民照顧第三代而產生大量隔代教養等，或是獨居老人等社會問題，因此，政府應該要設法讓第二代願意回來部落工作，才能解決大部分的問題。另一方面，也由於原住民的藝術屬於生活藝術、應用藝術之類型，因此，只要回部落繼續原本的生活方式，原民住的文化、藝術、語言、傳統等等都可在當地傳承下去，政府如此的作法將比發給救濟金更具長期效益與實質意義。

本：每一場次演出時預定將花費的成本；C. 估算每場次預定收入金額：由於演出活動的類型與合適參觀人數及座位距離有極大關係，因此先參考自己過去類似性質演出的活動類型合適的觀賞人數，如果是首演則參考其他類似性質的演出活動案例，以及計算這些演出在每一場次座位出席人數（或滿座率）等作為參考，然而環境劇場因為主題、內容性質、場地環境條件等有極大差異，因此上述資訊也僅能作為部分參考之用；D. 試算每一場次可能實際收入金額：計算場地可最多可容納人數、座位等級分區、票價分級分析，以及類似表演案例之門票價格定價、所鎖定的主力市場消費族群票價願意支付價格等，另外，一些周邊開發的紀念商品本身也是一項收入；E. 計算「演出門檻」：估算先期投入成本加上幾場演出時的變動成本之總成本金額，之後，結合實際每場次實際收入金額，便可知道需要在首演時，演出幾場才能平衡總成本金額，而且此場次之數量便是所謂的「演出門檻」，「演出門檻」即為帶狀演出的最少次數，當跨越門檻後由於變動成本低將產生大幅盈餘；F. 解決先期投入資金缺口問題：當試算後發現先期資金投入後在運作上，先期支付成本與後期回收利潤之間的時間過長，或是先期資金缺口過大時，資金缺口的金額數量便是需要尋求政府補助或企業贊助的金額數量；G. 當整個演出計畫在試算後，發現演出數量的門檻過高，或投入成本過高而且無法降低先期投入資金規模時，商業模式便不成立，演出計畫需要放棄，或是需要尋求其他資金來源作較長期的補助方式。

由於上述表演藝術的特質是先期投入成本高而邊際成本低，因此跨越「演出門檻」為重要關鍵之一，另一個關鍵因素是觀眾的出席人數，是故目前許多知名的表演團體大多十分重視「粉絲」的經營工作，因為粉絲數量是基本的觀眾人數，培養粉絲願意長期跟隨表演團體的各個演出活動，將大幅降低演出風險，以及較能務實的算出一個演出計畫的回收情形。另外，為確保一定觀看人數，也可考量與旅行社及飯店等業者長期合作。

（3）「場地」環境條件分析：環境劇場將依照地方環境條件進行規劃，演出的活動類型並不一定是鄉土劇、風土劇，或是菁英藝術的歌劇、抽象的表演藝術等，或是古典音樂的演奏會等為分類，而是從地方文化特色中取材的表演主題、內容等，演出的表演方式不刻意過於區分古典或現代、菁英或大眾流行等。而是取材當地，而且融入於當地空間環境的節目性質。

環境劇場主要分成兩大空間：演出空間、觀眾空間及其他行政與服務空間。如下：A. 演出空間：主要包括：舞台布景（當地的山脈、水文、森林、城堡等背景元素）、演出舞台（一定規模的空間可容納道具及演出移動，舞台大小及形式與演出內容有關）、演員出入口及動線空間（尤其是大型民間歌舞劇中居民集體的表演，民眾尖峰進出的人數眾多）、演員等候空間（與進入動線連接且觀眾無法看見之處）等；B. 觀眾空間：最佳視角

（欣賞山水環境、表演的最佳的座向、方位、高低等）、可容納的合適數量座位空間（區分座位席次等級、數量等）、觀眾的進入動線與出入口等；C. 其他服務及行政空間：表演控制室、服務台、門亭、賣店、廣播及緊急醫療站、遊客中心、廁所、緩衝空間（危機處理使用）等。

（4）「表演」方式運作模式分析：環境劇場的表演方式將因地制宜，配合當地環境條件來規劃演出方式，由於重視地方主題與題材，因此其運作方式，主要重點如下分析：A. 地方文化資源盤點：對地方做整體的環境資源盤點，包括：氣候特色、地理條件、人文資源等各項地方特色；B. 分析合適的表演環境：找出最有地方特色及合適表演的環境，結合上述的演出、觀眾、行政等空間所需要的條件及規模等，分析及找出地方劇場空間；C. 分析及製作地方故事文本：將事先盤點的地方文化、戲曲、音樂、歷史、傳說、典故、風俗等，分析各種地方文化資源可以轉作為地方戲劇演出的素材[33]；D. 完成演出計畫：有關劇本的主題、內容、分鏡、藍圖等腳本計畫，並初步估算固定及變動成本等；E. 分析演出門檻：進行財務試算計畫，先期資金缺口的補償管道等，確認是否可以演出，及資金運轉方式，確定可行；F. 完成演出計畫：以地方戶外環境為舞台的主題、內容、演員、情節、出入、走位、演出方式、音樂等軟體，以及相關硬體其舞台、燈光、道具、布景等，結合所有細節完成一個整合性的演出計畫（並可使用依照出場序繪製出一長形時間表，以及各項工作在同一個時間點上應到位的情況）；G. 演出計畫的演出者規劃：重頭戲可交給專業演員（或經由當地居民加以培養為專業表演者），集體性的演出可交給當地居民一起完成，由於居民非表演專業，因此居民的演出方式，其重點包括：居民過去平日曾經做過類似動作、簡易的表演方式。

由於地方居民為素人非科班專業者，因此需要將居民們要演出的內容設計為「S.O.P.」方式來方便訓練居民素人，以及另一個重要關鍵是如果是居民集體演出，則可以在群眾隊伍中間依序穿插幾位專業演員，而穿插的專業演出者可以是藝術表演科系的實習學生、或打工等方式，如此，即使部分居民在表演當時忘記如何演出，也可直接觀摩位於附近的專業者。

（5）對地方發展功能分析：將因為固定的演出活動進而讓居民們能有固定的工作收

---

33 進行地方文化資源盤點調查時，因應當地地方環境特色打造環境劇場，因此，每一個「劇場」都是獨一無二。例如截至 2015 年在台北淡水地區擁有許多表演藝術團體，但是只有一個雲門的表演廳，淡水地區如果比較亞維儂藝術節方式，應該以「時間」換取「空間」。意即，固定每一年同一個時間點以及一定期間（像是一個月），讓國內外（甚至以後發展到世界各地）表演藝術團體，集合到淡水小鎮，至當地規劃釋出的所有空地中，進行所有各式各樣的演出活動，讓淡水當地在該季節中成為「觀音山是我的布景、淡水河是我的舞台、老街就是我的觀眾席」概念的「淡水小鎮藝術節」，並可因此再創淡水藝文盛況，以藝術策略凝聚居民向心力，發展淡水文化產業，以及進行城市行銷。

入，也保存了地方文化，讓地方文化能繼續傳承，由於「定時定點」的演出，當居民演出時知道自己此時是一場「表演」，居民較能察覺自己是在劇場演出並不是在日常生活中真實的方式，因此在平日離開劇場以外是過自己平日真實的日常生活，如此比較不會因為商業演出而混淆了自己的地方文化，因時間及空間的區隔而能降低因商業進入地方所帶來的文化衝擊。另外，又因為在地方有工作年輕人願意回流至家鄉工作，地方文化較能傳承永續，以及降低因城鄉移民在當地造成的各種社會問題（像是：弱勢老人缺乏照顧、隔代教養、文化斷層等）[34]。

三、「地方文化觀光」發展計畫

地方文化觀光就是以當地特色文化資源為基礎原料、規劃為「適合」於當地發展的文化觀光計畫，「適合」為地方保存與地方開發、住家與商家、外來遊客承載量等的綜合評估及動態調整過程等當時適宜發展的計畫方案。

石原照敏等人（2005）也曾經提出一個有別於大眾旅遊市場的「替代型觀光」概念，認為其類型包括：生態觀光、生態博物館、綠色觀光、族群觀光、柔性觀光等。然而，這股地方發展旅遊以及都市人喜歡至社區觀光之趨勢，是因為社會經濟蕭條等現象使得都市或鄉村的人們都對生活感到不安，因而重新尋找本土文化、品味生活的喜悅、創造出具榮耀感的地方社會與豐富的地方文化，而發展地方觀光的基礎需要讓親切待客成為「全村的財產」，需思考如何集客的觀光行銷，留意觀光園區的開發與地方居民意識之間的問題，亦可發展「民族觀光」，而其居民自主參與是重要的過程，另如發展綠色觀光卻與社區居民生活密不可分，或在社區發展家族俱樂部的可能性，甚至是生態博物館概念的地方觀光，並作為一種「重新認識地方價值」的機制（石原照敏、吉兼秀夫、安福惠美子／張瑋琦譯，2005）。

既然是地方文化作為對外觀光資源，因此，在地文化便沒有所謂階級高低、或是主流

---

34 「環境劇場」相關案例分析：中國廣西桂林印象劉三姐。「印象劉三姐總策劃、製作人梅帥元日前說2009年1-3月，觀看遊客數和門票收入同比去年增長10%以上。2004年3月20日印象劉三姐山水實景正式在桂林陽朔書僮山下公演，將世界級的桂林山水風光、世界級的民族文化品牌——劉三姐、世界級的藝術大師張藝謀等三個組合，在美麗的漓江河畔創造世界級的民族文化藝術精品。印象劉三姐以方圓兩公里的漓江水域為舞台，以12座山峰和天穹為背景，將壯族歌仙劉三姐的山歌、廣西少數民族風情、漓江漁火等多種元素創新組合，融入桂林山水之中，詮釋了人和自然的和諧關係。全場演出超過70分鐘，演出人員超過700人，其中2/3是當地漁民等非專業演員，整個演出如夢如詩、氣勢恢宏。整個劇目有67位中外著名藝術家加盟創作，109次修改演出方案，投資近1億元人民幣，歷經5年零5個月完成。開創了世界和中國山水實景演出的先河，成為中國及世界所有實景『印象』演出系列的開山鼻祖。」（蔣桂斌，20090429）

及非主流、重要文化及不重要等區分，而是主要以地方文化之特色差異為主，因為地方差異特色將成為觀光客好奇、想要前來一探究竟的重要所在魅力。另外，地方文化觀光發展計畫同時具有地方整體發展的公共性，以及居民個人的私利性，應邀集所有成員一起參與調查、分析、找出課題及一起提出因應對策、各種解決方案及評估，以及一起執行方案與檢討等工作。如下分析：

（1）主要參與者分析：當地用有地方文化資源特色產權居民、地方上各具有地方特色的食衣住行等商家居民、當地的住家居民、旅行業者、地方文化產業經理人等。

（2）主要運作模式分析：A. 地方文化資源盤點調查[35]：找出地方特色資源及分析可作為地方旅遊的現有資源及潛力資源，至少包括：自然氣候、地理地景、人文特色等各方面資源可作為主要的景點，地方故事、名人、傳奇、風俗等的地點，依照時間軸調查一年四季的不同資源狀況及分布情形，以及具有當地所有具備地方特色的各項食衣住行等產業；B. 再以「五感體驗」進一步調查分析地方文化資源：在地方文化資源調查同時，以「視覺、嗅覺、味覺、聽覺、觸覺」等各項，進一步具體記錄其座落地區、時段、規模、數量等，並分析當地具有地方特色或具有強烈感，而能被民眾體驗的所有特色資源；C. 分析發展課題及找出因應對策：針對上述盤點內容分析其發展遇到之課題，像是：現況改善問題、產權問題、可及性及安全性問題、環境及文化衝擊問題、經費問題等，以及提出解決之因應對策等；D. 規劃地方觀光替選方案：可運用「時間」（半日遊、一日遊、二日遊、三日遊等不同時間）、「空間」（自然環境、地理地景、人文歷史街區等地方特色空間）、「主題」（生態旅遊[36]、歷史旅遊、輕旅行、美食遊、繪本遊、鐵馬遊、算命行等各種依照

---

[35] 地方文化資源盤點如果對象是「都市」類型，「都市」其實本身也是一種「地方」的類型，即使其相當都會化，也匯聚以地方特色的文化資源，分析其相關案例像是：美國紐約市是一個高度資本化的城市，便依照地方特色規劃出一套結合地方特色與藝術的文化觀光方案：THE RIDE 紐約觀光巴士旅遊方案。以 THE RIDE 觀光巴士遊覽紐約曼哈頓是目前相當有趣的城市體驗旅遊方案，其「結合電影、街頭劇場等體驗，整個巴士就是移動的座位席，由時代廣場附近出發，看到紐約不同街道上不同的表演。行程約 7 公里，遊覽時間 75 分鐘。表演以曼哈頓街道為舞台，著名的地標建築就是演員們的背景，車上的導遊會在巴士前行的過程中向遊客們解說景點，如紐約的歷史等，同時與街頭演員進行互動，他們可能會在街上跳起霹靂舞或者芭蕾舞，或扮演起某些歷史性的著名人物，甚至是重現某些經典場景。在長達 75 分鐘的 THE RIDE 觀光之旅中看到一個不同的紐約，充滿藝術氣息和創造力的旅行感受。其路線規劃包括：時代廣場（新年倒計時表演）、美國銀行大廈（踢踏舞表演）、克萊斯勒大廈（欣賞大廈的裝飾藝術）、中央車站（世界上最大的蒂芙尼玻璃）、第三大道（跳著霹靂舞的快遞員們）、公共圖書館（遇見大獅子）、布萊恩公園（打乒乓球的人們）、第四十二街（說唱歌手在街頭說唱）、地獄廚房（向正在享用美食的人們揮手）、無線城音樂廳（火箭女郎大腿舞）、第六大道（摩天大樓）、Halal Guys 阿拉伯小餐車（發現曼哈頓最美味中東的雞肉飯、牛肉飯）、卡內基音樂廳（遇見街頭賣藝的人們，有的唱歌，有的吹薩克斯）、赫斯特大廈（大廈中庭）、哥倫布圓環（芭蕾舞表演）、中央公園。」（螞蟻窩，20151027）

[36]「生態旅遊」目前成為全世界各地重要的地方旅遊主題，但許多地方都只是打著「生態」的行銷訴

地方量身訂製的主題）等三種類型，以及地方整體發展系統或是地方文化產業鏈等系統思考串連，成為具有地方特色以及對於地方的整體發展效益最大的各種觀光方案，以及更重要的是搭配「視覺、嗅覺、味覺、聽覺、觸覺」等五感的地方體驗規劃，也就是，一套地方旅程的規劃方案中，以「地方特色資源為基礎」以及「設計變化五感的體驗方式」，在旅遊時間序列安排序上變化地方體驗方式，單一體驗（例如：視覺）過長缺少變化對於遊客將出現邊際效益遞減而感到枯燥乏味；E. 地方觀光方案評估：包括許多實際條件的可行性評估，地方方案內各項景點、及食衣住行等產業是否已經完成準備可以對外之工作，或產權、地方衝擊等問題最小，或地方整體發展效益最大等各項評估因子，可以邀集所有參與者一起參與規劃及評估方案；F. 發展計畫：整體地方發展方案可以「分期分區」方式進行，讓準備好的方案優先執行，並逐步視方案發展情形而修正或擴大，以降低風險與財力問題等，方案在內部初步定案之後，應該邀集旅行相關專業者組織「踩線團」，先至地方進行考察及提出問題，以便進行修正而擴大正式對外。

　　上述為由地方特色資源供給角度分析規劃，另外，可從需求面的目標市場對象之需求：市場人口、出發城市、性別及年齡、教育與職業、時間（假期長短）及時段（季節、特殊節日等）、消費者決策心理與行為等主力市場及次主力市場的需求面特性等方向，進行全盤分析、調整及規劃等工作。除此之外，整體環境發展是調查分析之重點之一，像是：整體外環境的文化潮流現象、文化觀光趨勢、或是法規制度及政府的政策走向等。

　　（3）對地方功能分析：以地方文化觀光發展計畫為地方發展策略[37]，將因為規劃方案串連地方各項食衣住行產業的產業鏈，使得地方經濟可形成「聚落」式的發展方式，一起

　　求，來表面的經營地方環境，是想藉此吸引旅遊活動及發展商業利益為主，而不是真正將在地生活與生態做更深入的連結。像是：在日本的里山生活，是一個深入的將「地方與生態共存的生活方式」，「里山」為日文「Satoyama」發音，指在鄰里附近的山林、平原。里山生活是居民們透過永續的生態保育以及結合當地自然資源的生活方式，與土地產生互動的表現。此生活方式強調建造一個友善的環境來重新找回與土地間的聯結；以生態工法智慧讓魚兒迴游及打造水田群落環境；以及運用自然素材動手打造環保披薩窯、堆肥、讓微生物回歸的環保廁所、搭蓋小屋棚架、爐灶、山泉水管線等（大內正伸／陳盈燕譯，2014）。另外，在歐洲的瑞典更是進一步經營整體的「地方自然生態」，近幾年在各地大量展開一連串地方環境保護及經營的實際行動，強調環保、全方位的綠生活等應該從我們自身開始採取行動，在瑞典出現「生態自治區」的規劃與經營，包括：生態住宅、綠色企業、綠色建築、生態教育、再生能源資源、生態經濟發展、保護生物多樣性、石化燃料交通工具的替代品、垃圾處理、永續農業等發展（James, S. and Lahti, T. ／呂孟娟譯）。

37 國內學者及實務業者曾經以「樂活」、「旅行」、「創藝」、「空間」、「聚力」等五個分類，整理國內25個跨域整合的地方文化創意產業案例及其築夢故事，記錄著這些業者在實踐過程中抱持的原點與理想、面對的難題與挑戰、展現的碩果與願景（韓良露等著，2011）。其中，有一大部分是以發展相關地方文化觀光之計畫，以吸引民眾前往當地，因為遊客不到當地即使再好的地方產品，也只能透過網路與其他商品市場競爭，遊客前往當地感受到地方整體的特色魅力，更加強了購買地方產品的行動誘因。

成長與帶動地方發展,而促使地方共同體更加具有凝聚力,且部分盈餘能轉為地方公益事業使用,將因為地方產業鏈規劃使參與其中的部分商家獲利,而往外擴及整體居民集體獲益。另外,遊客進行一系列地方文化體驗活動,將可測試當地各項地方文化產業是否已經完成準備。不過,地方吸引過多遊客將會造成地方因商業所帶來的文化衝擊、交通、垃圾及環境污染等問題,需要事先評估地方各項承載量及其因應對策[38]。

---

[38] 然而,規劃發展地方整體經濟除了涉及相關理論、概念、操作方法及技術工具運用等專業知識領域之外,在台灣各地另需要去面對及解決由當地各個「地方派系」所產生的相關問題,舉例而言,楊弘任(2014)曾分析台灣著名的「黑珍珠」蓮霧之故鄉,其地方產業發展與地方派系、技術創新、在地結社等,所產生的政治經濟之互動關係,因此他認為:「除了技術發展之外,林邊當地的民主促進會與林邊文史工作室等二者之間的成形與轉型等都有極大關聯性,因此單純的村落行動及社團活動等是無法完全動員,改變地方是一種持續性的在地學習、瞭解地方特殊性,才能達成發展關鍵的持續性運動。」

第八章

地方品牌

「地方品牌」基本概念為：（1）以「地名」為一個品牌來進行地方產品的生產，讓此類產品與該地方的地名劃上等號，看到這類產品就會聯想到該地方，或是來到該地方就會想到此類產品；（2）將「整個地方以品牌概念」來規劃、建設與經營，因此整合各項地方建設愈來愈朝向此品牌規劃的地方特色發展[1]。上述二者概念層次雖然不同，但是構成二者的基礎都來自於一個地方的「地方性」內涵。

以下論述地方品牌的基本概念，並強調與一般品牌不同之處，地方品牌更著重於「地方性」的特質、發展過程以及策略性的運用，也就是將「地方性」以品牌的概念進行呈現，進而分析一般品牌與地方品牌的差異、地方品牌文化與地方文化品牌之比較等分析，以更加清楚的釐清地方品牌的定義與內涵。之後，再以構成品牌的七大要素來更深入分析規劃及經營一個地方品牌的技術策略，讓地方品牌能以更為生動且令人印象深刻的方式，呈現在目前龐大的品牌市場之中。在本章節的最後，為分析有別於一般企業品牌的「企業識別系統」（corporate identity system，C.I.S.）概念，而將其修正地方品牌的「共同體認同系統」（community identity system，C.I.S.）以及論述其他相關地方品牌的規劃及理論。

第一節　地方品牌定義

本章節主要論述有關地方品牌之基本概念，首先，先釐清一般產業的品牌、產品及生產單位（產業）三者之間的密切關係，之後再開始進入地方品牌概念之分析，如上所說，所謂的「地方品牌」就是將「地方」以「品牌」概念來經營，本章節將進一步分析地方品

1

「地方品牌是將『整個地方以品牌概念』來規劃及經營」之案例分析：「水都」及「花都」地方品牌。全世界最著名的「水都」就是威尼斯，威尼斯整個城市為河流與陸地相互交織而成，進而產生威尼斯「水都」浪漫的地方品牌形象，在當地各式各樣的文化產品幾乎都和「水」有關，像是：水岸兩側的歷史建築、沿岸的民宿、風格餐廳及咖啡廳等、街頭藝術表演、販售紀念品的攤販等，著名的威尼斯特色船「貢多拉」（Gondola）行駛在河流中間體驗沿岸風光，目前因為溫室效應海水高漲，許多地下陷中，因此當地政府正著手進行各種防水建設工程，以維持「水都」品牌形象。另，「花都」為巴黎的地方品牌印象，除了擁有著名的巴黎鐵塔、凱旋門、方尖碑等建築，菁英藝術有關的羅浮宮、龐畢度、奧賽美術館等各種博物館之外，也包括：紅磨坊等通俗藝術表演活動，共同建構出「花都」的城市品牌印象（資料來源：本研究2013年義大利威尼斯、法國巴黎等現場田野調查記錄及整理分析）。

牌之功能及其類型，以及比較分析「地方品牌文化」與「地方文化品牌」之間的關係。最後，藉由地方品牌與一般產業品牌之比較分析，來更進一步釐清在地方品牌中有關「品牌識別」、「品牌個性」、「品牌文化」、「品牌形象」、「品牌定位」、「品牌資產」等概念。

一、一般品牌、產品與生產單位（產業）三者關係之分析

　　一般品牌與產品及生產單位（產業）三者之間的關係，在於：「品牌」讓「生產單位（產業）」在消費者心中具體化，「生產單位」屬於「幕後」，「品牌」形象屬於「幕前」。另外，大部分的品牌本身並不會直接與消費者接觸，消費者是從產品消費過程在心中建立品牌印象，這是一般品牌、產品與生產單位（產業）等三者之間的主要功能與關係[2]。

　　通常一般生產單位（產業）由工廠與公司二者組成，工廠負責產品的生產線、品管及出貨等等現場生產工作，而公司則負責產品生產完成後的批發或門市零售等產品的進出貨及銷售、行銷等工作。一個企業需要品牌，是基於從消費者的觀點，消費者不可能前往位於地處遙遠工業區中的工廠或公司中，而消費者主要是從品牌圖像及其傳遞的價值中，建立心中主要的印象與意義，因此，生產單位（產業）需要一個清晰、有特色、容易讓消費者記住的圖像作為代表企業的商標，這就是生產單位（產業）與品牌圖像之關係。

　　不過，品牌與消費者直接接觸的點大多在於企業形象廣告之中，消費者對於品牌所感覺到的印象，並不是品牌本身而是產品，也就是，消費者是從產品之中去認識品牌，並從各種產品的消費過程中逐漸建立起品牌的印象，喜歡一再消費該品牌所生產的產品時，便會進一步產生對該品牌的品牌忠誠度。因此，品牌本身對於消費者的價值與意義等，是從接觸該品牌的產品而來，產品讓消費者對於品牌產生印象。

　　然而，並不是所有消費者心中的品牌印象都是透過對於產品其真實的使用情形而來，所謂的「消費」不僅是使用該項產品而已，還包括該品牌由各種廣告行銷訴求所包裝的符號文本，透過廣告文本符號的編碼對於該品牌及產品產生更為強烈的印象，甚至是已經在社會上建構出來的產品氛圍，這也突顯出行銷策略及廣告文本編碼的重要性。

　　然而，雖然消費者對於該品牌及其推出的產品受到市場結構氛圍的影響，例如：早在

2　「一般品牌、產品與生產單位（產業）三者關係」概念之案例分析：蘋果（Apple）智慧型手機（iPhone）。台灣及中國大陸等地區是蘋果相關產品重要的產品製造地區，但是一般社會大眾不會在意這件事情，因為蘋果的品牌出生地是在美國，大部分的消費者對蘋果的品牌形象會是美國的品牌形象，不會覺得它不是美國製造，因為品牌在「幕前」而生產單位在「幕後」。另外，剛開始所有消費者也不會對蘋果這個品牌產生印象，而是透過它所推出的各種產品而對它產生品牌認同、品牌印象等，甚至出現所謂的「果粉」，產生強烈的品牌忠誠度。

心中建立起哪一種品牌是屬於領導品牌、哪一些屬於一般品牌等，但是目前全世界所有品牌所推出的新產品，會同時被結構與建構出品牌的形象，而消費者就在動態的產品汰舊換新的過程中，調整及修正自己心中的品牌世界系統與各個品牌的定位。換句話說，新的產品推出時會受到消費者對於該品牌原有形象的影響，也同時產生調整後的品牌形象。

二、「地方品牌」就是將「地方」以「品牌」概念來經營

我們在此提出一個概念就是：「地方品牌」是將「地方」以「品牌」概念來策略性思考，並將「地方」以「品牌」概念進行規劃與經營，也將「地方」以「品牌」概念來推出「地方文化產品」。

也就是，無論我們是透過各種地方營造的組織或營造方式等，要以「地方品牌」來思考各種對內的地方建設及對外推出的各項產品，將居民們視為同一個生產單位（企業）員工，大家一起成為夥伴關係，來進行對內的地方建設，分析在此品牌特性下，哪一些地方特色需要被彰顯出來，另外，在對外方面，分析可以生產哪一些地方產品是符合這個地方品牌風格的產品，有這些產品應該如何行銷推廣至特定目標的消費者族群之中。

換句話說，並不是所有的各項產品，都合適於地方生產，而是應該推出符合這個品牌特性的產品，如此，才能逐漸在消費者的心中建立起地方品牌形象以及對於當地產生地方品牌忠誠度，產品的項目過多反而讓該地方的特色失焦，且不容易產生地方品牌形象[3]。

因此，地方品牌需要反應當地的「地方性」，將「地方性」作為「文化原料」並進行「加工」成為「合適」這個地方品牌特性的地方產品（因為「合適」所以並不是所有的「地方性」都適用），透過這些地方產品讓消費者接觸後，對於此地方產生地方品牌形象的價值與記憶，並喜歡上這個地方。因此建立地方品牌形象並不是去抄襲各地方都會出現的各種產品及印象，或是在自己當地生產許多不屬於地方特色的產品，反而更需要回到從自己地方特色資源中加以尋找[4]。

3　「地方品牌與產品關係」概念之案例分析：中國景德鎮。景德鎮因在歷代中長期出產瓷器聞名，成為中國瓷器的第一地方品牌，這是因為景德鎮過去一直出產陶瓷產品而著名，如果景德鎮也出產種類繁多的其他木材工藝、漆器、金屬工藝、甚至音樂、舞蹈等，過多的產品項目不僅可能不會讓景德鎮的地方品牌印象加分，反而將失去中國陶瓷第一地方品牌的印象。

4　「不同地方，卻出現同質性產品，反而會失去地方特色」之案例：台灣各地的客家花布及藍染。客家花布隨著中央政府客家事務委員會對於客家桐花祭活動的推廣，使得客家花布在近幾年爆紅，在台灣各地的客家村落都紛紛發展，造成客家花布產品遍布台灣各地，雖然成為起源於客家文化的特色產品，如今卻造成同質性的問題，反而區分不出各地不同的客家村落特色。另外，藍染也出現相同的問題，起源三峽地區三角湧文化協進會的大力推廣，藍染成為三峽當地的特色產品，三峽成為藍染的地

　　如何做到反映「地方性」的產品，首先就需要在當地進行地方文化資源盤點工作，事先調查及分析出屬於當地的地方特色文化資源之特性，並將這些在地文化資源進行「策略性」的思考。所謂的「策略性」思考之重點分析如下：(1) 地方主體性：為發揚「地方性」（地方文化資源）的策略，策略性思考是強化並突顯的地方文化主體，而不是過度的創意造成移轉或失去了地方文化特色；(2) 市場性：為發揮市場經濟效應的策略，策略思考如何進入目標市場，過去的地方文化如何融合入現在生活方式，並且能成為消費潮流；(3) 系統性：為發展地方產業鏈的策略，將地方文化資源發揮最適宜的效用，策略性規劃在地生產中其上、中、下游等垂直產業以及相關的水平產業，透過該產品在生產過程能在地方全面帶動多少地方相關產業、居民就業、產值收入等；(4) 認同性：為發動地方居民共同參與的策略性思考，更多居民共同參與將凝聚居民的集體意識，產生更強烈的向心性，更加成為一個「共同體」，亦更有助於下一步地方文化的推廣[5]。

三、地方品牌功能及類型分析

　　如上所論述，不只是一般企業需要品牌，地方也需要品牌，因為品牌可以讓地方在消費者的心中產生具體的形象，讓地方更具體強烈的存在廣大的消費者心中。因此，地方品牌具有以下的功能：(1) 內部居民：地方品牌將更加強化當地民眾對於自己地方文化的信心，可成為地方居民凝聚向心力的重要來源；(2) 外部社會大眾：由於地方品牌形象的塑造，進而增加社會大眾對地方的印象及能見度，有助於地方文化推廣；(3) 地方本身：能長期經營在同一個特色範圍，使得地方愈來愈有自己的風格；(4) 地方文化：地方文化因為品牌塑造而更加具體呈現自己的地方特色，將有助於一些地方文化的發展、傳承及延

　　方品牌，但是在台灣各地爭相仿效之下，各地到處也可以見到藍染的相關產品，逐漸普及的結果，各地卻反而忽略了自己的地方特色。

5　「地方品牌及地方產品的策略性思考」概念之案例分析：台灣新竹縣司馬庫斯。以地方品牌及產品的策略性分析台灣新竹縣尖石鄉的泰雅族部落司馬庫斯案例，主要如下：(1) 地方主體性：以原住民文化底蘊為主，許多地方部落的歷史、人文、傳說等故事，以及有禁忌、神秘的神木森林等，因為地方文化差異特質，吸引很多人對它的好奇進而前往觀光等；(2) 市場性：其地方文化觀光具有目前流行的生態旅遊之市場趨勢；(3) 系統性：透過所提供的生態旅遊活動，串連其他相關食、衣、住、行的地方產業，像是：「馬告咖啡」等特色餐點、原住民衣服及飾品、山間特色民宿、神木森林探險導覽等；(4) 認同性：以「財產共有制」及部落會議等，由大部分部落的居民們共同參與討論部落各項事務（資料來源：本研究2014年新竹縣司馬庫斯現場田野調查記錄及整理分析）。

續：(5) **整體社會**：由於各個地方擁有自己的品牌且各自清楚展現屬於自己的地方特色，整體形成多元豐富的社會文化。

我們需要以「品牌」概念來經營地方，不過，地方品牌與一般產業的品牌有所不同，由於地方品牌來自於地方性，而地方性來自於各地方文化長期在地方上的實踐與累積而成形的獨特性，因此地方文化差異的特質是構成地方性的重要來源，也因為每一個地方性強調其地方的獨特性，因此，地方品牌並不像是一般的企業品牌，具有領導品牌、對抗品牌或是追隨品牌等一般品牌規劃與經營的定位方式。有關一般產業的領導品牌、對抗品牌、追隨品牌等三者概念分析如下：

(1)「領導品牌」策略概念，是一般產業在品牌規劃時，建立起該項產品類型或是產業類型的第一品牌，因此該品牌的產品品質、定價及行銷風格等皆塑造為領袖特質，並且成為其他品牌在推出產品、定價及其他行銷策略上重要的參考指標。

(2)「對抗品牌」策略概念，是以在市場上消費者已經耳熟能詳的品牌進行對抗為策略，經由對抗製造各種話題，進而加速自己的品牌在廣大消費者心中的印象。策略性的作法包括：利用廣告策略塑造風格相似的品牌印象、在同時間內推出相同款式、品質且價格更低的產品等，自己的產品除了滿足鎖定對抗的品牌對象所有（或大部分）的條件，像是：各項產品機能等，而且自己的產品又有其他突出的條件是對手沒有的，而能提供消費者更佳的選擇，運用對抗一方面產生話題而置入性行銷，一方面又突顯自己產品的優勢。

(3)「追隨品牌」策略概念，則是跟著第一品牌趨勢走，並隨著第一品牌的產品及行銷方式，跟著推出次一級的產品及行銷方式，主要也包括降低產品售價，促使消費者購買。

不過，地方品牌更是強調以地方自己的地方性為底蘊，因此，地方文化差異的特質內涵，才是塑造其他地方無法相比的基礎，另外，社會大眾對該「地方品牌」的知名度與印象與「集體記憶」及「文化認同」二者有關，其中：(1)「集體記憶」：指民眾對於此地方記憶的集體性，範圍大小相關於潛在市場的人數規模（量）；(2)「文化認同」：指社會大眾對於當地記憶中的地方意義、地方價值等觀感及印象的認知狀況，相關於對當地產生認同的程度（質）。[6]

---

6 「地方品牌與集體記憶及文化認同關係」概念之案例分析：新竹縣張學良故居。張學良先生因為西安事變導致國民政府撤退來台，因此他一生被軟禁在新竹縣五峰鄉。在近代歷史中西安事變佔有重要地位，海峽兩岸華人都知道此事件，產生一定程度的集體記憶，不過，兩岸人民對其出現不同的認同程度，因此，位於新竹縣的張學良故居出現大陸觀光客很熱、地處偏遠也想前來一窺究竟，而台灣民眾卻很冷、很少人有興趣前往的現象，因此也說明集體記憶與文化認同二者其量與質之關係（資料來源：本研究2012年新竹縣張學良故居現場田野調查記錄及整理分析）。

　　而以「地方」為名的地方品牌，其類型包括以下：（1）以地方為名，約定俗成的地方品牌：許多屬於地方的特產，在過去發展過程中是由許多商家聚集在一個地方，形成產業群聚逐漸發展而來，形成地方品牌；（2）自己生產單位品牌與地方齊名：因為生產者本身所經營的品牌過於著名，而變成生產地的代表；（3）社區文化組織發展地方文化產業成為地方文化品牌：某些藝術村或地方文化館，以自有品牌方式進行生產，這些產品的生產者們並不是著名藝術家，這些獨立製作完成的產品並無任何個人的名氣，所以許多消費者並不是因為藝術家本身而購買，而是因為前往當地參觀或旅遊時，覺得有趣而順便購買，此類型的產品很多都是當地手工製作的紀念品（廖世璋，2011：179-180）。[7]

　　另外，地方品牌也可由三種不同生產者類型所形成：

　　（1）由「眾人」透過集體記憶及約定俗成而來的地方品牌：地方品牌的形成是在現在或過去歷史時間軸中，社會大眾透過各種媒介（像是：書籍、各種媒體等）傳達在當地過去發生的歷史、故事、傳奇、小說、神話、民俗等，或是現在發生中的各種著名事件等，包括：傳統、藝術、文化、社會、政治、經濟、科技等事件對當地產生連結，並獲得眾人集體認知而形成共同的地方印象。[8]

　　（2）由「達人」個人形成的地方品牌：在地方上因某知名人物、藝術家、設計師、文學家、音樂家等大師、或是知名產品的創作者或生產者等，由於其個人的作品、產品或商品等受到社會大眾的矚目，並因此對於「達人」相關的所在地，像是出生地、創作地、長眠地或某些著名的事件發生地點等產生連結，換句話說，社會大眾是透過某些領域的菁英者及其生產物，而形成集體記憶與認同的地方品牌形象[9]。

　　（3）由「素人」集體形成的地方品牌：是由各居民所構成的品牌。雖然居民個人的名氣並不響亮，但是集合地方上各個素人居民共同生產出一種地方特色氛圍的產品類型，共

7　「以地方為名的品牌類型」之案例分析：（1）以地方為名，約定俗成的地方品牌：像是：蘭嶼飛魚、嘉義雞肉飯、彰化肉圓等；（2）自己生產單位品牌與地方齊名：永和豆漿、大溪豆乾、三峽金牛角、三義木雕、永康街芒果冰等；（3）社區文化組織發展地方文化產業成為地方文化品牌：三峽藍染、白米木屐、太魯閣族文化商品等。

8　由「眾人」透過集體記憶及約定俗成而來的地方品牌：在台灣的案例，像是：平溪天燈、鶯歌陶瓷、新竹米粉、峨眉東方美人茶、台南擔仔麵、金門菜刀等。

9　由「達人」個人形成的地方品牌之案例分析：義大利茱麗葉故居。《羅密歐與茱麗葉》（Romeo and Juliet）是大文豪威廉莎士比亞非常著名的戲劇作品，因此，位於義大利維諾納（Verona）茱麗葉的故居（不管是否真的有此人）便成為當地度蜜月遊客最愛去的地點，讓該地方成為具有濃厚愛情風味的地方品牌印象，還傳說只要撫摸茱麗葉銅像的右胸部就可以獲得愛情（資料來源：本研究2013年義大利朱麗葉故居現場田野調查記錄及整理分析）。

同形成出一個地方的風格，並形成眾人皆知的地方品牌及其印象[10]。

四、「地方品牌文化」與「地方文化品牌」之比較分析

「地方品牌化」概念與「品牌地方化」概念二者其功能之差異，分別為：（1）「地方品牌化」之功能，為有助於豐富多元的地方資源，讓各地的社會大眾對此地方產生更具體的印象，讓此地方更容易在眾多地方中被清楚辨認，因此也有助於此地方各項產品的推廣；（2）「品牌地方化」之功能，將有助於一般企業品牌之推廣，能形成品牌地方化的一般企業品牌，一定是一個（或一些）具有相當知名度的產業品牌或是某項產品在社會大眾中留下強烈的印象，才能成為當地的代表或象徵[11]。

而進一步分析在地方上的品牌與文化之間關係，主要分成：（1）「地方品牌文化化」之概念：將原有的地方品牌轉向文化軸線的思考，以文化來轉換原有地方品牌的形象、意義與價值，原有的地方品牌可能是在地一般傳統產業中的一般品牌，但是可運用各種歷史文化典故、傳說、民俗等故事，或是地方特有文化差異特質，或是具有濃厚在地特色藝術等，或是創新的藝術文化等方式，透過不同的文化形式，賦予更深層的意義、價值及形象等，進而拉近與消費大眾之間的距離[12]。

（2）「文化品牌地方化」：是將原有的文化產業相關品牌，與地方之間相互連結，其方式包括：A.「文化品牌」本身：將原有與文化產業有關的相關企業，其品牌印象與地方印象相互連結，在此的文化品牌所指涉的對象是比較偏重於視覺、音樂及表演、工藝、出版、產品設計等，以文化藝術形式對外展現的品牌，然而，一般產業品牌也可以透過所在

---

10 由「素人」集體形成的地方品牌之案例分析：尤瑪・達陸（Yuma Taru）的野桐工坊。原本只是部落其中一位居民而已，尤瑪・達陸成功的帶領著部落居民們一起找回泰雅族原住民傳統服飾，並成為一個令人印象深刻的地方文化品牌。「尤瑪・達陸自1992年起進行泰雅部落田野調查，重製失傳原住民服飾，她成功重現四、五百件泰雅族的傳統服裝，傳承了原住民文化藝術，成為原住民族重要的染織工藝傳承者。她是少數能從材料復育、種植、採收、製線、染色、織布等完整呈現的藝師，從外婆聽到傳統泰雅染織以苧麻為素材，以天然植物為染料，從取材染色到織作，完全遵循古法。並與電影賽德克巴萊合作製作傳統服飾。」（黃小黛，2013）

11 「品牌地方化」概念之案例分析：「MIT」生產。在最近這幾年由於中國大陸崛起成為「全世界的工廠」，頓時「MIC」（Made in China）製造的超低價產品充斥在各個產品市場中，由於「MIC」產品雖然低價但是品質參差不齊，於是，「MIT」（Made in Taiwan）在這幾年逐漸成為華人精品的代名詞，許多售價較高的產品都會標榜是「MIT」製造生產，由台灣各個中小企業共同累積出台灣地方品牌的形象。

12 「地方品牌文化化」概念之案例分析：「金字招牌」。「金字招牌」是中國傳統文化中，對於某些具有一定名氣的老店，由於這些老店歷久不衰，一直受到廣大民眾的喜愛，於是成為「金字招牌」。「金字招牌」是一種中國歷史傳統的文化，也可策略性的運用於地方品牌的推廣工作。

地的地方獨特文化將自己逐漸建立成為文化品牌，無論如何，是將文化品牌與地方進行連結，像是：來自於哪一個地方的文化作品（或文化產品）；B.「文化產品」生產過程：文化品牌在其文化產品的上、中、下游垂直產業及水平產業等生產過程中結合地方上的各個產業，形成地方文化產業鏈，文化產品生產過程中從原料、產品設計、產品製造生產、行銷等都與地方的資源、居民人力及物力等各個環節盡量相互連結，產生文化產品在生產過程中帶動地方整體發展效益；C. 一般企業對於地方文化發展的關懷：像是某些大型文化企業、文化基金會等也會對於地方投入大量文化、藝術、教育等，相關經費、機構、學校或設備等各項資源，提升該企業或基金會與該地方文化之間作更緊密連結，也有助於共同提升此企業品牌（或基金會）的文化形象以及地方文化的發展。

五、地方品牌與一般產業品牌其概念之比較分析

地方品牌與一般企業品牌一樣具有許多品牌的價值與功能，但是其涉及的內容卻不盡相同，比較分析二者在各種品牌概念之異同情形，如表 8-1 所示，以及如下進一步的分析內容。（另，在此處的地方品牌為視一個地方為品牌的方式來進行比較分析。）

表8-1　地方品牌與一般產業品牌在各種概念之比較分析

品牌	一般企業品牌	地方品牌
品牌識別	消費者對於品牌的整體辨別，此辨別來自於市場定位及品牌個性。	由地方文化差異特質（地方性）所顯現的整體地方印象，並且有別於其他地方可供辨認與記憶的地方個性。
品牌個性	品牌自己在市場上的獨特性。	地方作為一個品牌，在社會大眾心目中建立出的獨特性。
品牌文化	以品牌為中心所建立的一套價值系統，如同國家一樣有其獨特的文化傳統。	地方特有的文化特性，或是市民憲章、文化公約等文化共識中，所呈現的地方文化脈絡意義及價值系統。
品牌形象	外在的品牌符號所顯示的品牌內在個性及整體聲譽。	地方對外部顯現在社會大眾面前整體的地方印象。
品牌定位	為品牌在市場區隔之下，找到在各種競爭市場環境下自己相對的優勢與利基。	地方發展定位，是依照地方自己的文化差異特質所分析而來，將有助於地方發展的地方特色，強化成為自己地方發展優勢與利基。
品牌資產	為品牌的財富或價值，品牌帶給企業的有形及無形的資產，包括金錢價值與品牌潛在的銷售能力價值。	在社會大眾心中產生的「地方文化資本」。在社會大眾心目中所認知到有關在地方「人文地產景」等分別形成的各項地方發展資本內涵與特色，並成為地方發展有形及無形的資產價值。

註：「一般企業品牌」為引自：霖・亞蕭／吳玫琪譯（2010：24），「地方品牌」為本研究自行整理分析。

1. 品牌識別（brand identity）

一般企業的品牌識別是消費者對於此品牌整體的感覺，因此一般企業會針對市場上所有品牌進行分析，並且找出自己的品牌個性，以及進行與其他競爭品牌具有差異性的定位。

地方品牌主要是以地方上原有的地方性作為資產，並進行強化地方獨特性的品牌定位方式，地方走出自己的地方文化特色是重要的關鍵之一，地方較會受到當地文化脈絡的影響，故而比較無法像一般企業一樣打造一個全新的品牌定位，或是因為一個地方的發展需要一定的時間，故地方品牌識別的建立或改變也需要一定較長的發展過程。另外，地方品牌識別概念更是要讓地方建構出屬於自己的地方個性，因此必須有別於其他地方的獨特個性，才能讓社會大眾在心中能加以區隔，並且容易辨識及更進一步產生集體記憶[13]。

2. 品牌個性（brand character）

品牌個性為用於建立自己的個別特色，並再和其他品牌進行比較之後，產生上述分析的品牌識別效果。一般企業品牌更是以此個性作為市場利基與消費者辨認之用，因此反映在品牌商標、產品包裝、廣告文本、門市賣店等視覺設計領域，以及品牌文案、產品命名等文字創作，或是其他音樂、表演等各種具體化展現的領域之中。

然而，地方個性主要會展現在一個地方當地的「人、文、地、產、景」等領域的各種外顯形式之中，例如：特殊自然氣候、地方自然地景、地方歷史文化古蹟、歷史建築、街區、人物、服飾、慶典、民俗活動等，而地方個性其實就是地方的獨特性風格，要找到地方自己的地方個性，就應先進行地方文化資源盤點調查及分析工作。之後，將地方的獨特性作為地方品牌的個性化原料，透過品牌商標、文案、廣告符碼、行銷策略等作法，具體強化成為更為鮮明的地方個性[14]。

---

[13]「地方品牌識別」之案例分析：西班牙畢爾包（Bilbao）。「自從 1986 年加入歐盟後，西班牙整體經濟快速成長，許多大小城市更進行大幅改造。其中最經典的成功案例，當屬過去以鋼鐵造船為主的北部都市畢爾包（Bilbao）；在短短十幾年內，從一個默默無名的工業小鎮，躋身國際知名的文化之都。十多年前的畢爾包，是個留著深褐色血液、幾乎廢棄的舊工業城。直到 1997 年，一股敢做夢、敢圓夢的努力，吸引古根漢美術館進駐於此，畢爾包不但因而獲得新生，更成為城市轉型的最新典範。」（林孟儀：2006）。位於西班牙的畢爾包地區便是透過興建古根漢美術館，以博物館藝術的策略進行大規模的都市更新，並且透過古根漢美術館這個地標性建築，逐漸在全世界各地民眾心中重新建立起畢爾包地區整體的地方識別印象。

[14]「地方品牌個性」之案例分析：日本合掌村。「日本白川鄉合掌造，一個小山村，以文化資產結合觀光達成經濟，成功要素：尊重地方文資，13 世紀以來翻修合掌造時自發制定不賣、不租、不拆的住民規章，受文資法建造物群的保護，新房子建設時需調和原有文化景觀；廣納學界之力，獲得國內外專家學者之支持，奠定其登錄世界遺產之基；文化資產與經濟雙贏，登錄為世界遺產後，適度行銷包裝、開發文化商品，不僅嘉惠古蹟也活絡經濟與社區，更可教育來訪者當地的歷史文化；整合建構資源，從白川鄉公所到觀光協會、合掌造保存財團等在地各種第三部門組織，產官學成功整合匯聚內外

3. 品牌文化（brand culture）

在一般企業品牌之中就是生產單位（工廠或公司）在內部建立自己一套屬於自己的企業價值體系，並成為組織內部的文化傳統特質。對於地方品牌而言，地方文化也是由一套屬於地方自己的價值與意義系統所建構而來，地方品牌文化的形成與地方居民多元的共識有關，地方品牌文化更是和當地在過去歷史中的文化脈絡及集體文化記憶息息相關[15]。

4. 品牌形象（brand image）

對於一般企業品牌來說，品牌的形象就是該品牌給消費者的觀感及印象，品牌本身與消費者並無直接接觸，消費者是透過該品牌的產品在消費使用後的觀感，並進一步對於品牌產生使用認知，或是透過品牌所推出的產品，其廣告文本對於品牌產生印象等，倘若一開始即推出品牌形象廣告對於消費者而言會較為抽象。

地方品牌形象也就是社會大眾對於當地產生的地方印象，地方產品就是地方文化產業中各項具有地方個性的地方特色產品，地方特色產品則包括透過地方文化資源盤點調查分析後，從地方性發展出來的各種形式的地方文化產品，以及地方形象廣告等，所形成的地方品牌形象[16]。

資源，以發展地方文化觀光。」（黃淑芬，2006）。因此，合掌村是以原有歷史文化為相關的「人、文、地、產、景」等領域進行保存及修復，並顯現於當地的建築、地景及民俗活動、風土民情等之中，塑造出地方品牌的特殊個性與獨特風格，並將這些地方個性以地方對外的主視覺、文案、廣告行銷等具體呈現世界各地社會大眾面前，合掌村以鮮明的地方品牌個性吸引大量國際觀光客前往旅遊，並銷售與合掌村風格一致的食、衣、住、行等各種相關的地方文化產品。

[15] 「地方品牌文化」之案例分析：喜馬拉雅山脈南邊的不丹。不丹是不丹王國的簡稱，位於中印邊境的南亞內陸地區。「不丹素有『雷龍之國』（Drukyel）之稱，而 Bhutan 梵文意為西藏的邊陲高地之意，過去曾為中國的藩屬，1865 年成為英屬保護國，1947 年印度脫離英國獨立，2 年後不丹與印度政府簽下友好條約，歸印度保護，不丹不但是人間的淨土，百姓的心靈也是純淨的。」（不丹王國簡介，20150506）。由於不丹從國王至一般民眾，全國各地皆信奉密宗佛教，因此，在不丹各地皆散發出濃厚的密宗佛教的文化風格，不丹以一個地方品牌文化的概念加以分析，其地方品牌文化氛圍的形成，與過去在歷史中長期發展的密宗佛教的文化傳統密切相關，並反映在當地的城市街道、建築、服飾、器物、活動等產生濃厚的地方色彩。

[16] 「地方品牌形象」之案例分析：印度喀什米爾。在印度北方的喀什米爾出產全世界著名的羊毛，因此，提到最高級羊毛幾乎與喀什米爾當地劃上等號，具有全世界羊毛第一地方品牌的喀什米爾，由於品牌形象的關係，由當地羊毛製作成的各種衣服、圍巾、飾品等接受到市場歡迎，因此全世界各地民眾對於喀什米爾當地的地方品牌形象大多為極為自然又富裕的畜牧地區，可是當地其實是戰火不斷，「印巴兩國在喀什米爾地區的領土爭端由來已久，1947 年印、巴在分治之後即發生大規模武裝衝突，即第一次印巴戰爭，此後又分別於 1965 年、1971 年爆發兩次戰爭。2003 年兩國達成停火協議後，仍不時發生交火事件。」（Sid Weng，20141009；何宏儒，20141008）。不過，這些事件對於喜歡喀什米爾高級羊毛的消費者們而言並不重要，他們更關心的羊毛產品的品質

5. 品牌定位（brand positioning）

　　一般企業的品牌定位是基於市場上具有各種品牌及產品之下，需要進行品牌的市場區隔，在各種競爭市場環境下突顯出自己品牌及產品的相對優勢與利基。地方品牌是依照地方自己的地方文化資源盤點調查，分析地方文化差異特質及特色資源，並強化成為地方短、中、長期的整體發展定位，將地方性轉為自己地方發展優勢與利基[17]。

6. 品牌資產（brand equity）

　　品牌資產也可稱為「品牌權益」（brand equity），對於一般企業的品牌資產，是屬於該品牌在市場上以及消費者心目中，顯現及潛在的財富與價值程度，是結合市場實際上與消費者認知上的價值，也是該品牌本身才能產生的效益。像是許多國際著名品牌由於長期在消費者心目中已經留下廣大消費族群的強烈既定印象，於是可以去估算該品牌帶給企業的有形及無形的資產，品牌資產價值包括：金錢價值、印象價值等。

　　而地方品牌的品牌資產，卻是與當地的「地方文化資本」息息相關，地方在社會大眾心目中存在一定的知名度及地方印象，其實進一步說，是社會大眾對於當地有關「人文地產景」等各項地方資本內涵，透過這些地方文化資本在地發展出的地方特色，所產生的集體印象與集體記憶，因此，當地的各項「地方文化資本」將構成地方上有形及無形的資產價值。而如何在地方建構及累積出屬於當地的「地方文化資本」便是重要的地方發展議題與工作[18]。

　　及產品的設計，因為喀什米爾與高級羊毛的地方品牌形象已經劃上等號（資料來源：本研究 2004 年印度喀什米爾現場田野調查記錄及整理分析）。

[17] 「地方品牌定位」之案例分析：美國紐約市。紐約市長期以來，便是以塑造「全球金融中心」為地方品牌發展的定位。「紐約市區曼哈頓（Manhattan）主要以下城區及中城區所組成，前者原稱新阿姆斯特丹（New Amsterdam）由 17 世紀荷蘭移民聚落發展而來，後者以賓夕凡尼亞車站及中央大車站為中心發展而成，在第一次世界大戰之後，紐約迅速發展為全美甚至全球的都會金融中心。為了成為世界第一的全球金融中心定位，紐約是全美首先（1916 年）制定土地使用分區管制規則的都市以及都市更新工作，二次大戰後重要的歷史建築遭到拆除，出現更多辦公高樓及高架高速公路，1960年代的全美社會激起市民對城市發展與生活環境之關心，許多民間團體主動要求城市空間的改革，1965 年市長林賽（John Lindsay）倡導都市設計進行紐約市區改革逐漸改善市區環境，另以專案方式成為當今世界典範，像是：砲台公園區、曼哈頓中城區市中心發展計畫等。」（台灣數位學習科技，20150506）。紐約市並在 911 事件之後重新興建世貿大樓及重整附近地區，讓紐約市更加發光發熱。

[18]

「地方品牌資產」之案例分析：義大利米蘭。米蘭位於義大利西北方，是米蘭省的省會和倫巴第大區的首府，米蘭地區擁有數個藝術、商業設計、產品設計學院，培養出來自全世界各地眾多的專業者。而且米蘭更是全世界的設計及時尚中帶領世界潮流，尤其是米蘭的家具設計等。因此，義大利米蘭成為「世界設計之都」的品牌形象，不僅由米蘭當地出產各種設計商品獲得全世界各地消費者的青睞而且創造極高的產值之外，全世界各地消費者對於「米

　　另外，補充說明，在進行品牌研究中還有一個重要的「品牌忠誠度」概念，其概念為說明消費者對於該品牌的依賴程度，也就是，消費者因為對該品牌的相關產品在過去歷次的使用都獲得相當好的經驗與記憶，於是對於此品牌及其產品產生一定程度的信賴度，因此當市場上出現該品牌推出新的產品時，會優先考量購買使用此產品。

　　因此，此概念運用在「地方文化品牌忠誠度」時，即為消費者因為過去的經驗與記憶而喜歡當地的文化特質，因此，由當地文化所生產出來相關地方的食、衣、住、行等各項文化產品，都會產生一定程度的喜好，並優先選擇消費此地方推出的各種產品，或是前往當地觀光。

　　建立「地方文化品牌忠誠度」與推廣地方文化差異特質息息相關，因為地方需要透過地方文化差異來讓社會大眾有深刻記憶，並與其他地方文化相互區隔，將當地的地方性視為文化資產，並且策略性思考及推出各項地方文化產品，讓全世界各地民眾對當地由地方文化所產出的各項產品具有好感，透過地方文化產品消費進而產生「地方品牌忠誠度」[19]。

第二節　地方品牌符號與構成

　　以下在正式論述構成地方品牌的要素之前，先運用符號學的理論與概念切入，分析由地方文化底蘊發展出一套地方特色的符號系統，並對外展現出當地的地方性特質，以及討論有關地方文化符號的生產及消費過程將同時具有「被結構」以及「建構」的「雙重性」，也就是說，「品牌是符號濃縮的對象」，因此，「地方品牌以符號來濃縮地方特性」。之後，再進一步的分析有關構成一般品牌的七大要素、地方品牌的七大要素，以及二者之間的差異。最後，再深入分別論述不同地方品牌類型的七大要素之內容。

蘭」本身的品牌印象，也同樣的產生出心理上的品牌價值，因為只要出自於義大利米蘭的設計品，無論消費者是否完全看得懂，都可以賣出更高的價錢，因此，對於米蘭有關設計方面的地方品牌資產之估算，就是將米蘭設計產品的在市場上實際的產值，加上廣大的消費者們對於米蘭的品牌價值，換算成潛在市場價格，市場實際上與消費者心目中的潛在印象二者合為米蘭的地方品牌資產（資料來源：本研究2013年義大利米蘭現場田野調查記錄及整理分析）。

19 「地方文化品牌忠誠度」之案例分析：法國巴黎。法國巴黎在全世界的社會大眾中已經留下時尚、潮流、精品等地方品牌印象，除了許多著名品牌來自於「花都」之外，巴黎也引領全世界各地有關各種視覺藝術、表演藝術、工藝、設計等創作，巴黎為全世界的藝術之都、且具有藝術領導性的地方品牌，因此，巴黎出產的藝術文化各項產品，只要是來自於法國巴黎，都會受到世人的矚目，甚至於全世界的藝術家都希望能遠赴巴黎來鍍金，因為全世界各地民眾對巴黎當地產生出「地方文化品牌忠誠度」（資料來源：本研究2013年法國巴黎現場田野調查記錄及整理分析）。

一、地方品牌符號學分析

Roland Barthes 曾經在《符號學要義》（*Elements of Semiology*）一書中，討論提出「言語」（parole）及「語言」（language）概念，Barthes 認為「言語」是一種選擇性的個人規則，是表達個體本身自己的想法，然而「語言」系統化規範了言語，是一種社會習慣、一種社會集體的契約（羅蘭巴特／洪顯勝譯，1982：33-35；李幼蒸，1988：118-120）。

因此，我們將口語或文字視為「符號」（sign）時，個人的表達意圖及呈現的想法（如同「言語」的主體實踐），同時受到當時整體社會思想系統結構所影響（如同「語言」結構系統），社會整體思想系統（「語言」結構系統）也將受到個人實踐的建構過程（「言語」的主體實踐）而變動，二者產生互為影響性。在此個人建構與社會結構的交織互動中，從微觀角度來看，個人的想法與社會之間取得了聯繫，個人與大眾能溝通及產生意義，也就是，個人的想法能被大眾理解，另外，從宏觀角度來看，社會結構的形成及變遷是許多個人與社會之間互動實踐的結果。

進一步我們再將上述概念使用於日常生活整個「符號」系統，也就是，將我們日常生活所見的各種事物以「符號」的概念進行「文本」（text）分析時，便會發現我們是透過符號的閱讀及其整體系統去辨認外在世界。個別符號的閱讀一方面受原有符號結構的影響之下，產生個別符號的意義及價值，也同時辨別及置入此個別符號在整體符號系統（整體社會結構系統）中的分類、位置、階序、價值及意義等排列。

另外，再加入「地方」的角度進行分析，整體符號系統共同承載了一個地方的「地方性」特質，包括：對於地方的整體印象、特色、價值及意義等印象，然而，地方整體的符號系統，卻是由眾多個別符號所共同建構而成，而個別符號的生產卻是來自於當地歷史結構與目前居住於當地現場的民眾，換句話說，當地的現場民眾如何建構屬於地方特有的地方符號，且這些地方符號在整體社會系統能加以辨別、溝通及聯繫作用，並同時將個別符號集結成為承載地方性內涵的整體地方符號系統，便是各地方發展相當重要的課題。

有關地方文化底蘊如何轉變成為地方符號及符號系統，其概念如圖8-1所示。換句話說，地方文化底蘊其實就是具有地方特色的文化資本，從具有當地特色不同層面的文化，像是：（1）文化是教育學習的人文化過程；（2）文化是藝術及文化的創作及表徵；（3）文化是地方在日常生活中有關食、衣、住、行的總合；（4）文化是一種地方上的意識型態、文化認同及規範等社會價值體系，透過多層符號的表意系統，逐漸生產出個別的符號價值與意義以及整體的符號體系。同樣的我們在針對個別符號的認知理解閱讀過程中，對於個別符號產生意義，也是因為個別符號被置入於自己的符號系統之中而

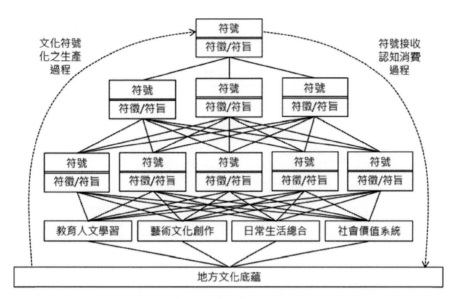

圖8-1 從地方文化底蘊到多層符號表意系統之生產與消費關係

（資料來源：本研究自行整理、分析及繪製。）

產生價值與意義等，而自己的符號系統也是由多層次的個別符號所共同堆疊而成，且符號系統的底層就是文化底蘊。

　　然而，我們能對於個別符號產生具體化及認知的過程，其概念如圖8-2 所示。我們之所以對於個別符號所承載的價值與意義能產生辨別及閱讀，其過程是因為符號中「符徵」（signifier）（意即「符號外在展現的顯像」）與「符旨」（signified）（意即「符號內在承載的價值與意義」）等二者，都承載了「美感」形式及「象徵」內涵等二者，而抽象的「美感」及「象徵」是由造型（含線條）、色彩或質感等條件來加以具體化，且對於所感知到的造型、色彩、質感等特定的價值與意義，來自於地方文化底蘊特質[20]。另外，同樣的我們對於符號具體化的生產過程，也是從地方文化底蘊之中而生，並且藉由各種「造型、顏色、質感」等形形色色的符號印記與線索之中，產生出特定外顯「美感」及內在「象徵」的「符號」。

---

20 「造型、顏色、質感」三者承載特定的價值與意義之案例分析：「紅色」及「圓形」。中國人特別喜歡「紅色」，因為紅色象徵一路長紅、喜氣洋洋，過年過節喜歡使用紅色，紅色對於華人地區成為特定象徵的顏色。另外，中國人也特別喜愛「圓形」，因為圓形在中華文化中象徵圓圓滿滿、團圓、順利等意涵，傳統中國菜就有很多圓形食物，像是：湯圓、月餅等，吃進去的不只是食物，而更重要的是符號象徵意義。

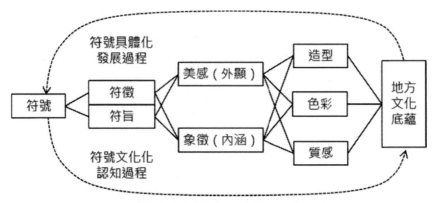

圖8-2　個別符號具體化及認知化過程分析

(資料來源：本研究自行整理、分析及繪製。)

　　在分析上述，從地方文化底蘊到地方符號及地方符號系統等的形成與閱讀的過程等概念，將有助於釐清進一步我們要討論的「地方品牌」及其生產與閱讀過程。由於「地方品牌是濃縮的地方符號」之概念，地方品牌是透過地方符號系統具體化且產生特定的價值與意義等特質，因此，整套特定化的過程是一種品牌設計過程。

　　也就是，由於個別的地方品牌符號需要納入整體符號系統才能被定位及產生價值與意義，因此，品牌設計工作及過程，就是要讓目標大眾們能在心中將該品牌符號置入符號系統中「最佳」的位置，地方品牌的策略也就是包括：產生強烈的符號記憶、建立的符號在整套系統中的重要地位、或是提升原有符號在系統的地位，包括：此品牌符號在整套系統中的深刻印象，以及所象徵的社會分類、社會位階、社會地位、價值與意義等認同程度。

　　因此，在「地方品牌是濃縮的地方符號」之概念下，在地方品牌符號的生產創造過程，應該先從地方文化資源盤點工作開始進行，從地方文化特色底蘊中，找出具有象徵地方內涵及地方外在美學的符號，以及構成地方符號特色的「造型、顏色、質感」等內容。

　　最後，我們再次將「品牌世界」視為一種「語言」(langue) 及「言語」(parole) 的「符號系統」來分析，早在我們推出自己的品牌符號時，在品牌世界本身已經事先結構出一個某特定特質的整套「語言」系統。因此，我們除了一方面要從地方文化資源盤點中找到屬於自己的品牌符號「言語」，並且同時需要將此「言語」置入整體的品牌符號系統（品牌世界）的「語言」結構之中，透過「語言」的結構性規則來讓自己的品牌「言語」能與社會大眾作出有效的溝通，能被正確的理解且留下深刻印象等，甚至達到原本在設定上想要的品牌定位與地位，能在原有的品牌符號世界之結構規則中進行自己的品牌發言。尤其，目前全球各地已經由許多強勢的主流文化（可能是西方文化等）以其地方品牌所結構出來

的全球品牌體系之前提下，需要事先通過原有的結構性系統及其特質等所形成「語言」，來表達出自己的品牌形象、個性、風格等「言語」特性[21]。

二、構成地方品牌之七大要素分析

一般產業的品牌可以由七大要素所共同構成，一般品牌的七大要素分別為：起源故事、信念、象徵、儀式、非我族類、通關密語及領導人等（Hanlon，2006）。同樣的，在一個地方的地方品牌也是可以由這七項要素共同構成。

而如同上述所分析，地方品牌來自於地方特色資源基礎，也就是說，建立地方品牌需要從地方文化資源盤點工作開始，透過對於當地的文化資源盤點之調查及分析之後，找出屬於當地的地方性特色資源，將資源轉為資產，並再生產出屬於當地特色的地方品牌以及相關地方文化產品。

以下，我們整理分析構成一般品牌七大要素之重點，以及依照不同要素條件在進行地方文化資源盤點及分析工作時，其調查方向及重點等內容如表 8-2 所示，如此也才能促使後來發展出來的地方品牌，與原本的地方底蘊特色之調性及風格等能夠相互一致結合。

表8-2　品牌七大要素概念與地方文化資源盤點分析

七大要素	品牌概念	地方文化資源盤點及分析之重點
起源故事	品牌就是故事，消費者會喜歡追溯各種起源，品牌起源的故事能滿足消費者的好奇心。	地方起源、祖先、移民源流、歷史事件、地方典故、傳奇、名人及耆老故事等，以及其他地方生活風俗特色的起源、各種地方特色產品（產業）起源故事等。
信念	信念就是你希望人們對品牌堅定相信的概念。信念就是相信的力量，信念產生企業的價值。	種族文化、地方精神、地方信仰、共同體特色、祖訓等，或其他有助於地方身分認同的信念。
象徵	意義的濃縮，透過象徵讓人立即對品牌能產生共鳴。	象徵地方特色的「五感」（視覺、聽覺、嗅覺、味覺、觸覺等）內容。

---

21 「由強勢文化所結構的全球地方品牌體系」之案例分析：美國紐約市。強勢文化的地方品牌許多來自於西方歐美國家的著名地點（但是在亞洲地區也有許多強勢文化的品牌，像是：日本東京、韓國首爾、中國上海等也屬於東方地區強勢文化的地方品牌），這些地方擁有自己的地方特色，如同一個品牌擁有自己的象徵意義與價值內涵，像是：美國紐約市具有全球金融、流行文化、時尚設計等的領導地位，也象徵美國的資本主義城市，由紐約市透過媒體發出的各種文化訊息，都可能會成為世界潮流，而所謂的「世界潮流」本身就是屬於一種結構性的「語言」規則，相較於其他地方，紐約市要「作自己」（言語）比較容易，因為它帶動整體的結構性「語言」系統。

七大要素	品牌概念	地方文化資源盤點及分析之重點
儀式	品牌與消費者在產品使用（或品牌概念）的接觸點，變成愉悅、具魅力、有品質、好玩等的設計。	地方節慶、節日、廟會、祭典、風俗、禮儀等以及其他相關當地特殊文化活動等。
非我族類	區分出哪一些人不屬於自己的族群，反而更能聚焦及掌握自己的特質及突顯出自己的信念。	不屬於或不會前來當地的族群，或與當地在過去歷史中有世仇族群等。另外，同一個地方中也可能有分屬不同且相互對立的族群團體。
通關密語	各種產業及品牌擁有自己的關鍵行話，不只是專業術語，各種文化都有屬於自己的密語，讓人特別感到具有意義，使用通關密語能讓消費者理解特色及完成產品的消費過程。	當地在食、衣、住、行中，所有具有地方特色的用語、稱呼、別名等，以及某些地方特色產品在產品使用的整個過程中，相關的關鍵用語，通關密語讓產品使用過程更強化地方特色與意義，也讓民眾對地方特色產生更深刻的記憶。
領導人	領導人特性影響事業體其品牌經營的風格，領導人的風範有助於品牌形象價值，領導人的傳奇也成為起源故事的主角。	精神人物、祖先、耆老、鄰里村長等地方領導人、地方名人、意見領袖、或地方團體代表人物等。

註：「品牌概念」內容重點部分參考自 Hanlon（2006），「地方文化資源盤點及分析之重點」為本研究自行整理及分析。

　　另外，地方品牌的類型可以分為：（1）由「眾人」形成的地方品牌：由集體記憶、約定俗成等集體認同的地方品牌；（2）由「達人」形成的地方品牌：地方產業或地方藝術文化相關的專家、菁英等產生的地方品牌；（3）由「素人」形成的地方品牌：由居民們一起共同產生的地方品牌等[22]。由於類型相當不同，因此在地方文化資源盤點的方向及重點，以及可以在品牌七大要素中琢磨的重點也不盡相同，其三者在地方文化盤點上要進一步調查分析的內容重點，如表 8-3 所示，並如下分析[23]：

---

[22]「地方品牌類型」之案例分析：（1）由「眾人」形成的地方品牌：鶯歌陶瓷、台東釋迦、屏東黑珍珠、澎湖花生、金門高粱等；（2）由「達人」形成的地方品牌：大溪豆乾、永和豆漿、三峽金牛角、永康街芒果冰、伯朗大道等；（3）由「素人」形成的地方品牌：彩虹社區、田尾彩繪村、菁寮稻田、白米木屐村、桃米生態村等。

[23]「構成地方品牌之七大要素分析」之「素人」地方品牌類型案例分析：新竹縣司馬庫斯。新竹縣司馬庫斯原住民部落早期因為整個部落沒有電，當太陽一下山整個部落就一片漆黑，因此在早期也被稱為「黑色部落」，但是當地族人一起努力之下，成功的發展成為「共有」及「共治」著名的原住民部落，分析其構成部落品牌的七大要素，如下：（1）起源故事：原住民傳統祖先流傳下來的部落「財產共有」文化，過去泰雅族等傳統部落文化中財產以共有為主，加上原住民的「祖靈」信仰文化，血濃於水，部落共產及分享的部落文化成為司馬庫斯的傳統基礎；（2）信念：對上帝的信仰，以努力耕耘來榮耀上帝為名，將無法解決的問題透過禱告交給上帝，司馬庫斯要打造一個「上帝的部落」，也就是「迦南」地區，另外，族民共識「一塊錢、一塊錢慢慢賺，滿足部落需要就夠了」，原住民部落在山中「只拿當天需要」的物資與山中資源共存的文化，不像其他民族強取豪奪、趕盡殺絕的方式，讓原始

表8-3　不同地方品牌的形成類型之品牌要素內容分析

類型 要素	眾人（集體記憶）	達人（少數專家）	素人（眾多居民）
起源 故事	有關地方整體的發展源流、典故、祖先、起源、其他集體記憶下所約定俗成之主題其背後的故事。	有關地方專家及菁英生產者（或產業單位）像是：歷史傳奇及地方英雄人物、藝術家、音樂家、設計師、作家、工藝匠師等，或是地方特色產業等品牌及產品創作或生產過程的起源故事。	有關地方上加入共同體的生產者（居民），他們自己個人動人的生命故事，家戶之間自己的起源、移民過程、生命歷程與經驗等。
信念	地方的核心思想與精神、或地方神明信仰、或祖先精神等。	地方文化產業生產者（或產業單位）的品牌及產品的核心精神、創作理念、構思想法等核心價值。	每一個居民自己的人生信仰、風俗文化、精神取向、價值觀等所濃縮出來的核心價值。
象徵	在地方歷史上出現過象徵的地方、族群、部落、或特定社會階級等圖騰、符碼、記號、圖案、或代表地方特色獨特的聲音、氣味、食物、觸感等。	地方文化產業生產者（產業單位）的商標、圖形、創辦人或領導人肖像、產業特殊符號等，及象徵地方特產的視覺、味覺、觸覺、聽覺、嗅覺等「五感」具代表或象徵之對象。	每一個居民自己的照片、姓氏、命名、別稱、圖騰、符號、或影像等，並以此轉為居民自己的素民品牌符號。另外，某些素民自產的特色產品在「五感」中具濃厚特色，因而成為自己的象徵。
儀式	地方廟會、節慶、節日、民俗活動等代表地方文化特有的活動儀式。	對創作者、生產者（產業單位）有意義的節日，像是：創始日、紀念日、促銷日等，及其他屬於此生產者本身或是產品在使用活動中濃縮的儀式。	地方居民生產者在自己的生命歷程中，面對屬於自己的生老病死等過程中展現出來的儀式，儀式在此為居民個人生活文化特色的濃縮。
非我 族類	與當地世仇的外部地區居民、不喜歡當地地方特色的族群等。	不喜歡這個品牌或產品、作品等的民眾，有時候會與不喜歡此地方文化有關。	不屬於地方共同體（內團體）的外部團體（外團體），或堅持反對一起參與的內部居民。
通關 密語	地方上特有的行話、或地方特有的關鍵字，組合這些關鍵字便可見到地方性。	完成消費此品牌或產品、作品等，過程中所需使用的關鍵字。	居民自己生命日記中的關鍵字，或完成使用素人自產特色產品過程的關鍵字。
領導 人	祖先、傳人、地方長老、鄰里村長等、已故或現在還在的地方精神象徵人物。	地方產業品牌的創辦人、創店人、先人、或產品技術的祖師爺、名人等。	居民自己的父母、祖先、或自己、或紀念中的某一位親人。

資料來源：本研究自行整理分析。

自然環境可保持生態平衡及永續，90%以上土地規劃為禁獵區，控制遊客人數達到「服務比」。共同堅定的宗教信仰，成為一起邁向成功的力量；（3）象徵：司馬庫斯的原住民圖騰、圖案雕刻、入口地標、泰雅族平房、深山中的神木林等；（4）儀式：登山、住木屋民宿及探索深山中被保護的大片神木林等，都是一種特別的儀式活動；（5）非我族類：不喜歡原住民文化及登山活動的民眾；（6）通關密語：原民泰雅族的族語，以及從城市前往深山部落的申請、山路行車過程等關鍵字；（7）領導人：上帝、頭目（資料來源：本研究2014年新竹縣司馬庫斯現場田野調查記錄及整理分析）。

1. 起源故事

（1）地方「眾人」品牌類型：由於通常大多是過去歷史發展過程中，社會大眾對於當地共同的地方印象，因此在起源故事的盤點調查工作中，主要以整個「地方」為單位，整體地方上的歷史源流、祖先、地方開墾過程中的故事，甚至包括：地方神話、地方傳奇等有關地方「來源」的故事調查[24]；（2）地方「達人」品牌類型：其起源故事的主角是當地的專家、菁英、要角等、或是地方傳統產業創辦人、手工藝匠師或地方特產的起源等[25]；（3）地方「素人」品牌類型：當地居民從事文化產業生產工作，像是：地方手工藝、手作物、地方美食及特產製作等，甚至有居民素人演出的音樂、藝文表演等參與者，他們一個個生命的起源故事，屬於個人生命歷程的點滴，雖然屬於小敘事但故事也會十分動人[26]。

2. 信念

（1）地方「眾人」品牌類型：也就是地方整體的核心思想，地方整體的信念可能來自於過去的地方精神及祖先精神等，也可能透過市民憲章、地方文化公約等賦權方式的參與過程中取得居民共識，地方核心信念相當重要，因為其對內直接影響地方文化的傳承特質，以及對外彰顯的地方整體風格[27]；（2）地方「達人」品牌類型：藝術家、匠師等創作者本身對於作品的理念，此理念並賦予其所創作的物品對象之生命力，以及民眾以何種

24　地方「眾人」品牌類型「起源故事」之案例分析：像是台灣的漢人其起源故事為：「炎黃子孫」、「龍的傳人」等，或是原住民阿美族等：「分為創生神話及發祥傳說兩大型態，海岸阿美的創生神話以神降說為主；馬蘭阿美與恆春阿美的創生神話則以石生為主。台灣北部阿美及部分秀姑巒阿美的發祥傳說則包括：高山洪水發祥說、海外島嶼渡來說二種類型。」（台北市政府原住民族事務委員會，20120912）。或是魯凱族祖先的起源說法：「台東縣卑南鄉的魯凱族人認為祖先是在雲豹和老鷹的引導下從海外來部落定居，而高雄縣茂林鄉的神話傳說則是認為始祖的誕生是與聖湖盟約有關。」（台灣原住民文化產業發展協會，20150815）

25　地方「達人」品牌類型「起源故事」之案例分析：苗栗縣三義木雕。「日據時代伐木業興盛，三義地區的樟樹產量高，因此而蓬勃發展，吸引日本廠商與台灣木工木匠聚集，經歷了20世紀的變動，台灣木雕業大量外移，僅三義地區吸引全國各地木雕師傅」（王嵩山等，2003）。也因此，造就了後來三義地區與木雕齊名。

26　地方「素人」品牌類型「起源故事」之案例分析：台中彩虹眷村。由於當地居民黃永阜老先生個人繪畫在牆壁、地面等空間的個人色彩相當強烈，於是產生彩虹眷村及彩虹爺爺的稱呼。「台中市文創景點彩虹眷村由高齡92歲的素人畫家黃永阜一手打造，將原本面臨重劃拆除危機的眷村予以彩繪，經網友推廣後漸受正視。日前市中市文化局即保留老爺爺的彩繪創作，並加以整合成台中彩虹藝術公園。人稱彩虹爺爺的黃永阜，住在南屯區眷村干城六村，總覺得眷村長的都一樣，有天索性拿起畫筆，以鮮豔的顏料在社區房舍外牆及道路塗鴉彩繪。經網友廣為宣傳後聲名大噪，吸引大批遊客到此朝聖，成為中市知名文創景點。爾後透過都市變更方式，將眷村以公園形式續留，且投入經費改造為彩虹藝術公園，打造台中獨一無二的文創新景點。」（東森旅遊中心，20140126）

27　地方「眾人」品牌類型「信念」之案例分析：台灣各地客家村落。台灣許多居住客家人的地區，像是：新竹、桃園、苗栗、雲林、高雄、屏東、台東等地區的村落，雖然居住在不同地區，但整體客家族群還是以「晴耕雨讀」、「硬頸精神」等為生活上的主要信念。

角度觀看這些作品，如果是地方上著名的傳統產業、地方特產等，產業的信念能幫助消費者們去理解這些地方品牌的價值與意義，在調查上主要是以產業本身長期所堅持的價值，以及所累積的信譽、名聲及特質等內容[28]；（3）地方「素人」品牌類型：當地各個參與者居民們自己的信仰、精神、理想等人生觀，或是受到特定地方風俗所形成個人獨特的觀點等[29]。

3. 象徵

（1）地方「眾人」品牌類型：代表當地整體的圖形、符號、記號、圖騰等，所謂的地方整體可能來自於同一種族、地方集體移民、地方規訓（像是：過去有一段統治時期、殖民時期等）、宗教信仰等，地方象徵不僅只有視覺印象，有時會包括當地特殊氣味、聲音（包括常用語言）、特色餐飲、甚至觸感等皆因社會大眾十分熟悉，而為大家約定俗成具有一定共識的象徵對象[30]；（2）地方「達人」品牌類型：地方藝術家、創作者、匠師等專家或菁英其個人的品牌象徵對象，有可能是創作者本身的肖像、剪影等，若是地方傳統特色產業則為產業本身的商標、圖像、創辦人的肖像等，有時候是地方特產的「產品」本身即為象徵物，另外，無論是專家、菁英或是地方產業其象徵物都包含在「五感」（視覺、聽覺、嗅覺、味覺、觸覺）之中[31]；（3）地方「素人」品牌類型：屬於當地居民參與者自

28 地方「達人」品牌類型「信念」之案例分析：台灣阿原肥皂。阿原肥皂將過去只是一種清潔身體的肥皂，相當成功的打造出屬於自己的一片天地，阿原肥皂的品牌信念融入了「文化」而不只是一塊肥皂，阿原的初衷：「『愛惜人身，將心比心』。輪胎，必須不斷地忘記路面；郵差，永遠尋找下一個信箱；肥皂，想淨化的不只有身體。愛惜人身，將心比心，洗滌因此變得純粹。」（阿原肥皂，20150815）

29 地方「素人」品牌類型「信念」之案例分析：台南電影無米樂中男主角崑濱伯先生。「後壁鄉菁寮，一個位在嘉南平原早期所開發的聚落，農民卻是不論穀價高低，只為繼續照顧這片土地、求一頓溫飽而辛勤耕種。他們是一群無名的、為國家效勞的公務員。民眾的飲食習慣改變，米飯再也不是餐桌上的唯一選擇。然而，他們每天依舊日出而作、日落而息，虔誠地信仰著。紀錄片無米樂中，崑濱伯的信念即為『無米樂：有米也好，無米也樂。』」（黃怡仁，20061009）

30 地方「眾人」品牌類型「象徵」之案例分析：豐年祭象徵阿美族文化。在台灣原住民各種傳統活動之中，豐年祭被認為象徵阿美族的文化，但是「其實豐年祭本身並不為阿美族所獨有，但是在現在阿美族的豐年祭卻是台灣所有原住民中，最具有代表性的豐年祭之一。阿美族不僅是一種祖靈信仰，一種舞蹈呈現，一種音樂傳達，更推廣阿美族的特產——麻糬與對豐收的歡愉氣氛的分享。」（林春鳳，2008：101-133）

31 地方「達人」品牌類型「象徵」之案例分析：大溪黃日香豆乾。豆乾與大溪地方齊名，大溪豆乾特產中，很有名的一個地方品牌是黃日香，在大溪地區四處都可見到使用黃日香豆乾的招牌，黃家以黃日香為名並成為大溪豆乾的象徵。而其品牌故事是「民國十三年，大溪還稱得上是商業鼎盛時期，先祖黃屋因家中食指浩繁，負擔日重，每日天色方濛濛亮，就得挑擔子行走大街小巷，甚至二十幾公里外，生意清淡時往往一日所得不敷家用，生性好強、儉省的妻子邱露，逐將豆乾改良，以紅糖製成焦糖為染料，加上終年清澈見底的古井水質，鍥而不捨的改良製作方法，才研製出令大溪豆乾風味獨具的秘方，由於口味獨特，鄰人日聞豆乾香，黃日香豆乾之名不脛而走，現傳至第三代經營，秉持傳統風格，不斷改良，不但讓機器加入傳統手藝的行列，進而製作各種風味的豆類製品，更由原來一家擴

己祖先留下來的圖案、符號、記號等、或使用自己的姓氏及名字或是綽號等，有時候具有自己風格的簽名也會成為一種象徵，同樣的居民們自己的象徵對象有可能包含「五感」之一[32]。

4. 儀式

（1）地方「眾人」品牌類型：屬於地方所有特殊「節日」活動中，像是：地方節慶、廟會、祭典、民俗、藝術文化等活動，甚至是有關在地方上的農漁養殖等，以及其他各種具有地方特色生產或生活的特色活動。儀式為有關地方特有的「活動語言」，地方的「活動語言」包括：地方文化活動特有的行為語言、肢體語言、特殊話語等的結合，儀式為地方文化活動語言的濃縮[33]；（2）地方「達人」品牌類型：地方專家、藝術家等菁英或是匠師等達人，其創作生產時特有的活動語言、代表的肢體動作等，或是地方產業有意義的節日，像是：創始日、紀念日、促銷日等，或是地方特產在使用上的特定活動語言也成為地方特產在消費時一種特定、有趣或有意義的儀式[34]；（3）地方「素人」品牌類型：為每一個地方居民參與者自己在過去生命歷程中，受到地方影響以及個人所展現出來的特定節日、特有的活動語言等，例如：在生老病死等不同人生階段中，各種生命禮俗的儀式等，有時居民平常生活中較特殊的生活方式也會成為一種生活儀式[35]。

大到目前百餘家。」（黃日香，20150815）

[32] 地方「素人」品牌類型「象徵」之案例分析：排灣族的「家徽」。每一個排灣族頭目擁有自己的琉璃珠，是一種家徽的象徵，因此在過去並不是每一個人都可以擁有特定紋路的琉璃珠，因為琉璃珠的圖騰本身具有特定社會階級的排序與象徵，而且許多琉璃珠的圖騰象徵祖先對子孫的祝福，因此並不是每一個人都能適用，現在國內因為文創商品化潮流變成到處都可購買得到。

[33] 地方「眾人」品牌類型「儀式」之案例分析：大甲鎮瀾宮的「進香」儀式。鎮瀾宮除了著名的媽祖「繞境」儀式，為台灣廟會重要的文化傳統特色之外，信徒的「進香」儀式也傳遞了濃厚神明信仰文化的特色。「台灣自清代以來盛行進香活動，而大甲媽祖的進香活動，已經在台灣中部將近百年，並至20世紀末已經成為民間信仰中最重大的活動。信徒們在每一次的進香過程中沿襲著漢人傳統的『禮』，按部就班的完成各種儀式。大甲媽祖南下進香去程至祝壽大典前的齋戒行為，完全是秉承著儒家周禮的觀念，而不是來自佛教的戒殺生；在祝壽大典結束後，香客人手一張『豬羊份』單子，到豬肉攤領取『豬公肉』食用，此『分豬羊份』習俗，追本溯源至周禮『餕』的觀念，傳承著『飲福受胙』的周代遺風；對進香時頭旗、涼傘、神轎所行的『大小禮』為拱手禮；另外晚近鎮瀾宮配合電子媒體的攝影播放需求，進香過程中純樸的簡單儀式，轉變成為繁文縟節的隆重典禮，鎮瀾宮的主事者並且檢選出進香過程中的重要儀式，合稱為『八大典禮』俾便媒體播報上溯歷朝的跪拜禮的儀式，而現行的三跪九叩禮則承襲自清朝。」（黃敦厚，2007：9-38）

[34] 地方「達人」品牌類型「儀式」之案例分析：鼎泰豐小籠包。鼎泰豐著名的「黃金十八折」小籠包，成為象徵鼎泰豐其特有的「儀式」，在各種大眾傳播媒體大肆報導，鼎泰豐的師傅親自示範動手完成「黃金十八折」的「儀式」活動，更加深消費者對於此品牌及產品的記憶。

[35] 地方「素人」品牌類型「儀式」之案例分析：台灣各地有味道的夜市。台灣各地的傳統夜市有著濃厚的味道，這些形成「味道」的因素其中為「逛夜市」的「儀式」，例如：夜市攤販老闆的叫賣聲及肢體動作儀式，民眾能一面吃又一面走的逛街儀式，「殺價」本身也是一種逛夜市的儀式活動。

5. 非我族類

（1）地方「眾人」品牌類型：在地方文化資源盤點工作中，去調查過去歷史發展過程中，曾經發生一些社會事件，導致某些外部的地方、地方團體、或某類型的民眾等，其集體記憶中長期存在某些負面情緒及印象，或是因為某些政治因素產生排斥地方的現象等，認清這些並非喜好當地的群眾們，其功能可以視為一面鏡子，更可以看清自己的特性且有助於地方某些未來發展的方向[36]；（2）地方「達人」品牌類型：調查對於當地藝術家、創作者等專家及達人們、或是地方特色產業等不喜歡的族群及民眾，以及分析其原因，將有助於更加看清楚自己的特色，以及將有限的資源更加有效的運用[37]；（3）地方「素人」品牌類型：主要分為不屬於這個地方共同體的民眾，也就是內團體以外的外團體以及堅持反對的民眾，另外，有時候如果一個過於龐大的地方共同體，也會在同一個共同體內出現幾個不同的內團體派系，以及產生不是對議題對錯的討論而是路線之爭，因此在地方文化資源盤點工作是需要調查分析：內外團體、不同團體、各團體間關係及互動等有關地方動力模式分析，將更加有助於推動地方「素人」品牌工作[38]。

6 通關密語

（1）地方「眾人」品牌類型：在文化資源盤點上，主要可從：A. 地方在各時期古時候的地名、B. 在地方上出現的專業術語及行話，尤其是地方產業文化中特有的專業用語等、C. 在地方出現屬於在地特有的語言用語、D. 在完成一整套地方旅遊過程中出現的特定用

---

36 地方「眾人」品牌類型「非我族類」之案例分析：金門的戰地文化。對於曾在金門服兵役，或是對於戰爭有興趣的群眾，比較會前往金門觀光，一窺金門戰地的真實面貌，「金門在戒嚴時期，作為一個令人警訊的符號。在解嚴後成立金門國家公園，被貼上戰地觀光的符碼。將觀光市場的概念，基於形式作為主題表現的藝術符碼，就遊客解讀遊憩符碼來分層遊客群，以建構戰地觀光的遊憩市場類別，並為軍事安全與觀光價值重新加以詮釋。」（侯錦雄，1999：39-52）。但是對於沒有在金門當過兵以及對於戰爭排斥的民眾而言，並不一定會想要前往金門旅遊，因此這一群是金門發展地方觀光的「非我族類」。

37 地方「達人」品牌類型「非我族類」之案例分析：台灣地方特色餐廳。在台灣各地擁有許多由各種美食料理「達人」所開設的著名餐廳及其特色料理，甚至在國際上也都享有盛名，台灣的美食承襲中國大陸文化，也幾乎都是「天上飛的、地上爬的、海裡游的」都可以變成各種「陸海空」的美食佳餚，但是面對「吃素」族群便是這些達人餐廳的「非我族群」。同樣的，回教徒是豬肉料理的「非我族群」、印度教徒是牛肉的「非我族群」等，「非我族群」概念有助於排除其他族群而更專注及鎖定在可能潛在的對象。

38 地方「素人」品牌類型「非我族類」之案例分析：台灣各地的宮廟文化。在台灣到處都有各種不同神明的宮廟，幾乎到了三步一小廟、五步一大廟之現象，這些在地方上的宮廟因為信奉道家文化或是台灣傳統民間信仰文化，許多都相當具有台灣濃厚的地方色彩，不過，對於信奉基督教、天主教、回教等不同宗教信仰的信徒而言，如果在地方上要以宮廟為核心之一，來推動地方觀光旅遊時，這些不同宗教的信徒便是「非我族類」，甚至同樣一個「三太子」不同的宮廟也會有不同的地盤等現象，在認清這些族群及其現象之後，將能更加鎖定聚焦在自己的族群中。

詞或用語、E. 或是將這些字組合起來能象徵地方特性的關鍵字等方向進行調查及分析[39]；（2）地方「達人」品牌類型：為有關專家、藝術家或設計師等創作者、生產單位等，其創作、生產的對象或地方特色產品等，民眾在進行消費時整個過程中由特定關鍵字組合的行話，透過通關密語的組合就可以勾勒該項產品的特色[40]；（3）地方「素人」品牌類型：為地方居民、或家庭、或是宗派流傳下來自己的特殊用語，或是居民自產的特色產品在完成一套消費過程所會使用到的特定關鍵字及其組合，素民自產的作品、產品等對象所使用的關鍵字是偏向個人文化特質及生活經驗，結合各個民眾本身以及素民特產的通關密語，將整體呈現一個非常多元、豐富體驗的地方品牌特色[41]。

7. 領導人

（1）地方「眾人」品牌類型：主要分成三大類：A. 與地方起源有關的領導人，像是：在過去歷史中一起渡海來台移民者共同的祖先、拓荒者、地方大老、象徵此地產業特色的傳奇人物。B. 不同共同體規模及層級區分，不同的層級有不同的領導人，例如：國家領導人、縣市長、村長、鄰里長等。C. 象徵地方理念價值的領導人，像是：地方精神領袖等[42]；（2）地方「達人」品牌類型：地方專家、藝術家、設計師等創作者，或地方許多創作者共同推出該專業領域的代表人，另外，有關地方特產方面則為特色產業的創辦人、創始人、創店人、或是紀念某一位先人、專業技術領導人、祖師爺或該產業名人等的領導

39　地方「眾人」品牌類型「通關密語」之案例分析：台灣傳統廟宇「拜拜」的通關密語。前往台灣各地廟宇拜拜時，是一套「眾人」共享的「通關密語」，像是：「添香油錢」買香、放供品、點蠟燭、點香、拜主神、唸唸有詞的祈禱、插香、雙手再拜一次等「通關密語」，在卜卦抽籤詩時的「通關密語」是拜拜祈願、抽籤、擲杯、聖杯、取籤詩、解籤詩等，這些「通關密語」讓拜拜活動更加具有屬於自己的地方特色。

40　地方「達人」品牌類型「通關密語」之案例分析：台灣各地方冷飲店。台灣各地因為養生文化及客製化等現象，近年來在許多冷飲專門店中出現在台灣特有的糖正常、半糖、半冰、少糖、少冰等「術語」，有別於國外各地方，成為台灣各地冷飲店特有的「通關密語」。

41　地方「素人」品牌類型「通關密語」之案例分析：「你吃飽沒！」。在台灣各地閩南人居住的地方，打招呼的方式會彼此問候：「你吃飽了沒！」，其實重點並不是有沒有吃飯這一件事情，而是一種朋友、鄰居之間關心、親切的打招呼方式，是地方成員之間生活的「通關密語」之一，此日常生活用語也顯現出了地方文化特色。

42　地方「眾人」品牌類型「領導人」之案例分析：客家人的三山國王。「三山國王是潮汕地區一個重要並且具有本地特色的神明，最初是隋代以前居住在粵東地區的土著民族的山神信仰，而後在福佬人和客家人先後遷入粵東地區後，在長期的族群互動過程中逐漸成為當地福佬人、客家人和畬族的共同信仰。客家人以三山國王作為移墾台灣的守護神，是為了因應台灣原住民的出草或獵首習俗，因為三山國王是山神，山神定能制伏山中之生番的發想之下而來。三山國王廟，在台灣的消長，和開墾之早晚，墾民的原鄉別，番害的輕重，社會和信仰的多元化，道光年間的閩客大械鬥，以及義民廟的成長等都有關連。」（曹曉佩，2008：153-160）

人[43]；（3）地方「素人」品牌類型：為民眾自己、父母、祖先或是其他紀念或具有特定意義的對象等，設定為自己品牌或產品的領導人，並擁有屬於自己的故事內涵[44]。

第三節　地方品牌規劃

　　以下本章節分析論述內容，首先為有關地方文化品牌及地方品牌文化二者概念，以進一步說明地方發展品牌時的重要理論思維，之後，因應目前各地受到全球化的文化衝擊，因此再進一步衍生分析有關全球化下地方品牌流行化模式分析，以及地方品牌在面對此現象下更突顯其重要性地位，之後，從品牌規劃與經營的角度，提出有別於一般企業品牌其識別系統作法的地方品牌「共同體認同系統」（community identity system，C.I.S.）理論概念。

一、地方文化品牌及地方品牌文化之概念分析

　　「地方文化品牌」以及「地方品牌文化」二者概念是相輔相成之關係，「地方文化品牌」之主要類型，分為：（1）地方藝術文化品牌：當地原有在藝術文化領域中的創作者（無論是「達人」或「素人」）、工作室、文化組織（人民團體等）或相關的藝術文化企業（公司）等，以品牌概念來加以提升與有效的經營等作法；（2）地方一般企業品牌：將原有的地方一般企業品牌，朝向更藝術、文化的方向進行規劃與經營等發展，意即以藝術或文化的策略來提升原有地方品牌的形象、價值及意義等；（3）地方為文化品牌：意即「地

43　地方「達人」品牌類型「領導人」之案例分析：台灣鬍鬚張魯肉飯。他是從1960年一個賣魯肉飯的攤位起家，成功打響知名度，以自己領導人的商標，挑戰麥當勞叔叔的西方飲食文化，將自己的傳統夜市品牌流行化，「賣最本土國民美食魯肉飯，鬍鬚張第二代經營人張永昌決定藉文創力量，改寫品牌DNA，為吸引年輕人，決定以潮流入菜，與服飾潮牌PIZZA CUT FIVE設計大鬍子人頭肖像logo，大玩這個logo顛覆消費者印象，設計數款T恤把大鬍子惡搞成米老鼠造型、小甜甜造型、迷彩設計等，最讓張永昌無法接受的是把原本的logo翻玩成骷顱頭，似乎是觸霉頭，因為原本logo人物肖像，其實是他的父親張炎泉。與潮牌合作除了設計品之外，與藝人合作，包含：黃立行、MC HotDog、盧廣仲、陳珊妮等穿起鬍鬚張潮T，當這些指標性人物大談他們吃魯肉飯的經驗，那會變成不吃魯肉飯、才是落伍！另外，也把魯肉飯帶進2008年野台開唱舞台，讓現場上萬名的年輕人，吃著魯肉飯、聽著搖滾樂。」（陳建豪，2009）

44　地方「素人」品牌類型「領導人」之案例分析：「阿媽牌」鐵鍋。在台灣稱呼「阿媽牌」的鐵鍋，表示是便宜、俗氣、但卻耐用的各項產品之戲稱，「阿媽牌」這個戲稱的品牌也似乎象徵著產品是看起來毫不起眼但卻很堅持品質的，是「阿媽」是「素人」的「領導人」，並且同時區隔了許多西方、時尚、昂貴、精美等品牌，形成一個自己的品牌氛圍。

方即為品牌」概念，將地方以品牌概念加以規劃與經營，運用原有的當地文化特質塑造具有地方文化品牌的地方，讓社會大眾將此地與某當地文化之印象進行連結。而且，無論是上述何者，「地方品牌文化」是「地方文化品牌」的重要基礎內涵。

另外，「地方文化品牌」的經營規劃工作之功能作用，分別為：(1) 對地方外部方面：塑造地方為更鮮明、強烈的印象，有助於消費者心中建立品牌印象及品牌忠誠度，而加入文化的策略也同時拓展自己的文化產品；(2) 對地方內部方面：由於整體成員將更聚焦並朝向一定特質的文化進行發展，將有助於內部成員的文化凝聚力，因此在產品生產上更具有一致的文化風格，品牌有助於成員認清自己的產品定位與特色，另外，也有助於提升成員自己的文化素養。

如同上述分析，要打造一個地方文化品牌，是需要建立一個屬於該品牌的品牌文化，然而，對於品牌文化的建立過程，應該是所有成員能建立一個或數個共識，以及成員「由下而上」參與的過程，如此有助於品牌的認同度以及長期永續經營，針對上述所分析地方文化品牌三個不同的類型中，在成員的參與對象及過程將不相同：(1)「眾人」類型的地方品牌：成員主要有社會大眾，由民眾們在集體的記憶與經驗中，隱約勾勒出過去在歷史中該地方品牌的印象及特性，社會大眾的集體記憶程度成為此地方品牌類型的知名程度；(2)「達人」類型的地方品牌：由下而上參與的成員就是企業、組織內部的工作成員，由他們集體參與對於企業品牌的想像及理念，有助於企業體本身的長期發展，以及生產一致性文化風格的相關地方文化產品；(3)「素人」類型的地方品牌：由於是屬於地方集體素民品牌，因此參與的成員就是投入生產工作的地方素人居民們，他們對於整體品牌的參與有助於自己在團體中的身分認同，促成凝聚成員們一起成為一個品牌共同體。

二、文化全球化下地方品牌之重要性及流行模式分析

在目前文化全球化的世界發展潮流中，各地方文化受到跨國企業的商品以及商品背後的外來文化等，滲透到民眾的日常生活之中因而衝擊各地的地方文化，於是各地方的特色愈來愈薄弱，也就是各地愈來愈忽略自己原有的「地方性」，並且受到全球強勢文化的影響愈來愈出現文化同質化之現象。

地方為何會受到全球文化風潮影響，讓各地失去自己擁有不可替代的地方特質之信心，一起加入全球文化潮流行列追求所謂「流行」之現象，以「市場」的觀點進行分析，會發現出現了一套（或數套）主導流行的論述的全球機制，透過各種具有所謂的流行文化之專家系統及媒體傳播系統等，論述流行趨勢並同時發展周邊商品推向世界各地，並且一

再以所謂的「流行」重複整套機制的運作過程而一再產出周邊商品推向全球各地。

另外，從一般民眾的日常生活之角度分析，通常這套流行文化的論述機制位於強文化的高社會階級團體，像是：以西方為主或是亞洲幾個引領流行論述的地區中，由資本家、專家、媒體等聯合形成的機制，一再重複進行流行論述及同時推出符合代表此流行論述的眾多商品，並由其他弱文化地區的特定社會階級人士進行仿效，也就是，透過商品購買而獲得流行文化，之後，弱文化地區的其他社會階級也開始模仿起特定階級人士的生活品味及商品，進而在整個弱文化地區全面擴大強文化地區對流行文化論述及其商品，形成流行文化風潮。不過，在最近因為網路科技之故，網路使用的普及化，使得流行文化的傳播跳開過去傳統的仿效方式，弱文化地區的不同階級民眾直接向強文化進行仿效，也就是，透過網路科技使得原有的流行文化論述機制在傳播上更加全面且快速，並引發更為多樣的全球商品流行文化潮流。

不過，我們分析擁有全球流行文化論述機制的強文化地區中的文化特定社會階級人士，他們對於流行文化的靈感來源，有許多創作靈感（並非全部）卻都是來自於非自身的文化，也就是，這些專家及媒體往往會引用強文化地區的相對弱勢階級的地方文化，或是弱文化地區的其他各種地方文化等，以這些作為原料，由這些資本家結合專家、媒體等成為「流行文化集團」，並將整套機制進行商品設計及重新賦予論述，而成為跨國企業推出的全球流行文化商品[45]。

換句話說，我們的地方文化是獨特且珍貴的，在許多跨國企業商品的流行論述過程中，扮演極為重要的角色，我們失去自己的信心，卻需要原有已經建構的世界流行文化論述機制來建立自己的信心。地方品牌就是將地方以品牌方式加以規劃及經營，面對此全球流行文化論述模式現象，各地的地方品牌有二種可以進行的方式：（1）瞭解自己的地方文化之異質性是相當重要的，降低全球文化以商品消費方式在地方的衝擊，包括：對日常生活方式的改變、輕視地方文化傳統、改變地方街道地景等衝擊，更加保存及發揚自己的地方特性；（2）策略性的運用，一方面保存自己的地方性，一方面巧妙的面對及加入目前原有流行文化論述機制結構之中，或是自己建構的一套流行文化論述機制，將自己的地方性

---

[45] 「全球流行文化靈感來源於其他的文化」之案例分析：爵士樂音樂、嘻哈文化商品、馬丁尼時尚。相傳爵士樂是當時許多黑人從鄉下至都市找工作，帶著一只行李箱及樂器，晚上至酒吧演奏、喝酒及休息，而逐漸流傳開來成為一種音樂風格。嘻哈文化商品則源自於一種黑人地方街頭文化，由於部分年輕人沒有工作及家中缺少暖氣等因素，聚集在一起形成地方特有的街頭，加上衣服需要寬鬆以便於運動，或購買大一點可以穿更久、或甚至弟弟穿哥哥的衣服等，嘻哈文化的西服都特別寬鬆，也會將皮草及金鍊子直接穿掛在身上以顯示財富，不過，透過跨國企業運動品牌的行銷論述而成為當今流行商品的一環。而在 007 電影當中男主角最喜歡喝的馬丁尼，相傳是從當時政府禁酒令之下，民間違法私釀的劣酒演變而來。

轉變成為被流行論述的原料，以此概念來進行地方品牌的規劃與經營工作，如此將更加有助於地方品牌向外在世界全面的推廣。

三、地方品牌「共同體認同系統」（community identity system，C.I.S.）

　　地方品牌的規劃及經營工作，遠比一般的產業品牌更加重視成員的凝聚力，為了要讓成員們彼此能相互照顧，可以朝向「四生」共同體概念邁進，也就是，凝聚為「四生」的共同體是一個地方團體組織發展的理想目標，包括：（1）「生活共同體」：在生活上能互相關心、協助等；（2）「生產共同體」：在地方上一起合作生產文化產業、地方經濟、區域振興等；（3）「生態共同體」：關懷自己的地方環境，其自然環境生態的保護及教育，以及人與人之間的人文生態及鄰里關係的維繫；（4）「生命共同體」：地方特色、地方精神、地方信仰、傳統及風俗、民情等地方文化，其地方的核心價值與意義得以永續的傳承、持續的延續下來。

　　因此，在建立地方品牌有別於一般產業的品牌，更加強調成員的「認同感」（identity），也就是，成員們由自我的「歸屬感」而產生的「共同體」（community），然而，地方品牌規劃與經營就是地方「共同體」的具體符號化；以及導入策略性活動的整套設計過程。

　　原本一般產業使用的品牌規劃為「C.I.S.」，稱為「企業識別系統」（corporate identity system），但是，地方品牌與一般產業的品牌規劃不同，如同上述分析中，地方品牌更加強調在地的「共同體」，因此，地方品牌的「C.I.S.」為「共同體認同系統」（community identity system）。

　　同樣的，地方品牌「C.I.S.」的內容與一般產業品牌一樣，主要分為：「理念認同」（M.I.，mind identity）、「行為識別」（B.I.，behavior identity）、「視覺認同」（V.I.，visual identity）等三者類型所共同構成，但其內容卻和一般產業不盡相同，有關構成地方品牌C.I.S. 的各項內容，分析如下[46]：

---

[46] 「共同體認同」的地方品牌案例分析：新竹縣司馬庫斯。以此概念分析新竹縣司馬庫斯原住民部落其成功的因素，包括：（1）「理念認同」：幾乎大部分的部落成員們，包括：由原住民體系（頭目）、教會（長老）、部落發展協會（總幹事）等，三個組織系統領導地區發展（三會九部）發展「上帝的部落」（迦南之地），族人理念一致而形成強大的力量，彼此相互鼓勵。另外，由於土地是關鍵，因此認為「土地公產」且不私下租售，要租就租給部落組織本身；（2）「行為認同」：由於原住民的祖先是以共產方式生活，因此族人具共識在部落實施「社區共有財產制」（「社區共產制」），另將地方「文化產業」結合「社會企業」的共同發展，所有工作人員不分階級每月領1.6 萬元，注重教育及社會福利，教育基金完全給付小學到大學，生育津貼及60 歲退休每月領7,000 元及醫療補助，蓋房子的經費補助

1. 理念認同[47]

（1）「理念認同」的定義：是對於一個共同體的核心價值及精神的認同，也是地方品牌 C.I.S. 的基礎內涵，也因為「理念認同」有了共識基礎，才能進一步具體化發展出「視覺認同」（或稱為「視覺識別」）。

（2）「理念認同」之功能：運用「理念認同」主要能勾勒出地方的「共同體文化」，「理念認同」是讓共同體成員能在思想上具有一定程度的默契，由於理念的共識而讓成員之間有更多的相互凝聚力，也促成了對於此共同體的向心力，以及更加同心協力有效的投入地方文化產業的生產工作，也有助於成員之間工作生產之餘，對於彼此在地方生活上能相互照顧與支援，而理念共識也產生對於地方整體生態關懷的力量，包括對於地方自然環境的關懷，以及人與人之間的人文關懷及鄰里生態關係，更是有助於地方核心價值及精神、文化傳統或信仰等地方生命等，透過認同加以保存、發揚及傳承。

（3）「理念認同」的操作過程：有時候可以先蒐集共同體過去的起源、歷史脈絡等作為討論的資料，之後，以沒有組織階級之分的方式，由下而上的讓成員們充分討論，在參與過程中逐漸統整出共同體的價值觀，逐漸具體達成一個或是多個共識，可同時納入一起成為發展理念，或可再由成員們彼此討論區分出幾個不同的發展階段。

（4）「理念認同」的計畫項目：事先調查分析組織的歷史起源及地方脈絡，討論及確立組織的成立宗旨及經營目的，再討論出成員認同的地方精神（或共同體的精神），將地方精神再次聚焦成為地方核心價值（「集體認同」的「信念」），將討論出來的「信念」具體化成為共同體的「信條」（「集體認同」的「規範」），像是：成員（生產者、住民）公約、生活（或生產）憲章、地方守則等，之後成員們針對這些「信條」提出如何達成的策略計

等；（3）「視覺認同」：以泰雅族的傳統圖騰、顏色及木頭雕刻等系列，運用在建築群落、特色美食、服飾及紀念品等之中，形成司馬庫斯原始部落的風格（資料來源：本研究 2014 年新竹縣司馬庫斯現場田野調查記錄及整理分析）。

47 「理念認同」的地方品牌案例分析：台灣社造聯盟。其「起源於 2002 年冬天的劍潭一場全國社造論壇之後，四個社造工作者（高雄市公共事務管理學會理事長郭瑞坤、仰山文教基金會秘書長林奠鴻、吾鄉工作坊執行長盧思岳、星火燎原工作室執行長向家弘）一起討論，要將全國有心的社區連結、彼此互助交流，形成具有自主性且有草根力量的民間組織，讓社造保有原初的理想性格之共識，並在社區實踐基礎上往更長遠的社會改革方向前進，因此強調組織一個以社區為基本成員、具有內部認同與共識，且以社造精神由下而上實質運作的團體。為了強化認同讓加入的社區組成全國共 4 區、17 個家族，召開家族及區域會議，逐漸凝聚組織的共識，在 2006 年 7 月才終於成立，有 200 多個社區的集結，代表著一股社區反省的力量，更是台灣社造的一種新的可能，社會改革的一種路徑。因此，台灣社造聯盟的想法與作法是：（1）透過組織力量協力推動社區營造工作；（2）連結社區網絡促成區域整合；（3）參與社會公共事務與政策進行對話；（4）開拓全面性的社區運動進行社會改革的實踐。而為了突破當前社造困境、促使對社造發展的反省，也發起過焚燒徵集自會員社區的計畫書並提出社造宣言，象徵集結在地力量，告別政府社造業務的束縛，體現主張的社會改造內涵。」（台灣社造聯盟，20150818）

畫與執行工作，包括：策略計畫的成效、可執行性、效果具有可期待性及持續性。

（5）「理念認同」的展現內容：A. 在「對內」部分：可反映在共同體內部的精神標語、口號、座右銘、工作手冊、打招呼等。B. 在「對外」部分：對外廣告宣傳的文案、各種文宣的內文、地方文化產品名稱或包裝上的文字、地方流行音樂歌曲等。

2. 行為認同[48]

（1）「行為認同」的定義：地方品牌的「行為認同」是指內部成員基於對共同體的理念，而反映在各種活動的行為之中，作為一種行為活動的實踐準則，並且依照這些準則與外部民眾進行互動。

（2）「行為認同」之功能：A. 在地方個別的「行為認同」：成員們在各種地方活動的行為都反映出屬於地方自己的價值與精神，因此「行為認同」將有助於傳承給下一個成員。另外，目前全世界各地的外來遊客，前往地方現場旅遊體驗時，想要看到的已經不再只是冰冷的歷史街道、古蹟建築等硬體空間，而是希望看到「活的歷史」或是「活的地方文化」，因此更會突顯「行為認同」在地方成員在活動行為的重要性地位。B. 在地方整體的「行為認同」：所有成員的行為認同將反映出整體的地方核心價值及地方特色，長期在地方實踐的結果，將產生更具特色的地方特質。

（3）「行為認同」的操作過程：和「理念認同」的操作過程一致，重視成員普遍共同參與，以及沒有階級的共同討論，由下而上的操作方式進而研訂相關行為。

（4）「行為認同」的計畫項目：事先進行地方文化資源盤點分析，有關當地宗教、禮俗、傳統文化等的相關地方行為特色，結合「理念認同」的操作結果，以及地方共識的核心價值，以活動及行為的角度思考，共同討論並具體化成為規範，將地方特色反映在行為及活動之中。也就是，調查地方行為特色內容，分析行為認同的目標及效益，一起研議行為認同的核心價值與理念，共同參與轉為屬於具有特色的行為規範。

（5）「行為認同」的展現內容：A. 在「對內」部分：出現在成員一起討論出來的公約、憲章、守則等內容，以及指導成員實踐「理念認同」的生活行為、工作行為、環境行為、

---

[48] 「行為認同」的地方品牌案例分析：新港社區社區文化宣言。台灣各地由當地居民自己由下而上參與過程所研擬出來的「社區文化宣言」、「市民憲章」等，都具有「行為認同」的概念，像是：新港社區的社區宣言內容，包括：「（1）土地或建築物及騎樓或人行道，由所有人、管理人或使用人清除；（2）家畜或家禽在道路或其他公共場所便溺者，由所有人或管理人清除；（3）共同維護環境清潔，屬道路旁之綠地、公園及其公共場所之環境，並每月擇一清潔日共同清潔；（4）維護水土資源及其品質，及防治災害需實施之保持處理與生態環境維護；（5）維護社區共有景觀設施並禁止任意張貼廣告及設立招牌；（6）建立終身學習、居家看護、守望相助體系並循序執行；（7）共同推動社區觀光文化產業資源之有效利用及與全鄉之產業發展相結合；（8）社區內發現流浪狗應立即通知政府相關單位處理。」（新港社區，20150818）。宣言內容具體規範了社區民眾的日常生活相當行為。

培訓行為、溝通行為、決策行為、參與行為等，並且反映在市民公約、教育手冊、工作手冊等內部資料之中。B. 在「對外」部分：包括對外生產相關的溝通、協調、各種商業行為、推廣行為、公共關係等。

3. 視覺認同[49]

（1）「視覺認同」的定義：由於地方品牌的特性過於抽象模糊，設計一套視覺圖像系統，具體化呈現出地方品牌的外在風格，此一套視覺辨識系統，為由內而外的展現產業氣質，以及要向社會大眾訴求的重點，尤其是在眾多的產品資訊中，才能有效被消費者辨認及產生品牌印象。

（2）「視覺認同」之功能：透過商標、圖形、標準字、標準色、文案等，讓品牌文化具體化呈現，或是地方強烈獨特的符號、地景印象、地方風格、地方剪影等，對內部成員而言，視覺系統具體呈現品牌的精神、價值、信仰等，有助於產生認同及凝聚的力量。對於外部民眾而言，差異化品牌特色並留下深刻的品牌印象，有助於建立心中的品牌喜好、品牌識別、品牌忠誠度等行銷推廣。

（3）「視覺認同」的操作過程：品牌的商標及文案等需要從「理念認同」及「行為認同」而來，三者相輔相成，因此視覺系統的設計需與其過程相互結合，再將其成果具體化以視覺設計系統呈現出這些抽象內容的具體風格。

（4）「視覺認同」的計畫項目及展現的內容：A. 基本設計：命名、文案、商標、標準字、標準色、組合方式、代言吉祥物（公仔）、故事設計等；B. 應用設計：內部的文件、文具、器物、制服、車輛、室內設計等用具及環境形象設計，對外的品牌形象風格（名稱、商標、圖形、色彩、代言公仔、故事設計等）及產品風格（名稱、類型、包裝等）等，運用在各種媒體（平面媒體、電子媒體等）、網站、門市及招牌、櫥窗及展示、廣告物及名片等行銷宣傳及公共關係等；C. 地方的地景設計：包括街道傢具、鋪面、市（鄉）樹、夜間燈光（路燈）等設計，以及地標、地方門戶或廣場等公共開放空間設計。

---

49 「視覺認同」的地方品牌案例分析：雲林北港「釘畫村」。雲林北港「釘畫村」運用鋁罐釘成各種藝術壁畫，成為全台最大的金屬馬賽克鑲嵌藝術地景，當地雖然不像是一般地方「視覺認同」設計上的作法，運用於命名、文案、商標、標準字、標準色、吉祥物、用具及環境形象設計等，但是透過在地方空間中的各種「釘畫」，由於「鋁罐」材料以及「釘」的手法使得整個社區環境產生自己的風格與特色。「回收的舊鋁罐活化社區，產生新的效應，雲林北港釘畫村是社區婆婆媽媽們親自蒐集各色舊鋁罐，再一刀一釘的鑲在牆上，環保兼具創意，同時也讓老社區居民，重新找到活力。在 2012 年由藝術家胡達華進駐教導居民拿起鐵鎚和釘子，試著自己在木板上打草圖開始，釘繪出這個傳統老社區的美麗風貌。目前約有 30 多幅釘畫，連門牌、家徽都由居民自行釘製。這些釘畫遠觀是一座山景，靠近看見鋁罐的色澤和字樣，甚至有現今便利商店已經難買到的鋁罐，整個社區超過 80% 的人來做，愈做愈有心得。」（游琁如，20140903）

第九章

地方文化產業行銷

在本章節主要論述有關地方的文化行銷理論概念及作法，首先，在地方文化行銷概念的基本定義中，分析及討論有關地方文化行銷的基礎定義、類型、以及基本分析法，之後，以「P、C、R、V」等四個不同向度的概念深入分析更進一步的地方行銷概念，最後，再進一步分析目前許多在地方上可以運用操作的各種地方行銷之專題策略及內容。

第一節　地方文化行銷定義

以下內容主要論述地方文化行銷的基本概念，包括：地方文化行銷的「3I」過程概念、地方文化行銷的類型、地方 S.W.O.T. 分析及地方「光影」分析等。其中，「3I」過程概念分析三種基本作法及地方文化認同的重要性；地方 S.W.O.T. 分析為特別說明「一般 S.W.O.T.」分析與「地方 S.W.O.T.」分析二者之差異及重點；地方「光影」分析強調地方差異特質是地方行銷重點，而如何將「亮點」更亮以及讓「暗點」變「特點」再轉為「亮點」及「賣點」等作法，如下內容：

一、「地方文化行銷3I」概念

「地方行銷」可區分成：社區行銷、地區行銷、城市行銷等層級，主要是以「地方」作為「品牌」的概念，藉由地方的形象廣告同時推銷在地方上各類型的文化產品。然而，「地方行銷」即為「地方文化行銷」，在概念上要行銷一個「地方」其實是在行銷當地的文化特色[1]。

另外，在行銷策略的擬定過程中，要先找到屬於自己地方上的文化特色，便是極為基礎的重要工作。然而，從地方文化特色中逐漸產生地方行銷策略的操作過程，涉及一個基礎的「3I」概念，所謂的「地方文化行銷3I」概念，主要為強調地方行銷的過程是「地方認同」（identity）、「地方理念」（idea）、「地方形象」（image）等三者具有密切關係的發展過程，概念如圖9-1 所示。

1　連國內的文化部本身也認為行銷城市是在行銷城市文化，「文化創意結合城市行銷，形塑出城市的文化內涵，以及可深刻體驗的文化風景，藉此吸引國內外的文化觀光客，對文化內涵、對產業發展、對城市印象，都有莫大的助益。」（文化部，20120105）。地方文化特色在地方行銷中扮演極為基礎且重要的角色。

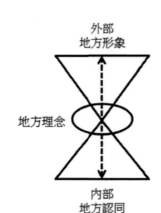

圖9-1　「地方文化行銷3I」策略過程概念

（資料來源：本研究自行整理、分析及繪製。）

　　另依照「地方文化行銷3I」概念發展地方行銷策略，共有三種過程，分析如下：

　　（1）由下而上：以居民為導向的作法。由「地方認同」為地方行銷策略發展的基礎點，在地方成員們多數認同的地方文化特色中，著手研訂行銷策略，由於一個地方並不像一個產品如此簡單，一個地方的規模及複雜程度都相較一般產品高，所以，在當地內部居民們由下而上對特定地方文化產生集體認同，如此在當地便會產生一個特定的文化特色，專業者再將這些文化特色濃縮、強化及擴大發展成為地方行銷的理念，並將這些理念透過所設計的各種媒體對外傳播給鎖定的消費市場對象，如此容易產生具有地方永續性的品牌價值等。不過，依此方式進行時，在過程中需要花費較多的民眾參與及較常用來凝聚共識的時間，比較不具有時效性，但具有「金字招牌」等長期經營效果[2]。

　　（2）由上而下：以菁英為導向的作法。先由專業者（及地方領導人）提出行銷理念，好處是由執政者依照專業判斷及個人施政理念進行策略運用，並具有時效性。但是，如果沒有民眾的認同，便會容易造成執政者的執政危機，因為所進行的地方行銷策略以及呈現給社會大眾的廣告，容易淪為個人色彩或特定政治目的，畢竟地方行銷是行銷地方而不是行銷首長個人，因此也容易出現與現實脫節反而產生負面行銷的危機[3]。

2　「由下而上」之北部社區「綠色生活公約」案例分析：「基隆市18個社區今年共同推動『綠色生活』，從最基層的生活面實踐節能減碳。政府主管單位與社區代表共同簽署『綠色生活公約』，隨身攜帶環保杯、環保筷，過簡約生活，希望1年可減少100萬雙竹筷和50萬個紙杯。」（盧賢秀，20080924）。在逐年推動之下，綠色環保文化將逐漸成為這些地方上的特色，由於屬於由下慢慢而上的參與過程，地方成員需要被教育慢慢成長，因此也需要長期的操作時間，但是卻有利於地方整體長期永續發展。

3　在「由上而下」之案例中，就像是在國內許多地方為了爭取某大型比賽或展覽等，由專業者提出地方行銷策略與計畫，諸如：為爭取國際博覽會、運動會等所企劃的行銷計畫內容具有社會菁英想法，但也可能與社會大眾需求脫節。

（3）由外而內：以市場為導向的作法。為參考外部社會大眾對於地方內部的印象及看法，再轉為地方行銷的策略，而這是以市場為導向的作法，從過去地方已經於社會大眾心中建立的品牌形象，將其形象濃縮的更為強烈，或是將其原本的形象氛圍提升成為一種特定風格，其優點是基於市場導向故效果容易評估且風險小，但是外部民眾對於地方的感覺可能過於膚淺與片面，並且過去許多訊息都從各種商家所生產的產品及廣告中拼湊而來，對於地方文化不僅較為表面消費，外部民眾所認知地方印象也可能會與當地居民相衝突，也就是地方居民的文化認同與外部民眾不同，而產生推銷地方過於商品化的現象[4]。

二、地方文化行銷的類型

1. 地方營利行銷與地方非營利行銷

地方營利行銷主要與觀光市場相互結合，包括：（1）整體城市印象的行銷方式，像是：訴求地方整體的人文特質、感動、魅力等；（2）突顯一項地方文化產品特質：在地方上有一個（或數個）具有國際知名度的地方文化產業（或文化產品），而以此項文化產業（或文化產品）作為訴求來吸引觀光客前往當地旅遊。

地方非營利行銷主要是爭取某項大型賽事或活動的主辦權等，或是針對當地整體的社會關懷議題為主，或是「社會行銷」（林東泰，1996：49-75）等，也可包括：（1）整體城市形象：經濟目的以外的地方品牌行銷，像是：因應對於奧運（及其他國際運動會等）、世界博覽會、國際會議等主辦權之爭取，而展開的行銷策略方式；（2）突顯地方單一事項（或事件）的行銷類型：對於地方上某一個重大議題的公益行銷，像是：重大天災的募款、地方弱勢關懷（隔代教養、單親、原住民等）、地方社會福利議題（老人照顧、幼兒福利等）等，藉由行銷策略突顯當地某一重要的社會議題。

2. 地方文化行銷的主題分析

「地方文化行銷」是在「行銷地方文化」，依此概念之下，地方文化特質是行銷的基礎內涵，行銷策略及主題類型需要從地方文化特質著手進行，不當的行銷風格與策略，反而會模糊化地方文化主體以及地方特質的形成。因此，無論是哪一種地方文化行銷的主題類型，都需要從地方文化資源盤點調查及分析工作開始，瞭解自己特有的地方性，並以合適的行銷策略進行規劃。有關地方文化行銷的主題，可分成以下幾種類型：

4　在「由外而內」概念的地方行銷現象，就如同國內外各個國家，許多城市觀光的行銷計畫，都是以目標市場觀光客對於當地過去記憶中的文化符號，建構出一個能吸引他們的行銷計畫與廣告。

（1）空間主題：以地方風格、風情等整體形象為主，或是特定著名、重要的空間場景為主，像是：文化地景、古蹟及文化遺產、建築地標、名人故居等；（2）時間主題：以不同歷史發展歷程的地方演變歷程為主，或是當地一年四季的變化等，或是地方廟會、傳統民俗節慶、文化藝術節、地方博覽會、市集等；（3）事件主題：以地方著名的歷史事件、社會事件、新聞話題等為主題；（4）人物主題：當地著名的歷史人物、傳奇人物、明星、藝術家、作家、舞蹈家等創作者為主題；（5）物件主題：具有當地文化特色、重要的、著名的相關產業（像是：地方文化產品、生產工具及器物等），或是地方特有的生活相關用品（像是：地方廟會、傳統民俗所使用的有關生活物品、器皿、生活飾品等）。

三、「地方 S.W.O.T. 分析」與「地方光影分析」

一般的「S.W.O.T. 分析」可運用於分析一般企業或各種產品，同樣的 S.W.O.T. 分析也可運用於地方行銷之分析工作，作為一個地方面對不同的內在資源及外在競爭條件時所使用的綜合評估法。「地方 S.W.O.T. 分析」的主要分析項目與一般 S.W.O.T. 分析法一樣，包括：分析地方的優勢（strengths）、劣勢（weaknesses）、機會（opportunities）和威脅（threats）等四大項。不過，地方與一般產品的不同之處，是基於每一個地方都擁有自己的獨特性，而這些獨特性無法進行像一般產品一樣，進行過於同質性的分析評估，意即使用 S.W.O.T. 法容易不小心就忽略及失去了地方自己原本所擁有不可取代的地方特質。另外，在進行 S.W.O.T. 分析時，不同的分析者及切入點往往會產生不同的優劣分析內容。換句話說，如何看待地方的觀點及切入角度相當重要。

在地方 S.W.O.T. 分析中，機會與威脅等二項主要是外部環境賦予的發展條件與限制，包括：生活及消費的文化趨勢、正在熱門流行的文化潮流、法規體制修改變動、或遇到特殊重大的社會事件等現象條件下，正好地方所擁有、可發展的條件產生機會配合外在環境發展，或是反之大環境對地方造成威脅。然而，另外兩大項：優勢與劣勢，為評估地方自己各種資源的強項與弱項。而地方內部與外部環境之間的落差或佔有利基之處，便可能是進一步發展所需的因應對策，分析的類型分為：「優勢－機會」（SO）、「優勢－威脅」（ST）、「劣勢－機會」（WO）、「劣勢－威脅」（WT）等四個面向，並可以表格矩陣方式進行分析。

S.W.O.T. 分析法有其獨到之處，但其為綜合評估，因此有時候分析內容會比較粗糙，而且分析者自己的觀點經常會影響評估的內容，因為分析者需要有自己的標準，才能區分究竟哪些地方發展是優勢或劣勢、機會或威脅等，由於分析者帶著自己的價值觀標準進行

判斷，又分析者經常會帶著外來的主流文化觀點，而經常會忽略了地方自己的獨特性。因為對於地方本身來說，自己的地方文化差異特性（地方性）反而才是關鍵點，而使用這種上下分類的評估方式，要小心避免過於粗糙，有時候被分析者認為是劣勢，但是卻極具地方自我特色，後來發展轉變成優勢的情形[5]。

因此，以下討論另一個「地方光影分析法」。在「地方光影分析法」概念中：（1）「光」指的是地方現況存在以及地方潛在資源的優勢、機會等強項；（2）「影」指的是在地方上的劣勢、威脅等弱項；（3）「光」及「影」二者都構成地方特色的因素，而不是只有「光」的部分而已[6]；（4）「光」就是地方「亮點」，「影」則是地方「暗點」，因此，地方發展對策就是要將原本的「亮點」更亮，並將「暗點」變成「亮點」，而不是把「暗點」視為「缺點」，因為「暗點」也可是構成地方特色的重要組成因子，只是切入的角度及看法不同而已[7]。

「地方光影分析」的過程，就是先進行地方文化資源盤點工作，進一步分析地方資源

5　由於分析者為專業者，這些專業者大多受西方教育文化之影響，或居住於都市地區，不小心會帶者西方城市、或大都市的觀點來看待地方，而經常忽略當地自己的地方特色，有時候地方自己的特色卻在這種標準之下變成需要移除的地方「劣勢」，於是在台灣各地愈發展愈失去自己特有的地方性，而且最常出現的是分析者以台北觀點看台灣不同各地的發展之現象。

6　在地方光影分析中「影」（暗點）可能也是地方特色因素之案例分析：台灣各地的夜市以及檳榔攤。在台灣各地的夜市對於許多地方政府而言，有相當的黑暗、雜亂、擁擠、濕熱等負面缺失，於是花費龐大經費進行整頓成為井然有序的「美食街」，但是經常一經政府大力整頓之後的夜市卻生意一落千丈，因為政府將構成夜市特色的因素去除掉了，使得夜市變得不再具有屬於自己的氛圍。另外，檳榔攤以及檳榔西施站在政府的角度也認為是地方的污點，可是對於外國人而言，檳榔攤及檳榔西施等反而展現出台灣特有的檳榔文化，而覺得相當具有地方特色。因此，對於地方發展而言，「光」及「影」都是構成地方特色的因素，會認為是「影」只是切入的角度及看法不同而已。

7　地方「暗點」變成「亮點」的案例分析：美國西雅圖派克市場（Pike Place Market）。起初西雅圖是一個由淘金、伐木、漁業等移民，逐漸發展起來的城市，由於人口愈來愈多，農民的蔬果被財團壟斷，在 1906 年左右農民們對財團哄抬洋蔥價格極為憤怒，於是拖著馬車前往現在的市場土地上自己販售，1907 年市議員提議蓋了今日的傳統市場，但是傳統市場在歷經二次大戰屠殺事件及超級市場購物生活方式的興起而逐漸沒落，差一點在其他議員及財團的慫恿之下，拆除傳統市場改建為現代購物中心及商辦摩天大樓，但最後在市民們連署公投方式保留了今日所見的派克市場傳統風貌，也因為保

留了傳統市場的歷史文化遺產，現在成為全美國知名的觀光景點，派克市場今日聚集大批藝術家、農民、漁民等，除了觀光客選購的紀念品之外，也販賣當地生產的花卉、農漁貨等生鮮食品（Pike Place Market，20151003）。派克市場在當時如果認為自己的傳統市場的「地方性」是「暗點」，就無法保有今日獨特的「亮點」及發展盛況，並淪為美國其他各地同質性很高、一般的購物中心及商辦大樓。然而，移除改建為商業大樓的事件，在國內到現在各地還是經常發生，也就是規劃分析者將「暗點」視為「缺點」而不是將其變成「亮點」（資料來源：本研究 2004 年西雅圖派克市場現場田野調查記錄及整理分析）。

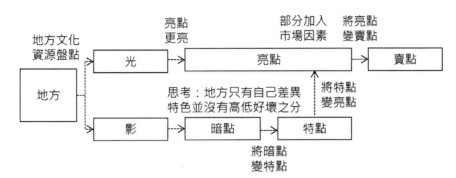

圖9-2　地方「光影分析法」概念

（資料來源：本研究自行整理、分析及繪製。）

的「亮點」（光）及「暗點」（影）的組成因素，之後，提出因應對策將原本的「亮點」（光）部分更加發光，以及將原本的「暗點」（影）改變思考方式，轉成為地方自己特有的「特點」，既然是「特點」則可進一步再轉成為「亮點」，並且置入市場因素時部分還可能變成「賣點」。而從暗點、特點、亮點、賣點等如何棄暗投明、反黑為白的思考過程及方式，稱為「光影分析法」，其概念如圖9-2所示。

四、地方文化行銷「六芒星」分析法

「六芒星」行銷法是對「S.T.P.」基本行銷概念修正而來，因為「S.T.P.」是由：市場區隔（market segmentation）、選定市場目標（targeting）、定位（positioning）三者而來，但是，在實際使用時會經常發現這個模式還是範圍太大且模糊，所以，對「S.T.P.」基本行銷模式進行修正，並且補充「I.O.F.」基本行銷模式，而「I.O.F.」是由：內端（inside）、外端（outside）、未來端（future-side）三者組成，成為兩組重疊的三角形，發展成為六角形的「六芒星」基本行銷模式。而其補充性質較偏向「產出」（output）思考的「S.T.P. 基本行銷模式」，加入偏向「投入」（input）的「I.O.F. 基本行銷模式」之視野，為從「投入（input）到產出（output）」之重要過程且此六個因素為互動關係（廖世璋，2011：201-202）。

在此進一步分析及修正2011年原提出的概念圖（將原「外端」及「內端」位置調換），如圖9-3所示。如此，便可使用「六芒星」行銷法作出更進一步深入的分析：（1）可從「未來端」的發展潛力分析現在正在進行的「市場區隔」工作，讓目前正計畫推出的品牌或產品更具整體發展性，但同時需要考量現在正要面對的「外端」市場條件以及自己「內端」的特色條件；（2）可從「外端」市場環境等因素分析自己的品牌或產品「定位」，但同時

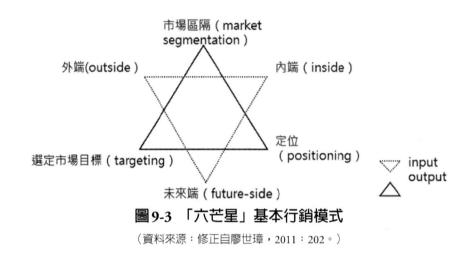

圖9-3 「六芒星」基本行銷模式

（資料來源：修正自廖世璋，2011：202。）

需要考慮「內端」特色及「未來端」的發展潛力；（3）可從自己「內端」特色來選擇適合品牌或產品發展的「選定目標市場」消費族群對象，但同時需要考量自己面對「外端」的市場條件及「未來端」的發展潛力。

以下，我們將原本的「六芒星」基本行銷模式，分為「I.O.F.」及「S.T.P.」等兩大層次，進一步說明運用於「地方文化行銷」為對象[8]：

1.「I.O.F.」地方行銷模式層次分析

（1）內端（inside）：主要為檢視地方內部的資源，運用地方文化資源盤點調查就是在檢視自己的資源內涵，地方特色並沒有主流及非主流的文化階級之分，更重要的是地方上屬於自己的特色，因為地方特色才是真正能再生產成為其他發展（像是：各種地方文化產品等）的重要基礎[9]。

8　「六芒星」概念地方行銷案例分析：中國廣西桂林。在「I.O.F.」地方行銷分析：（1）內端：內部擁有喀斯特地貌、漓江等地理資源，以及有壯、瑤、回、苗、侗等少數民族文化資源等；（2）外端：以文化觀光旅遊市場及其相關產品為主；（3）未來端：趨勢為世界各地民眾旅遊活動愈來愈多，國內外觀光旅遊市場愈來愈大等。另外，在「S.T.P.」地方行銷分析：（1）市場區隔：目前觀光旅遊市場飽和，

各種旅遊選擇過多，東南亞附近地區景點多且價格便宜，但是，鐘乳石地形是桂林的特色，其他地方不可替代；（2）選定市場目標：在海外市場中，主力市場為歐、美、日、韓、港、台等遊客，次主力市場為東南亞其他地區等遊客；（3）定位：桂林山景、灘江風光、陽朔山水、以及由喀斯特地貌構成的人間仙境，自然地景成為桂林觀光旅遊的特色定位（資料來源：本研究2014年桂林現場田野調查記錄與整理分析）。

9　地方「內端」分析為檢視地方內部資源，即使是看似隱性毫不起眼的特色都有可能轉為產品的資源。像是：在印度的新德里地區，都市相當龐大且外食人口愈來愈多，但大多數的傳統市場無法使用昂貴的紙製衛生碗盤，因此近幾年當地小攤販使用當地樹木的葉子，將葉子浸濕、包模、定型、曬乾，形

（2）外端（outside）：對外部其他地方市場的分析，地方同質性過高便會造成產品不易進行市場區隔與定位，因此外部其他地方的特色，與自己地方特色的差異調查與比較分析相當重要，才能一方面從地方內部強化出自己原本的地方特色，又一方面，從外部其他地方的地方特色區隔找出自己的差異特色[10]。

（3）未來端（future-side）：就是調查分析現階段以及未來的文化現象與文化趨勢，因為文化現象換個角度思考可能變成文化市場。另外，對於未來的相關法規、制度等體制與結構等發展之分析，也是地方邁向未來發展所作規劃時，需要深入分析的重要方向[11]。

2.「S.T.P.」地方行銷模式層次分析

（1）市場區隔（market segmentation）：地方文化特色便是在進行市場區隔工作中，極為重要的內容，以地方文化資源盤點調查出自己的地方特色資源之後，進行市場區隔分析及確認之工作，並推出自己的地方品牌特色以及強烈的產品形象，來區隔市場其他相關對手。

（2）選定市場目標（targeting）：當完成市場分析以及確認所區隔出來的市場範圍時，同時也是選定了該市場的目標消費者群，哪一些消費者是本地的「主力市場」，又哪一些是「次主力市場」，以及這些消費者的消費行為特性為何等，都是選定市場目標時分析的重點工作，另市場也隨著地方投入的時間及經費等分為短、中、長期不同的市場目標對象。

（3）定位（positioning）：在長期的定位計畫就是要擬定一個地方品牌發展計畫，去規劃屬於自己地方特色的地方品牌，以及在不同計畫年期之中要推出的各種地方文化產品的調性、風格及走向等定位，而短期的定位計畫，就是分析及定位出即將要推出的地方文化產品之走向、風格、調性及行銷組合方式等，並留意產品的定位與地方品牌氛圍之間的關聯性，因為地方品牌不像一般企業品牌是一個可以關門的公司行號，地方將一直存在於此地，所有一切有朝一日都可能會成為社會大眾集體所記憶及書寫的地方歷史。

成當地特色的葉子免洗碗盤，也正好可以用來裝印度特色料理炸咖哩及甜食，不僅使用在地方各地隨手可得的樹葉，也讓美食看起來更加具有印度地方風味（資料來源：本研究2006年印度新德里現場田野調查記錄與整理分析）。

10 地方「外端」分析為認清自己無法被取代的地方特色與其他外部市場（其他地方的地方特色）之差異，在台灣各地方經常看到其他外部地方的特色，之後，複製對方而不僅失去自己原有的地方特色差異價值，也失去市場價值，像是在台灣的旅遊，因為食衣住行的方式都很相似，例如：地方生態旅遊或歷史文化旅遊，雖說是地方主題旅遊但其旅遊內容卻似乎都是套裝模式，由於同質性高，因此各地旅行社削價競爭，不僅降低市場價值，也逐漸失去各地自己的地方差異風格。

11 地方「未來端」分析為檢視當地的前瞻性，因此需留意現在整體文化趨勢特色，因為有時候文化價值可轉為市場價值，像是：「宅文化」的社會現象，從另一個市場的角度則變成「宅經濟」，或是「養生文化現象」則成為「養生文化經濟」，或是「生態文化現象」也成為「綠色經濟」等。

第二節　地方文化產業行銷「P.C.R.V.」概念

地方行銷的「P、C、R、V」概念，是從四個角度進行行銷分析或策略的擬定工作，包括：「P行銷」為生產端（供給端）、「C行銷」為消費端（需求端）、「R行銷」為經營端、「V行銷」為交換端（廖世璋，2011：205）。有關「P、C、R、V」四個類型行銷組合之對應與比較，如表9-1所示，以下分別以「地方行銷」為對象進行相關分析及論述。

表9-1　「P、C、R、V」四個類型行銷組合之對應關係與比較

供給端	4P	產品（product）	價格（price）	通路（place）	推廣（promotion）
消費端	4C	顧客（customer）	成本（cost）	便利（convenience）	溝通（communication）
經營端	4R	關係（relationship）	獎勵（reward）	精簡（retrenchment）	關聯（relevancy）
交換端	4V	變通（versatility）	價值（value）	多變（variation）	共鳴（vibration）

資料來源：廖世璋，2011：206。

一、地方文化產業行銷「4P」

地方文化產業的行銷「4P」也是產品、價格、通路及促銷，但是內容與一般企業的產品不盡相同，其內容分述如下：

1. 產品（product）

地方產品主要是「地方特產」，意即「地方文化特色產品」。因為這些地方特產都是由地方文化所行動而來的對象，因此地方特色產品與當地的文化特色息息相關。也因此，這些由地方文化所生產出來的「地方特產」其類型包括：

（1）地方空間。其類型包括：A. 地方特色空間：像是地方歷史街區（古城區等）及其他特色街區（夜市等）、古蹟及歷史建築、廟宇、美術館、博物館及有地方特色的地標建築等空間；B. 自然氣候形成的自然景觀等特色樣貌（日出、黃昏、雲、霧、雨、雪等）；C. 地方特殊地理環境形成的地景（山脈、山林、瀑布、地質、地貌、林相、巨石等），屬於地方文化資源盤點後具有地方特色的空間。

（2）器物類型：具有當地地方特色的各種特色產品及產業，像是：無論是過去歷史或現在時期，具有當地地方特色的農漁養殖、手工業、服務業等，以及其他在當地特殊生產及生活活動上，所使用的各項工具及器物等，或是紀念品、伴手禮等商品，所有由地方文化所生產出來的各項地方特色物品。

（3）地方文化活動：地方文化活動本身也可能成為一種地方特色產品，像是：傳統廟會及神明慶典、新興藝術節慶、特殊生活禮俗、地方文化儀式、特殊生產活動（例如：夜市）、特殊生活活動（例如：賞櫻）等，本身都可能成為地方特色產品的內容。

2. 價格（price）

地方文化產品的價格策略，具有以下特性[12]：

（1）價值大於價格性。各種不同類型的地方文化產品，在定價策略上需要「價值」大於「價格」，換句話說，一方面，如何先以地方文化特色來提升自己的「價值」是重要的工作，當「價值」被策略性的突顯出來之後，另一方面，再來換算目標消費對象願意花費的市場「價格」。

（2）價格具獨特性。只要地方產品更加具有其他地方無法相比的獨特價值，由於其價值特殊而其他地方無法比較，因此也會將此反映在提升更高的價格之上，反之，地方產品的同質性過高或有其他替代性產品時，在定價上就受到更多的限制條件，因此可知地方產品本身的文化差異性、地方特殊性等是提升整體價值的重點。

3. 通路（place）

地方產品的通路相較一般企業的產品，其通路類型相似，包括：長、中、短等不同通路的長度，而因應個案需求而異。另外，地方品牌本身也可能是一個「通路」品牌（也就是，「自有品牌」，是由原本是通路進而自己也開始生產產品的品牌），以一個地方品牌來共同販售當地各個素人創作者、產品生產者的品牌，因此也可能以一個地方品牌概念開設網路或實體商店，甚至是地方文化產業的連鎖店[13]。

4. 推廣（promotion）

地方行銷的推廣活動，除了許多和一般企業產品之促銷活動相似之外，「地方促銷」活動屬於大型活動企劃，像是：會展產業（大型會議活動、地方博覽會、博物館特展

---

12 「地方文化產品的價格策略」案例分析：台灣離島的地方文化觀光產業。目前至離島旅遊（澎湖、金門等）的旅費成本並不便宜，同樣都是五天左右的團費與出國至其他鄰近城市相距不遠，甚至還要高出許多，因此造成國內離島旅遊市場的高旅費現象。然而，國人在規劃出國觀光時，預算額度是考量因素，再以預算上限評估所想要前往的幾個地區，最後會出現被選擇的國外城市，其城市的地方文化價值一定在這群消費者認為最高的地方，因此，地方文化價值往往是最後被選擇的關鍵因素之一。所以，反應在地方觀光旅遊的定價策略，事先調查出相同價格的城市觀光旅遊方案，分析各城市的文化價值，讓自己的地方文化價值比這些城市能更加的突顯出來，更吸引目標市場對象消費群，如果無法突顯就可能需要降價。

13 「地方品牌的連鎖店」案例分析：在台灣的金門禮品店。由於金門當地出產許多吸引大量消費者的地方特產，於是在台灣各地便曾出現以「金門特產」為店名的商店，在商店中收集及展售金門當地各種特產，包括：金門高粱酒、一條根藥膏、花生糖、金門鋼刀等。

等）、運動產業（大型運動賽事、路跑等）、藝術節慶產業（廟會及傳統節慶、新創藝術節等）、觀光產業（地區文化觀光等）活動，來進行地方行銷[14]。

除了上述地方行銷「4P」之外，以下進一步說明其他6P概念，合為地方行銷「10P」概念，分析如下：

（1）成員（people）：就是地方成員（當地居民）以及一起形成的地方生活氛圍，像是：有人穿著以前的衣服居住在當地的「活古蹟」、或是「最美麗的是人」等[15]。

（2）過程（process）：地方體驗的整套程序、流程的安排，像是：城市觀光、地方旅遊等設計，或是地方文化產品的原料、設計、製造、銷售等過程的地方獨特性塑造[16]。

（3）實質表明（physical evidence）：也就是當地強烈的、清晰的、具有特定風格的地方特色，像是：原始雨林、鄉野濕地、少數民族的文化部落、自治區、或國際都會城市等風格[17]。

---

14 地方文化產業「推廣」行銷案例：南鯤鯓代天府。位於台南市地區每一年舉辦的鯤鯓王平安鹽祭，是「以台灣王爺信仰總廟南鯤鯓代天府（國家級古蹟），以及鹽民的原鄉北門（過去其他鹽場之曬鹽技術多由北門鹽場之鹽工移居技術支援），作為活動出發點，並邀請轄區4縣市觀光與農業行銷單位，共同整合資源，進行觀光特色產業與文化活動展銷，希望遊客從北門出發深入瞭解雲嘉南鹽業文化讓遊客進一步探訪雲嘉南美麗的風光。」（台南市觀光旅遊局，20150930）。不過，根據現場田野調查發現，對於地方文化產業的推廣效果似乎有限，政府舉辦的地方廟宇慶典活動往往不如當地信眾自己自發性的傳統活動，因此，政府應該以地方整體性、系統性及產業鏈的方式進行思考，當整體規劃及完成準備工作之後，點燃平安祭的「促銷」活動，對於地方才有意義，也能進一步帶動地方文化產業及地方經濟的發展。

15 「地方文化產業行銷：成員（people）」案例：日本明治神宮。位於東京原宿地區表參道附近的明治神宮，是1920年為紀念明治天皇而建立，在神宮園區內不僅擁有神殿古蹟（内有一鳥居是全日本最大

的木造鳥居，其材料是從台灣運送過去建造而成。）、古木參天，廟宇的執事們穿著古裝舉行傳統儀式，許多遊客也穿著古裝遊園，讓整個明治神宮靜態紀念的園區頓時之間回到當時情境，讓園區成為「活」的古蹟園區，並與外面一牆之隔時尚、西方流行文化、年輕、熱鬧的表參道，其形成強烈對比，也豐富整個地方文化價值與觀光體驗（資料來源：本研究2015年日本明治神宮現場田野調查記錄與整理分析）。

16 「地方文化產業行銷：過程（process）」案例分析：台南土溝村。台南土溝村以農村美術館概念經營，由於以博物館概念經營農村，於是農村中稻田及稻米成為藝術創作的素材、稻田收割成為一種藝術行動、稻米的產品成為伴手禮。

17

「地方文化產業行銷：實質表明（physical evidence）」案例：日本川越。位於日本東京西北方30分鐘車程的川越，保存了完整的江戶時期時之街道、鐘塔、古蹟建築等，地區內除了擁有江戶時期各種博物館、建築及街道空間之外，店員服裝、手工藝及點心等也都仿效江戶時期，因為地區的「實質表明」都是江戶時期，因此有了「小京

（4）公共關係（public relation）：包括以下幾種「地方的公共關係」類型：A. 地方與外部地方關係：當地與其他地方建立的互動及合作關係，像是：締結姊妹社區等可以相互觀摩，或相互支援各種活動，甚至進行跨界各種合作等。B. 地方與社會關係：也可以透過各種地方公益新聞事件來強化社會大眾的地方認同程度，像是：弱勢關懷事件、地方發生的真實動人溫馨故事等。C. 地方與地方內部關係：強化當地民眾的人與人之互動、相互照應、彼此支援等人際網路關係，以及對於地方共同體的凝聚力和認同關係等[18]。

（5）合作關係（partnership）：包括 A. 公部門、商業部門及非營利部門等三者的夥伴關係，一起合作進行地方文化治理，以及 B. 地方與其他外部地方的締結、連結等關係的建立等。

（6）規劃（programming）：統整進行地方品牌規劃、地方文化產品生產、地方文化產品行銷策略等三大計畫，以及結合地方財務、人物力等資源，進行短、中、長期發展計畫，讓每一個地方行銷活動都具有辦理目的與策略用意，知道每一項地方產品與地方品牌形象之關係。

二、地方文化產業行銷「4C」

同樣的，地方文化產業的行銷「4C」亦為顧客、成本、便利、溝通等，但內容與一般企業的產品有一點不同，尤其在溝通方面，分析如下：

1. 顧客（customer）

調查並滿足鎖定的目標市場對象消費者，其所需要的各種顧客價值，對於購買當地產品或是前往地方旅遊等不同消費動機，產生不同的購買需求及其想要獲得的價值。而顧客價值除了產品機能之外，也包括象徵價值、文化認同價值等社會價值[19]。

都」之稱（資料來源：本研究 2015 年日本川越現場田野調查記錄與整理分析）。

[18] 「地方文化產業行銷：公共關係（public relation）」案例分析：夢想社區。位於新北市汐止的夢想社區，在 2000 年「正式設立夢想社區文教發展基金會，基於對台灣這塊土地的喜愛及對故鄉深厚的情感，著手打造『參與式社區』，擬訂造夢計畫。將慶典藝術、玩樂、創意、勇氣與熱情導入生活，激活社區居民對美好事物的期待，鼓舞他們勇於追夢，做一個『認真玩樂生活』的實踐者。一步十年，夢想對待生活的態度，不再只是少數人的堅持。夢想團隊跨越無形的疆界，遊走於台灣各角落，只要有心成為追夢者，哪兒都能是夢想社區。我們，無處不在；夢想，永不止息。」（夢想社區，20150930）。因此社區理念，他們透過各種嘉年華會活動，串連起社區內部居民以及外部國內外各地其他社區組織，並且建立起像是「朋友」的「關係」，相互支援及一起學習成長，成為夢想社區的特色之一。

[19] 「地方文化產業行銷：顧客（customer）」案例分析：高雄市大寮區三隆社區發展協會「紅龜粿」（文化部，20151003）等。台灣擁有許多地方特色產品，許多社區發展協會也大力推廣，以社區自己能力進

2. 成本（cost）

主要分為目標消費族群在購買地方產品、使用地方產品、或是前來地方旅遊等「時間成本」類型，以及如同購買一般產品的經濟成本（例如：產品售價等）、社會成本（例如：社會觀感等）、交通成本（例如：前往交通費用及時間、運送的成本等）、風險成本（例如：安全性等）之不同成本類型皆是消費者考量的因素[20]。

3. 便利（convenience）

除了一般有關便利性的相關作法之外，還包括目標消費族群在：選用前、選購中、使用時、使用後等各階段的便利性，像是：產品的資訊服務、交通接送服務或產品寄送服務、顧客服務等處理方式[21]。

4. 溝通（communication）

在地方產品方面為產品與顧客之間的雙向聯繫與溝通，或是即時的回應與改善等，在地方旅遊方面包括觀光資訊的提供、地方導覽解說、回饋及回應、粉絲團的持續聯繫等作法[22]。

除了上述地方行銷「4C」之外，以下再補充其他「6C」概念，合計為「地方行銷10C」概念，分析如下：

行產品生產，但是應該更從「顧客」價值需求思考，像是「紅龜粿」過去是傳統美食，但目前吃的人數銳減，且都在老一輩消費者，應站在各種不同年齡及文化層的「顧客」需求，從產品機能（像是養生：老人、養顏：女人、養育：小孩等不同需求）、象徵機能（像是社會地位、美學象徵等）等去提升，才能將傳統點心轉為時尚化、生活化、產業化發展。

[20] 「地方文化產業行銷：成本（cost）」案例分析：南投縣魚池鄉養靈社區發展協會「酒甕」（文化部，20151002）等。台灣的「酒甕」有濃厚的鄉土特色，目前該協會在台中工業區內販售「酒甕」，一個售價僅100元新台幣，但是從「成本」的角度思考，前往的車程所需要的交通成本過高，或是過重而增加寄送成本，都是阻礙地方文化產品發展的原因之一。

[21] 「地方文化產業行銷：便利（convenience）」案例分析：南投鹿谷小半天。小半天在台灣九二一大地震之後災後重建，是十分成功的著名案例。因為地處山中偏遠村落，為了吸引更多遊客，業者集合起來成立網站提供訂房資訊，且即時公開目前小半天風景消息報導（小半天旅遊網，20151001），並在高鐵烏日站有地區專車接駁服務，以增加便利性。

[22] 「地方文化產業行銷：溝通（communication）」案例分析：文化部「故事繪本」計畫。社區導覽是一種「溝通」，另外「社區繪本」是一種繪畫及故事而讓許多人認識社區的作法，文化部曾以此為重要的工作計畫之一：「社區故事繪本為文化部2008年度推出新故鄉社區營造第二期計畫，三大項其中一項社區文化深耕計畫，針對具有初步營造成果之社區，提供補助社區繪本之創作。鼓勵故事人才與在地藝術創意呈現，刺激各年齡層的參與，透過活潑生動、淺顯易懂的創作形式，將社區文化特色向外推廣，引領讀者進入社區最引人入勝的篇章。社區繪本透過資源調查的方式，收羅了當地的故事與傳奇、甚至是關懷社區中微小的事物，經過居民的用心紀錄與繪製，成為一部承載當地人集體記憶的寶箱，值得您細細來品嚐，感受社區樸質動人的文化風情與生命故事。」（文化部，20150928）

（1）客製化（customization）：面對不同的消費者依照其個別需求，進行量身訂作。

（2）內容（content）：對於地方文化產業來說，其「內容」可包括：地方故事文本的建構以及故事體驗的設計等，透過地方獨特性及強烈的地方符號等內容，以突顯出地方文化產品本身的價值。

（3）脈絡（context）：為地方文化產品與當地的自然地理、歷史、人文、風土、節慶、鄉土、傳奇等等之間的脈絡關係，文化產品與地方脈絡結合才能成為地方文化產品。

（4）協同合作（collaboration）：由消費者在地方文化產品從生產到消費各階段中，加入自己的力量一起完成，像是：A. 地方文化產品的原料階段：遊客自己去採集、或捕獲所需材料等、B. 地方文化產品的設計階段：由消費者自己提供設計構想或一起完成設計（像是背包客、或一般旅客等，自己設計一套地方旅遊路線，或是消費者自己設計一個手工藝、編織等地方文化產品）、C. 地方文化產品的製造階段：遊客自己完成地方旅遊體驗（像是背包客自助旅行、腳踏車探險、露營等）或是自己製作手工藝（像是 DIY 等）。

（5）社群（community）：為當地居民自己或是與認同當地其他外部的社會大眾，建立地方俱樂部、鄉村社團、村民協會、合作社等，透過社群更加強化地方認同，並且由自己成立的社群媒體（像是：Face book、Line 等）進行社群行銷，由於社群內部有許多相似特質的好友會員等，因此能擴大行銷宣傳，同時降低廣告費用。

（6）變化（change）：顧客一般都有喜新厭舊的特性，對於顧客來說，如果地方一成不變將可能無法吸引大部分的消費者再次前來，故即使是地方旅遊也是需要有些新的體驗方式，同樣的，地方文化產品也需要適時的推陳出新，在逐步推出新的地方文化產品時，有銷售佳績的產品可留下來，而長期持續有人大量購買者，則進一步作為地方文化產品的「經典款」，適時推出一些新產品，雖然有新產品推出的風險性，但卻也可藉此機會一再訓練當地內部居民，以及擴大地方品牌在外部社會大眾的知名度。

三、地方文化產業行銷「4R」

在此的地方文化產業行銷「4R」為以「經營」概念進行思考，主要包括：關係、獎勵、精簡、關聯等四大項，與地方文化產業的關係其分析如下[23]：

---

[23] 「地方文化產業行銷4R」案例分析：天空的院子。位於南投竹山鎮的「天空的院子」其經營方式在近幾年相當受到注目，屬於地方經營成功的案例，以下以行銷「4R」分析其成功的作法：（1）關係（relationship）：以「故事假期」方式與社會大眾經營出一種「故事分享」的特殊「關係」；（2）獎勵（reward）：使用黏貼「院子明信片」方式作為一種「獎勵」並與遊客產生進一步的「關係」；（3）精簡（retrenchment）：在網站上提供直接「線上訂房」服務及資訊，「精簡」遊客在訂房上的繁複程序；（4）

1. 關係（relationship）

為了與消費者之間建立更為緊密的消費關係，如地方居民像是家人一樣的親切感、到當地像是回家一樣的溫馨感、至當地的便利性及可及性、旅遊的安全感、對於當地社會的關懷（生態、弱勢族群、消失中的地方傳統等）或地方災害危機（地震、災後重建等）等，或是強化地方文化產品與消費者之間的緊密關係，像是顧客服務、網路快速回應互動、貼心設計等，產生不同於一般的消費關係。

2. 獎勵（reward）

對於地方有興趣的民眾可以成為地方會員等社群，並設計進一步的獎勵，透過獎勵讓會員自己產生有別於一般消費者的社群歸屬感等。

3. 精簡（retrenchment）

為了因應當今資訊爆炸的社會，又各個地方都在行銷自己，因此需要將自己的地方產品設計一套辨識度高、風格強烈、印象深刻、簡易及精準的地方品牌形象與特色資訊。

4. 關聯（relevancy）

為強調地方文化產品消費時與地方文化的相互關聯之概念，地方文化產品是地方文化濃縮出來的一組符號，消費地方文化產品時便是在消費一組與地方文化關聯的象徵符號。

四、地方文化產業行銷「4V」

在地方文化產業行銷「4V」主要以「交換」概念進行行銷組合的思考方式，主要包括：變通、價值、多變、共鳴等行銷策略，分述如下[24]：

1. 變通（versatility）

許多地方文化的特質經常與當今主流文化或是流行文化脫節，但這卻不是代表地方舊有文化的落後，「變通」的概念提供一種思考的方式，也就是，如何將地方文化與現代文

關聯（relevancy）：以「百年相遇」自己的故事來訴說自己與地方的關聯性等，讓「天空的院子」成為一個具有個人特色的地方經營方式（天空的院子，20140417）。

[24]「地方文化產業行銷4V」案例分析：甘樂文創。位於新北市三峽的甘樂文創是一個具有自己特色的重要案例，以下分別以地方文化產業行銷「4V」進行分析其成功的因素：（1）變通（versatility）：以目前熱門的「社會企業」概念，進行整體經營主軸；（2）價值（value）：訴求「您所參與甘樂的每一件事，都將成為永續循環回饋的動力」、對於土地關懷的「價值」；（3）多變（variation）：以「吃得飽」、「七分飽」、「塞牙縫」、「嘎逼」（咖啡）、「甘杯」（酒類）等命名變化原有傳統的菜單，並且整個店是一個多功能複合式的藝文空間；（4）共鳴（vibration）：以在地經營的故事、成為三峽文創聚落平台、社區、工藝及公益等，以及出版「甘樂誌」（「曬日頭」、「到在地人家吃一碗」等專輯文案）等，與喜愛此類特質的廣大民眾產生「共鳴」，也造就自己特有的成功方式（甘樂文創，20151009）。

化之間作聯繫，例如：地方文化與「潮」文化的結合等作法，讓現代人願意與地方文化之間產生互動，在此之間便會創造出各種地方文化產品，另外，傳統文化（過去）朝向文化趨勢（未來）思考，在現階段（現在）需要改變的策略為何，以能帶動地方文化產業通往未來的文化趨勢，並依此來發展具有前瞻性的相關地方文化產品。

2. 價值（value）

此概念提供一個思考方式，為地方文化品牌或產品要用什麼樣的方式來呈現自己的品牌價值或產品價值，也因此更加突顯出自己地方文化產品的獨特性，以不能相比較的差異價值來思考品牌及產品的內容，也就是，我們進一步去思考在產品上承載哪一些地方價值，會令目標消費者想要以價格來交換此價值，並認為此產品擁有很高的「C.P. 值」（cost-performance ratio），而此「C.P. 值」並非只是產品本身的性能與價格比，而是包括擁有的文化價值、象徵價值、符號價值等產品的整體價值。

3. 多變（variation）

此概念為強調透過地方文化資源盤點調查分析自己的地方文化資源之後，思考如何將當地特定風格範圍的地方文化，轉而再生產出許多各式各樣、創新及具吸引力的各種產品，以及規劃地方創新的文化產業生產計畫，或是在地方行銷策略上運用各種創新的手法，讓地方有更多元發展的各種方向。

4. 共鳴（vibration）

此概念強調消費者對於地方文化、地方文化產品產生共鳴的重要性，因為消費者對於行銷策略、或廣告文本、或品牌及產品本身產生了共鳴，因感動而產生行動，消費者透過地方文化產品對於地方文化產生了共鳴，形成地方品牌忠誠度。

第三節　地方文化產業行銷策略分析

地方行銷的目的，主要包括：（1）爭取主辦國際運動賽事、國際會議、國際展覽等活動，也就是爭取所謂的國際層級的「會展產業」，以增加城市在世界各國的品牌知名度及品牌形象；（2）發展地方觀光，藉由地方整體行銷以刺激各地廣大遊客前往當地旅遊，並藉由觀光旅行串連當地食、衣、住、行等各項地方文化產業，以達到地方經濟發展之效果；（3）為行銷特定類型的地方文化產品（或地方文化產業、地方人才等）出口，地方文化產品與地方品牌進行關聯思考，以達到「雙乘效果」，也就是：以「地方加持產品」而

讓產品具有地方代表性以加深消費者印象，以及以「產品加乘地方」，由於一個地方對於廣大消費者而言，是一個比較寬廣而模糊的概念，消費者可以透過地方產品的使用而對地方產生較為具體的印象。以下，我們進一步分析與其有關的行銷策略：

一、地方「雙一」行銷

（1）概念定義：「雙一」行銷的兩個「一」，分別為：A.「第一」策略：在地方文化品牌或產品推出時，思考其成為「第一」的特殊之處，為以「量化」及排名的思考方式；B.「唯一」策略：此地方品牌或產品是屬於哪一類型的獨有之處，也就是無法被取代的特色，屬於「質化」及獨特性的思考方式。並將地方上的「第一」及「唯一」之特點，作為地方行銷的重要內容，為地方的「雙一」行銷策略[25]。

（2）類型區分：在地方上思考「第一」及「唯一」為有助於沉澱及篩選出屬於自己的地方特色，以及將這些地方特色視為優勢，並作為對外行銷訴求內容的重點。雖然「第一」是從「量化」排名的觀點，而「唯一」是從「質化」獨特性的觀點分析，「第一」及「唯一」都可再以下列類型進一步找出自己的地方優勢：A.「空間」：以「空間」的概念區分出自己的地方排名，例如：世界第一、全國第一、縣市第一等，或是世界唯一、全國唯一、縣市唯一等不同層級；B.「時間」：在某一段時間、時期、階段中，屬於「第一」或「唯一」[26]；C.「主題類型」：在特定主題範圍中的「第一」或「唯一」等思考類型，例如：人

---

[25] 「雙一」行銷策略案例分析：中國大陸蔡倫的故鄉：耒陽。中國發明造紙技術是「世界第一」，因此發明造紙技術的地方：蔡倫的故鄉成為當地的地方文化資源特色，也被用來行銷當地：「蔡倫造紙，作為一段歷史，已成為科技創新史上的不朽豐碑；作為一份文化，已成為中國歷史文化的第一品牌；作為一種精神，已成為激勵後人開拓創新的不竭動力！2010 年11 月5 日，在偉大發明家蔡倫的故鄉耒陽，再一次迎來萬眾矚目的2010 年首屆『中國國際文化旅遊節』，在湖南（耒陽）『蔡倫造紙文化旅遊節』於蔡倫竹海遊客中心隆重開幕。青山竹影間，蔡倫發明造紙術1905 年紀念大典暨蔡倫塑像揭幕儀式，『蔡倫故里』省級風景名勝區、『蔡倫竹海』省級水利風景區等『金字招牌』的授牌儀式等，使得耒陽這座文化古城千年紙都更加名揚天下！」（歐陽傑，20131226）

[26] 「時間」類型的「雙一」行銷策略：希臘全世界最美麗的夕陽觀賞地：聖多里尼之 OIA 。其實，在歐洲各地非常多地區都能欣賞到極佳的黃昏美景，在希臘諸島的夕陽也極為美麗，但在希臘的 OIA 便對世界各國「傳言」，當地是全世界「第一」（最美麗）的夕陽，於是吸引全世界各國無數的遊客前往觀光旅遊，並且到了黃昏時刻，在「唯一」能夠看到最美麗夕陽的小型邊坡上方，突然變成戶外環境劇場，頓時間擠入來自世界各地的觀光客，在當夕陽剛落入海平面的瞬間，現場所有人都集體拍手叫好，一起感謝夕陽的「演出」（資料來源：本研究2013年希臘聖多里尼 OIA 現場田野調查記錄與整理分析）。

類、文化、地理、產業、景觀等方面，或是在食衣住行等不同方面，或是在科學（自然、生物、地質等）、藝術（菁英藝術或普羅大眾藝術等）、歷史（像是：戰爭史、遷移史、產業史、生活史等等）各方面的主題範圍。

（3）操作方式：先進行地方文化資源盤點調查工作，之後進行分析哪一些地方資源是哪一種「層級對象」的「第一」或「唯一」，明確列出「第一」及「唯一」的地方文化資源特色以及其「層級對象」，該地方文化資源特色便可以發展為「第一」或「唯一」的特色品牌或產品，而對應的不同「層級對象」便是該項品牌或產品的「潛在目標市場對象」（或「潛在市場規模範圍」），針對該潛在市場對象進行行銷產品組合及研訂打動該市場對象的行銷策略等整合行銷傳播之相關工作。

（4）行銷策略問題反思：透過對於「第一」及「唯一」的思考能方便找到自己的優勢之處，不過，過份突顯出自己的「第一」或「唯一」容易引起社會大眾對於產品或品牌在認知上過於功利主義或太商業化等負面印象，因此，尤其是地方文化產品或品牌在行銷上，應該再從其他方面加強與地方之間較具有溫度、情感或關懷等訴求內容，以相互補充其不足之處。

二、地方故事行銷

（1）概念定義：以地方故事真實為基礎，對故事進行改編使其更為精彩、動人，或是直接引用真實故事等為腳本進行發想、重新設計，並製作及轉用於各種行銷傳播媒介之行銷手法[27]。

（2）類型區分：A. 不同大敘事或小敘事的故事：整體地區的故事為大敘事、個人自身的故事為小敘事；B. 不同集體記憶與文化認同的故事：此故事在過去已經建立的「集體記

---

[27] 「地方故事」行銷策略案例分析：少林寺。位於中國大陸嵩山的少林寺以「功夫」有關的故事名震天下，在作家金庸小說筆下的少林寺，在小說中參與了眾多重要的情節發展，增加非常多傳奇故事色彩，也使得嵩山少林寺名氣中外皆知，真實世界的嵩山少林寺也大肆宣揚自己的武功，不僅到全世界各地進行演出，也在自己的網站介紹起自家的傳奇人物（像是：達摩祖師等）、功夫器械、功夫拳法及功夫研究等，少林寺官網記載：「少林功夫是指在嵩山少林寺這一特定佛教文化環境中歷史地形成，以佛教神力信仰為基礎，充分體現佛教禪宗智慧，並以少林寺僧人修習的武術為主要表現形式的傳統文化體系。少林功夫具有完整的技術和理論體系。它以武術技藝和套路為其表現形式，以佛教信仰和禪宗智慧為其文化內涵。少林功夫是一個龐大的技術體系，不是一般意義上的『門派』或『拳種』。中國武術結構複雜，門派眾多，但根據歷史文獻記載，少林功夫是歷史悠久、體系完備、技術水平最高的武術流派之一。根據少林寺流傳下來的拳譜記載，歷代傳習的少林功夫套路有數百套之多，其中流傳有序的拳械代表有數十種。另有七十二絕技，以及擒拿、格鬥、卸骨、點穴、氣功等門類獨特的功法。這些內容，按不同的類別和難易程度，有機地組合成一個龐大有序的技術體系。」（少林寺，20100415）。對於一般佛教寺院而言，顯得十分有趣且傳奇。

憶」愈是廣大其故事的潛在市場消費者「量」愈大，社會大眾對於此故事的「文化認同」之「質」的程度愈高則接受度愈大；C. 不同時間軸的故事：在不同的歷史時期之重要典故、事件、活動等，或是目前創新的故事等；D. 不同空間軸的故事：地方上發生或該地方只是此整個故事發生的其中一個地點；E. 特定主題的故事：地方上的正史、野史、英雄故事、傳奇、傳說、奇人軼事等，相關人物、神明等「人被神格化」、或是「神被人格化」等故事，或是當地大自然、大地的相關起源、靈感、民間傳說等，以及地方神奇的相關人事物等[28]。

（3）操作方式：地方文化資源盤點調查同時採集地方故事，並且以目標市場對象（閱聽者對象）進行故事魅力分析，由上述「集體記憶」及「文化認同」等「量」與「質」之評估，進行故事適切性改編並與地方更為深入的相互結合，將地方故事作為地方劇本，規劃設計將故事轉用發展至各種傳播媒介，甚至是地方的各個角落與故事相互結合，使觀眾宛如親臨故事現場，地方故事劇本可以轉用的文本，包括：地方文學小說、圖書繪本、廣告、廣播、電影及電視劇、網路微電影、古典或流行音樂之作詞、舞台劇等表演藝術，亦或是將故事軸轉用為地方觀光的探險路徑、地方導覽的步道動線等。

（4）行銷策略問題反思：地方故事行銷是地方行銷策略中，極容易進行且成效良好的策略，但發生在歷史中精彩的地方故事往往可遇不可求，站在行銷的策略上，故事的精彩程度大於真實性，因此並不是每一個故事都是重要的故事，然而「集體記憶」的故事潛在市場「量」與「文化認同」的故事認同「質」，皆可作為故事文本取材時的評估重點。

三、角色行銷

（1）概念定義：角色行銷也就是「角色經濟」行銷，角色行銷是將較為抽象的地方特色底蘊，設定為具體的角色作為地方代言物、吉祥物等，亦即以鮮明的角色個性及造型符號之「對象」（而且不一定是「人物」角色）來具體象徵當地特色，使地方在消費者心目中能被具體化，產生地方品牌形象、品牌識別等，進而產生品牌忠誠度等效果，另外，地

---

28 「特定主題的故事軸」並不一定要偉大的故事題材，像是：2015 年 12 月因為一隻流浪到台北松山火車站的金山小白鶴事件，引起台灣民眾的注意，數日後將牠運回金山，牠已經是當地農夫的「朋友」，當地農夫為了保護這隻小白鶴，開始紛紛改變農耕行為，不灑農藥轉型成為有機農田，也吸引許多遊客前往關心，逐漸影響地方的發展。金山小白鶴不僅在維基百科曾經出現專頁介紹：「是指一隻迷路飛到台灣的白鶴，在新北市金山區受到保育人士照顧，而至 2014 年 12 月起停留迄今（2015 年 5 月）的事件。」（維基百科，20151218）。金山小白鶴還有自己的粉絲專頁，上面有很多牠的美麗照片，更有 9,947 個人按讚（金山小白鶴粉絲專頁，20151221），是一個十分溫馨的地方小故事。

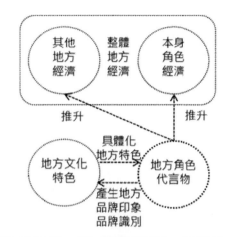

圖9-4　地方「角色行銷」與「角色經濟」等地方經濟發展之關係

（資料來源：本研究自行整理、分析及繪製。）

方代言物、吉祥物等角色本身，成功打入消費者心中時，自己亦可獨立發展出屬於自己的紀念品、文具、衣服、裝飾品、伴手禮等等相關商品，甚至運用發展成即時通訊軟體在對話、簡訊時可以使用的圖案，因此，地方進行角色行銷策略，除了可以具體化原本較為抽象的地方文化特色，同時也能發展屬於地方的角色經濟，其相關概念如圖9-4所示。

（2）策略類型：地方由特定設計的角色加以代言，角色特色需要源自於地方重要的特色，換句話說，地方角色是將地方文化以設計過的造型、色彩、材料等，以符號的方式來象徵並具體化地方特色，因此，無論是何種類型其與地方重要特色需直接相關、緊密連接且一目了然，以免愈運用角色代言反而促使地方特色愈加模糊，同時既然是地方代言故其代言物的外型等需有強烈的地方特色，以及鮮明的造型以供消費者清晰辨識。

（3）操作方式：先進行地方文化資源盤點工作，調查地方的各種文化特色以及在過去曾經出現過有獨特性、代表性、象徵性或重要性的象徵符號，或相關的人、事、時、地、物等為故事背景，之後，進行強化此代言物的符號、造型及呈現的地方特色，通常運用「擬人化」方式而將地方上無論是有機物或是無機物等各種只要具有獨特性的對象，轉變成為人物化，賦予其角色、性格、口頭禪、背景、身分等要件，亦可賦予地方代言物一個虛擬的身分故事，甚至一個「身分證」或象徵似乎真有此事的身分符號，在日後也可考量規劃由代言物（以大玩偶等方式）親自帶領地方導覽，增加地方旅遊的差異體驗與樂趣。

（4）行銷策略問題反思：在角色行銷的策略中，代言地方的角色本身與地方的獨特性需要具有直接關聯性，且角色本身的造型是否鮮明、討喜、迷人等是重要成功的關鍵因素，而角色將配合故事而賦予活靈活現的生命，因此故事本身的精彩程度成為角色行銷的

基礎之一，而故事並不要複雜或賦予太嚴肅、沉重的意義，但卻需要有自己的獨特之處，角色造型亦復如是，也可依此作為評估角色在選角思考時的重點[29]。

四、感動行銷

（1）概念定義：以各種感動的作法來打動消費者的策略，行銷的重點主要訴諸於情感的呈現[30]。

（2）策略類型：A. 用心的感動策略：在品牌或產品中充分展現自己的用心態度，尤其是在現場工作人員服務至上的工作方式等；B. 故事感動策略：以真實發生的小故事為題材，進行的行銷廣告策略，有時候素人自己的故事更能與消費者貼近距離，素人的生命故事將令人更為感動；C. 真誠的感動策略：訴求品牌或產品本身的真實性，並不加以粉飾或遮掩，有時候原本的瑕疵缺點將轉變為樸實的特點；D. 愛情的感動策略：愛情的認同度極高，尤其是悲劇收場的愛情故事，更是令人蕩氣迴腸；E. 其他補償現實生活問題的策

---

[29] 「角色行銷」策略案例分析：日本九州酷 MA 萌（熊本熊）吉祥物。「酷 MA 萌（熊本熊）是熊本縣的公務員，職稱為營業部長兼幸福部長，因為過胖而被當地的政府下令開始減肥，並順便推出健康操教學影片。但還是沒有瘦下來，而被政府降級為代理營業部長，此舉造成一波網友討論的風潮。而這些設定所傳達的訊息就是，其實酷 MA 萌跟我們沒甚麼兩樣，也會有情緒的起伏、而且一樣會有減肥的煩惱和被降職的待遇，藉此巧妙的拉近與民眾的距離。分析酷 MA 萌成功因素分析：（1）免費授權肖像，善用網路社群特性。不收版稅免費的提供肖像給企業印製產品做聯名使用，使其能快速在市場不斷曝光。另議題操作和網路社群快速話題聚集力與擴散力，例如，熊本縣知事蒲島郁夫在虛構的記者會中，請求大家幫忙尋找因享受大阪美食而失蹤的酷 MA 萌、或因為美食太好吃到讓它的腮紅都掉下來了等議題操作，除達到網友瘋傳也進一步推廣熊本的地方名產；（2）由虛轉實，貼近生活。酷 MA 萌不僅存在虛擬空間而是一個由虛轉實、活生生、有情緒的角色，像是因上節目時出了兩個大包，之後發出沮喪貼文，就造成了網友高度轉貼與討論的熱門話題。酷 MA 萌除了會開心、也會難過和惱羞成怒，而且也會騎車、做菜、做體操、泡溫泉、甚至還會虧女生；（3）它不只萌還很『zhen』。充滿好奇心、調皮、無俚頭、愛惡作劇的行為，愈『zhen』就愈受網友關注與喜愛，像是：它至高雄等待拜訪陳菊時直接坐在市長席的舉動，短短兩天在蘋果日報粉絲團造成 14,217 按讚數、315 次分享、143 則留言像是『Q 爆了又可愛又欠揍』、『白目的太可愛了～』、『太囂張了…不過我愛 XD』等；（4）傳遞快樂才是酷 MA 萌真正的價值。而快樂是可以那麼簡單地透過一個動作，例如：喝水、做體操、坐在市長的座位）就可以傳遞給觀眾，這就是酷 MA 萌的價值。」（東方社群，20150922）

[30] 「感動行銷」策略案例分析：台灣原住民巴冷公主傳說。魯凱族族人擁有一個著名而美麗的傳說，是百步蛇王和 Balhenge（巴冷公主）的愛情故事，「相傳遠古時候，原始而神秘的大鬼湖，住著一群蛇類，這群蛇由一隻巨大的百步蛇蛇王 Adalio（阿達里歐）統治，他告訴部屬們要娶一位賢慧而漂亮的太太，希望部屬們幫他物色，以便冊立為大鬼湖的王后。部屬們不加考慮就告訴 Adalio，大武山中 Badolu（達德勒）部落的 Balhenge（巴冷公主），是最理想的人選。」（台灣原住民族知識網，20091118）。於是，之後展開一連串淒美動人的愛情故事，然而，這一段動人故事發生的「地點」應該把它「找」出來，大家都知道它是虛構的、但卻是令人感動，也可發展為部落旅遊，透過此故事逐漸帶出更多原住民文化來讓旅客瞭解，這也是本土原生動人又淒美的愛情故事，有助於地方發展感動行銷。

略（透過行銷廣告訴求，彌補現實生活的問題，例如：運用溫暖行銷方式來彌補都市冷漠感等）。

（3）操作方式：對於地方文化資源盤點調查，分析地方上能感動他人的優勢之處，以及採集地方上的各種大大小小動人的故事，並依此為行銷策略組合發想的基礎素材，展開各種行銷組合方式。

（4）行銷策略問題反思：要先感動自己才能感動他人，感動策略需要由消費者自己的感官加以體認而得，關鍵在於是否能自然而然不留痕跡的令人感動，許多過於造作的感動反而容易適得其反。

五、動感行銷

（1）概念定義：以極為快速的方式，瞬間造成驚喜與話題，進而可能成為新聞事件的置入性行銷，甚至進入社群媒體由會員自己來加以推波助瀾。由於講究快速之行銷效果，在許多情境下如速度太快或出現過於短暫，則行銷的效果可能有限，因此某些產品有必要以分段方式一波接著一波推出進行行銷計畫，使品牌或產品令人感到具有活力的動態感。

（2）策略類型：A.「快閃」（flash mob）行銷：在某些經由精心挑選的特定之人、事、時、地、物等出現的場合，進行瞬間所設定的活動，由於瞬間活動與原場合之情境與氛圍產生瓦解或衝突，而造成矚目焦點與話題，達到行銷宣傳的目的；B.「瞬間」行銷：運用像是即時通訊軟體的促銷，像是：Line 等即時通訊軟體，進行限量、限時的低價或免費的贈品等，由瞬間的即時新聞訊息直接告知會員、粉絲等，讓會員產生瞬間大量行動並引起話題；C.「病毒」行銷：運用臉書等社群媒體的粉絲專頁或社團等進行不定期的動態更新，由會員自己利用分享功能等將貼文、影像等，像是病毒自己複製一樣的加乘擴大散播速度及影響層面。

（3）操作方式：快閃行銷策略則需要因應快閃演出的場地設計合適的活動，快閃的場地應選擇人潮眾多（觀眾多造成的效果較強）、相對安全（不容易發生公共危險、造成演出者或觀眾傷害的場地）、演出時不被中斷（像是被保全人員或警察現場驅離、或不當的人潮穿越等）、具有特定風格或象徵意義的場地（與品牌或產品的風格一致相符，或在行銷上具有特別目的或意義的場所等）。另外，在瞬間行銷及病毒行銷方面，則需要一個較為完整的計畫，也就是已經安排設定好一連串在即時通訊的通話文字內容，才能逐步在已經設定好的時間點，以及以各個即時通訊之訊息，逐漸推向自己設定的行銷目標，操作方式反而不是因為即時而隨性傳送訊息。

（4）行銷策略問題反思：快閃行銷是為了創造驚奇感，由於場地大多在公共場合，人潮眾多且不容易事先排練，需要因應許多現況危機處理，也必須要一次便能完全成功到位，因此在活動執行上有一定的難度。另外，瞬間行銷及病毒行銷等，由於速度快以及由會員自己分享至其他友人，露出的訊息內容如無法多次查核，經常容易出現資訊錯誤，反而造成負面行銷。

六、事件行銷

（1）概念定義：也稱為「新聞行銷」，亦即設定一個事件，創造話題並藉由媒體的報導產生置入性行銷，引發各界或是所鎖定的市場對象族群之注意，進而達到宣傳目的[31]。

（2）策略類型：事件行銷主要與事件內容有關，而選擇有關事件的主題方向需要滿足以下幾個重點：A. 事件需符合產品（或品牌）本身的風格及調性；B. 事件需為目標市場對象所關心的焦點；C. 事件需符合本次計畫行銷的目標；D. 事件本身需要創造新聞價值等，不然事件本身不僅不會受到注意，還會傳遞出錯誤的訊息。另外，事件行銷的類型，主要可分成兩大類：A.「新新聞行銷」：以新創的新聞事件為主，將事件以新聞方式進行設計；B.「搭便車行銷」：在過去大家已經耳熟能詳的新聞事件上大做文章，或是順應當前正流行的新聞話題，直接加以挪用而產生趣味性，進而引起話題。

（3）操作方式：盤點及分析產品（或品牌）的特質，調查目前正廣為討論的相關新聞事件，分析本次行銷任務的目標，選擇與合適產品（或品牌）相符的新聞事件，分析使用此新聞的正面價值與負面效應，規劃後續新聞焦點事件及處理方式，評估產生負面行銷時的危機處理措施計畫。

（4）行銷策略問題反思：事件行銷的事件性類型相當重要，因為以事件行銷引起各界注意後，不僅正面目的會受到關注，也可能因為受到各界注意之後，新聞媒體開始挖掘負面的新聞，並且不當的新聞事件反而造成負面行銷，因此並不是所有事件皆可使用，而是需要進行精準的研判，事先做好事件其整體正面及反面的價值與殺傷力之充分評估，以及預估事件受到報導之後產生的改變甚至危機時，其進一步的因應措施都是需要事先完成整套的事件行銷計畫。另外，事件行銷本身也可能需要依照行銷計畫階段（及不同的產品生

31「事件行銷」策略案例：宜蘭文學館。宜蘭文學館是「舊農校校長宿舍」再利用的館所，是基於「建於日治時期現保留作為歷史空間再生計畫，就其創建年期、再利用價值及潛力，有其保存價值。」而被宜蘭縣政府在2001年登錄為「歷史建築」（文化部文化資產局，20151007）。因為金城武拍攝廣告及其他影星拍攝偶像劇等影集之故，宜蘭文學館因為偶像置入的「事件行銷」，讓文學館瞬間成為眾人爭相前往朝聖的地點，也推升了地方觀光及藝文產業的發展。

命週期階段），規劃一連串一波接著一波的事件焦點，以達到數段分期推波的行銷效果。

七、精煉行銷

（1）概念定義：與事件行銷的概念相反，並不搶著上媒體版面，短暫炒作成為新聞話題焦點，反而是以一步一腳印的慢火熬煮方式，透過組織內部成員（共同參與者）的逐步認同及共識，對於外部將地方的品牌及產品等的風格、調性、系列性等一點一滴的逐漸建立起來，而以此行銷概念方式將使得所建立起來的品牌更能永續經營，發展成為「金字招牌」[32]。

（2）策略類型：精煉行銷主要是內部成員要逐漸具有凝聚力，對於地方品牌的風格調性產生共識且彼此認同，如此在地方產品生產時將會生產出許多調性一致的地方文化產品，並且吸引外部喜歡此風格調性的相關消費族群，因此，進行精煉的策略需要由各個成員由下而上的方式參與操作，專業者以賦權方式協助輔導其策略的成熟度，可將地方精煉行銷策略類型初步分為：A.「先策略後精煉」：由專業者或地方領導人進行策略性思考，提出幾個方案之後，進行執行並加以改善；B.「先精煉後策略」：先讓成員們自行提出建立地方風格的各種參與意見，從中凝聚地方行銷策略方案；C.「漸進式」精煉策略：精煉策略是一套漸進式的計畫，在逐步推動中同時動態調整下一部推動的行動方案等。另外，在上述三個類型將因地制宜三者交叉相互使用。

（3）操作方式：地方文化資源盤點調查地方特性、地方文化資源內容等，成員們相互參與討論如何運用的策略，且必要時專業者事先提出幾個方案提供討論，並逐步加以實施及檢討，像是讀書會方式運作：討論及共識、執行、檢討、討論及修正等循環過程，並在達到一定風格調性及相關事物成熟之後才對外開放，並在開放地方觀光遊客或地方文化產品消費者之過程中，逐步調整且精煉出更強烈的風格。

（4）行銷策略問題反思：精煉行銷策略需要一定長期時間，並無法因應有急迫性發展的地方，而且因為操作過程時間長，需要投入的金錢、人力及相關物力等也較高，因此需

---

[32] 「精煉行銷」策略案例：誠品。1989 年在台北市仁愛圓環設立第一家誠品書店，其「以生活為核心，經營環繞生活的人文（善與愛）、藝術（美）、創意（終身學習）為核心價值，『誠』是一份誠懇的心意，一份執著的關懷，『品』是一份專業的素養，一份嚴謹的選擇，『eslite』是由法文古字引用而來，為菁英之意，意指努力活出自己生命中精彩的每一個人。取名「誠品」，代表著對美好社會的追求與實踐。誠品期許成為華人社會最具影響力且獨具一格之文創領先品牌，並對提升人文氣質積極貢獻。」（誠品，20150823）。誠品從一家書店起家至今成為國內外相當著名的「藝術文化中心」，其不走任何強勢行銷的策略及作法，反而是多年來以相當溫和又堅守自己想要傳遞的風格，慢慢的精煉並逐漸走出一條屬於自己特色的成功之路。

要在地充滿熱情的居民加以支持，但由於精煉行銷比較像是地方結構性的改變，所以，雖然效果較為緩慢，但是影響成效卻比較長久。

八、驚奇行銷

（1）概念定義：與精煉行銷相反，驚奇行銷講求的並不是慢慢烘托出自己的風格特色，而是強調如何在各種產品（或品牌）公開在消費者面前時，讓消費感到十分驚奇，以驚奇創造話題，以話題引起注意而達到各種原本設定的行銷目標與效果[33]。

（2）策略類型：A.「反差策略」：在產品公開對外正式發表或廣告露出時，完全顛覆目標消費族群其心中過去原本的經驗，而因為反差創造媒體亮點，以及消費者對於產品或品牌的強烈記憶；B.「瞬間策略」：像是「快閃」（flash mob）行銷就是一種驚奇行銷的類型，主要於瞬間造成的效果，另外，「秒殺」行銷也是一種瞬間策略，因為在極短時間內銷售一空，而讓社會大眾感到驚奇即創造話題；C.「秘密策略」：要各個合作廠商簽訂嚴格的保密條款，因為過於保密成為話題，加上媒體及社會大眾對於秘密更會好奇，而產生之前的醞釀報導及預期心理，在正式曝光一刹那造成驚奇產生行銷效果；D.「驚爆內幕策略」：運用「解密」概念深入事實「真相」，對於過去信以為真之事物，使人無法置信而產生驚奇行銷效果等。

（3）操作方式：構成驚奇行銷策略的基本三步驟為：A. 事先極度保密；B. 精心設計一個具有新聞亮點、創新、正式公開的「儀式」，而「儀式」本身也會是一個可被報導的話題，像是「快閃」、「秒殺」本身便是一種設計過的「儀式」，而不只是一個傳統的產品發表記者會；C. 具有亮點特色的產品：產品本身才是基礎關鍵，所公開的產品其本身的亮點，是驚奇行銷策略的主要目的。

（4）行銷策略問題反思：在上述新的操作方式中，如果事先的保密走漏風聲則失去驚奇感，但是適時的走漏一些小風聲，有時候也是驚奇行銷所設計的策略計畫之一，而產品正式對外公開時的「儀式」本身也是一種媒介，與產品同時呈現在大眾面前，因此「儀式」設計本身的風格需與產品調性相互一致，另外，產品本身的亮點是關鍵，無法造成亮點的公開儀式，不僅本次公開的產品會產生負面行銷之外，也會同時影響日後再次運用驚奇行

---

33 「驚奇行銷」策略案例：妖怪村。位於台灣南投縣溪頭的妖怪村，「以各式各樣的妖怪創意商品、妖怪旅遊體驗等吸引大量遊客，妖怪村內提供各式各樣的伴手禮、特色精品、在地小吃、街頭藝人表演。」（妖怪村官網，20150824）。而在園區內各種妖怪也不時出沒其中，遊客們體驗趣味性或驚嚇之後，還與妖怪們合影上傳臉書等社群媒體，產生「驚奇行銷」的策略效果。

銷的效果。

九、傳奇行銷

（1）概念定義：將真實故事加以濃縮、改編等方式，以製造傳奇來吸引消費者成為焦點之方式[34]。

（2）策略類型：A.「始祖傳奇」：該種類產品最早的創造者或發明人、或打造自己品牌創始人為傳奇故事；B.「事件傳奇」：該地點、品牌或產品在當時某一重要歷史事件的影響性、代表性等；C.「地點傳奇」：地方本身具有的傳說，像是：秘魯納斯卡線、埃及金字塔等外星人傳說；D.「時間傳奇」：在特定時間或季節會發生的特殊現象，像是：中國大陸的錢塘潮、峨眉金頂佛光等；E.「經典傳奇」：該產品為創造該產業或同類型產品的「經典」為一種傳奇；F.「創作者傳奇」：為原創、設計、或製造等創作者、生產者本身的傳奇故事。

（3）操作方式：先進行地方文化資源盤點，調查地方相關的人、事、時、地、物等面向中，有哪一些可以構成傳奇行銷的基本素材，之後進行濃縮、改編等設計成為傳奇文本，再將此文本用於其他相關媒介載體，像是：新聞事件、廣告文案、平面廣告及電子影像廣告、戲劇、電影或電視、現場導覽解說等使用。

（4）行銷策略問題反思：訴求傳奇需要一定的真實性，過度的包裝及與事實相距太遠的行銷內容，將失去社會大眾及媒體對於此品牌或產品的信任度，另外，傳奇故事是一種論述過程，論述切入的角度點與大環境的變遷有關，同樣的論述傳奇，在不同的時空中社會大眾的喜好度不盡相同，甚至翻轉，因此，塑造出來的「傳奇價值」，應該是能經得起被歷史所長期考驗的內容。

---

[34]「傳奇行銷」策略案例：新北市八里廖添丁廟。在台灣近代歷史的傳奇人物中，最著名的人物之一為「廖添丁」，而相傳其葬身於新北市八里一帶，故有一間廖添丁廟（漢民祠）並成為新北市的觀光景點之一，相傳當地「原為關公廟，光復後，鄉民重建關公廟，因感廖添丁義行與關公正義相同，因此將廖添丁入祀關公廟，並且改名漢民祠，鄉民習慣以廖添丁廟來稱呼，所以該廟反倒以此而聞名。廖添丁劫富濟貧的『義賊』形象深植人心，從樑上君子變成家喻戶曉的傳奇人物，其公然挑戰當時統治臺灣的日本權威，是最為人所津津樂道的事蹟，曾是許多說書人與電視劇的故事題材。」（新北市觀光旅遊網，20150825）。八里地區可以此故事進行「傳奇行銷」，改變社會大眾對於與淡水地區僅僅一水之隔對岸的八里之地方形象，以故事行銷八里及帶動地方文化產業。

十、聯名行銷

（1）概念定義：聯名行銷是一種「合作品牌策略」（co-branding strategy），一般的聯名行銷是尋找品牌印象相輔相成或能互補的相關品牌，一起為特定行銷計畫進行聯名合作，以不同品牌彼此之間過去各自既有的品牌知名度及品牌印象，甚至於各自擁有的品牌忠誠度的消費群眾等，聯名合作藉以相互提升品牌地位。不同品牌願意一起聯名合作，在行銷計畫上也是一個促銷事件，因此，有時候會在聯名同時舉行一個記者會，當作一個新聞事件來對外宣告藉以達到宣傳之目的。另外，此合作方式與品牌之間的依附風格、品牌個性、品牌依附與品牌評價有關（蕭至惠、蔡進發、粘清旻，2013：323-344）。

（2）策略類型：主要是「品牌對品牌」（「B to B」，brand to brand）結合不同品牌一起合作之概念，也就是不同品牌合作聯名生產一個產品，並且對外宣傳以達產品促銷目的，以及相互為對方加分，提升各自品牌形象之作法[35]。另外，知名人物（像是：著名人士、明星等）本身也是一種個人品牌，也出現本人自創品牌並與其他知名品牌合作設計生產的方式[36]。而有時候知名人物也會運用個人的品牌形象與知名度，與其他品牌僅僅合作行銷工作，就是廣告代言，廣告代言的功效類似於個人品牌與產品品牌的聯名行銷，某些產品甚至還會簽上該知名人物的名字或放置其肖像。因此，對地方文化產品的行銷策略，我們也可以地方品牌與其他知名品牌合作聯名設計生產各種文化產品，或是與知名人士合作聯名共同推出由知名人物設計、簽名、或製作的地方文化產品，或是知名人物合作聯名行銷地方文化產品等方式進行。

（3）操作方式：事先清楚規劃出自己計畫推出的產品內容，以及該產品主要的目標市場對象族群與其消費者行為特性為何，分析發現這些主要消費族群本身對某些品牌具有強烈的忠誠度，而需要與其合作以擴大自己的市場時，再分析這些品牌與自己品牌的風格調性是否相近、或能產生品牌互補效果，再進一步洽商合適品牌其聯名合作的機會與方式。

（4）行銷策略問題反思：聯名品牌概念雖然是希望以一加一而能大於二的相乘效果來思考合作方式，但是由於屬於跨界生產，將出現單一品牌本身自己無法能完全掌握產品等

---

35 聯名行銷「品牌對品牌」案例：台灣鐵路公司與法藍瓷的聯名行銷。「台鐵與法藍瓷公司聯名開發台鐵專屬限量版『128 週年紀念瓷盤』，以騰雲號與普悠瑪號為創作主軸。」（李姿慧，20150604）。兩者不同品牌相互合作，台鐵藉由法藍瓷的精品設計形象提升紀念品及自己品牌的知名度及形象，法藍瓷藉由台鐵的騰雲號等提升自己在台灣與鄉土連結的知名度及形象。

36 聯名行銷「B to B」案例：STAGE Hyaline of World 品牌。「由羅志祥領軍的設計團隊，全名 STAGE Hyaline of World 世界透明舞台：透視全球潮流動脈趨勢，沒有設限的創造出突破性的商品，讓每個人擁有自我發揮的舞台。2008 年與迪士尼、2009 年與海綿寶寶聯名合作。」（STAGE Group，20151001）

因素，因此聯名合作有時候具有極高的風險性。另外，對於品牌形象相距太遠的合作方式，往往會使品牌產生負面行銷的危機（雖然有時候跨越不同領域、甚至具有衝突性的合作，會帶來新聞話題性），聯名行銷需要從各自不同的目標消費市場對象是否能期待與接受有關，需先事前做好調查與評估工作[37]。

---

[37] 聯名行銷負面案例：「大使卡」與「魔鬼卡」公益悠遊卡。「台北悠遊卡公司找日本 AV 女優波多野結衣代言，分為天使卡及魔鬼卡 2 款悠遊卡，共推出 3 萬張悠遊卡，預計將在 9 月 1 日以公益名義發行，屆時網路、超商等通路皆可購買，此舉卻引起社會大眾強大爭議。」（黃靜宜，20150826）。因此，引發社會各界撻伐聲浪不斷，也導致重大危機，原本的行銷策略反而轉變成為負面效果，不僅如此，台北捷運公司也折損自己原本建立的品牌形象。

第十章

地方文化產品「S.O.P.」計畫

　　地方文化產品的生產可分為個人原創性生產、以及集體居民的生產方式，在本章節主要分析有關居民集體生產的計畫，進一步來說，為地方文化產品的「S.O.P.」（standard operation procedure）發展概念與計畫。「S.O.P.」生產計畫並不能完全取代在一個地方上所有文化產品的生產模式，但是其卻能在短時間內、大量、系統化及具有一定相同品質的生產方式，對於居民能因為生產文化產品而獲得就業機會與經濟產值等效益，因此提出地方文化產品以「S.O.P.」發展的生產計畫，但由於每一個地方的文化產品需要因地制宜且類型廣泛，產品才能發揮地方特色。因此，本章節內容先分析地方文化產品的「S.O.P.」基本概念，之後分析相較以文化活動為主的「無形」地方文化產品「S.O.P.」計畫，及以實質物質材料為基礎的「有形」文化產品計畫。

第一節　地方文化產品的「S.O.P.」定義

　　在以下為有關地方文化產品「S.O.P.」計畫對當地的功能、居民素人們集體生產文化產品與專家達人生產的互補關係、以及地方文化產品以「S.O.P.」方式生產的重點與限制等重要內容，分析如下：

一、地方文化產品「S.O.P.」計畫的地方功能分析

　　過去國內社區總體營造相當重視居民在文化生活方面的相關課程，透過社區營造來提升居民的文化素養，許多課程僅有關藝術、美學等文化培育，而且以許多有空閒時間的居民，像是婦女、老人或退休者等，但這些並非主要生產人力，因此，需要一套有助於地方以文化產品作為地方經濟發展策略的作法，所以，在此提出能有效率的、系統的、提供多數居民工作者的地方文化產業生產方式，為地方文化產品「S.O.P.」生產計畫[1]。

　　以地方文化產品的生產製作的「S.O.P.」過程對於地方的功能，包括：地方內部成員們能多數人共同發展地方文化產品而創造更多就業與收入機會、對內部整體進一步產生生命共同體的共識與凝聚力、對外部地方發展整體文化經濟、對地方文化本身達到某種程度

1　地方文化產業的「S.O.P.」生產計畫概念之案例：一般食物料理用的食譜。在一般坊間出現料理食物的食譜，本身就是食物生產的「S.O.P.」概念，像是：在食譜中需要記載食材的種類及數量、所使用的工具、製作過程中的關鍵步驟程序、各個程序點中要掌握的重點（包括：火候大小與時間等）、其他應注意事項等，其實，這就是「S.O.P.」的計畫內容，透過此「S.O.P.」規範整套生產過程，讓從來沒有做過菜的人，也可以在短時間中烹飪出一道品質相近的料理。

的文化傳承。

二、居民素人「S.O.P.」與菁英達人生產互補相成概念

我們可以將一般文化「產物」的「創作」方式並非僅適用於地方生產，分為主要兩大類：

（1）「作品」：對象為單件、原件等形式，主要由「創作者自己」其內心的心靈透過各種媒介、素材、技法等對外展現的對象物，像是：油畫、水彩、水墨畫、雕塑、工藝等純藝術的表現物，或是部分的文學、音樂、表演藝術、電影等，也包括產品設計、服裝及時尚設計等當時的設計原稿、原型等。

（2）「產品」：對象為大量複製的形式，主要考慮產品使用者或消費者的需求，而透過各種人力、技術、或機器等大量生產的對象物，像是：品牌及時尚、產品設計、商業電影及電視、流行音樂、廣告及視覺傳達、各種大眾流行及創意生活商品等，考慮眾多使用者而產生的各種產品。

不過，上述的分類方式在資本主義的發展脈絡之下，已經不容易清楚區分出界線，例如：我們希望看到一般的設計商品中，能傳遞作者自己內在想要表達的故事，或是希望在欣賞著名藝術家的繪畫等純藝術時，自己也能夠帶一些紀念品回去。

而在此所要分析的是屬於可大量複製的對象，無論是屬於「藝術」或是「設計」的成分，為教授「素人」當地居民對其地方文化產品的生產方式，由於幾乎大部分的居民不是具豐富原創性的創作家，因此，需要一套可以確保生產品質的流程，透過產品的生產與銷售而提供自己在家鄉就業及推廣地方文化的機會，所以，在此提出地方文化產品「S.O.P.」製作實務之分析，透過所列舉分析的地方文化產品「S.O.P.」計畫，來促成在地民眾一起生產，並與地方駐村或生活在當地的藝術菁英等少數人生產方式相互互補，透過地方文化產品的複製生產來傳承及推廣當地的地方文化，並因生產的內部凝聚力、外部的經濟效益等以期達成各個地方能逐漸自主營造的機會與目標。

三、地方文化產品「S.O.P.」製作計畫之基本概念

「S.O.P.」本身的功能性，便是基於產品的「品質保證」（Q.A., quality assurance），而將整個生產流程的關鍵點進行數據化與管理，以掌握生產過程中各個階段步驟及其品

質[2]。因此，「S.O.P.」具有快速化、效率化、品質一致化等功能，更重要的是讓原本「高技術性」轉為「低技術性」的產品類型以及生產過程，所以，降低生產者專業能力的門檻，讓一般人也可以生產出具有一定水準的產品。就如同各種地方文化產品的類型，大多需要一定專業程度的生產技術，而運用「S.O.P.」因為將技術難度降低，而能夠普及化推廣，即使生產過程過於複雜的地方文化產品，居民無法自己輕易操作，也可以將它變成教導居民從事地方文化產品製作時的教學方案，適用於地方博物館、社區中心、社區工作室、或工作坊等。

另外，分析以「S.O.P.」概念進行地方文化產品生產製作的基本操作程序，其主要工作內容及程序，如下：（1）分析工作項目與流程：盤點調查及分析完整的工作項目、工作進行階段及其所有流程；（2）建立工作程序系統：整理及建立整體工作流程主要系統，以及進一步分析整體主要系統的各個分工次要系統；（3）分析關鍵點：找出在各別系統中相關工作流程的重要關鍵點；（4）關鍵點要求描述：對於關鍵點進行描述，包括：以量化數據方式、具體化陳述、品質需求等方式；（5）對關鍵點的管理：像是：分工督導、檢核、或簽核等工作的設定[3]。

四、地方文化產品「S.O.P.」生產限制分析

分析運用「S.O.P.」製作生產一個地方的地方文化產品時，其主要的限制將包括以下：

（1）由於「S.O.P.」是一個「標準化」的作業程序，然而如果各地的地方文化產業都是同一個標準作業，則將出現過多的相同產品，並且無法因地制宜製作出屬於當地真正具有獨特性的產品，因此，「S.O.P.」僅作為操作過程案例的參考，並需要依照當地實際情形

2　「S.O.P.」面對地方文化產品所涉及的基本範疇，將主要包括：原料（素材）選用、設計流程、製作生產流程、行銷流程、運（寄）送及消費流程等，為從開始到消費者完成消費使用的整套流程，由於地方文化產業的類型本身便已經相當多元複雜，因此在本章節僅分析有關其中製作生產流程的 S.O.P. 案例。

3　以「S.O.P.」概念進行地方文化產品生產製作的基本操作程序案例分析：地方失傳的傳統料理食譜。以下以地方料理的食譜為分析：（1）分析工作項目與流程：調查整套料理所需要的食材、工具等基本用品，以及從選材、清洗、烹飪、擺盤等流程中所有的步驟；（2）建立工作程序系統：重新以系統角度整理所有流程，編製出一盤料理的食譜，分析主要系統以及所需要的分工次要系統，像是：某些材料要先完成半成品等，之後再一起加入到主系統；（3）分析關鍵點：像是：主要的製作階段、區分關鍵點、或時機點等；（4）關鍵點要求描述：以量化數據方式（像是：多少公克等數據）、具體化陳述（像是：份量、火的大小、幾分熟等）、品質需求（像是：煎到呈現出金黃色等）；（5）對關鍵點的管理：像是：二廚（或居民）負責烹調、大廚（或組長）督導等再次品質檢核工作。

調整，或是自己擬定一套新的流程方式，因為對於地方文化產品而言，地方文化才是基礎「原料」，地方文化也可以說是主要「內容」（content），而產品本身能反映地方真實的文化差異特質是極為重要的工作。

（2）因為「S.O.P.」著重在「量」化的掌握技術，像是整套流程在幾個重要的關鍵點中以數據方式進行管理，既使對於「質」的掌握也僅能以數量與描述性的文字進行，而地方文化產品本身並不是在「標準化」，因為「標準化」只是要掌握在不同人、時間及場所等條件下都能出產品質相近的產品，真正的內涵來自於產品本身的文化價值，因此「S.O.P.」本身對於「質」的管理有其限制條件。

（3）「S.O.P.」是一套標準，但是面對地方文化產品的特性，社會大眾並不希望所購買的地方文化產品，例如：地方的手工藝品、伴手禮等每一個都跟機器作出來的一樣，過於標準的品質反而缺少手工感，因此每一個產品本身有些不同的差異或「瑕疵」（以機器生產來看），反而增添手工的美感，所以，現場的地方文化資源盤點調查及分析工作，以及地方文化產品再生產製造過程中，因應現場情形進行調整亦為重要工作。

第二節　「無形」地方文化產品

地方「無形」文化產品主要以地方文化活動為主，以及由文化活動所衍生的相關週邊產品，因此地方「無形」文化產品的類型，至少包括：地方音樂及表演活動、地方文化觀光活動、傳統節慶、當代藝術文化節等眾多形式，甚至包括專業諮詢、會展產業、運動產業等活動。以下分析一般在地方上較會普遍使用的類型，主要包括：地方文化觀光導覽使用的地方創新地圖製作、地方節日設計、地方特殊儀式活動設計等。

一、地方節日設計

在各地除了傳統文化的相關節日，包括：廟宇神明慶典、節氣節日及其他地方傳統節日，以及現代的藝術節、文化節等活動之外，為了有效進行地方行銷，可以設計一個屬於地方自己的節日，並可產生地方動員、清潔、觀光、促銷及其他行銷的功能。尤其是與數字有關的節日更是容易令人記住，並產生預期心理。預期心理對於居民而言，將因為有時間點而更有助於安排各種社區計畫，讓居民有一個共同的時間點以及落實工作進度等，對於一般遊客而言，容易產生消費者的預期心理，具有地方行銷的功能，並能安排前往當地

旅遊的計畫。

　　分析地方節日的作法，將包括：（1）地方文化資源盤點調查分析在「人、文、地、產、景」等領域中，各個具有意義的日子；（2）分析哪一個節日，在整個地方上是最具有重要性、價值與意義性、地方共鳴性等；（3）或是直接分析地方主題，在使用各種當地語言發音時，與某個日期數字發音接近的時間點等；（4）當地民眾們一起參與並擇定地方節日的日期。

　　分析在地方節日的發展過程中，除了詢問居民對於地方特殊日子的時間點之外，亦可運用：（1）「雙關語」：地方主題與日期在數字發音相近的時間點[4]；（2）「雙關意」：地方主題意義與時間意義相關的時間點，例如：地方主題與冬至有關則可選擇當天為地方節日等方式進行設定。

---

[4]　運用「雙關語」地方主題與日期在數字發音相近的時間點之案例：桃園平鎮的「710」為「麒麟日」地方節日。「取麒麟為710之音，將每年7月10日訂為平鎮的『麒麟日』，為平鎮麒麟的『生日』也是舉辦麒麟主題活動最重要的節日。710數字有助於大眾的記憶，並可進一步規劃麒麟主題的活動，包括：（1）710在端午節前，宣布端午『水』上龍舟之後，就是『地』上麒麟的生日；（2）『麒麟日』前晚設計類似平安夜，至麒麟廟宇點『麒麟平安燈』，象徵『平鎮』燈；（3）710『麒麟日』當日活動，進行『畫麟點睛』儀式，在麒麟造形藝術上先畫上一個眼睛，等整個活動圓滿結束再畫上另一個眼睛；（4）麒麟踩街活動，邀各界製作麒麟繞境的裝置藝術品，象徵繞境鎮宅；（5）麒麟市集（各種麒麟主題文創商品）；（6）麒麟藝術展演活動（重要公共空間展覽各種麒麟的裝置藝術）；（7）商家折扣（710折扣）等，而透過『麒麟日』可帶動地方的文化產值層級，如圖10-1所示。」（廖世璋，2014：101-104）

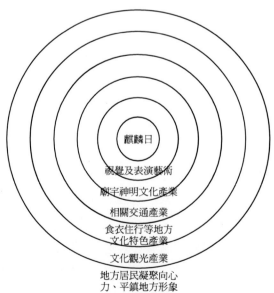

圖10-1　「麒麟日」（710）可帶動的地方文化產業關聯層級圈分析

（資料來源：廖世璋，2014：104。）

二、地方創新導覽計畫

　　地方文化觀光是一種串連地方內部特色的食、衣、住、行等相關產業的重要策略，也因此以地方文化觀光將帶動更大的產值，但也因為帶來人潮可能會對地方產生極大的文化衝擊，因此，事先做好整體規劃及因應措施是重要的工作，例如：觀光生產相關活動與地方生活相關活動運用時間區隔、或空間區隔等規劃方式。

　　由於地方文化觀光吸引外來遊客的主要魅力來自於地方特色，因此，地方特色只有差異沒有所謂主流高低之分，只要愈是具有地方文化差異特質將產生更大的魅力。是故，在地方文化觀光先要進行地方文化資源盤點調查，而其調查分析的重點在於地方特色，尤其是與其他地方不同的僅屬於當地獨特的特色資源，將可能成為地方魅力的重要來源。

　　而無論是針對集體的團客或是自由行的散客等類型，「地方導覽地圖」都將成為地方觀光的重要基本藍圖，儘管地方導覽地圖可以運用傳統紙張印刷、網路照片或甚至是手機等行動裝置，重要的是能否清楚的呈現出地方魅力內容、所在位置、如何到達等資訊，而其中還是在於地方魅力特色，也就是「鎮地之寶」，吸引他們不想只看到照片而想要親自前來一探究竟的最重要誘因。

　　因此，「地方導覽地圖」是以展現地方特殊魅力為主要的內容，以下僅分析一般如何尋找、篩選及繪製出地方特色導覽地圖的「S.O.P.」步驟及程序，其步驟主要如下分析：

　　（1）全面式的地方文化資源盤點調查分析：依照「人、文、地、產、景」等調查分析當地特色的各種資源，包括：空間軸、時間軸等各項地方資源，並進行列表分析；（2）依照資源分析主要吸引的市場對象以及他們有興趣的「特色點」，而這些「點」將包括：場所點、時間點、議題點、其他特殊點等及其重點內容；（3）將這些「點」進行串連，串接的考量因素則包括：依單一特定主題串連、以地方故事軸及現場體驗的串連、五感豐富及變化體驗的串連、時間與空間的可及性、便利性、時間長短等方式，而形成地方參觀動線的不同路線方案。[5]

5　地方導覽地圖案例：桃園「平鎮地寶圖」。在桃園平鎮當地由於行政區域圖像是一隻「回首麒麟」以及當地廟宇中出現具有吉祥意涵的麒麟神獸，因此以麒麟作為地方發展主題，經過地方文化資源盤點調查分析當地的「特殊點」，並繪製成如圖10-2所示的「平鎮地寶圖」。「平鎮地寶圖」是以「麒麟身形顯現富貴，四腳所踩寶物及法器是平鎮地方廟宇中麒麟所踩的寶物及法器，共同象徵平鎮地區是一個富貴、吉祥的風水寶地之意。身上五色寶珠結合女媧補天的五彩石傳說而來，將麒麟與客家天穿日連結，此富貴麒麟運送給女媧，才有今日的天穿日，因此提升平鎮富貴麒麟在整個客家文化的重要性。而且，五色寶珠的顏色，分別象徵：財富（黃）、權勢（黑）、福份（青）、功名（白）、長壽（紅）等，也象徵『福、祿、壽、喜、權』之意，身上穿戴兩條象徵雙雙對對，好事成雙，一切圓滿。另一方面，重要的是地寶圖是將義民廟等平鎮當地重要宮廟及相關文化資源、產業特色資源等整理置入圖中，並成為麒麟的重要部位，包括：（1）麒麟角：雙連坡、福明宮、米蘿伯公、國立中央大學；（2）麒麟頭

頂：廣隆宮、戴屋；（3）麒麟眼睛：義民廟、三崇宮；（4）麒麟鼻子：窯廠；（5）麒麟嘴巴：廣仁宮、伯公潭橋、王家伯公；（6）麒麟舌部：綠藻工廠；（7）麒麟心臟：千頃第；（8）麒麟胸腔：廣興宮、鎮安宮、鎮南大伯公、黃復興中藥行、三口埤、八角塘；（9）麒麟腹部：福林宮、廣玄宮；（10）麒麟背部：玄龍宮、元和宮、莊雙貴壟間；（11）麒麟四肢：建安宮、東勢伯公、福正宮（大湖伯公）、湧安寺、台北商業技術學院；（12）麒麟臀股：新東發碾米廠、泰原碾米廠、社子之渠流蘇步道；（13）中心位置：南蒼宮；（14）錢幣：圓墩伯公（水頭伯公）；（15）牛角：湧光禪寺；（16）葫蘆：金雞湖葉屋；（17）書卷：上宵里埤等。在向下紮根方面，讓各地都成為拼成完整麒麟的重要拼圖元件，有助於產生向心力、認同感及凝聚力。在向上提升方面，賦予平鎮各地區的重要性，有助於整體地方行銷，例如：文化觀光導覽解說、媒體拍攝地方故事、塑造地方形象等。」（廖世璋，2014：95-98）。另

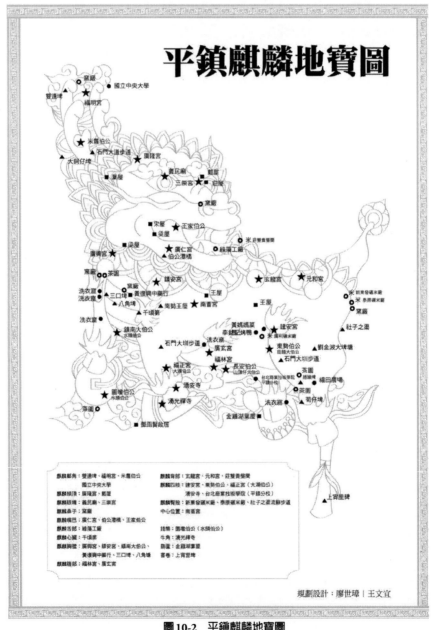

圖10-2　平鎮麒麟地寶圖

（資料來源：廖世璋，2014：98。）

　　地方導覽地圖不僅是提供對外遊客前往地方深度旅遊使用，也在操作地圖的過程中，以地圖用來凝聚內部的部分商家，促使商家進一步思考、或是直接輔導商家發展地方特色產品，而讓整體地方旅遊更加具有地方風味。然而不僅如此，地圖也因為提供預定的路線，在過程中讓居民們表示意見，對於外來者帶來的衝擊課題，也讓規劃者能事先規劃出因應對策，避免事先無完善規劃而在日後產生的地方衝突危機問題。

　　從地方文化發展而言，地方導覽地圖也可能進一步架構出這些原本存在卻充滿意義的特殊點，由於要進一步闡述這些點的重要性，進而深化其意涵與擴大了能見度，使得地方

外，在地寶圖匯集地方各個重要的文化資源點等基礎之上，再加上色彩等便可作為地方文化產品，進行地方品牌等行銷之用，如圖10-3所示，是將原本的「平鎮地寶圖」轉為「平鎮富貴麒麟圖」，「該圖是以在當地出現麒麟四肢腳所踩的寶物，賦予地方鎮煞及祈福等文化意涵，如表10-1所示，可大量印刷此圖分送當地居民推廣麒麟文化，例如：家戶門口、中國農曆春節等。」（同上，99-100）

圖10-3　平鎮富貴麒麟圖
（資料來源：廖世璋，2014：100。）

表10-1　平鎮富貴麒麟之吉祥意涵

寶物	錢幣	牛角	葫蘆	書卷	麒麟身
顏色	黃	黑	青	白	紅
意義	財富	權力、號召	福德	功名	長壽、吉祥
五行	土	水	木	金	火
祈請	喜	權	福	祿	壽
力量	增（增益）	誅（鎮煞）	增（增益）	息（平息）	懷（懷愛）

資料來源：廖世璋，2014：99。

發展有更清楚的特殊點，但也可能帶來負面作用。例如：某些未列入的點可能因此在地方消失等現象。

無論如何，以地方文化導覽地圖發展出來的地方文化觀光，除了發展出地方相關食衣住行等由觀光帶動的產業鏈及其周邊產值、地方商家與居民的參與及事前因應衝擊等完善規劃等之外，也可培訓社區所有居民作為地方文化導覽員，按圖索驥進行講解，讓地方居民共同參與。

上述，主要是以「空間軸」為主發展「地圖」的計畫方式，然而另一個地方創新導覽計畫是以「時間軸」為主所發展的「地方曆」方式。「地方曆」就是將地方重要的文化節日載記於一年之中，以及在地方文化資源調查分析工作下，調查及記錄出當地在一年四季各時間點中，構成當地重要地方特性的各種特色資源、元素、民俗、風情、物產等，並將成果以各種地方出版品的方式進行出版，而「地方曆」的出版媒介可分為：平面媒體（相關以紙張材料出版：（1）單張：地圖、海報、傳單等；（2）多張：地方期刊、日曆、地方相關書籍等）、電子媒體（包括：A. 影音媒體：電視、電影、網路、行動載具及裝置等電子媒體等；B. 聲音多媒體：CD、mp3 等居民工作或生活、大自然及動物聲音、廟宇或傳統慶典、或地方音樂[6]等）。

「地方曆」的製作過程需要民眾共同參與完成，其製作過程分析如下：（1）先將一年365 天攤開，事先記載屬於整體地方的節日，像是：中國傳統節日、地方廟宇神明節日、或是地方創新節日等，或是重要的花季等自然景觀與物產特色等；（2）公開給地方所有居民登記，由居民選擇登記對於自己有意義的那一天，像是：生日、紀念日等有意義的日子，成為地方個人故事的時間點；（3）同時由居民交出一份自己要在此時間點露出的作品，是屬於個人照片圖文、塗鴉、詩文、故事等文學，或自己的雕刻、設計、服裝等，或象棋、圍棋、表演、歌唱等照片與心得，想要在個人故事時間點曝光的各種文本；（4）集合作品由專業攝影師拍攝即開始進行後續編製工作。另外，沒有被居民點選的日子，可放

6
收錄地方聲音成為音樂 CD 之案例：日本古川町及美國紐約市。古川町曾經發行當地的音樂 CD，將古川當地的古川祭、太鼓樂、地方詩詞等，與義大利音樂家安東尼奧‧韋瓦第的「四季」交響樂融合，出版一張古川町音樂專輯（資料來源：本研究 2001 年古川町現場田野調查記錄與整理分析）。另外，美國紐約市也曾經出版紐約地方音樂專輯數張，並放置於大都會博物館等地進行販售，不過，其音樂主要以爵士樂為主，並無收錄當地的城市的聲音（資料來源：本研究 2006 年紐約市現場田野調查記錄及整理分析）。

置地方的公共照片，例如：地方節慶、風景、耆老、或歷史照片及文件等。

　　透過「時間軸」的地方創新導覽，將有助於對外行銷地方品牌知名度及品牌印象，而且對內而言，將已成的「地方曆」，分送給當地所有居民時，某些居民會期待自己的作品，將在某個日子被大眾看見，可能會產生害羞、期待或喜悅等作用，讓社區因為參與而彼此更有話題，進而相互熱絡及增加情感的凝聚與地方認同等。在對外而言，由於增加了地方各種居民藝文、小人物故事及話題，也有助於地方文化觀光功能，「地方曆」成為地方導覽及認識地方文化的重要媒介，除了可對外出版印製之外，也能進一步發展周邊地方文化產品，像是運用居民作品進行圖像授權所生產具有市場潛力的各項產品。[7]

三、地方特色儀式活動設計

　　由於目前相當強調社會大眾親身前往進行五感體驗，在地方上的特殊文化是否僅止於視覺或聽覺的地方風景、風情等體驗，以及味覺或嗅覺方面的地方特色料理等品嚐方式，或是在觸覺本身的體驗設計，除了運用當地的資源像是：水（溫泉等）、氣（熱氣等）、日（日照等）、風（風速、風向等）的溫濕感覺等之外，亦可運用創新的手法，將地方特色融入於某些「儀式」之中，像是：地方廟宇的參拜、地方特色的舞蹈、地方飲食的特殊活動等。

---

[7] 「地方曆」操作案例：桃園平鎮「麒麟曆」。「『麒麟曆』計畫是一份屬於平鎮地區自己的日曆。在每一年的年中時，發起一個麒麟曆的活動，收集平鎮地區居民的各種作品等等，自己登記一個自己的日子，結合365天的發表成為麒麟曆，並印製給居民們，也可發行電子日曆，每日在網站上展示，成為平鎮自己的地方日曆。而籌備徵件時間，在每一年的7月份，可選擇『710』（麒麟日）對外宣布，並在12月完成印刷，分送給所有居民及媒體等相關人士。」（廖世璋，2014：111-113）。另，分析發展麒麟曆可帶動的地方文化產業產值圈，如圖10-4所示。

圖10-4　「麒麟曆」可帶動的地方文化產業關聯層級圈分析
（資料來源：廖世璋，2014：113。）

　　地方特色儀式：為社會大眾在消費地方文化產品時一種愉悅的、特殊的、會被記住的「接觸點」之活動設計。像是：地方廟宇文化濃縮為簡易的、特殊的參拜儀式，使得觀光客在參拜時因為學習儀式而更具豐富、深刻、或有趣的體驗，或是在享用地方特色料理時，因為有特殊的敬酒禮儀、用語等儀式更增加地方文化特色印象，也同時豐富化整個地方料理的用餐過程。因此，地方特色儀式的設計成為一種地方文化及地方文化產品與消費者接觸時，在這個接觸點上扮演重要的連結性，是故，有地方特色的儀式強化消費者對於地方特色的印象，也可能幫助地方進行各種傳播與行銷推廣，因而需要加以設計。

　　在設計地方文化儀式時，注重於：（1）地方特色內容重點是否被反映進入儀式活動中；（2）需要簡易而無法複雜，因為一般社會大眾無法快速學習，且過於複雜帶來學習壓力反而產生負面效果；（3）儀式本身需要具有特殊性，才能被社會大眾加以辨認這是屬於某個地方的儀式。

　　地方特色儀式的設計過程：（1）地方文化資源盤點調查分析，有關過去歷史至現在哪些活動儀式與地方特色有關；（2）將這些儀式的特色一方面加以濃縮及在另一方面同時簡易化；（3）組織這些儀式的細節，由於儀式屬於動態活動，因此將過程的細節加以確定；（4）組合一致性的儀式，將活動中的動作或語言等行為程度一致化，使其更為流暢及具有整體性[8]。

8　地方特色儀式設計之案例：桃園平鎮「麒麟拳」。麒麟拳是以平鎮的麒麟為主題，並運用「麒麟的身形及傳說故事等編成一套麒麟拳遊戲，透過『遊玩麒麟拳』讓麒麟以趣味方式與年輕族群連接，流傳於趣味競賽、休閒、餐廳、學校、博物館等等各種場所。麒麟拳顧名思義，是將麒麟文化的重點變成一套遊戲拳法，四個拳法，包括：（1）『麒麟角』（「頭角崢嶸之意」）；（2）『麒麟嘴』（咬錢之意）；（3）『麒麟回』（回首麒麟，不忘本之意）；（4）『麒麟飛』（象徵鵬程萬里、前途無量、奮發向上、一飛萬里等祝福之意）。而透過「麒麟拳」對於地方預計帶來的地方文化產業層級圈，如圖10-5所分析」。（廖世璋，2014：106-110）

圖10-5　「麒麟拳」可帶動的地方文化產業關聯層級圈分析

（資料來源：廖世璋，2014：110。）

第三節 「有形」地方文化產品

由於「有形」的地方文化產品類型繁多，產品的種類更是涉及當地的文化特色、材料或技法等需要因地制宜，在本章節內容主要分析有關「平面」為主的地方視覺藝術產品之「S.O.P.」製作計畫重點，以及「立面」為主的地方工藝產品，之後，再分析各個地方經常會使用的地方特色料理在發展自己的「S.O.P.」生產計畫時的重點，內容如下。

一、地方視覺藝術產品

將地方特色風情以視覺藝術方式呈現的媒介與地方繪本（作品或產品），至少包括：以鉛筆材料繪製的素描、水墨材料繪製的水墨畫、水彩顏料繪製的水彩畫、以油彩繪製而成的油畫、或是壓克力顏料繪成的繪本等，而所繪製的對象不一定是一般的圖紙及畫布而已，只要能突顯地方特色的對象都可以成為創作物對象，因此，反而有更多的選項。

換句話說，對於地方視覺藝術創作方式，可以從：創作者、創作主題、創作媒介、創作生產過程、創作物對象等與地方連結，分析如下：

（1）創作者：以當地居民素人創作為主角，並且能與一般藝術學院派的創作者產生區隔。

（2）創作主題：以當地為主題，與地方相關的「人、文、地、產、景」等，無論是過去歷史或現在的生活特色等，只要是能突顯地方特色的主題與風情等地方繪本。

（3）創作媒介：除了上述一般的繪圖顏料之外，能加入當地特有的、具有上色或染色功能的地方特有材料，或是對於當地具有深層文化意義的材料等，將使得創作物更加具有地方獨特性。

（4）創作生產過程：主要有兩大生產過程：A. 由居民素人為畫家進行藝術品創作生產，B. 由居民素人們以分工方式進行產品的生產，前面為單一原作的創作方式，後者為複製大量生產方式且能提供居民更多就業的工作機會。

（5）創作物對象：有別於一般繪圖主要繪製於畫布，地方繪本的創作物對象將可包括：A. 空間：地方街道、廣場、廟埕、駁坎、建築牆面等；B. 器物：屬於地方特色的各種器物；C. 多種材料：像是竹板、木板、鐵板、回收環保材料等，或是水果皮、稻草梗等編製而成的底板等，或是具有地方意義的各種材料，也因這些地方材料而更加突顯創作物對象的地方特色。

而由於居民為素人要提供其藝術生產工作的就業機會，並無更多時間可以從基礎美學

訓練開始，而是需要在短短的時間內能讓更多人一起上手共同生產，並在工作中獲得報酬、養家活口，也才能從一邊工作中一邊進行學習進而逐漸成熟。因此，如何讓素人居民們能集體生產地方視覺產品，其相關的「S.O.P.」生產流程便顯得格外重要。

在地方視覺藝術產品的「S.O.P.」作法，除了需要先由專業者先製作出成品並進行現場教學，以及在整個製作流程中區分出關鍵的步驟和此步驟中載明應注意事項等工作之外，更重要的是，在每一個關鍵步驟，都會需要事先完成及提供該步驟完成時，可以給居民們參考的半成品樣本，讓素人們邊做邊參考且盡量做出與樣本相近的品質，由於手工製作將與樣品有所出入，也因此產生「手工感」而有別於機器生產，因此，不用過於嚴格要求素人居民們每一個人或是每一件製作出來的產品一定要與樣品完全一模一樣。

另外，在整個生產過程中，必要時需要將幾個不確定因素、或是需要「高技術性」的工作等由專業者先行完成，像是：對於各種顏色的調色等，讓素人居民參照半成品的範本，依照步驟，像是：打底稿、上墨線、上色等等逐項一一完成，或是採用分工方式，將一個創作物對象分工，讓不同的素人居民完成其中一個步驟、位置或其他工作等方式。

二、地方工藝產品

地方工藝產品的生產方式，除了創作者、創作主題與地方視覺藝術產品一樣之外，另有關地方工藝「S.O.P.」的創作媒介、創作生產過程、創作物對象等，分析如下：

（1）創作媒介：主要以地方盛產的特色材料為主，再加上地方特色元素的創作，分析其媒介將可包括：木材（木工）、竹子及藤材（竹工、藤工及編織）、金屬（金工）、土壤（陶藝）、石材（雕刻石藝）、皮材（皮雕）、樹脂及染料（漆器工藝、織染、植物染）等，主要是以地方特產的材料為基礎[9]。

9　有關地方盛產的各種材料都可以成為地方手工藝品製作的素材，例如：在秘魯的亞馬遜熱帶雨林中的原住民，便是利用當地的樹木做成各種金剛鸚鵡木雕、人像木雕、鉛筆等文具、各種打擊樂器、木雕餐具、燈具、桌椅、瓶罐等（資料來源：本研究 2015 年亞馬遜熱帶雨林現場田野調查記錄及整理分析）。另外，運用當地蔬果，也可以製作成「蔬果樂器」，像是：「辣椒小號，小提琴韭菜，芹菜手鼓，南瓜桶鼓等維也納蔬菜樂團，維也納蔬菜樂團是音樂界最前衛的田園派。樂團創立於 1998 年，包括 3 名女藝術家和 6 名男藝術家。從創立之日起就開始大範圍地致力於以生蔬菜為原料進行音樂創造活動。樂隊團長 Jorg Piringer 先生演奏的是一個南瓜做的號和一個裝有簧片的胡蘿蔔。其他音樂家有使用茄子、南瓜和捲心菜的，還有一個拉韭菜製作的小提琴。如今他們在世界各地每年都有二、三十場的演出，幾乎在每次演出結束後，聽眾都能夠品嘗用這些特殊樂器製作的蔬菜湯。樂團還發行了兩張唱片。」（台灣 WiKi，20151001）

（2）創作生產過程：同樣的，需要先由專業者製作一整套完整的創作過程，並且將關鍵步驟及其注意事項，以圖文方式記載所需材料、工具、在各階段流程中各個步驟的製作方式及重點、及其他應注意事項等「S.O.P.」工作，無論是石雕、木雕、金屬工藝、漆器工藝等，分析其「S.O.P.」操作過程，通常操作流程的安排是由大到小、由整體到局部、由粗糙到細緻的製作過程。另外，由於地方手工藝品大多屬於立體的造型，因此除了製作「S.O.P.」之外，需要在現場製作一套展現各個關鍵步驟時，已經事先完成好可供參考的樣品，讓居民在各階段都能參照專業者製作的樣品在現場進行仿製工作，尤其是因為手工藝品是立體的物件，因此專業者事先製作的樣品需要交代各角度的作法及品質標準。另外，上述是針對尺寸較小的手工藝品，尺寸相當大件的手工藝品難度較高，分析這些大件的工藝品之作法，需要將大型工藝品分開及繪製構成整體物件的各個局部之樣版，讓在現場製作的素人可以在各階段過程中，將這些模具拿去一一比對自己製作物的大小、角度、位置、顏色等是否一致，才能讓仿製與原樣的品質相近[10]。

（3）創作物對象：A. 創作物所使用的材料：無論是金工、木工、藤工、竹工、漆器、或陶藝等，以當地特有的、或盛產的、或具有地方特色為主要的素材，甚至某些具有「地方事件性」的材料，亦可使用來彰顯在地的特定價值，例如：柏林圍牆拆除後的磚頭、宗教聖地的泥土、隕石坑的石頭、著名災害下的漂流木等等，運用這些材料都將增加濃厚的地方故事性；B. 創作物的技法：工藝的技法應遵循地方傳統過程，在「S.O.P.」中應該記錄整套古法中所使用技法以及其需要的相關工具等過程，才能更加顯現出地方的特色，如果經由改良的內容也應特別註記；C. 創作物對象的美學及象徵圖騰：包括：以複製地方歷史、模仿在地方上出現的地方特色語彙、創新的地方美學等，而其象徵圖騰可取材於當地特殊重要價值來源，像是：象徵地方、皇宮貴族、歷史事件代表等，或是經常出現在地

10　手工藝樣本製作案例：柬埔寨吳哥民俗藝術學院。由於柬埔寨發展文化觀光，大量遊客前往由歐盟協助成立的吳哥民俗藝術學院參觀購買紀念品，吳哥民俗藝術學院將自己規劃為一個手工藝學院，現場開放大型工作室供遊客參觀，學員僅上課六個月就可將自己的工藝品放置博物館氛圍的賣店進行販售，而且銷售量極佳，分析其成功因素，除了吳哥窟的藝術文化特色內容之外，其工作室現場提供各種給學員進行仿製的樣品、樣版等，例如：石雕藝術，並提供各關鍵步驟中的半成品，讓居民在各階段中一一仿製其過程，而製作出相近的品質。尤其是面對大型的佛像時，便將佛像的各個局部拆開製作各種角度的模版，各局部模版包括：頭、手、身體、腳等，以及正面、側面、底面、上面等各種角度的模版，讓居民能夠在各階段一一比對，以產出相近的品質，但也由於居民在製作每一個工藝時，都會產生一些小小的「誤差」而讓工藝品增加了「手工」味道，有別於過於一致、無手工感及溫度的機器生產方式，這些「大同小異」反而增加吸引力（資料來源：本研究2009 年吳哥民俗藝術學院現場田野調查記錄及整理分析）。

方庶民生活的特殊符號等[11]。

三、地方特色料理

　　地方料理作為一種地方文化產品的類型，需要有「三師」以其不同專業來協助完成，

---

[11] 地方工藝運用地方文化語彙之案例：桃園平鎮「麒麟鎮」。經過地方文化資源盤點調查分析後，當地廟宇特殊的麒麟文化，因此發展麒麟文化圖騰，而「麒麟鎮（意指「平鎮」）別稱『麒麟陣』是因為具有五種陣式（福：葫蘆、祿：書卷、壽：麒麟本身、喜：錢、權：牛角），五種顏色、五種造型以及五種功能，如圖10-6 所示。有關單位可以藝術授權及洽定權利金方式，由民間組織生產。」（廖世璋，2014：113）。另外，可進一步依此地方文化圖騰樣式，進行各種素材及技法的手工藝生產，包括：木工、金工、陶瓷藝術品等地方工藝品，依民間習俗掛於重要空間、工作場所或家中等用來鎮煞及祈福等。而對地方整體帶動之文化產業層級圈，如圖10-7 所示。

圖10-6　地方文化圖騰「麒麟鎮」（麒麟陣）

（資料來源：廖世璋，2014：116。）

圖10-7　「麒麟鎮」（麒麟陣）可帶動的地方文化產業關聯層級圈分析

（資料來源：廖世璋，2014：117。）

依照地方特色料理 S.O.P. 化的過程，至少需要「地方可食植物選材 S.O.P.」、「地方特色料理 S.O.P. 食譜」、「地方特色料理視覺設計 S.O.P.」等，在各階段重點及需要的「三師」專業內容，分析如下：

（1）中醫師：協助地方文化資源盤點工作，也就是「地方可食植物文化資源盤點表」的調查工作[12]（地方文化資源盤點表範例請見第四章），調查出現在當地的各種看似野果、雜草等，其實為食補、養生或中藥的植物，並且記錄各種可以食用植物的位置、產季、面積（供應量）、所有權人（其聯絡方式）、食用功效及禁忌等，由於當地生長繁盛的野生植

---

[12] 依地方文化資源盤點調查出地方農業特產及製作為地方特產之案例：桃園平鎮「米麒麟」。由於地方文化資源盤點調查出當地特產「秈香米」（芋香米），且會發出濃厚、特有的香氣，再結合當地廟宇文化的「香包」造型，用以推廣平鎮地區的稻米產業。「『香包』是廟宇很重要的信物、紀念品、加持物、禮物等，又其造型相當符合平鎮地方風格，印上『平鎮米麒麟』及背面『富貴麒麟』，象徵這包米：『平安又富貴』。其產品設計如圖10-8 所示，米麒麟可使用於各種大小型拜拜的供品（麒麟祥獸引加持）、結婚（麒麟送子，多子多孫）、生子（麒麟子貴）、入厝（麒麟祈福）、準備考試（求取功名）、生日（長壽）、升官（麒麟腳踩牛角的權力）、做生意開店（麒麟腳踩錢幣）、及各種送禮（祈福）及自用。」（廖世璋，2014：117-118）。另，發展米麒麟可帶動的地方文化產業如圖10-9 所分析。

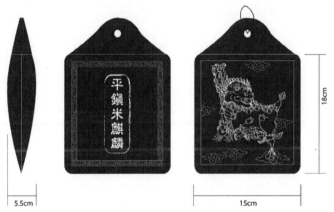

圖10-8　加入地方廟宇香包文化的「米麒麟」農業特色產品

（資料來源：廖世璋，2014：118。）

圖10-9　「米麒麟」可帶動的地方文化產業關聯層級圈分析

（資料來源：廖世璋，2014：118。）

物，表示相當適合於當地的各種氣候等環境條件，不僅本身可能為有機食材，也因不需要過於照顧而能降低材料成本，且將野草變成地方特色料理、野草加入地方文化等能成為話題或產生故事，而有助於產品行銷等效果，並在完成「地方可食植物文化資源盤點表」之後，中醫師協助完成「地方可食植物選材 S.O.P.」，內容重點至少包括：地方植物的功效、可食部位、避免部位、清洗方式及其他備註等。除了有機或野生植物之外，也可以針對地方文化主題，進行大量栽植特定的蔬果植物，讓地方的主題特性更為強烈[13]。

　　（2）廚師：由廚師接手中醫師協助完成的「地方可食植物文化資源盤點表」，並實地勘查瞭解當地在不同四季中產量大、具特色、或是需要進一步擴大栽種等食材原料，並與地方文化產業經理人、居民等一起討論食材原料如何入菜，地方料理如何成為「地方文化料理」，其中必須加入地方文化，除了以地方文化增加料理特色與價值之外，也能與其他地區的菜色產生區隔，進而增加自己產品的辨識度，例如：以地方的「人、文、地、產、景」等所盤點的地方特性進行思考，包括：命名、擺盤、食材、飲用方式、器具等設計而突顯出與眾不同的地方特色感，並確定各個地方料理及料理出場的順序，另外，由廚師進行料理烹煮的教學及示範同時製作食譜，食譜本身就是一種料理食材的 S.O.P. 設計，食譜的

---

13 大量栽植同一植物形塑更具主題特性的地方風格案例：桃園平鎮「麒麟果」。全世界有許多地方都是因為大量種植同一物種，創造該地方的特殊地景風貌，像是：鬱金香花海、桂竹林、扁柏森林、金針花海等，甚至是雨林森林、或一片廣大的稻田等，都能塑造當地的地景特質，而這些都是地方農業在當地產生的特色，另外，不從農業發展角度思考，而是從地方發展的主題著手，像是：杜鵑為台北市的市花，因此在市區中大量種植也會形成杜鵑花海風貌。在桃園平鎮因為要發展麒麟主題，經過地方文化資源盤點調查後發現，當地許多人以農業為生，再經由文獻分析在台灣近幾年十分流行的火龍果，分為紅色、黃色的外皮，而黃色外皮的亦稱為「麒麟果」，因此值得發展成為當地特色產物，到麒麟鎮購買麒麟果。「除輔導農民栽植具有高經濟水果外，『麒麟果』可與『冰麒麟』結合成為地方特色冰品，如同台北市永康街的『芒果冰』，風靡整個亞洲市場，大量的日、韓、大陸等觀光客都慕名而來，除可創造居民冰品的就業外，也有助於平鎮的文化觀光產業發展，果園可發展為觀光果園，如同大湖觀光草莓園，發展地方觀光產業。」（廖世璋，2014：124-125）。另，其可帶動的地方文化產業產值層級圈，如圖10-10所分析之內容。

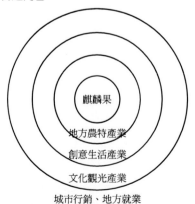

圖10-10　「麒麟果」可帶動的地方文化產業關聯層級圈分析

（資料來源：廖世璋，2014：125。）

S.O.P. 內容本身需至少包括：食材種類及份量、所需工具、製作過程中各個重要關鍵點的重點等，並且錄影、拍照製作成「地方料理 S.O.P. 教材」，以利後續推廣給更多地方居民，讓居民們共同參與學習、販賣美食、開設餐廳等因而普及並成為名符其實的地方料理[14]。

---

14 加入地方特色食材的料理美食案例：桃園平鎮「冰麒麟」。「『冰麒麟』是取『冰淇淋』諧音，『冰』的原料來於麒麟鎮（平鎮）當地盛產的秈香米（芋香米），冰麒麟外殼包裝設計，如圖10-11 所示。政府可運用授權及收取權利金方式，由廠商印製加以推廣，另請專業廚師調配最佳口感，再將配方公開給地方民眾，創造地方就業機會及產值，並讓冰麒麟與「平鎮」劃上等號，如同台南擔仔麵等，成為一個具有濃厚特色的地方品牌。另，冰麒麟其可帶動的地方文化產業之產值圈，如圖10-12 所示。」（廖世璋，2014：120-123）

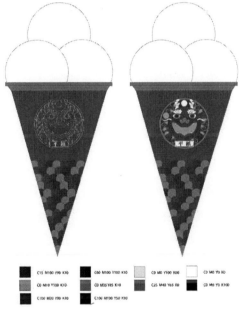

圖10-11　加入地方特殊口味的「冰麒麟」設計圖
（資料來源：廖世璋，2014：122。）

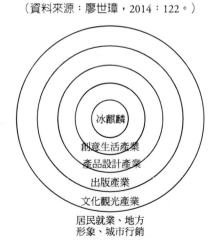

圖10-12　「冰麒麟」可帶動的地方文化產業關聯層級圈分析
（資料來源：廖世璋，2014：123。）

（3）花藝師：在廚師完成地方美食料理烹煮方式的 S.O.P. 設計之後，地方美食料理的 S.O.P. 尚包括視覺設計的工作，一般廚師的專業訓練亦包括擺盤工作，只是從廚藝學校訓練出來的擺盤容易與其他地方過於一致，雖然使用地方食材但是在視覺上卻失去地方特色，因此，需要花藝師的專業協助完成「地方特色料理視覺設計 S.O.P.」，讓地方特色料理更加具有地方視覺特色，使得料理的「色、香、味」皆具地方特色，因此將自己當成料理藝術家及以食材為創作媒介之概念，而分析地方特色料理處理視覺的方向，主要可以分為：寫實主義、象徵主義、抽象主義等方向。其中，寫實主義主要是運用食材拼貼出與地方照片相近的料理方式，並造成話題性、趣味性等，象徵主義是抽取地方元素進行象徵性的整合，像是將象徵地方的建築地標、歷史人物或器物、地方事件等以自己的想法拼成食物作品，抽象主義主要以地方的主題加上自己的想法，並以抽象方式進行個人內心心靈在食物上的表達，另外，分析地方料理可以視覺化設計的主題，則可包括：地方風景（以料理呈現地方印象系列）、地方歷史典故、地方文學、地方故事（傳奇、風俗等），或只是個人對於地方觀感的心靈創作等，進一步分析在製作各「地方特色料理視覺設計 S.O.P.」需要以影像、圖文呈現之重點，將包括：所需使用之材料（已經由廚師完成的食材及其他新增材料）、工具、各關鍵步驟程序、各關鍵步驟中的重點及其他備註。

另外，地方特色料理在製作 S.O.P. 程序並教會社區居民時，也可運用以下另一種方式，讓地方特色能夠逐漸融入整個地方特色料理之中，其思考層次主要如下，並將這些不同層次所分析與定案的內容，再設計成一套 S.O.P. 步驟等交給當地居民推廣成為地方特色。

（1）地方一級產業概念：一般第一級產業為農漁養殖業等，也就是，調查分析在地方上盛產的、特有的農產、或漁產、或養殖等，或是一般的物產但是在當地具有特定主題，例如：歷史、事件、風俗、傳奇等故事性的地方文化特質之相關原料，可加入這些原料發展為地方特色料理。

（2）地方二級產業之概念：一般第二級產業為製造業，也就是在發展地方特色料理的製作過程中加入具特色的「在地加工」方式，而「在地加工」方式亦可再進一步分為以下幾個思考方式：A. 加工者（例如：在地加工者其素人本身的故事、或師承、或起源等）、B. 加工方式（例如：道地的古法、加工步驟的傳奇或歷史等故事）、C. 加工器具（例如：古董、傳家之寶、稀有性等）等，加入這些「在地加工」特質而讓料理更具地方性。

（3）地方三級產業的概念：一般三級產業為商業、服務業等，也就是，當地方特色料理食物完成後，用餐或販賣給社會大眾時，加入在地的特色活動，可再進一步細分為：A. 與料理本身有關的文化（像是：食物在歷史當時引用的各種儀式、禮節、語言等有關

活動)、B. 與料理關聯的日常生活文化特色活動（像是：家庭場景、鄉愁情節、旅程故事等食物連結的情境）、C. 與料理有關的社會環境文化特色活動（像是：料理在當時象徵的社會階級地位、社會角色、歷史典故等）。而這些與料理有關的服務人員角色、道具、服裝、言談舉止等，甚至出場的程序等活動都可更加具體形塑出地方料理的在地風格。

參考資料

中文文獻

一、書籍期刊等資料

大內正伸（陳盈燕譯）（2014）。**里山生活實踐術：友善運用山林✕土地✕溪流，動手蓋房子、有機種植、造土窯的永續生活方案**。台中：晨星。

山崎亮（莊雅琇譯）（2015）。**山崎亮先生的社區設計：重新思考「社區」定義，不只設計空間，更要設計「人與人之間的連結」**。台北市：臉譜。

文建會（2002）。**地方文化館計畫（93年至96年）**。台北市：文建會。

文建會（2007）。**磐石行動：地方文化館第二期計畫（97年至102年）**。台北市：文建會。

方琳琳、黃春柳譯（2009）。**日常生活實踐：1. 實踐的藝術**（原作者 Michel de Certeau）。南京：南京大學出版社。

方瓊瑤等（2013）。台灣社區文化發展。**文創大觀：台灣文創的第一堂課**。台北市：先覺。

王志弘（2003）。台北市文化治理的性質與轉變，1967-2002。**台灣社會研究季刊**，52，121-186。

王志弘譯（2003）。地租的藝術：全球化、壟斷與文化的商品化（原作者 Harvey, D.）。**城市與設計**，15（16），1-19。

王嵩山等（2003）。**木雕的社會起源與文化意義：木雕博物館館藏研究**。苗栗：苗栗縣文化局。

台北市政府都市發展局（2009）。**台北市友善社區設計原則手冊**。台北市：台北市政府都市發展局。

老子（2013）。**道德經全書**。新北市：華志文化。

何東波（2005）。規劃程序及資訊系統。載於黃世孟（主編），**基地規劃導論**（11-22頁）。台北市：建築學會。

何源湖譯（2012）。**明治維新**（原作者田中彰）。台北市：玉山社。

余安邦（2002）。**社區有教室**。台北市：遠流。

呂孟娟譯（2010）。**夢想綠社區：營造你的永續生活**（原作者 James, S. and Lahti, T.）。台北市：山岳。

李幼蒸（1999）。**理論符號學導論**。北京：社會科學文獻出版社。

李幼蒸譯（1988）。**符號學原理**（原作者 Barthes, R.）。北京：三聯書店。

李有成（2012）。**他者**。台北市：允晨文化。

李易駿（2015）。**當代社區工作：計畫與發展實務**。台北市：雙葉書廊。

李松林（1993）。**蔣介石的台灣時代**。台北市：風雲時代。

李道增（1993）。**環境行為學概論**。北京：清華大學出版社。

車品覺（2014）。**大數據的關鍵思考：行動 × 多螢 × 碎片化時代的商業智慧**。台北市：天下。

吳玟琪譯（2010）。**建立品牌識別**（原作者霖・亞蕭）。台北市：台視文化。

林吉郎、楊賢惠（2005）。台灣社區產業發展中非營利組織角色之研究：以新故鄉文教基金會輔導桃米社區為例。**通識教育學報**，7，41-73。

林志明譯（1997）。**物體系**（原作者 Baudrillard, J.）。台北市：時報文化。

林東泰（1996）。社會行銷的理論與實務。**社會教育學刊**，25，49-75。

林春鳳（2008）。從豐年祭談原住民之民族認同。**台灣原住民研究論叢**，4，101-133。

侯錦雄（1999）。形式的魅影──金門觀光的戰地異境想像與體驗。**觀光研究學報**，5（1），39-52。

侯錦雄（2005）。土地適宜性。載於黃世孟（主編），**基地規劃導論**（295-322 頁）。台北市：建築學會。

洪顯勝譯（1982）。**符號學要義**（原作者 Barthes, R.）。台北市：南方。

唐小兵譯（2001）。**後現代主義與文化理論**（原作者 Jameson, F.）。台北市：合志文化。

夏鑄九（1987）。對一個城市形式與城市設計理論的認識論上之批判：開文・林區及其知識上之同道。**國立台灣大學建築與城鄉研究學報**，3（1），119-132。

夏鑄九（1989）。模式語言及非正式營造系統的認識論批判：亞歷山大及其同志。**國立臺灣大學建築與城鄉研究學報**，4（1），49-65。

國立故宮博物院（不詳）。**宮中檔乾隆朝奏摺（一至七十五冊）**。台北市：國立故宮博物院。

張婉真（2005）。**論博物館學**。台北市：典藏藝術家庭。

張瑋琦譯（2005）。**觀光發展與社區營造**（原作者石原照敏、吉兼秀夫、安福惠美子）。台北市：品度。

張璘文編（1994）。**九份歷史之旅**。台北市：文建會。

張譽騰（1996）。生態博物館的規劃理念與個案之解析。**博物館學季刊**，10（1），7-18。

張譽騰（2004）。**生態博物館：一個文化運動的興起**。台北市：五觀。

張譽騰譯（1988）。博物館的法律定義（原作者 Raymond S. A.）。**博物館學季刊**。2（2），3-14。

張譽騰譯（2000）。**博物館這一行**（原作者喬治・艾里斯・博寇）。台北市：五觀藝術管理。

曹曉佩（2008）。從三山國王信仰看潮汕歷史上的族群關係。**臺灣源流**，44，153-160。

畢恆達（1989）。環境心理學研究資料引介。**國立台灣大學建築與城鄉研究學報**，4，115-136。

郭為藩（2014）。**全球視野的文化政策**。台北市：心理。

陳坤宏（1989）。有關都市空間生態學空間結構的理論與批評。**成大規劃學報**，16，1-20。

陳坤宏（1994）。**空間結構──理論、方法論與計畫**。台北市：明文。

陳昭義（2006）。**台灣文化創意產業年報・2005 年**。台北市：工業局。

陳音音譯（1996）。生態博物館在法國──矛盾與曲解（原作者 Francois Hubert）。**博物館學季刊**，10（1），19-23。

曾旭正（2013）。**台灣的社區營造：新社會、新文化、新人**。新北市：遠足文化。

黃世孟（2005）。建築、城鄉、地景與基地規劃。載於黃世孟（主編），**基地規劃導論**（3-10頁）。台北市：建築學會。

黃光廷、黃舒楣譯（2009）。**社區力量：西雅圖的社區營造實踐**（原作者 Diers, J.）。台北市：洪葉文化。

黃光男（2011）。**詠物成金：文化創意產業析論**。台北市：典藏藝術家庭。

黃光國（2001）。**社會科學的理路**。台北市：心理。

黃淑芬（2006）。日本白川鄉合掌造文化觀光與文化資產之研究。**2006 年提昇觀光餐旅休憩人力及行銷競爭力國際學術研討會**。銘傳大學觀光學院。頁75-88。

黃敦厚（2007）。進香禮儀的探討：以大甲媽祖為例。**民俗曲藝**，158，9-38。

楊弘任（2014）。**社區如何動起來？黑珍珠之鄉的派系、在地師傅與社區總體營造**。新北市：群學。

經典雜誌（2014）。**咱ㄟ社區：永續台灣的美好力量**。台北市：經典雜誌出版社。

廖世璋（2002）。國家治理下的文化政策：一個歷史回顧。**建築與規劃學報**，3（2），160-184。

廖世璋（2009）。文化資產空間做為博物館再利用之法規研究：以台北市為例。**博物館學季刊**，23（1），25-46。

廖世璋（2011）。**文化創意產業**。新北市：巨流。

廖世璋（2014）。**平鎮市麒麟地方型文化產業發展計畫之研究**。桃園市：桃園平鎮市公所。

廖世璋（2014）。後博物館的地方實踐──寶藏巖。**博物館學季刊**，28（1），35-71。

廖家展（2011）。呈現社區營造的可持續價值 新故鄉見學中心。載於財團法人國家藝術基金會（策劃），**文創進行式──走訪 25 個台灣文化創意產業現場**（194-203 頁）。台北市：遠流。

漢寶德（2014）。**文化與文創**。台北市：聯經。

劉以德（2014）。文化節慶與區域發展：以 2008 年歐洲文化之都英國利物浦為例。**全球政治評論**，48，151-178。

劉銓芝等（2014）。**雲林總鋪師‧社區手路菜**。雲林縣政府：雲林縣文化局。

澎湖縣政府（2013）。**澎湖世界最美麗海灣**。澎湖縣：澎湖縣政府。

蔡培慧、台灣農村陣線、香港社區夥伴（2015）。**巷仔口的農藝復興！：社區協力農業，開創以農為本的美好生活**。台北市：果力出版社。

鄭秀嫻譯（1996）。生態博物館──演化型定義（原作者 Georges Henri Riviere & Nancy J. Fuller）。**博物館學季刊**，10（1），3-6。

鄭晃二及陳亮全（1999）。**社區動力遊戲**。台北市：遠流。

鄭微宣（2011）。喚醒泰雅文化 宜蘭不老部落。於財團法人國家藝術基金會（策劃），**文創進行式──走訪 25 個台灣文化創意產業現場**（30-39頁）。台北市：遠流。

蕭至惠、蔡進發、粘清旻（2013）。依附風格、品牌個性、品牌依附與品牌評價之研究：共品

牌觀點。**管理學報**，30（4），323-344。

韓良露等著（2011）。**文創進行式──走訪 25 個台灣文化創意產業現場**。台北市：遠流。

關華山譯（1996）。**研究與設計──環境行為研究的工具**（原作者 Zeisel J.）。台北市：田園城
　　市文化。

嚴勝雄（1980）。克利斯托之中地理論。**台灣土地金融季刊**，17（1）。

二、網路資料

248 農學市集（20151016）。**248 農學市集首頁**。搜尋日期：20151016。取自：http://www.248.
　　com.tw/ 。

Admin（20131129）。**利用空地種植食物 美麗景觀沿路可吃**。搜尋日期：20151013。取自：
　　http://e-info.org.tw/node/95484。

Admin（20140715）。**從花園城市到可食田園城市 新加坡的都市農耕經驗**。搜尋日期：
　　20151015。取自：http://www.greeninside.com.tw/?p=3035。

Phototouring（20151014）。**生態房子（Eco-housing）：我家也是你家**。搜尋日期：20151014。
　　取自：https://www.flickr.com/photos/phototouring/3889648857/ 。

Sid Weng（20141009）。**印巴邊界局勢惡化 喀什米爾慘烈交火 2 萬人逃離**。搜尋日期：
　　20150506。取自：http://www.thenewslens.com/post/81507/ 。

STAGE Group（20151001）。**關於 STAGE** 。搜尋日期：20151001。取自：http://www.ilovestage.
　　com.tw/about.php 。

三角湧文化協進會（20150621）。**三峽染工坊**。搜尋日期：20150621。取自：http://www.
　　sanchiaoyung.org.tw/front/bin/ptlist.phtml?Category=100073。

三鷹之森吉卜力美術館（20150606）。**介紹**。搜尋日期：20150606。取自：http://www.ghibli-
　　museum.jp/ 。

大甲鎮瀾宮（20150322）。**大甲媽祖繞境進香**。搜尋日期：20150322。取自：http://dajiamazu.
　　mmhot.tw/ 。

大芬油畫村（20151014）。**大芬油畫村簡介**。搜尋日期：20151014。取自：http://www.cndafen.
　　com/index.php?s=/About/index.shtml 。

小半天旅遊網 (20151001) 。**小半天民宿**。搜尋日期：20151001。取自：http://www.sky.let.
　　tw/skybandb.htm 。

不丹王國簡介（20150506）。**不丹王國簡介**。搜尋日期：20150506。取自：http://www.travel104.
　　com.tw/bhutan/index.htm 。

天空的院子（20140417）。**about us** 。搜尋日期：20151002。取自：http://www.sky-yard.
　　com/index.asp 。

太陽劇團（20150614）。**太陽劇團介紹**。搜尋日期：20150614。取自：http://uevent.udn.com/
　　varekai/ 。

少林寺（20100410）。**少林功夫概述**。搜尋日期：20151009。取自：http://www.shaolin.org.cn/templates/T_new_list3/index.aspx?nodeid=66&page=ContentPage&contentid=1706。

戶矢晃一（20140210）。**故鄉才是第一線——社區設計師山崎亮**。搜尋日期：20150426。取自：http://www.nippon.com/hk/people/e00043/。

文化部（20040720）。**文化公民權宣言**。搜尋日期：20150801。取自：http://www.moc.gov.tw/information_250_14791.html。

文化部（20091001）。**行政院文化部文化創意產業發展（第二期）修正計畫**。搜尋日期：20150729。取自：http://cci.culture.tw/cci/cci/law_detail.php?c=239&sn=3833。

文化部（20100830）。**文化創意產業發展法及其配套規範 0830 公布施行**。搜尋日期：20151001。取自：http://www.cca.gov.tw/artnews.do?method=findById&id=1222852532375#。

文化部（20120501）。**結合城市行銷形塑文創新風貌**。搜尋日期：20150903。取自：http://cci.culture.tw/cci/cci/market_detail.php?sn=5019。

文化部（20130522）。**地方文化館第二期計畫修正計畫（摘要）**。搜尋日期：2150729。取自：http://superspace.moc.gov.tw/project.aspx?oid=50796f4f-7530-4a7a-bb79-01a8d0173885。

文化部（20140807）。民間倡議卅年，文化部以兩年研訂《博物館法》，行政院會通過第一部博物館專法。**博物館簡訊季刊（69）**，2-3。搜尋日期：20151001。取自：http://www.cam.org.tw/download/69%E6%9C%9F%E7%B0%A1%E8%A8%8A.pdf。

文化部（20150622）。**新竹市眷村博物館**。搜尋日期：20150622。取自：http://cloud.culture.tw/frontsite/inquiry/emapInquiryAction.do?method=showEmapDetail&indexId=14825。

文化部（20150701）。**博物館法**。搜尋日期：20150803。取自:http://www.moc.gov.tw/information_306_37430.html。

文化部（20150729）。**「地方文化館計畫」選點原則及優先次序**。搜尋日期：20150729。取自：http://www.google.com.tw/url?sa=t&rct=j&q=&esrc=s&source=web&cd=1&ved=0CBwQFjAAahUKEwi45dmx5f_GAhVLopQKHcHcAbg&url=http%3A%2F%2Fwww.rootlaw.com.tw%2FAttach%2FL-Doc%2FA040260001024800-0930810-6000-001.doc&ei=UX24Vfj4JMvE0gTBuYfACw&usg=AFQjCNEHorAjgvMs-SS8Yskuajn-6AB0aQ。

文化部（20150731）。**華山歷史簡介**。搜尋日期：20150731。取自：http://www.huashan1914.com/about/history.php?cate=about。

文化部（20150928）。**何謂社區故事繪本**。搜尋日期：20151002。取自：http://sixstar.moc.gov.tw/frontsite/theme/storyListAction.do?method=doViewList&menuId=MjcwMQ==&selectedId=1。

文化部（20151002）。**產業發展案例集：酒甕**。搜尋日期：20151002。取自：http://sixstar.moc.gov.tw/frontsite/theme/storyListAction.do?method=doViewDetail&menuId=MjgwMQ==&pk=MzcyNQ==。

文化部（20151003）。**產業發展案例集：高雄市大寮區三隆社區發展協會 / 紅龜粿 DIY 製作**。搜尋日期：20151003。取自：http://sixstar.moc.gov.tw/frontsite/theme/storyListAction.do?method=doViewDetail&menuId=MjgwMQ==&pk=MzEyOA==。

文化部文化資產局（20151007）。**舊農校校長宿舍**。搜尋日期：20151007。取自：http://www. boch.gov.tw/boch/frontsite/cultureassets/caseBasicInfoAction.do?method=doViewCaseBasicInfo&caseId=GA09602000670&version=1&assetsClassifyId=1.2。

王仕琦（20150524）。**新竹13好市集 有機農夫，安心食材**。搜尋日期：20150808。取自：http://hccgov.ctu.com.tw/content/%E6%96%B0%E7%AB%B913%E5%A5%BD%E5%B8%82%E9%9B%86-%E6%9C%89%E6%A9%9F%E8%BE%B2%E5%A4%AB%EF%BC%8C%E5%AE%89%E5%BF%83%E9%A3%9F%E6%9D%90。

王秀亭（20140930）。**金城武樹＋稻田美景 池上觀光產值7億**。搜尋日期：20150529。取自：http://ent.ltn.com.tw/news/paper/817439。

台北市政府文化局（20150526）。**松山菸廠文化園區興建營運移轉（BOT）計畫案**。搜尋日期：20150608。取自：https://www.culture.gov.taipei/frontsite/cms/contentAction.do?method=viewContentList&subMenuId=103012328&siteId=MTAx。

台北市政府文化局（20150606）。**大稻埕圓環防空蓄水池**。搜尋日期：20150606。取自：http://www.culture.gov.taipei/frontsite/cultureassets/caseBasicInfoAction.do?method=doViewCaseBasicInfo&caseId=AA09602001082&version=1&assetsClassifyId=1.1。

台北市政府文化局（20150614）。**前美國大使官邸**。搜尋日期：20150614。取自：http://www.culture.gov.taipei/frontsite/cultureassets/caseBasicInfoAction.do?method=doViewCaseBasicInfo&caseId=AA09602000030&version=1&assetsClassifyId=1.1&subMenuId=null。

台北市政府原住民族事務委員會（20120912）。**起源傳說**。搜尋日期：20150815。取自：http://www.ipc.gov.taipei/ct.asp?xItem=188094&CtNode=7060&mp=cb01。

台北市政府教育局（20150606）。**大稻埕圓環幸福之泉之古蹟遊**。搜尋日期：20150606。取自：http://young.tp.edu.tw/case/20130701/20130701_01.html。

台北光點（20150614）。**空間簡介**。搜尋日期：20150614。取自：http://www.spot.org.tw/introduction/space.html。

台東縣太麻里鄉公所。**2015台東太麻里金針花季**。搜尋日期：20151011。取自：http://www.daylily.com.tw/。

台南市土溝農村文化營造協會（20150617）。**美術館介紹**。搜尋日期：20150617。取自：http://togoartmuseum.blogspot.tw/p/blog-page_15.html。

台南市觀光旅遊局（20150930）。**鯤鯓王平安鹽祭**。搜尋日期：20150930。取自：http://tour.tainan.gov.tw/action.aspx?season=fall&sn=33。

台灣WiKi（20151001）。**維也納蔬菜樂團**。搜尋日期：20151001。取自：http://www.twwiki.com/wiki/%E7%B6%AD%E4%B9%9F%E7%B4%8D%E8%94%AC%E8%8F%9C%E6%A8%82%E5%9C%98。

台灣好基金會（20150613）。**雲林古坑鄉樟湖社區發展協會**。搜尋日期：20150613。取自：http://www.lovelytaiwan.org.tw/web/story_info.php?id=102&Page=6&CateID=。

台灣社造聯盟（20150818）。**我們的故事——故事的開始**。搜尋日期：20150818。取自：

http://47go.org.tw/about-tca。

台灣原住民文化產業發展協會（20150815）。**神話起源**。搜尋日期：20150815。取自：http://ticeda.moc.gov.tw/shenhua/012lkai/012shjshi.html。

台灣原住民族知識網（20091118）。**百步蛇王和 Balhenge（巴冷公主）的故事**。搜尋日期：20151008。取自：http://www.knowlegde.ipc.gov.taipei/ct.asp?xitem=660135&CtNode=7366&mp=cb01。

台灣博物館（20150727）。**台博館的誕生**。搜尋日期：20150727。取自：http://www.ntm.gov.tw/tw/public/public.aspx?no=63。

台灣農產品安全追溯資訊網（20151016）。**什麼是產銷履歷**。搜尋日期：20151016。取自：http://taft.coa.gov.tw/ct.asp?xItem=4&CtNode=296&role=C。

台灣數位學習科技（20150506）。**紐約市都市設計實施制度之概要**。搜尋日期：20150506。取自：http://lms.ctl.cyut.edu.tw/course.php?courseID=16943&f=news_show&newsID=746746。

甘樂文創（20151009）。**官網內容**。搜尋日期：20151009。取自：http://www.thecan.com.tw/default.aspx。

伊勢神宮（20150622）。**伊勢神宮官網內容**。搜尋日期：20150622。取自：http://www.isejingu.or.jp/。

印象劉三姐官網桂林廣維文華旅遊文化產業有限公司（20150614）。**印象劉三姐**。搜尋日期：20150614。取自：http://www.yxlsj.com/。

成章瑜（20070613）。**一個台灣兩個世界——水蜜桃阿嬤**。搜尋日期：20151015。取自：http://www.businessweekly.com.tw/KArticle.aspx?id=27338。

有限責任屏東縣原住民泰武咖啡生產合作社（20150608）。**有機咖啡的故鄉・泰武——咖啡產業人才基地育成培力計畫**。搜尋日期：20150608。取自：https://sites.google.com/site/ulaljuc/home。

行政院原住民族委員會（20101214）。**99 年度原住民族部落永續發展實施計畫**。搜尋日期：20150527。取自：http://www.apc.gov.tw/portal/docDetail.html?CID=80F013141CEA473F&DID=0C3331F0EBD318C29039A3A1DED696E8。

何宏儒（20141008）。**違反停火印巴邊界緊張升高**。中央社。搜尋日期：20150506。取自：http://www.cna.com.tw/news/aopl/201410080243-1.aspx。

李姿慧（20150604）。**百年台鐵推精品與法藍瓷聯手推紀念瓷盤**。搜尋日期：20151001。取自：http://www.appledaily.com.tw/realtimenews/article/new/20150604/622486/。

何豪毅（20150615）。**丟船？蘭嶼基金會控九族文化村消費達悟族**。搜尋日期：20150615。取自：http://www.peoplenews.tw/news/258a0597-3b34-4320-b0a4-35f7e011d129。

妖怪村官網（20150824）。**松林町商店街**。搜尋日期：20150824。取自：http://www.mingshan.com.tw/ie21.php。

金山小白鶴粉絲專頁（20151221）。**關於金山小白鶴**。搜尋日期：20151221。取自：https://www.facebook.com/%E9%87%91% E5%B1%B1%E5%B0%8F%E7%99%BD%E9%B6%B4-418

768578274427/。

周美惠（20150615）。**全國第1部「博物館法」3讀通過**。搜尋日期：20150801。取自：http://udn.com/news/story/1/994426-%E5%85%A8%E5%9C%8B%E7%AC%AC1%E9%83%A8-%E3%80%8C%E5%8D%9A%E7%89%A9%E9%A4%A8%E6%B3%95%E3%80%8D3%E8%AE%80%E9%80%9A%E9%81%8E。

周聖心等（20120123）。**充分五感 完全農漁村小旅行**。搜尋日期：20150617。取自：http://www.new7.com.tw/NewsView.aspx?t=07&i=TXT20120119184200T4F。

奇美博物館（20150130）。**首特展「我的夢・阮的夢・咱的夢──奇美博物館的故事」新聞稿**。搜尋日期：20150525。取自：http://www.chimeimuseum.org/ 站內訊息 /1A44C47C-C009-4CA5-83A6-62819656AD88/54。

居芮筠（201302）。**「咱ㄟ社區」危機變轉機白米社區營造**。搜尋日期：20151026。取自：http://www.rhythmsmonthly.com/?p=13832。

東方社群（20150922）。**史上最紅的公務員不只萌還很…？**。搜尋日期：20151006。取自：http://www.eolsocial.com/hot_detail.php?NNo=40。

東北角暨宜蘭海岸國家風景區（20150303）。**龜山島**。搜尋日期：20150303。取自：http://www.necoast-nsa.gov.tw/user/Article.aspx?Lang=1&SNo=03000093。

東森旅遊中心（20140126）。**繼續看「彩虹爺爺」創作！台中彩虹眷村變身藝術公園**。搜尋日期：20150527。取自：http://travel.ettoday.net/article/320025.htm。

林立恩編譯（20140505）。**市民可養雞、養蜂，美麻州立法推廣都市農業**。轉載自世界地球日網站（20140425）。搜尋日期：20151015。取自：http://e-info.org.tw/node/99066。

林孟儀（2006）。當代城市復興典範畢爾包靠古根漢翻身。**遠見雜誌**，246。搜尋日期：20150506。取自：http://www.gvm.com.tw/Boardcontent_12607.html。

林美容（20150606）。**彰化媽祖的信仰圈**。搜尋日期：20150606。取自：http://twstudy.iis.sinica.edu.tw/han/Paper/mazu/mazu.html。

林緯平（20150318）。**北區光點大溪「源古本舖」，賞老建築、吃「嘎哩嘎烙」**。搜尋日期：20150426。取自：http://travel.ettoday.net/article/480608.htm。

社團法人台灣環境資訊協會（20151016）。**生態工作假期**。搜尋日期：20151016。取自：http://www.e-info.org.tw/zh-hant/working-holiday。

邱瓊玉（20150310）。**台北秋葉原藍圖 打造青創＋商圈**。搜尋日期：20150525。取自：http://udn.com/news/story/6655/754612-%E5%8F%B0%E5%8C%97%E7%A7%8B%E8%91%89%E5%8E%9F%E8%97%8D%E5%9C%96-%E6%89%93%E9%80%A0 E9%9D%92%E5%89%B5+%E5%95%86%E5%9C%88。

阿原肥皂（20150815）。**阿原的初衷**。搜尋日期：20150815。取自：http://www.taiwansoap.com.tw/m_about/about.php?jaboutascy_sid=25076224&pid=9。

青松米（20151011）。**穀東理念**。搜尋日期：20151011。取自：http://library.taiwanschoolnet.org/gsh2012/gsh7151/nation/b021.htm。

屏東縣政府（20151013）。**彩稻田歡喜收割**。搜尋日期：20151013。取自：http://www. pingtungfa.com/ 。

迪士尼電影動畫王國官網（20150614）。**國家寶藏**。搜尋日期：20150614。取自：http://disney. lovesakura.com/Special/2004/041220/ 。

原住民族委員會（20150204）。**原住民族傳統智慧創作保護條例**。搜尋日期：20150530。取 自：http://law.apc.gov.tw/LawContent.aspx?id=FL044875。

孫華瑛（20080523）。**社區劇場的藝術實踐：我的社區意識轉換過程**。搜尋日期：20150516。 取自：http://www.ncafroc.org.tw/abc/community-content.asp?Ser_no=177。

旅遊中心（20140126）。**繼續看「彩虹爺爺」創作！台中彩虹眷村變身藝術公園**。搜尋日期： 20150527。取自：http://travel.ettoday.net/article/320025.htm 。

桃園市政府文化局（20150619）。**眷村故事館**。搜尋日期：20150619。取自：http://www.tyccc. gov.tw/artresources/culturebuilding/upt.asp?p0=2。

桃園市政府風景區管理處（20150614）。**虎頭山風景特定區**。搜尋日期：20150614。取自： http://www.scenic.tycg.gov.tw/home.jsp?id=142&parentpath=0,14,103。

殷紅（20020107）。**國務院批准：雲南中甸縣正式更名為「香格里拉」**。搜尋日期：20150527。 取自：http://big5.china.com.cn/gate/big5/www.lianghui.org.cn/chinese/kuaixun/94030.htm 。

財團法人大二結文化基金會（20150621）。**促進社區祥和推動社區公益**。搜尋日期： 20150621。取自：http://darj.org.tw/modules/tinyd6/index.php?id=2。

高雄市美濃區公所（20151011）。**套裝旅遊**。搜尋日期：20151011。取自：http://www.meinung- garden.com.tw/index.php/ 旅遊資訊。

翁基峰（2003）。**古根漢美術館**。搜尋日期：20151225。取自：http://blog.xuite.net/myfriend3q/ school/6017871-%E5%8F%A4%E6%A0%B9%E6%BC%A2%E7%BE%8E% E8%A1%93%E9% A4%A8%EF%BC%9A%E5%BB%BA%E7%AF%89%E5%A5%87%E8%A7%80%E5%90%A7。

偽基百科（20150606）。**惡搞的百科全書**。搜尋日期：20150606。取自：http://uncyclopedia. tw/wiki/%E5%81%BD%E5%9F%BA%E7%99%BE%E7%A7%91。

國立故宮博物院（2015）。**文創資源網──計畫緣起**。搜尋日期：20151001。取自：http://ccp. npm.gov.tw/content/plans/plans_01.aspx 。

國立故宮博物院（20150608）。**大事紀**。搜尋日期：20150801。取自：http://www.npm.gov. tw/zh-TW/Article.aspx?sNo=03004855。

國立彰化生活美學館（20150527）。**國立彰化生活美學館歷史沿革**。搜尋日期：20150527。取 自：http://www.chcsec.gov.tw/information?uid=332&pid=5287。

國軍退除役官兵輔導（20141220）。**果樹認養**。搜尋日期：20151016。取自：http://www. fushoushan.com.tw/salc/adoption.php 。

國家文化藝術基金會（20150318）。**藝文社會企業創新育成扶植計畫**。搜尋日期：20150520。 取自：http://www.ncafroc.org.tw/news_show.asp?tp=1&id=2212。

張良伊（20140317）。**日本東京的城市型農園**。搜尋日期：20151013。取自：http://www.

earthday.org.tw/column/greenbuildings/5720。

張翠芬（20150208a）。**人和人的互動在這裡改變了──社區後花園不怕你動手摘**。搜尋日期：
　　20151015。取自：http://www.taiwan368.com.tw/msg_detail.php?id=3288。

張翠芬（20150208b）。**綠色生活新趨勢──公共空間開放拈花惹草**。搜尋日期：20151015。取
　　自：http://www.taiwan368.com.tw/msg_detail.php?id=3286。

張譽騰（2014）。三十年磨一劍《博物館法》的回顧與前瞻。**博物館簡訊季刊**（69），1。搜
　　尋日期：20151001。取自：http://www.cam.org.tw/download/69%E6%9C%9F%E7%B0%A1%E8%A8%
　　8A.pdf。

清淨旅遊資訊網（20150527）。**清境綠園景觀渡假民宿簡介**。搜尋日期：20150527。取自：
　　http://www.cingjing.com.tw/。

陳一姍（20100714）。苗栗大埔事件／優良農民為何淪為「釘子戶」？。**天下雜誌**，451。搜尋
　　日期：20150527。取自：http://www.cw.com.tw/article/article.action?id=5000158。

陳建豪（2009）。讓魯肉飯最速配搖滾樂。**遠見雜誌**，278。搜尋日期：20150818。取自：
　　http://www.gvm.com.tw/Boardcontent_15229_1.html。

陳贗堯（20080429）。**典範之死！誰謀殺了童玩藝術節？！**。搜尋日期：20150512。取自：
　　http://www.ncafroc.org.tw/abc/newpoint-content.asp?ser_no=170。

陳靜宜（20150419）。**彩繪村抄襲、民宿歐洲風⋯台灣的文化靈魂呢？**。搜尋日期：
　　20150808。取自：http://paper.udn.com/udnpaper/PID0001/277075/web/#2L-5799597L。

彭健禮（20141026）。**仿中國土樓 苗縣客家圓樓開幕掀話題**。搜尋日期：20150519。取自：
　　http://news.ltn.com.tw/news/local/paper/824728。

游琁如（20140903）。**鋁罐作畫！台灣金屬馬賽克奇觀 老社區變身「釘畫村」**。搜尋日期：
　　20150815。取自：http://travel.ettoday.net/article/396660.htm。

雄獅美術（20151019）。**南鯤鯓的傳奇畫家**。搜尋日期：20151019。取自：http://www.lionart.
　　com.tw/book66/_file/1816/upload/books/18/50set/skill_06.htm。

雲林故事館（20150621）。**故事館工作團隊介紹**。搜尋日期：20150621。取自：http://www.
　　ylstoryhouse.org.tw/index.php。

馮牧群、周承諺（20110825）。**公設灌水，瓏山林再罰1500萬，車道坪數納入，多賺住戶8000
　　萬**。搜尋日期：20150224。取自：http://www.appledaily.com.tw/appledaily/article/property/201108
　　25/33621136/。

黃日香（20150815）。**關於黃日香**。搜尋日期：20150815。取自：http://www.hrstw.com.tw/index.
　　php/about/。

黃怡仁（20061009）。**第四屆稻米品質競賽冠軍米王──無米樂崑濱伯由「後壁變頭前」**。搜尋
　　日期：20150527。取自：http://www.coa.gov.tw/view.php?catid=11915&print=1。

黃金博物館（20150621）。**黃金館**。搜尋日期：20150621。取自：http://www.gep.ntpc.gov.tw/。

黃靜宜（20150826）。**羞～日本 AV 女優波多野結衣代言悠遊卡，性感裸露引爭議**。搜尋日
　　期：20151002。取自：http://www.nownews.com/n/2015/08/26/1794641。

黃繡鳳（20141003）。**鄉林美術館坐落科博館特區**。搜尋日期：20150227。取自：http://www.chinatimes.com/newspapers/20141003000747-260114。

新北市觀光旅遊網（20150825）。**八里廖添丁廟**。搜尋日期：20150825。取自：http://tour.ntpc.gov.tw/page.aspx?wtp=1&wnd=136&id=124910bdb130000060f0。

新竹市政府文化局（20150621）。**眷村博物館緣起**。搜尋日期：20150621。取自：http://www.hcccb.gov.tw/chinese/16museum/mus_b02.asp?station=104&museum_id=104。

新港社區（20150818）。**社區宣言**。搜尋日期：20150818。取自：http://www.google.com.tw/url?sa=t&rct=j&q=&esrc=s&source=web&cd=2&ved=0CCcQFjABahUKEwi4tvr C17LHAhVE E5QKHYN8BCQ&url=http%3A%2F%2Fep.swcb.gov.tw% 2Fep%2FFile%2FBACON_PORTFO LIO%2F%25E6%2596%25B0%25E6%25B8%25AF%25E7%25A4%25BE%25E5%258D%258 0%25E5%25AE% 25A3%25E8%25A8%2580_20110125154825.doc&ei=4ivTVbi9FcSm0ASD- ZGgAg&usg=AFQjCNGYFfZhbhUGA6TFdnZ9ulFD0y9GLw 。

溫州市雁蕩山風景旅遊管理委員會（20150428）。**雁蕩山啤酒節助興中秋**。搜尋日期：20150428。取自：http://www.wzyds.com/details/rss.aspx?Gid=fe2c2127-5906-42ef-a03c-2d63996bfbdf 。

誠品誠品（20150823）。**關於誠品**。搜尋日期：20150823。取自：http://www.eslitecorp.com/about/about.aspx?a=tw&l=b&s=3。

夢想社區（20150930）。**「夢想社區」因對美好生活存著期待而存在**。搜尋日期：20150930。取自：http://dreamcommunity.tw/aboutus/ 。

維基百科（20151218）。**金山小白鶴**。搜尋日期：20151221。取自：https://zh.wikipedia.org/wiki/%E9%87%91%E5%B1%B1%E5%B0%8F%E7%99%BD%E9%B6%B4。

榮民文化網（20150525）。**眷村變遷史——眷村變遷史**。搜尋日期：20150525。取自：http://lov.vac.gov.tw/village/List.aspx?c=3。

劉克襄（20141102）。**劉克襄：請饒了司馬庫斯的小學吧**。搜尋日期：20150518。取自：http://opinion.cw.com.tw/blog/profile/46/article/2034。

歐陽傑（20131226）。**蔡倫的故鄉千年的紙都**。搜尋日期：20151009。取自：http://www.cuncunle.com/village-105-261202-article-1011427730013863-1.html 。

蔣桂斌（20090429）。**印象劉三姐緣何逆勢叫座**。搜尋日期：20151024。取自：http://news.xinhuanet.com/focus/2009-04-29/content_11240531.htm 。

鄭一止（2012）。韓國的社區營造。**2012 年 ASCOM 台日韓社區營造研討會**。搜尋日期：20150427。取自：http://www.community-taipei.tw/news/news_detail?id=16。

鄭佳宜編譯（20080530）。**都市農業——古巴掀起前所未有熱潮**。搜尋日期：20151014。取自：http://e-info.org.tw/node/33632。

盧賢秀（20080924）。**綠色生活公約18 社區簽署**。搜尋日期：20151001。取自：http://news.ltn.com.tw/news/local/paper/245273/print 。

蕭如松藝術園區（20121116）。**成立緣起**。搜尋日期：20150801。取自：http://hsiao.hchcc.gov.tw/web/index.php?option=com_content&view=article&id=8&Itemid=27。

螞蟻窩（20151027）。**美國紐約曼哈頓 THE RIDE 觀光巴士車票，直擊街頭最有趣的表演秀。** 搜尋日期：20151026。取自：http://www.mafengwo.cn/sales/327456.html 。

聯合勸募（20150302）。**鹿谷老人食堂社區照顧在地化延續計畫。** 搜尋日期：20150302。取自：https://www.unitedway.org.tw/story/13795 。

蘭陽博物館（20150621）。官網資訊。搜尋日期：20150621。取自：http://www.lym.gov.tw/ch/Index/index.asp 。

鐵花村（20150621）。**無牌故事說明文。** 搜尋日期：20150621。取自：https://zh-tw.facebook.com/events/1486364388322190/ 。

英文文獻

一、書籍期刊等資料

Adorno, T. & Horkheimer, M. (1972). *Dialectic of Enlightenment*. New York: The Seabury Press.

Alexander, C. (1979). *The Timeless Way of Building*. Oxford University Press.

Alexander, C. W., Murray Silverstein, M., Ishikawa, S., Angel, S., Fiksdahl-King, I., & Jacobson, M. (1977). *A Pattern Language: Towns, Buildings, Construction*. Oxford University Press.

Althusser, L. (1969). *For Marx*. London: Allen Lane.

Althusser, L. (1971). *Lenin and Philosophy and Other Essays*. London: New Left Books.

Auge, M. (1995). *Non-Places: Introduction to an Anthropology of Supermodernity*. London: Verso.

Barker, C. (2000). *Cultural Studies: Theory and Practice*. London: Sage.

Barraud, V. and Guerrero, S. (2002). Impact of social innovations on French companies'performance. *Measuring Business Excellence*, 6(2),42-48.

Barthes, R. (1972). *Mythologies*. London: Cape.

Baudrillard, J. (1983a). *Simulation*. New York: Semiotext.

Baudrillard, J. (1983b). *In the Shadow of the Silent Majorities*. New York: Semiotext.

Bechtel, R. B. & Churchman, A. (2002). *Handbook of Environmental Psychology*. John Wiley & Sons.

Bell, P. A., Fisher, J. D., Baum, A., Greene, T. C. (1990). *Environmental Psychology*. Holt, Rinehart & Winston, Inc.

Bellah, R. (1970). *Beyond Belief*. New York: Harper and Row.

Bennett, T. (1998). *Culture: A Reformer's Science*. London, Thousand Oaks, Calif: Sage.

Bennett, T. (1999). Putting Policy into Cultural Studies. In During, S.(Ed.), *The Cultural Studies Reader*. London: Routledge.

Bennett, T. (2001). Intellectuals, Culture, Policy: The Practical and the Critical. In Miller T. (Ed.), *A Companion to Cultural Studies* (pp. 357-374). London: Blackwell Publishers Ltd.

Bourdieu, P. (1984). *Distinction: A Social Critique of the Judgment of Taste*. London: Routledge and Kegan

Paul.

Bourdieu, P. (1986). The Forms of Capital. In J. Richardson (Ed.), *Handbook of Theory and Research for the Sociology of Education* (pp. 241-258). New York: Greenwood Press.

Castells, M. (1979). *The Urban Question: A Marxist Approach*. Cambridge Mass: The MIT Press.

Castells, M. (1983). *The City and the Grassroots: A Cross-Cultural Theory of Urban Social Movements*. Berkeley and Los Angeles: University of California.

Cohen, N. (2001). *Urban Planning Conservation and Preservation*. New York: McGraw-Hill Professional.

Crang, M. (1998). *Cultural Geography*. Routledge.

De Certeau, M. (1984). *The Practice of Everyday Life*. Berkeley: University of California Press.

Dean, M. (2010). *Governmentality: Power and Rule in Modern Society*. University of Newcastle.

Defourny, J. (2001). From Third Sector to Social Enterprise. in Borzaga, C. and Defourny, J. (Eds.), *The Emergence of Social Enterprise* (pp. 1-28). London and New York: Routledge.

Derrida, J. (1982). *Margins of Philosophy*. Chicago & London: University of Chicago Press.

Durkheim, E. (1966). *Suicide*. New York: Free Press.

Durkheim, E. (1968). *The Elementary Farms of Religious Life*. London: Allen and Unwin.

Durkheim, E. (1984). *The Division of Labor in Society*. New York: Free Press.

Forst, H. (1985). Introduction. In Forst, H. (Ed.) , *Postmodern Culture* (pp.xi-xii). London: Macmillan.

Foucault, M. (1972). *The Archaeology of Knowledge*. New York: Pantheon.

Foucault, M. (1980). *Power/Knowledge: Selected Interviews and Other Writings, 1972-1977*. New York: Pantheon Books.

Foucault, Michel. (1991). Governmentality. In Burchill, G., Gordon, C. & Miller, P. (Eds.), *The Foucault Effect: Studies in Governmentality* (pp. 87-104). Chicago: University of Chicago Press.

Giddens, A. (1990). *The Consequences of Modernity*. Cambridge: Cambridge University Press.

Gramsci, A. (1968). *Prison Notebooks*. London: Lawrence & Wishart.

Gramsci, A. (1971). *Selections from the Prison Notebooks*. International Publishers.

Hall, S. (1997). The Work of Representation. In S. Hall (Ed.) *Representations*. London and Thousand Oaks, CA: Sage.

Hanlon, P. (2006). *Primal Branding: Create Zealots for Your Brand, Your Company, And Your Future*. New York: Simon & Schuster.

Harvey, D. (1982). *The Limits to Capital*. Oxford: Blackwell.

Held, D. & McGrew A. (2007). *Globalization/Anti-Globalization: Beyond the Great Divide*. Polity Press.

Hooper-Greenhill, E. (2000). *Museums and the Interpretation of Visual Culture*. London: Routledge.

Hopkins, J. S. (1991). West Edmonton Mall as a Center for Social Interaction. *The Canadian Geographer*, 35(3), 268-279.

Howes, D. (1996). Introduction: Commodities and Cultural Bprder, In Howes, D. (Ed.), *Cross-Cultural Consumption: Global Markets, Local Realities* (pp. 1-18). London: Routledge.

Jameson, F. (1984). The Politics of Theory: Ideological Positions in the Postmodernism. *Modernity and Postmodernity*, 33, 53-65.

Jameson, F. (1991). *Postmodernism, or the Cultural Logic of Late Capitalism*. Durham: Duke University Press.

Jameson, F. (1997). Postmodernism and Consumer Society. In Gray, A. & McGuigan, J. (Eds.), *Studies in Culture: An Introductory Reader* (pp. 192-205). London: Arnold.

Jencks, C. (2010). The Post-modern Agenda. In Jencks, C. (Ed.), *The Post-modern Reader* (pp.10-39). London: Academic Editions.

Jenks, C. (1993). *Culture*. London: Routledge.

Kuhn, Thomas S. (1996). *The structure of scientific revolutions*. Chicago: University of Chicago Press.

Labadi, S. (2010). Cultural diversity. *International Social Science Journal*, 61, 5-13.

Lefebvre, H. (1991). *The Production of Space*. Oxford: Blackwell.

Levi-Strauss, C. (1963). *Structural Anthropology*. Boston: Basic Book.

Lynch, K. (1960). *The Image of the City*. Cambridge Mass: The MIT Press.

Lynch, K. (1984). *Good City Form*. Massachusetts: The MIT Press.

Lynch, K. and Hack, G. (1984). *Site Planning*. The MIT Press.

Lyotard, J. F. (1984). *The Postmodern Condition: A Report on Knowledge*. Manchester: Manchester University Press.

Mandel, E. (1978). *Late Capitalism*. London: Verso.

Mansvelt, J. R. (2005). *Geographies of Consumption*. Sage Publications.

Marx, K. (1956). *Capital*. Moscow: Progress Publishers.

Massey, D. (1984). *Spatial Divisions of Labour*. London: Macmillan.

Maurice Halbwachs, M. (1922). *On Collective Memory*. Chicago: University of Chicago Press.

McGuigan, J. (1996). *Culture and the Public Sphere*. Psychology Press.

McGuigan, J. (2004). *Rethinking Cultural Policy*. McGraw-Hill Australia Pty Ltd.

Mills, C. W. (2000). *The Sociological Imagination*. Oxford: Oxford University Press.

Moore, G. T. (1987). Environment and behavior research in North America: History, developments and unresolved issues. In Stokols, D. & Altman, I. (Eds.), *Handbook of environmental psychology* (pp. 1359-1410). New York: Wiley.

Moulaert, F., Martinelli, E., Swyngedouw, E., Gonzalez, S. (2005). Towards alternative model(s) of local innovation. *Urban Studies*, 42(11),1969-1990.

Pred, A. R. (1983). Structuration and Place: On the Becoming of Sense of Place and Structure of Felling. *Journal for the Theory of Social-Behavior*, 13(1), 45-68.

Pred, A. R. (1986). *Place, Practice and Structure: Social and Spatial Transformation in Southern Sweden, 1750-1850*. Cambridge: Polity Press.

Rappaport, J. & Seidman, E. (2000). *Handbook of Community Psychology*. Springer Science & Business

Media.

Ritzer, C. (1999). *Enchanting a Disenchanted World: Revolutionizing the Means of Consumption*. CA: Pine Forge.

Rizter, C. (1993). *The McDonaldization of Society: an Investigation into the Changing Character of Contemporary Social Life*. CA: Pine Forge.

Robertson, R. (1992). *Globalization: Social Theory and Global Culture*. Sage Press.

Rorty, R. (1989). *Contingency, Irony and Solidarity*. Cambridge: Cambridge University Press.

Saccone, D. & Santagata, W. (2011). Embracing Diversity, Correcting Inequalities: Towards a new Global Governance for the UNESCO World Heritage. *International Journal of Cultural Policy*, 17(3), 278-288.

Saukkonen, P. & Pyykkönen, M. (2008). Cultural policy and cultural diversity in Finland. *International Journal of Cultural Policy*, 14(1), 49-63.

Saussure, F. (1986). *Course in General Linguistics*. Open Court Publishing Commpany.

Schmitt, T. (2011). *Cultural Governance as a Conceptual Framework*. MPI-MMG.

Silverman, H. & Fairchild Ruggles, D. (2007). Cultural Heritage and Human Rights. In Silverman, H. & Fairchild Ruggles, D. (Eds.), *Cultural heritage and Human Rights* (pp. 3-22). USA: Springer.

Smith, P. (2001). *Cultural Theory: An Introduction*. Blackwell Publishers.

Snowball, J. D. (2008). *Measuring the value of culture: methods and examples in cultural economics*. Berlin and Heidelberg: Springer Verlag.

Soja, E. (2000). *Postmetropolis: Critical studies of cities and regions*. Malden: Blackwell Publishers.

Soja, F. (1989). *Postmodern Geographies: the Reassertion of Space in Critical Social Theory*. London and New York: Verso.

Stevenson, N. (2003). *Cultural Citizenship: Cosmopolitan Questions*. Maidenhead: Open University Press.

Thompson, J. B. (1995). *The Media and Modernity*. Cambridge: Cambridge University Press.

Throsby, D. (2009). Explicit and implicit cultural policy: some economic aspects. *International Journal of Cultural Policy*, 15(2), 179-185.

Throsby, D. (2010). *Economics of Cultural Policy*. UK: Cambridge University Press.

Tomlinson, J. (1999). *Globalization and Culture*. Chicago: Chicago University Press.

Vergo, P. (1989). *The New Museology*. London: Reaktion.

Weber, M. (1958). *The Protestant Ethic and the Spirit of Capitalism*. New York: Scribner's Sons.

Weber, M. (1968). *Economy and Society*. New York: Bedminster Press.

Wenger, E. (1999). *Communities of Practice: Learning, Meaning, and Identity*. Cambridge University Press.

Williams, R. (1966). *Culture and Society 1780-1950*. Oxford: Blackwell.

二、網路資料

Anacostia Community Museum (20150808). *History*. http://anacostia.si.edu/About/History.

Barthes, R. (1967). *The Death of the Author*. UbuWeb Papers.

Bike and Roll New York City (20150722). *Bike the Brooklyn Bridge*. http://bikenewyorkcity.com/index.php

Brackertz, N. (20111205). *Social innovation*. http://apo.org.au/research/social-innovation.

Defourny, J. and Nyssens, M. (2006). Defining social enterprise. In Nyssens, M.(Ed.), *Social Enterprise: At the crossroads of market, public policies and civil society* (pp. 3-26). http://emes.net/content/uploads/publications/social_enterprise_INTRO_June06.pdf.

EY(2015). *Cultural times- The first global map of cultural and creative industries*. http://www.worldcreative.org/wp-content/uploads/2015/12/EYCulturalTimes2015_Download.pdf.

Ford, K. (20150602). *Museums Are Already Social Enterprises*. (20150620). http://www.theguardian.com/culture-professionals-network/culture-professionals-blog/2012/jul/23/museums-social-enterprises-finance-development.

Friends of the High Line (20150506). *About the High Line*. http://www.thehighline.org/.

Murray, R., Caulier-Grice, J., Mulgan, G. (2010). *The Open Book of Social Innovation*. http://youngfoundation.org/wp-content/uploads/2012/10/The-Open-Book-of-Social-Innovationg.pdf.

Pike Place Market (20151003). *History*. http://www.pikeplacemarket.org/history.

Stanford Graduate School of Business (2015). *Defining Social Innovation*. https://www.gsb.stanford.edu/faculty-research/centers-initiatives/csi/defining-social-innovation.

The Petersfield Town Council (20150426). *Petersfield's Neighborhood Plan- How We'll Be In 2030*. http://www.petersfieldsplan.co.uk/.

UNESCO (2013). *The 2005 Convention on the Protection and Promotion of the Diversity of Cultural Expressions*. http://unesdoc.unesco.org/images/0022/002253/225383E.pdf.

Weber, R. (2010). *Quelle gouvernance pour la culture et le secteur culturel?. working document for the Euro-American Campus on Cultural Cooperation*. http://www.oei.es/euroamericano/Raymond Weber-QuellegouvernanceFR.pdf.

照片出處

廖世璋攝（2001）日本木曾中山道妻籠宿地方案例。

廖世璋攝（2001）日本古川町地方案例。

廖世璋攝（2001）日本伊勢神宮地方案例。

廖世璋攝（2004）印度阿格拉泰姬瑪哈陵地方案例。

廖世璋攝（2004）印度喀什米爾地方案例。

廖世璋攝（2004）美國西雅圖派克市場地方案例。

廖世璋攝（2006）尼泊爾藍毗尼地方案例。

廖世璋攝（2009）吳哥民俗藝術學院地方案例。

廖世璋攝（2009）吳哥窟地方案例。

廖世璋攝（2010）美國紐約南岸地方案例。

廖世璋攝（2012）中國大陸中甸（香格里拉）地方案例。

廖世璋攝（2012）中國大陸西藏拉薩地區地方案例。

廖世璋攝（2012）埃及吉薩金字塔及人面獅身像地方案例。

廖世璋攝（2013）以色列貝亞倫博物館加利利漁船地方案例。

廖世璋攝（2013）以色列耶路撒冷古城區內部夜間街道地方案例。

廖世璋攝（2013）以色列耶路撒冷苦路地方案例。

廖世璋攝（2013）巴勒斯坦耶律哥城地方案例。

廖世璋攝（2013）法國巴黎方尖碑地方案例。

廖世璋攝（2013）法國巴黎艾菲爾鐵塔地方案例。

廖世璋攝（2013）法國巴黎紅磨坊地方案例。

廖世璋攝（2013）梵帝岡教堂內部地方案例。

廖世璋攝（2013）瑞士策馬特地區地方案例。

廖世璋攝（2013）義大利朱麗葉故居地方案例。

廖世璋攝（2013）義大利米蘭大教堂地方案例。

廖世璋攝（2013）義大利米蘭商店街區地方案例。

廖世璋攝（2013）義大利威尼斯水都地景地方案例。

廖世璋攝（2013）義大利聖多里尼 OIA 地方案例。

廖世璋攝（2014）土耳其凱馬克立地下城市內部地方案例。

廖世璋攝（2014）中國大陸桂林印象劉三姐地方案例。

廖世璋攝（2014）中國桂林山水地景地方案例。

廖世璋攝（2014）中國珠海圓明新園地方案例。

廖世璋攝（2014）希臘 FIRA 地方案例。

廖世璋攝（2014）希臘神話島嶼地方案例。

廖世璋攝（2014）希臘雅典衛城博物館地方案例。

廖世璋攝（2014）杜拜機場地方案例。

廖世璋攝（2014）新竹縣司馬庫斯地方案例。

廖世璋攝（2015）日本千葉縣柏市高柳地方案例。

廖世璋攝（2015）日本川越地方案例。

廖世璋攝（2015）日本明治神宮地方案例。

廖世璋攝（2015）秘魯亞馬遜熱帶雨林地方案例。